北京师范大学史学探索丛书
满蒙权贵与20世纪初的政治生态研究书系

最后的家天下

少壮亲贵与宣统政局

孙燕京 ◎ 主编

杨　猛 ◎ 著

华夏出版社
HUAXIA PUBLISHING HOUSE

图书在版编目（CIP）数据

最后的家天下：少壮亲贵与宣统政局 / 杨猛著 . -- 北京：华夏出版社有限公司，2023.1

（满蒙权贵与20世纪初的政治生态研究书系 / 孙燕京主编）

ISBN 978-7-5222-0430-7

I. ①最… II. ①杨… III. ①政治制度史－研究－中国－清后期　IV. ①D691.2

中国版本图书馆 CIP 数据核字（2022）第 203107 号

最后的家天下：少壮亲贵与宣统政局

作　　者	杨　猛
责任编辑	王　敏
责任印制	周　然

出版发行	华夏出版社有限公司
经　　销	新华书店
印　　装	三河市少明印务有限公司
版　　次	2023年1月北京第1版
	2023年1月北京第1次印刷
开　　本	720×1030　1/16
印　　张	23
字　　数	330千字
定　　价	79.00元

华夏出版社有限公司　地址：北京市东直门外香河园北里4号　邮编：100028
网址：www.hxph.com.cn　电话：(010) 64663331（转）

若发现本版图书有印装质量问题，请与我社营销中心联系调换。

《北京师范大学史学探索丛书》
编辑委员会

顾　问　刘家和　瞿林东　郑师渠　晁福林
主　任　杨共乐
副主任　李　帆　易　宁
委　员（按姓氏笔画排序）
　　　　　宁　欣　刘林海　安　然　张　升
　　　　　张　皓　张　越　张荣强　张　建
　　　　　吴　琼　周文玖　罗新慧　郑　林
　　　　　庞冠群　侯树栋　姜海军　郭家宏
　　　　　耿向东　董立河

出版缘起

在北京师范大学的百余年发展历程中，历史学科始终占有重要地位。经过几代人的不懈努力，今天的北师大历史学院业已成为史学研究的重要基地，是国家"211"和"985"工程重点建设单位，首批博士学位一级学科授予权单位。拥有国家重点学科、博士后流动站、教育部人文社会科学重点研究基地等一系列学术平台，综合实力居全国高校历史学科前列，被列入国家一流大学、一流学科建设行列，正在向世界一流学科迈进。在教学方面，历史学院的课程改革、教材编纂、教书育人，都取得了显著的成绩，曾荣获国家教学改革成果一等奖。在科学研究方面，同样取得了令人瞩目的成就，在出版了由白寿彝教授任总主编、被学术界誉为"20世纪中国史学的压轴之作"的多卷本《中国通史》后，一批底蕴深厚、质量高超的学术论著相继问世，如十卷本《中国文化发展史》、二十卷本《中国古代社会与政治研究丛书》、三卷本《清代理学史》、五卷本《历史文化认同与统一多民族国家的发展》、二十三卷本《陈垣全集》以及《历史视野下的中华民族精神》、《上博简〈诗论〉研究》等巨著，这些著作皆声誉卓著，在学界产生较大影响，得到同行普遍好评。

上述著作外，历史学院的教师们潜心学术，以探索精神攻关，又陆续完成了众多具有原创性的成果，在历史学各分支学科的研究上连创佳绩，始终处在学科前沿。为了集中展示历史学院的这些探索性成果，我们组织了这套"北京师范大学史学探索丛书"，希冀在促进北师大历史学科更好发展的同时，为学术界和全社会贡献一批真正立得住的学术力作。这些作品或为专题著作，或为论文结集，但内在的探索精神始终如一。

当然，作为探索丛书，不成熟乃至疏漏之处在所难免，还望学界同仁不吝赐教。

北京师范大学历史学院
北京师范大学史学理论与史学史研究中心
北京师范大学史学探索丛书编辑委员会

清末政治生态与政治史研究的
几点思考（代总序）

大时代与好时代

20世纪，全球化特征日趋凸显。它的第一个十年，资本帝国主义以血以火以资本的形式急速膨胀，被压迫国家、被压迫民族遭遇到不同程度的生存危机，一些继续沉沦，一些幡然奋起，这些变化同时解构着世界。

晚清以来，中华民族遭受了持续的苦难，强敌逼迫，国势凋敝，当权者不得不重新选择道路。走入20世纪，国家历史进程演绎出波澜壮阔的画面。

我一直以为，晚清不是好时代却是大时代。所谓"好时代"包括"文景之治"、唐宗宋祖等千百年传颂的妖娆，无须更多申说，大时代的意义却往往不同。之于晚清，其"大"特指"三千年未有之变局"，被迫卷入世界市场，走出专制、拥抱共和，成为亚洲第一个共和国。变动之剧，罕与匹敌。久居和平环境的我们，很难体会那种翻覆与动荡。1907年，因涉嫌"康党"而避祸上海的孙宝瑄感慨："风气至今，可谓大转移。立宪也、议院也，公然不讳，昌言无忌。且屡见诸诏旨，几等口头禅，视为绝不奇异之一名词，诚数年前余等居海上时所梦想不及也。"[1]如果不是身处其间，很难体会短短七八年，观念、风气、时局所发生的剧变。

解构与重构是复杂多元的裂变过程。至清末，七十年变局造就社会结构的变化，原有结构发生从中心滑落边缘、边缘位移中心的秩序塌陷。经由太平天国运动，中央地方的权力消长致使督抚始而"尾大不掉"继而"分庭抗礼"终则"离心离德"。经由新式教育、选拔人才方式的变化，导致旧士人失

---

[1] 《孙宝瑄日记》，中华书局2015年版，第1157页。

势、新知识分子崛起，士大夫与皇权"天然联系"的纽带断裂。经由湘淮军、新建陆军，扭转了将不知兵、兵不知将的局面，却反转为"兵为将有"的格局。至于国家财政的窳败、满汉矛盾的潜滋暗长、最高统治集团的内耗，皆导致了统治危局。如何才能"解套"？显然，想维系旧的改革思路是没有指望的。

困顿求生，预备立宪不期而遇。但对它的期许，简直是见仁见智、南辕北辙。革命派要取消君权、立宪派要限制君权、当权派要维护君权，几近各不相让。博弈的过程，就成了清末政治渐次脱离君主专制走向立宪、走向共和的过程。

实际上，清末政治走向有多种可能性。一味地论证王朝最高决策者如何走向失败不过是习惯上的后见之明。在研究中，以历史的结果预设"固定"的进程，会遮蔽历史演化本身的丰富内容和可能进程。历史学一向有解释的功能，我们想解释这些过程，想指出各种可能，想说明结局的偶然与必然。追寻怎样走偏、如何误入歧途以及违背初衷的蛛丝马迹，好似围棋高手的复盘，会有以史为鉴、可知兴替的现实价值与学术意义。

人们常说，堡垒最容易从内部攻破。那么，行进二百多年的清王朝"天命"中的"气数"又是何时"耗尽"，自我朽败又是怎样开始且逐渐加深加速的呢？

清末政治的研究

与清末历史同样丰富多彩的是研究的热闹非凡。就研究范式而言，革命、现代化、从西方中心到中国中心先后登场，相互砥砺；区域社会、国家与社会、中央与地方关系各领风骚，反复切磋；一些固有的热点被冷落，一些貌似不起眼的问题迸发出耀眼的光芒。

学界对清末政治的研究可谓硕果累累。例如辛亥革命，经由民国时期的英雄谱系书写、共和国时期的革命叙述，学术层层堆垒，不仅成为高原，简直就是高山巍峨。但不可否认，相当长一段时间里辛亥革命的研究畸轻畸重，轻易地抹去了革命之外丰富的历史侧面。彼时，清王朝统治阶级、精英阶层，甚至态度与立场略显温和的群体都被当作革命的对立面，甚少关注。二十世纪六七十年代，一些港台地区的学者开始把视野投向立宪派、立宪运动；八十年代后，内地研究者也陆续调整了研究视野与方法，突破了简单化、贴标签、泛革命化的框架。此后，晚清政治史至少沿着三条线索——民族民主革命的线索、政治现代化的线索、权力结构与运作的线索，在六个方面——系统化、序列化趋向；从革命史单一向度到多维视界展开、形成多元互动的态势；借鉴相关学科的研究方法与理论框架；大幅推进制度史研究；开拓政治文化史、心态史、权贵研究等新领域；整理出版大量的晚清史资料，为研究的提升奠定了基础。总体而言，近三十年的晚清政治史成果显赫。即便如此，大家都觉得仍有一些待深化、需拓展的空间。

具体而言，研究对象仍可进一步细化、深挖。政治史研究与政治人物密不可分，随着史料发掘整理，对那些以往被忽视的清廷统治集团的核心人物、核心群体、满蒙权贵仍然有研究的空间；对清廷政策的调整、立宪认识与实施、解救危机的选择仍然有推敲的余地。甚至，清末新政取自民间的巨额经费，到底给下层人民多大的压力？百姓的"税负痛苦指数"究竟如何？是否可以进一步追索与解释？其实，自2012清帝退位百年之时，不少学者已经把视野转向了清廷权贵，试图更合理地解释鼎革之际"原体制内"的变化以及内部的自我侵蚀与消融。

卡尔说，历史是历史学家和他的客观事实之间永无休止的对话。我觉得，我们并没有穷尽晚清、清末的话题（可能永远不能穷尽），很多真相还湮没在历史的尘埃中。很长时间以来，谈及20世纪初十年这一段历史，人们多把它看作辛亥革命的准备、发动、成功与失败的完整链条，言外之意，楼都塌了，分析楼的主人怎么想、怎么说、怎么做还有什么意义？其实，回到历史本身，辛亥革命只是清末十年的一部分，换一句话，清末历史的多元内容远远不是一场革命所能涵盖的。

政治史是历史研究的脊梁

异彩纷呈的历史由人类写就。很多年里，不少研究者欣喜于社会生活的多姿多彩，欣喜于"宏大叙事"、治乱兴衰之外的丰富故事，致使政治史一定程度被"轻慢"。① 但是，当我们能够回望人类社会进程时，琐碎的边边角角毕竟是海滩上的沙砾。决定历史发展进程的，还是家国大事。所以白寿彝先生才感慨"政治是历史的脊梁"。

制度、人物、治乱兴衰是政治史最基本的观察点。我们立足于这一基本认知而关注清末政治大环境，也就是政治生态。政治生态是相对于自然生态、环境生态、经济秩序而言的一种社会政治状态。关于政治生态，时人早有涉及。1900年，孙中山在致港督卜力书信函中指出，"朝廷要务，决于满臣，紊政弄权，惟以贵选，是谓任私人。文武两途，专以贿进，能员循吏，转在下僚，是谓屈俊杰"。他把矛头指向了朝廷，也就是满蒙权贵把持的国家政权，认为他们是导致清末政治生态失衡的"罪魁祸首"。此后，研究者多承袭革命党人的申说，对清末的政治生态一言以蔽之"窳败"。那么，当权者是否知其"窳败"？是否任其发展而不想办法、不采取措施？这些措施是否全不对症、全然无效？是措施不对还是"运命"不好？换句话说，是否清廷没有一点机会、一点"历史的余地"？在我看来，至少宣统之初，少壮亲贵是有信心的。胡思敬说："载沣初摄政时，兴致甚高，凡批答各省章奏，变'依议'曰'允行'，如史臣记事之体，折尾恭誉套语辄加浓圈。后亦稍稍懈弛，视德宗时尤甚，虽交议交查密旨，或累月经年不复，亦若忘之，无过问者。"② 先是积极进取，继而懈怠疲玩，很快就书写了清末政治的一个"常态"，为什么？这与人们惯习的"扫帚不到，灰尘不会自己跑掉"的认知是不一样的。

我觉得 20 世纪初的中国，处于政治大转型时代，彼时存在着险中求胜的可能性。本着这一认知，我们重新审视这段历史，重新探讨当时的政治生态，

---

① 参见拙文《"内轻外重"抑或"内外皆轻"？——评李细珠〈地方督抚与清末新政〉兼论晚清政治史研究》，载于《近代史研究》2014 年第 2 期。
② 胡思敬：《军机不胜撰拟之任》，《国闻备乘》卷四，上海书店 1997 年版，第 94 页。

分析不同阶层、不同群体在塑造政治生态中扮演的角色。我们围绕满蒙权贵着手展开20世纪初十年的政治生态研究，策划了"满蒙权贵与20世纪初的政治生态研究"这一书系。从选题火花到逐渐清晰再到杀青历时十余年（每一种著作出版时间各不相同）。作为书系的主编，我在20世纪80年代初撰写硕士学位论文时，就特别关注晚清政治史及权贵群体。① 其后，有感于晚清政治史研究远没有穷尽，还有许多工作要做，甚至还需要"创榛辟莽、前驱先路"。心怀这个梦想，我在指导硕博学位论文时，开启了"十年大计"。我们打算从史实出发，力图还原历史的本真面貌，研究当时的权贵集团与政治生态。我们所说的"权贵"，是指统治集团中位高权重、地位显赫的群体；而满蒙权贵则专指清朝统治阶层位于权力核心的满蒙王公贵族、旗籍高官及封疆大吏；有时候范围更小一些，指的是皇族近亲，大凡取这个意思时就称之为"亲贵"。清末，由于政治权力构成的复杂性，权贵群体很难完全排除统治阶级中的汉族高官，故兼及之。研究的重点是清末政治生态的样态、成因、流变；执政的满蒙权贵的政治认同及其变化；对改革的认知、决策、争论以及政改取向；满蒙权贵对宪政理解；改革实施等关键环节，阐发体制内改革的因应及成败得失。

那么，什么样的生态造就了清末的制度变革、人物遭际以及房倒屋塌呢？

书系的构成

我们试图在全球观照下，讨论清王朝最后十年的外部逼迫与内部矛盾、政策调整、改革举措，特别是聚焦于满蒙权贵的际遇、因应、行事风格、所思所想。试图推演清末政治生态以及"危机"对改革成败的影响。

书系包括九种专著，分别是：

---

① 我的硕士学位论文题目是《地方督抚与晚清政局》，于1984年完成答辩，此后心猿意马，直到三十年后才再次回到这一领域，真应了那句"三十年河东，三十年河西"的老话。

朱文哲：《王朝与国家：清末满洲贵族的政治认同》

周增光：《宗室王公与清末新政》

杨猛：《最后的家天下：少壮亲贵与宣统政局》

梁山：《清末政治与中日关系》

周福振、庞博：《"铁帽子王"善耆与时代变局》

闫长丽：《新旧之间：端方与清末变局》

连振斌：《锡良与清末新政》

朱淑君：《赵尔巽与清末制度变革》

何思源、程学峰：《新政、新制、新文化：编订名词馆与贵胄学堂》

这些研究包含以满蒙权贵集团各个群体为视角的综合考察，以执掌中央职能部门的显赫亲王以及执政一方的满蒙督抚为中心的个案研究，还包括清末若干新设机构的个案研究。

在我们看来，清末新政乃至预备立宪既是形势所迫，也是自主选择。满蒙权贵先是颟顸不足道，后是走向世界并认识了权力的变通方式（用立宪代替专制）。尽管他们迈出的每一步都处心积虑地维护着皇权，但毕竟不知不觉地拥抱了现代制度文明。就像托克维尔在《旧制度与大革命》一书中揭示的大革命萌生于旧制度所说的那样。即使王朝覆灭以后，清末新政以及立宪的一些措施依旧延续下来，成为中国现代化进程中的一环或者一项制度性奠基。大如现代政治的形成、政治结构日趋专门化、政治职能的扩大和完善、政治组织趋于制度化、国家治理的法制化走向、选举与被选举权利的赋予、人民权利的宪法表达、现代生活观念的生成等，小如街道门牌的编制、衣食住行的变化，追根溯源，无不聚焦在那个时代。因之，考察它的过程、分析它的利弊得失、总结它的经验教训就具有了鉴往知来的意义。

我老是耽误自己。其实早些动手可以更从容地思考。但终日奔竞于日常琐事，每一次都是到交稿"大限"所剩无几才仓皇上阵，于是曾经的思考化为"大脑空白"，只好临时起意，匆匆了事。谨以为序。

孙燕京于朝阳袖手斋

丁酉腊月

监国摄政王载沣

度支部尚书镇国公载泽

海军大臣贝勒载洵

军谘大臣贝勒载涛

资政院总裁、农工商部尚书贝子溥伦

军谘大臣、军机大臣贝勒毓朗

民政部尚书肃亲王善耆

禁烟大臣恭亲王溥伟

目 录

1	导　言	
19	第一章	"祖宗之法"与"政坛新秀"
19	第一节	不刊之典：清代的亲贵辅政传统
28	第二节	从差使到职缺：庚子之后崛起的少壮亲贵
36	小　结	
38	第二章	从载沣摄政到亲贵用事
38	第一节	末代的开局：载沣摄政及其政见
57	第二节	亲贵用事：少壮亲贵柄政与清廷权力重组
86	第三节	趋新求变：少壮亲贵在任上
116	小　结	
118	第三章	从载涛归国到皇族内阁
118	第一节	危机中的转机：载涛归国与中枢变动
141	第二节	"速开"与"即开"：少壮亲贵与国会请愿运动
173	第三节	新制旧人：皇族内阁出台前后的少壮亲贵
218	小　结	
220	第四章	从干路国有到清帝逊位
220	第一节	善政变暴政：载沣、载泽与干路国有风潮
255	第二节	从剿到抚：武昌起义后的应对

284　第三节　从和到退：少壮亲贵与清帝逊位

322　小　结

324　结　语

336　参考文献

347　后　记

导　言

这本书讨论的是宣统年间少壮亲贵群体与政局演进的关系。

"亲贵",是清代范围狭小、身份特殊并且作用重要的一个政治群体。"亲"意指血缘亲近,"贵"表示地位显赫,在晚清政治场域中,亲贵特指担任要职的宗室王公,是统治集团的核心成员。宣统年间活跃于政坛的亲贵中,除奕劻外,余皆新崛起的少壮派,主要有载沣、载洵、载涛、载泽、溥伦、善耆、毓朗等人。本书即以这些少壮亲贵作为研究对象。

我对清季少壮亲贵群体的关注始于写本科毕业论文期间,当时我选择了一个与清末立宪相关的题目,在研读相关论著的过程中了解到载泽、溥伦等亲贵的一些立宪言行,这与此前在读通史中对这一群体形成的"亲贵专权""纨绔子弟"的印象迥然不同。后来读硕期间,我在阅读清末报刊史料时发现,今日学界所研究的"一流人物",放在他们所处的时代可能并不被朝野所关注;而今日并不为学界重视的人物,则可能是彼时朝野关注的焦点,清季少壮亲贵即是如此。作为断送了祖宗基业的失败者,学界对这一群体鲜有专论,偶尔涉及也往往作为成功者的背景;然而,翻阅清末史料,少壮亲贵们往往占据着各大报刊的"头版头条",他们参与着朝廷大计、国家要政,其政治态度也是朝野各派极力争取的重点,在彼时政坛绝对属于"一流人物"。此后我针对这一群体搜集了一些文献,形成了一些看法,完成了硕士学位论文《变局中的亲贵:载泽与清末新政研究》。读博之后,我仍注意着少壮亲贵的相关问题,写了一些论文,业师孙燕京教授嘱示我要"大处着眼",把对个体人物的研究扩展至对少壮亲贵群体的研究;同时要"小处着手",聚焦宣统一朝,从具体事件入手考察。在老师的指导下,我完成了博士学位论文《少壮亲贵与宣统政局研究》。

本书是在博士学位论文的基础上完成的。在博论完成后这三年多时间我又写了两篇相关论文，认识较之前深化，文献亦有所扩充，这期间学界同仁对相关问题的探讨也产生了一些新成果，因此我在写作本书的过程中对博论原文中的一些内容、结构、文献、观点做了不同程度的修改、调整与增删，以期对少壮亲贵与宣统政局的关系有进一步认识。

一、问题的缘起

在传统的帝制时代，国家带有一定的皇家私有特性，象征皇家的宗庙与象征国家的社稷结合而成的"宗庙社稷"构成一姓江山的精神象征，而王朝更替的最直接体现便是"国姓"的变更。在历代王朝中，清代政治的家天下色彩尤其浓厚，统治者重视发挥本家族成员的政治作用，形成了亲贵辅政的传统。虽然清廷有禁止宗王干政的祖训，但实际上，在清代大部分时期，皇家子孙往往能够凭借血缘身份赢得最高统治者信任，进而执掌国政，左右政局。清代统治者比较成功地解决了宗王问题，使之成为不同于一般官僚的特殊辅弼力量，于是我们在清史中常会看到"王大臣"的现象，如议政王大臣、总理事务王大臣、赞襄政务王大臣等，这里将"王"与"大臣"并列，以示宗室王公与普通满汉官员的区别。自后金建政时期诸贝勒襄理军政奠定基业，到宣统年间亲贵用事断送国祚，清王朝可谓以亲贵辅政始，以亲贵辅政终。

"新清史"学者习惯将清代政治的成功归因于所谓"满族因素"。从某种意义上讲，汉唐宋元明各代的宗王政策似乎不算成功：或授之以权柄，则往往出现藩王割据、叛乱直至攘夺皇位之事；或严禁其干政，则难免造成皇家虚弱，被外戚或异姓大臣篡权夺位。清代与之相比，其亲贵辅政传统是建立在宗王掌握权柄，同时皇权对宗王保持着充分驾驭的基础上的，这是清代政治的一个特色。但是，将此认定为"满族因素"则并不准确。首崇满洲固然是有清一代的立国理念，而满人之中亲疏等级仍十分明显，亲贵可谓"首崇之首"，其皇族身份常常是超然于族群身份的，如在官员籍贯中，皇族（宗室和觉罗）与八旗、各省是并列的关系，清代官制中还专设"宗室缺"。亲贵群体对清王朝的认同,已不仅是满洲族群认同,更多的是比族群认同更加狭隘的家族认同、血缘认同,而这种基于家族、血缘认同形成的政治关系并非清代所独有,乃是历代共有的家天下特征。于是可见,当清廷倚信亲贵时往往以周公辅成王故事比附,标榜的也是周礼中的"亲亲之道",体现的是对中华传统政治理念的认同。或可如此理解:西周以后,历代"心向往之但不能至"的"亲亲"治国理念,在清代得到了较为充分的贯彻。清代亲贵"谊属宗支,休戚与国","内襄政本,外领师干",以皇家立场参与国政,对清王朝国政发挥着重要作用。

晚清以降,面对前所未有的统治危机,清廷一方面相继推行洋务、变法、新政、立宪,改变或放弃了某些"祖宗之法";另一方面,对重用亲贵这一"祖宗之法"仍坚持不变,甚至愈演愈烈,直至宣统朝形成了亲贵用事的局面。彼时掌握权柄的亲贵,除奕劻外,皆是政坛新进的少壮派。清统治者重用他们无非是希望能在危机中挽救国运,毕竟是爱新觉罗皇家的江山社稷,自家子孙能够真诚维护;然而清王朝却在亲贵用事不久旋即覆灭,少壮亲贵也因此被贴上了"纨绔子弟""少不更事""擅权误国"等标签。

宣统年间的亲贵用事是导致清王朝覆灭的一大弊政,一般晚清史或近代史论著常会涉及,但多知其事而不知其详。不少论者对这段历史的印象仍来自《异辞录》《国闻备乘》等掌故笔记,此类著述多是作者的后见之明,并且带着遗老情绪批判少壮亲贵断送祖宗基业,以此审视该群体难免流于空泛。与此同时,关于宣统政局的研究则多选取近代史的视角而非晚清史视角。简而言之,前者关注历史进程中的新兴因素,后者则是王朝史。① 近代史视角下的宣统朝是君主专制走向灭亡进程中的短短三年,以故相关论著多秉持"专制与民主""革命与镇压""近代转型"之类的叙事方式;但若从晚清史角度视之,则宣统朝仍有其开局、发展、转折、终结的各个阶段。

因此,我认为宣统朝作为清代十二朝之一有其相对独立性,不能因为它的转瞬即逝而将其淹没在近代史叙事之中。"新朝新气象"缘何发展为王朝末路?抛却各种宏大且抽象的"必然因素"不谈,执政群体在这一时期的所作

---

① 参见中国社会科学院近代史研究所政治史研究室编《晚清政治史研究的检讨:问题与前瞻》,北京:社会科学文献出版社,2014年,第1—5页。

所为至关重要，少壮亲贵即是探究这一问题的一个切入点。首先，少壮亲贵是宣统朝统治集团的核心成员，一举一动直接影响到中央与地方、清廷与立宪派、少壮派与元老派、满与汉等各种关系，少壮亲贵必须直面以上种种关系，其举措是否得当关乎政局走向。其次，少壮亲贵是宣统朝各项改革的重要参与者，开设资政院、缩短立宪年限、筹设责任内阁、编练禁卫军、清理财政等等，均与他们密切相关。其间他们或积极倡导，或有所顾虑，或陷入各种权力纠葛，对改革进程有重要的影响。最后，少壮亲贵在保路风潮、辛亥革命、清帝逊位等事件中扮演了重要角色，这些事件直接影响到清王朝国运，其间少壮亲贵的政治言行不可不予以重视。

本书以《最后的家天下：少壮亲贵与宣统政局》为题，讨论少壮亲贵与宣统年间政局演进的关系。为阐明这一主题，须首先强调以下几个关键词。其一，"家天下"，这是本书的研究视角。既往研究常以满汉矛盾解释亲贵柄政，我认为这忽视了亲贵的特殊性，将统治集团内部结构简单化了。亲贵与清廷的政治关系更多是建立在家族认同、血缘认同之上的，亲贵辅政体现了清代政治的家天下特征，本书着重从少壮亲贵维护宗庙社稷的视角解释相关问题。其二，"少壮亲贵"，这是本书的研究对象，是指这一时期新进政坛，掌握权柄并且年富力强的宗室王公。其三，"宣统政局"，是指从载沣摄政到清帝逊位期间的清廷的政治局势，主要包括这一时期的中枢决策历程、关键人事嬗递、重要政治举措、不同政治集团之间的博弈与互动等等。本书以时间为线索，以重要事件为节点，呈现这一时期政局演进的历程。

二、学术史回顾

中外学界对清季统治集团与中枢政局关系已有不少研究，这里简要评述与少壮亲贵和宣统朝政局相关的研究，从学界对少壮亲贵的群体研究、个案研究、对宣统政局的研究三方面展开梳理，以此说明前人的学术贡献与本书的研究起点。

（一）关于少壮亲贵的群体研究

清季少壮亲贵出身、年龄、政治经历、思想倾向多有共性，并且在重大事件前后相互沟通，商讨对策，这使得对少壮亲贵开展群体研究成为可能。当前专门以少壮亲贵为对象开展群体研究的论著并不多见，多是在研究"满洲贵族""皇族""皇室""统治集团"时涉及的，主要关注以下问题。

第一，宣统年间的亲贵集权。

宣统年间，少壮亲贵尽出掌权，排斥异姓大臣，此系导致清廷失去人心的一大弊政，民国初年诸多清史、近代史及掌故笔记常会述及这段历史，如胡思敬《国闻备乘》、费行简《当代名人小传》。此类著述仅限于记述掌故、轶事，难以算作研究论著，但其所记内容皆来自作者的经历与见闻，具有史料价值。在此之后，不论是在国民党时期的建国史书写中，还是在新中国成立后以革命为主流的近代史叙事中，宣统年间的亲贵集权往往被视作辛亥革命时机成熟的背景，学界并未对其开展专门研究，直至20世纪90年代以后才成为一个独立的研究议题。

宫玉振考察了宣统年间亲贵与言官关系的变化，指出双方为了反对袁世凯而联合，又因亲贵集权而分裂，这种变化是清廷失去人心的一个缩影。[①] 亲贵集权激化了满汉民族矛盾，因而也有学者从满汉关系的角度展开讨论。[②] 其中，路康乐注意到，载沣依靠的并非全体满人，而是皇族宗室，尤其是直系王公，优柔寡断的性格使得他无法解决满汉问题。迟云飞则认为，载沣不肯放弃满人尤其是皇族在政府高层的优势地位，为平衡奕劻的权力，只得任用少壮亲贵。王开玺《清末满汉官僚与满汉民族意识简论》一文反对将清末国政中存在的问题笼统归因于满汉矛盾，他认为有清一代满汉矛盾总体上不是在加剧，而是在缓和，由于亲贵本身即有种族性特征，加之清末排满浪潮风

---

① 宫玉振：《从联盟到分裂——论清末言官与亲贵关系的变化》，《齐鲁学刊》1993年第2期。
② 相关研究如［美］路康乐《满与汉：清末民初的族群关系与政治权力（1861—1928）》，北京：中国人民大学出版社，2010年；常书红：《辛亥革命前后的满族研究——以满汉关系为中心》，北京：社会科学文献出版社，2011年；迟云飞：《清末最后十年的平满汉畛域问题》，《近代史研究》2001年第5期；薛伟强：《满汉矛盾与晚清政局（1884—1912）——以统治阶级上层为中心的考察》，河北师范大学博士学位论文，2012年。

起云涌,满汉矛盾不免被夸大。①

近年来,学界对该议问题的研究更加精细。樊学庆《赵炳麟与宣统朝亲贵用事政治格局的出现》一文考证了"亲贵用事"这一说法的由来与所指范围的变化,继而考察赵炳麟在促成亲贵用事中发挥的作用,指出赵此后有意掩饰该事,甚至努力营造反亲贵专权的姿态。②不同于过往研究将"亲贵用事"当作既成的政治现象来描述,该文以翔实的史料考证了这一现象形成的历程,注意到历史现象背后的丰富内容。刘琼《世袭特权与国家治理:宣统朝摄政王载沣的权力观偏差及其成因》一文分析了宣统年间中枢权力结构重建背后的逻辑和观念,认为少壮亲贵虽占据要职,但并未掌握实权,他们存在严重权力错觉和公器私用的权力观偏差,他们的世袭身份和特权意识是造成这种偏差的主观原因。③该文并不注重史料方面的挖掘,其可贵之处在于对既知史实的创新解读。

第二,亲贵内部分裂与争斗。

宣统年间亲贵尽出掌权,这非但没能使他们团结一致力挽时艰,反而让他们走向分裂。相关论著利用清末时人的记述与回忆,梳理了宣统年间亲贵内部分裂与争斗的基本史实线索,比较一致地认为这些分裂与争斗加速了清王朝覆灭。④

近年来,随着相关史料的进一步丰富,也有学者通过重构历史事件的历程,揭示宣统年间亲贵内部政争及其对政局的影响,更注重对历史细节的考察。

学界首先注意到皇族内阁出台前后的亲贵政争问题。李细珠《论清末"皇族内阁"出台的前因后果——侧重清廷高层政治权力运作的探讨》一文考察了皇族内阁从产生到终结的基本历程,认为在设立责任内阁问题上,载沣

---

① 王开玺:《清末满汉官僚与满汉民族意识简论》,《社会科学辑刊》2006年第6期。
② 樊学庆:《赵炳麟与宣统朝亲贵用事政治格局的出现》,《学术研究》2016年第3期。
③ 刘琼:《世袭特权与国家治理:宣统朝摄政王载沣的权力观偏差及其成因》,《史林》2019年第5期。
④ 相关研究如张玉芬《清末统治集团内部纷争与清帝退位》,《辽宁师范大学学报(社会科学版)》1993年第1期;马平安:《从统治阶级的内部争斗看辛亥年清王朝统治体系土崩瓦解的原因》,《中国社会科学院近代史研究所青年学术论坛(2003年卷)》,北京:社会科学文献出版社,2003年;李喜霞:《满族皇室分裂与宣统退位诏书》,《宁夏社会科学》2011年第5期;董丛林:《皇族亲贵少壮派与清末朝局》,《明清论丛》第18辑,北京:故宫出版社,2018年。

派主张急进，奕劻派主张缓进，双方的对垒从根本上说是权力和利益的分配问题；表面上双方势均力敌，实则奕劻派更胜一等，因此奕劻的内阁总理大臣一职无人可以取代，其他内阁成员的安排则是两派相互较量寻求平衡的结果。① 彭剑《"皇族内阁"与皇室内争》一文论述了皇族内阁出台前后皇族内部围绕内阁展开的争夺，指出内阁之外有毓朗联合载涛争夺军权，内阁内部有载泽与奕劻、溥伦与奕劻之间的种种矛盾，皇族内阁使亲贵群体进一步分裂，这是清王朝崩溃的一个不可忽视的因素。② 李凤凤《清末"暂行阁制"的制定与权力纷争》注意到以载沣为首的少壮派与以奕劻为首的元老派在设立责任内阁问题和军权问题上的纷争，指出少壮亲贵希望借设立责任内阁之机排除奕劻、那桐一派势力，而在军权上，载沣则有意偏袒载洵、载涛。作者认为"暂行阁制"实际是两派博弈与妥协的产物，而非按照立宪原则设立。③

此外，朱文亮《清末皇族内争与袁世凯复出》一文注意到亲贵内部争斗与袁世凯复出的关系，认为宣统年间的权力格局从隆裕、载沣互为牵制发展成载涛、载泽两派的争斗，亲贵内争使得各方皆有拉拢袁世凯的必要。辛亥袁世凯复出主要得益于亲贵的支持，而非列强施压。④ 该文不仅拓展了亲贵内争的研究议题，史料范围也较此前研究有较大突破。

第三，少壮亲贵与清末改革。

清廷最后几年的中心任务即是立宪改革，作为国家政权的掌控者，少壮亲贵为摆脱统治危机亦积极趋新求变，但并未能挽救清王朝的命运，于是学界对少壮亲贵与改革失败的关系展开讨论。相关研究比较一致地认为诸亲贵在改革中表现得比较积极，并非守旧无为，对他们改革失败原因的认识则有所不同。

马勇《从倡言改革到反对革命：对晚清皇族的一个分析》一文指出，皇族亲贵在清末新政和预备立宪中始终走在前列，但随着改革触及体制深层，

---

① 李细珠：《论清末"皇族内阁"出台的前因后果——侧重清廷高层政治权力运作的探讨》，《中国社会科学院近代史研究所青年学术论坛（2006年卷）》，北京：社会科学文献出版社，2006年。
② 彭剑：《"皇族内阁"与皇室内争》，《华中师范大学学报（人文社会科学版）》2011年第2期。
③ 李凤凤：《清末"暂行阁制"的制定与权力纷争》，《近代史学刊》第13辑，北京：社会科学文献出版社，2015年。
④ 朱文亮：《清末皇族内争与袁世凯复出》，《历史研究》2017年第5期。

威胁到整个贵族阶层的利益,他们就毫不犹豫地站在了改革的对立面。①尹煜《年轻满洲亲贵集团的政治目标与挫折,1900—1911》一文集中探讨少壮亲贵的政治主张与实践过程,总结其改革失败的原因:一是财政枯竭,且中央政府的事业没有得到地方的支持与协助;二是少壮亲贵没有实际操纵政治权力;三是社会上的华侨、立宪派、革命派等力量已经能够对抗国家。②何瑜、黄煦明《清末满蒙亲贵的危机意识与应对之策》一文认为宣统年间的亲贵们面对严峻的国内外局势表达出不同程度的危机感,并制定了相关对策,但是亲贵们对危机的认识不同,因而采取的对策也不同。至于亲贵挽救危机失败,作者归因于保守力量过于强大,并且亲贵们对局势认识不够充分。③孙燕京《清末立宪中少壮亲贵的政治心态》一文是明确以"少壮亲贵"为研究对象,探讨该群体改革的思想动因与心理基础的一部力作。该文指出,少壮亲贵是立宪趋新的一个群体,其政治心态根植于"救急解困",他们不服输,敢于任事,思想开明,但政治上不够成熟。少壮亲贵们已经突破了旧体制和专制的惯常思维,反映了一定的现代性追求;但他们把时代进步与极端利己结合起来,最终导致改革失败。④

除以上对少壮亲贵与清末改革关系的宏观检讨外,韩策《宣统二年汪荣宝与亲贵大臣的立宪筹谋及运作》一文则着眼微观,详细考察了宣统二年国会请愿期间汪荣宝为善耆、毓朗草拟说帖一事,以此展现了清季留学生与亲贵结合,联手影响朝廷决策的政治现象。⑤该文并不追求宏观上评价少壮亲贵,更注重对具体史实的建构,可见学界对该问题研究的精细化趋势。

第四,亲贵在辛亥革命期间的表现与抉择。

辛亥革命爆发后,清廷推出的一系列应对举措皆无济于事,最终清帝被迫逊位,清王朝覆灭,学界对这一时期亲贵集团的所作所为也颇为关注。

---

① 马勇:《从倡言改革到反对革命:对晚清皇族的一个分析》,《徐州师范大学学报(哲学社会科学版)》2012年第1期。
② 尹煜:《年轻满洲亲贵集团的政治目标与挫折,1900—1911》,《满学论丛》第2辑,沈阳:辽宁民族出版社,2012年。
③ 何瑜、黄煦明:《清末满蒙亲贵的危机意识与应对之策》,《理论界》2013年第2期。
④ 孙燕京:《清末立宪中少壮亲贵的政治心态》,《史学月刊》2016年第7期。
⑤ 韩策:《宣统二年汪荣宝与亲贵大臣的立宪筹谋及运作》,《广东社会科学》2016年第5期。

武昌起义发生后清廷起用袁世凯"办理剿抚事宜",既往论著多已述及奕劻为起用袁世凯做的努力,近年来学界注意到少壮亲贵在其中发挥的作用。丁健《武昌起义后清政府起用袁世凯问题考述》一文认为载沣在决定起用袁世凯的过程中前后态度有明显变化,起初反对起用,但他性格懦弱,毫无主见,最终不得不忍泪屈从奕劻等人的要求;该文还认为载泽、载洵二人也积极支持起用袁世凯。① 王春林关注到辛亥革命期间的亲贵捐输问题,认为在鼎革之际,亲贵们的反应被放大,这源于民众对宣统朝亲贵用事的痛恨,亲贵捐输背后有袁世凯与亲贵集团的矛盾,也反映了清廷上层的现实考量。② 沈洁《"家""国"与"满""汉"——再论清帝逊位和1912年大妥协》一文考察了辛亥革命之际亲贵仓皇逃亡,认为皇室亲贵内部的相互疑忌、庸碌和自私最终葬送了清王朝;清帝逊位是中国政治文化的一次剧变,它使得皇亲、贵族、袁世凯皆成为无负和平、齐赴共和的成员。③

除以上对具体事件的考述外,孙燕京、周增光《辛壬之际旗籍权贵集团的政治心态》一文从心态的侧翼探究了诸亲贵在辛亥革命前后的表现与抉择,指出他们中鲜有"殉节死君"之人,而多是"隐忍不发""处之泰然",少数人则伺机东山再起;究其原因,既是危局所迫,又与满汉矛盾、权力失衡、缺乏应对机制等体制内因素有关。④ 不同于过往相关研究多关注权力利益的取向,该文从心态角度进行思考,揭示了亲贵群体的更多面相。

(二)关于少壮亲贵的个案研究

此类研究中,以关于载沣的研究较多,善耆、载泽研究亦取得了一些成果,其他人物鲜有论及。

载沣是宣统朝清廷的实际最高统治者,也是少壮亲贵集团的最核心人物,关于他的研究成果最为丰富。成书于20世纪70年代末的庄练《中国近代史上的关键人物》一书专辟"大小醇王"一章为载沣作传,该著史料详尽,论

---

① 丁健:《武昌起义后清政府起用袁世凯问题考述》,《理论月刊》2017年第11期。
② 王春林:《爱国与保身:辛亥革命期间的亲贵捐输》,《清史研究》2012年第1期。
③ 沈洁:《"家""国"与"满""汉"——再论清帝逊位和1912年大妥协》,《华东师范大学学报(哲学社会科学版)》2014年第3期。
④ 孙燕京、周增光:《辛壬之际旗籍权贵集团的政治心态》,《历史研究》2012年第5期。

证严谨,系比较系统的人物研究,许多分析颇有创建。①李志武《载沣研究》(中山大学硕士学位论文,2003年)与李学峰《载沣与宣统政局》(中国社会科学院研究生院博士学位论文,2011年)比较系统地考察了载沣摄政时期的主要政治活动及其影响。

除了综合性的考察之外,更多的论著则是侧重某一专题,如探讨载沣集权与清廷灭亡的关系,相关论著都注意到载沣为稳固皇权而进行的财政、军事集权举动不仅使立宪派大失所望,而且加深了统治集团内部的矛盾,由此导致清王朝的覆灭。②李学峰则相继考察了载沣摄政期间推行的铁路政策、海军政策以及应对辛亥革命等专题。③

载沣驱袁事件是学界关注的焦点,受惠于史料的拓展,学界近年对这一问题的认识更加深入,方法视角更加多样。崔志海《摄政王载沣驱袁事件再研究》一文从中外关系的角度重新审视载沣驱袁事件,注意到该事件背后的国际因素,认为载沣驱袁与当时中美日三国外交有关,尤其与袁世凯的联美制日外交的失败直接有关。④李永胜则在《摄政王载沣罢免袁世凯事件新论》一文中提出不同看法,他认为当时袁世凯并未提出中美联合制日的策略,载沣罢黜袁世凯的远因是对袁在戊戌年间告密行为的记恨,近因则是袁世凯反对财政中央集权与擅自谋划中外互派大使两事,言官弹劾亦在其中发挥了重要影响。⑤周增光《失败的集权与立威——载沣驱袁事件再研究》一文关注的是载沣罢黜袁世凯理由的转换与该事件的后续影响,认为载沣驱袁并未如愿建立起个人权威,反而引起内外臣工、立宪派与外交团对其执政能力的质疑,并在客观上助推了革命党人的排满宣传。⑥

近年来,载沣摄政时期的权势结构引起学界重视。孙昉、刘平《论宣统

---

① 庄练:《中国近代史上的关键人物》中册,北京:中华书局,1988年影印版。
② 周迎春、张爱华:《摄政王载沣与清政府的倾覆》,《贵州文史丛刊》2005年第3期;刘冬梅、李书源:《载沣之误——宣统朝速亡原因新探》,《通化师范学院学报》2005年第3、5期。
③ 李学峰:《载沣与清朝末年的铁路政策》,《史学月刊》2014年第8期;李学峰:《载沣与清末海军的"兴复"》,《史学月刊》2017年第7期;李学峰:《武昌起义后载沣的应对与选择》,《明清论丛》第17辑,北京:故宫出版社,2017年。
④ 崔志海:《摄政王载沣驱袁事件再研究》,《近代史研究》2011年第6期。
⑤ 李永胜:《摄政王载沣罢免袁世凯事件新论》,《历史研究》2013年第2期。
⑥ 周增光:《失败的集权与立威——载沣驱袁事件再研究》,《北京社会科学》2016年第10期。

朝载沣与隆裕太后的交替持权》一文指出，载沣在宣统朝的三年间重用少壮亲贵，将隆裕太后排除在权力核心之外，辛亥革命爆发后，载沣在袁世凯压力下退出前台，隆裕太后出面。此后二人构成一种默契，客观上减少了清帝逊位的阻力。①李欣荣《臣掌君权：载沣摄政礼节纷争与宣统朝权势新局》一文考察了宣统年间的监国摄政王体制，认为其核心是臣掌君权，易受慈禧遗旨以及皇室权力斗争的影响，载沣后续又未能及时推行立宪政制以消除隐患，宣统朝的亲贵政治与政出多门由此发端。②

肃亲王善耆与镇国公载泽系清季亲贵中比较开明的人物，在新政改革和预备立宪中表现颇为积极，其中善耆主持清末警务民政而且与革命党有千丝万缕联系，载泽则是促成慈禧太后下定立宪决心的关键人物，学界对肃、泽二亲贵的研究取得了一些成果。关于善耆的研究主要集中在他与清末改革、满汉关系、革命党关系上；关于载泽的研究主要关注他推动预备立宪。③总体而言，得益于近年来相关档案的开放与史料汇编的出版，相关研究论著对善耆、载泽在各自职任上的一些重要改革举措做了较翔实的梳理，如善耆在民政部尚书任上办理地方自治，筹建新式警政制度，载泽在度支部尚书任上推动财政、币制除旧布新等基本事实得以明晰，相关论著从制度变革的角度基本肯定了他们在清末改革中发挥的积极作用，同时注意到其亲贵身份的局限

---

① 孙昉、刘平：《论宣统朝载沣与隆裕太后的交替持权》，《近代中国》第35辑，上海：上海社会科学院出版社，2021年。
② 李欣荣：《臣掌君权：载沣摄政礼节纷争与宣统朝权势新局》，《清史研究》2021年第5期。
③ 关于善耆的研究论著有白杰《清末政坛中的肃亲王善耆》，《满族研究》1993年第2期；薛瑞汉：《清末新政时期的善耆与蒙古》，《历史教学》2004年第8期；薛瑞汉：《善耆与清末地方自治》，《四川行政学院学报》2004年第5期；孙燕京、周福振：《善耆与清末新政——以20世纪初十年的北京新政改革为视点》，《北京社会科学》2005年第1期；孙燕京、周福振：《善耆与革命党》，《清史研究》2005年第3期；薛瑞汉：《善耆与革命党人关系初探》，《中州学刊》2006年第6期；周福振：《论肃亲王善耆的立宪实践活动》，《北京社会科学》2009年第3期；王宇：《清末肃亲王善耆应对满汉关系的政治抉择》，《青海民族大学学报（社会科学版）》2013年第2期。
关于载泽的研究论著有罗华庆《载泽奏闻清廷立宪"三利"平议》，《近代史研究》1991年第2期；宫玉振：《载泽与清末预备立宪》，《北京档案史料》1994年第2期；董以山：《载泽密折刍议》，《山东大学学报（哲学社会科学版）》2000年第6期；邓春丰：《载泽与清末立宪》，《湖北社会科学》2013年第5期；李娜娜：《载泽与光宣政局（1905—1912）》，陕西师范大学硕士学位论文，2013年；陈一容、杨猛：《载泽与清末币制改革刍论》，《河北师范大学学报（哲学社会科学版）》2014年第3期；杨猛：《"求新"与"谋权"：试论载泽与清末财政改革》，《北京社会科学》2015年第12期；杨猛：《"路事"与"乱事"：载泽与辛亥年干路国有风潮》，《四川师范大学学报（社会科学版）》2018年第3期。

性，评价亦趋公允。

除以上三人外，学界对少壮亲贵中其他人物的研究极少。崔志海《海军大臣载洵访美与中美海军合作计划》一文利用美国国务院档案对1910年载洵访美事件展开研究，认为这一时期清政府开始改变以往的依赖欧洲和日本的军事政策，转而寻求美国支持。① 刘灿《宗室亲贵进用与清季权力格局——以毓朗之政治交谊为中心》一文考察了毓朗在清季政坛的进用历程，分析了清季中枢权力格局，认为宗室亲贵并非庸鄙无能，他们对政局有重要影响。② 此外，学界对溥伦、载涛也有所探讨，但仅限于人物事迹介绍，尚难算作研究。

（三）关于宣统政局的研究

广义上讲，上述关于宣统朝少壮亲贵的研究均属于宣统政局研究的一部分，这里要评述的，是专门对宣统朝宏观政治局势进行的考察。

较早关注宣统政局的是民国时期的掌故笔记，如胡思敬《国闻备乘》，刘体智《异辞录》，黄濬《花随人圣庵摭忆》，徐凌霄、徐一士《凌霄一士随笔》，这些笔记对宣统朝权力格局、重要人物出入行藏，以及罢黜袁世凯、亲贵纷争等重要事件均有记述。虽然这些记述篇幅较小且并非严格意义上的研究文章，但其作者们均亲身经历过宣统时代，其评价一定程度上代表了亲历者的观察与反思，具有史料价值。此外，近代以来各种版本的清史、中国近代史亦不可避免地会提及宣统政局，不过此类著述侧重记叙重要事件线索而并不致力于细致的考据和分析，尚不能算作专门的研究成果。

成文于1980年的李侃《对宣统政局的若干考察》一文是较早专门考察宣统政局的一部力作。该文提出晚清史研究应当将研究重点放在统治集团上，考察了宣统朝统治集团的活动情况，述及预备立宪、亲贵集权、罢黜袁世凯、政治腐朽、财政崩溃等史实。该文对统治集团立足于批判，认为清末立宪是假立宪："以载沣为首的统治集团之所以对预备立宪表现得如此热心，而且信誓旦旦地'期在必成'，这并不是他们真的对实行宪政、'变法维新'有了什么新的认识，更不是有了什么改弦更张、除旧布新的宏谋远略，而是同样想要

---

① 崔志海：《海军大臣载洵访美与中美海军合作计划》，《近代史研究》2006年第3期。
② 刘灿：《宗室亲贵进用与清季权力格局——以毓朗之政治交谊为中心》，《满族研究》2018年第4期。

利用'立宪'这块金字招牌装潢门面,推行君主专制。"作者还认为,宣统朝统治集团极其腐朽,经济崩溃,不可能照旧维持下去,载沣的决策不仅加速了清王朝的灭亡,而且为北洋军阀祸国殃民创造了条件。①

此后,学界继续就宣统政局与清王朝覆灭的关系展开讨论。李细珠《试论宣统政局与清王朝覆灭》一文分析了宣统政局的形成、演变、特点与影响,认为宣统政局的形成应当追溯到1907年的"丁未政潮",是在载沣集团与奕劻、袁世凯集团的争斗中形成的,宣统政局有政局动荡不安、权力处于失控状态、皇族亲贵擅权、满汉矛盾激化几个特点,这些特点构成清朝速亡的重要因素。②李书源《载沣与宣统政局》一文认为清统治阶级与革命党人的矛盾、清统治阶级与立宪派的矛盾、满汉民族矛盾、清统治集团内部矛盾、中央与地方的矛盾构成了宣统政局的基本网络,载沣摄政后的种种政策没有缓和矛盾,反而激化了矛盾,加速了清王朝的灭亡。③詹士模《宣统朝的政治领导阶层(1909—1912)》一书系统考察了宣统年间政治领导阶层的形成过程、结构特征、推行的政策及其对国政的影响,指出宣统年间清廷核心领导层政治识见和能力不足,导致决策品质太差,政策偏向,激起人民不满;变乱发生后,清廷对政治资源的控制不足,加之袁世凯窃权,最终导致清王朝覆灭。④

(四)研究现状简评

通过上述回顾可见,学界少壮亲贵与宣统政局的研究主要取得了如下进展。

其一,研究内容上,清季少壮亲贵的主要政治活动,如参与立宪、推动改革、争权夺利、辛亥抉择等均有了不同程度的研究。过去由于革命叙事占绝对主流,少壮亲贵被视作革命对立面,缺乏足够关注;即使有所涉及,也以批判其腐朽为主。随着研究范式的转换,少壮亲贵在立宪、军事、经济等领域的改革举措越来越受到学界关注,相关史实得以揭示,一些历史细节逐渐明晰。

---

① 李侃:《对宣统政局的若干考察》,《明清史国际学术讨论会论文集》,天津:天津人民出版社,1982年。
② 李细珠:《试论宣统政局与清王朝覆灭》,《北方论丛》1995年第5期。
③ 李书源:《载沣与宣统政局》,《清末民初研究论稿》,长春:吉林教育出版社,2001年。
④ 詹士模:《宣统朝的政治领导阶层(1909—1912)》,台北:花木兰文化出版社,2010年。

其二，研究视角上，得益于近年来相关档案、报刊、日记等史料的发掘，如今相关研究更多地采用中观、微观视角，以人物为中心，以实证为基础，利用丰富的史料建构少壮亲贵参与清季国政的重要史实，注重对关键历史细节的考察；并且摆脱了简单化、绝对化、脸谱式的解读方式，注意到历史进程的复杂面相。

与此同时，当前相关研究仍有若干薄弱之处可以拓展。

首先，关于少壮亲贵群体的专门研究数量较少，相关论著多属于在对统治集团的研究中涉及的。并且，不少论著存在将"亲贵"与"皇族""权贵""贵族"混淆的现象。在晚清政治场域中，"亲贵"有其特定的指涉范围，基本特指掌握重要权柄的宗室王公，某些论文把端方、那桐等异姓满大臣归入亲贵之列加以研究，指涉有误，并不符合清季政坛的派分实情。

其次，一些关于少壮亲贵与清末改革的论著仍局限在对制度文本的解读。制度文本的出台标志着某种改革方案形成，但这并非改革的全部内容，其酝酿、制定、修改、落实中的各种内外因素影响及不同政治力量的博弈均有待细致考察。

再次，宣统朝少壮亲贵的一些重要事迹，如调整中枢、应对请愿运动、商讨国会年限问题、筹设责任内阁、应对保路风潮、讨论逊位等，既往论著多知其事而不知其详，这些内容乃是宣统年间的国家大事，颇为时人所关注，其历史细节有待进一步考证。

最后，当前相关研究仍不免一些先入为主的定见。由于少壮亲贵断送了清王朝，其失败者的形象早已在人们心中根深蒂固，相关论著多秉持革命史、改革史的书写模式，论证他们是如何走向失败的，较少从实践角度进行考察，以致相关结论大同小异。

三、史料搜集与分析

研究宣统朝少壮亲贵，可以利用的史料尚属可观，但比较分散。

第一，少壮亲贵本人的文献。据笔者所见，少壮亲贵的日记、文集留存极少，仅有载沣的《醇亲王载沣日记》、载泽的《考察政治日记》、溥伟的《逊国御前会议日记》、善耆的《肃忠亲王遗稿》、毓朗的《余痴生诗集》。这些文献是考察清季少壮亲贵出入行藏、人际交往的重要史料，但对研究宣统政局而言价值不一。载泽的《考察政治日记》写于1905—1906年间，于宣统朝无涉；《醇亲王载沣日记》包含宣统朝三年间载沣的完整日记，但文字相当简略；《肃忠亲王遗稿》和《余痴生诗集》中的诗文多属于人际交往或个人抒情，于政治活动涉及较少；溥伟的《逊国御前会议日记》记录了清帝逊位之前数次御前会议的基本情况，对考证辛亥革命中少壮亲贵的言行有重要史料价值。

第二，档案、史料汇编。这是本书开展研究的主体史料。中国第一历史档案馆开放查阅的《宫中朱批奏折》与《军机处录副奏折》中少壮亲贵所上的奏折数量尚属可观，涉及整顿军备、开设资政院、筹设责任内阁、弹劾军机大臣等议题；已出版的档案如《清末筹备立宪档案史料》《光绪宣统两朝上谕档》《清宫辛亥革命档案汇编》等，亦有不少与少壮亲贵相关的上谕、奏疏。史料汇编方面，过往关于宣统朝的论述往往淹没在辛亥革命叙事中，少壮亲贵作为革命的对立面常可见诸有关辛亥革命的史料汇编，如《中国近代史资料丛刊·辛亥革命》《辛亥革命史资料新编》《辛亥革命稀见文献汇编》《日本外交文书选译——关于辛亥革命》《英国蓝皮书有关辛亥革命资料选译》等等。少壮亲贵是清末宪政、军事、财政改革的重要参与者，因此一些关于清末立宪、军事、财政的史料汇编如《清末立宪运动史料丛刊》《清末海军史料》《清末新军编练沿革》《清末民国财政史料辑刊》等，亦有不少内容与少壮亲贵密切相关。

第三，其他时人的日记、书信、笔记、回忆录。这类史料在探究少壮亲贵政治活动内幕细节方面有重要价值，也在一定程度上反映了亲历者对宣统朝局及少壮亲贵的即时观察和事后反思。例如，汪荣宝在宣统年间与善耆、溥伦等亲贵来往密切，在《汪荣宝日记》中记载了许多少壮亲贵政治活动的细节，对研究政情内幕有较高的参考价值。清末言官恽毓鼎虽然与少壮亲贵们没有太多往来，但他对朝局颇为关切，其所著《澄斋日记》有助于了解时人对朝局的即时观察。比较而言，清末高官的个人日记对国政的记录反而极为谨慎,如《那桐日记》《荣庆日记》《徐世昌日记》,虽不可避免地涉及朝中大事与亲贵人物,但记载极其简单。书信方面,报人汪康年十分关注政坛动态,《汪康年师友书札》记载了他对政坛亲贵的观察和评价。盛宣怀在宣统年间与载泽、载洵等人交往甚密,其信稿中有不少他与少壮亲贵的互动。笔记和回忆录方面,毓盈的《述德笔记》主要回顾其兄长毓朗的言行,颇有溢美之词。胡思敬的《国闻备乘》、刘体智的《异辞录》、全国政协文史资料研究委员会主编的《晚清宫廷生活见闻》、溥仪的《我的前半生》等,揭露了许多宣统年间的宫廷秘闻,早些年一些论著考察宣统朝亲贵集权、政争即以此作为立论基础。这类史料生动鲜活,于考察政情内幕有参考价值,但主观性较强,某些记载并不符合史实,使用时须加以甄别考订。

第四,报刊。少壮亲贵是清末政坛的明星,一时炙手可热,因此报界对他们的政治举动颇为关注。《申报》《大公报》《新闻报》《顺天时报》《时报》《盛京时报》《东方杂志》《国风报》等主要报刊对少壮亲贵政治活动有相当多的报道和评论,是档案史料的必要补充,有助于考证少壮亲贵在重要事件前后的行踪。少壮亲贵参与某项政治活动的完整过程常需要借助报刊史料才能还原蛛丝马迹,报刊上的相关评论也在一定程度上反映了少壮亲贵在舆论中的观感。

四、研究侧重与全书结构

近年来的晚清政治史研究已明显呈现出"实践转向",注重考察历史人物在特定情形下所进行的有目的的政治活动。遗憾的是,学界对少壮亲贵与宣统政局的研究,不论是传统的革命叙事、现代化叙事抑或是新兴的权力结构研究、政治认同研究、跨学科研究,似乎仍给人以"推果求因"之感:从少壮亲贵与宣统政局中得出抽象的理论分析,进而为清末新政失败与辛亥革命成功寻找原因。这仍系理论思维而非实践思维。

理论分析之于史学研究固然重要,并且往往有理论才有高度。不过,我认为在少壮亲贵与宣统政局研究领域仍有诸多史实尚待厘清,例如皇族内阁作为亲贵专权的高峰，学界一般认为亲贵内部激烈争夺总理大臣之位，然稽诸史料可见，彼时总理大臣候选人奕劻、载泽，出于现实考量并未极力争取，反而相互推辞；又如载沣以年仅二十出头的载涛执掌全国陆军事宜，学界一般注意到了时人对这一举动的质疑，实际上在日俄协约之后，时论对载涛的评价与期待颇高。若不把这些史实弄清便进行理论分析，所得结论也是站不住脚的。因此，本书并不侧重"理论高度"，而是侧重"历史深度"，旨在做一点基础性的实证研究，以建构相关史实为主。考虑到宣统年间有关少壮亲贵的一些基本史实是清晰的，学界已经做了充分研究且本书并无新见，对于这些内容，本书在行文中略作简述；对于学界尚未充分研究的内容，或者本书相对于已有研究有所新见之处，在行文中会详细展开。总之力图将少壮亲贵与宣统政局这一议题做实、做细。

本书重点关注宣统朝少壮亲贵的政治实践活动。实践是有目的的活动，宣统朝少壮亲贵的所作所为均有其现实考量，而其深层次考虑，我认为是维护爱新觉罗家的江山社稷，是一种家天下的思维；实践的本质是一个线性的过程，因而本书以时间为线索谋篇布局。

全书除导言和结论部分外，共分为四章：

第一章主要梳理有清一代亲贵与国政的关系，论述清末新政期间少壮亲贵在政坛的崛起，旨在说明宣统朝亲贵用事是清王朝亲贵辅政传统的延续，是清廷在危机中挽救国祚的一个常规选择。

第二章考察宣统朝的第一阶段，即载沣摄政的头一年半多时间内的主要政情。把持朝政几十年的慈禧太后死去，年轻的载沣摄政，时人对这位新统治者一度抱有相当高的期待。载沣摄政后对朝政提出不少有益政见，但他并非一名政治强人，懦弱的性格使他难以掌控朝局走向，时人的期待亦逐渐趋于冷淡。在此期间少壮亲贵获得载沣重用，庆袁一派遭到削弱，清廷权势发生转移。亲贵用事一度遭到时人物议，但载沣不为所动，因此得罪了言官。不过，少壮亲贵们在各自任上积极趋新求变，成为朝中最为活跃的改革因素，在舆论中树立起急进改革的形象，时人对他们的质疑暂时沉寂。

第三章考察自载涛考察回国到皇族内阁登场的主要政情，这是宣统朝的转折阶段。第二次日俄协约的签订极大地刺激了中国朝野上下，载涛归国后提出一系列急进的改革主张；随后清廷改组了相对保守的军机处，毓朗入枢标志着少壮亲贵在朝中的影响力进一步增强，时人对朝局转机抱有相当高的期待。在少壮亲贵促动下，清廷决定缩短国会年限，但这是一个折中老少各方的决策，未能满足时人即开国会的愿望；随后，载沣、溥伦在资政院弹劾军机事件中令议员们失望，而被外界视为短期内唯一指望的责任内阁在老少亲贵一番纠葛后竟推出一个暂行阁制和皇族内阁，清廷民心尽失。

第四章考察少壮亲贵在保路风潮和辛亥革命期间的主要活动。载泽与盛宣怀谋划干路国有，酿成风潮，随后由于载泽与总协理大臣政见分歧且各怀私心，清廷进退失据，终致风潮不可收拾。辛亥革命爆发后，少壮亲贵们一方面寄希望于袁世凯能镇压革命，一方面又做出"实行立宪"的姿态企图挽回人心。但彼时民心已去，少壮亲贵从时人眼中的勤力革新者转而成为擅权误国者，受到朝野上下的指责，交权后依然难以挽回人心。讨论逊位期间，亲贵内部发生分化，溥伟、善耆等人依然企图负隅顽抗，载沣、奕劻、隆裕自知大势已去，倾向主和逊位并严格约束主战王公。最终，溥伟等人失势，清民双方达成逊位协议，清王朝终结。

总体而言，全书以"家天下主旨——清代亲贵辅政制度——宣统朝少壮亲贵政治实践"的基本思路展开论述，着重考察少壮亲贵在宣统朝历次重大事件前后的所作所为及其对政局的影响，希望通过展现少壮亲贵与政局的互动，向读者叙述传统家天下王朝走向终结的历史。

第一章 "祖宗之法"与"政坛新秀"

清末十年间，一批年富力强的亲贵王公相继进入政坛，掌握权柄，影响了清末朝局走向。清代历来有亲贵辅政的传统，不论国初开创时期、历任新君登基之后抑或晚清内外交困之时，统治者往往更信任本家族成员，任用宗室王公执掌国政，清季少壮亲贵的崛起即是这一传统的延续。

第一节 不刊之典：清代的亲贵辅政传统①

一、清代"亲贵"的指涉群体

本书的研究对象是清末政坛的少壮亲贵群体，鉴于既往一些论著存在将"亲贵"与"权贵""皇族""满洲贵族"等概念混淆的现象，因而有必要首先对清代"亲贵"一词的指涉范围及其流变略作考述。

据笔者查阅清代历朝实录所见，"亲贵"一词在同治以前各朝实录中甚少出现，仅乾隆朝实录记述乾隆帝招待安南等国使节时有"此系逾格施恩，天

---

① 既往相关研究述及清代"辅政"体制时，一般专指新君登基之初，以皇帝亲信且经验丰富的王公大臣赞襄政务，多有"顾命"或"托孤"的意涵（参见杜家骥《爱新觉罗与清王朝国政关系研究》，南开大学博士学位论文，1997年；徐凯：《清初摄政、辅政体制与皇权政治》，《史学集刊》2006年第4期）。本书所谓"辅政"，泛指"辅佐政治"，不仅局限于顾命王大臣辅佐新君，还包括各时期亲贵王公的各种参政形式，如摄政、议政、办理特殊差事、担任部院大臣、执掌军队等等。广义而言，君主专制时代的诸王处于皇帝臣下地位，这些活动均属于辅佐皇帝的范畴。

朝大臣内懋著勋劳者始能膺此异数，其余虽亲贵大臣，亦所难得"①一语。这里将"亲贵"二字与大臣连用，显然是用于修饰大臣的定语，有亲信、显赫之义，并未指向特定群体。同治以降，"亲贵"一词在官方文书中出现的频次逐渐增加，同治朝实录中有"历观史册所载，往往亲贵重臣，有因遇事优容，不加责备，卒至骄盈矜夸鲜克有终者"②"于亲贵之臣未识一面，枢密之地未达一缄"③等语，这里依然将"亲贵"与大臣（或重臣）连用，与此前含义类似。

及至光绪朝和宣统朝，"亲贵"一词出现得更加频繁，并且多独立使用，并不与大臣（重臣）连用，其含义也发生了变化，逐渐指向特定群体。光绪十年三月发生了"甲申易枢"事件，在清廷撤换以恭亲王奕䜣为首的军机班子的谕旨中有谓："若竟照弹章一一宣示，既不能复议亲贵，亦不能曲全耆旧，是岂朝廷宽大之政所忍为哉？"④该谕所谓"亲贵"即指奕䜣，异姓大臣宝鋆、李鸿藻等人则属于"耆旧"的范畴。光绪三十三年，内阁侍读学士占凤奏请"选派亲贵暨满汉官员子弟分往东西各国使习专门制造"⑤，这里更明确将亲贵与普通满汉大臣分别开来，专指天潢贵胄。同年六月，直隶总督袁世凯奏请派员赴德日考察，折中有谓："宗支之盛衰，动关国本之强弱。国朝旧制，每以王公首领枢廷，亲贤夹辅，巩我皇基。比者朝廷锐意图强，亲贵屡膺专使，但皆交邻之聘问，未闻求学之勤劬。若欧洲各国，往往遣皇子游学异邦……"⑥该折中"亲贵"与"宗支""王公""皇子"交替出现，基本指向同一群体。及至宣统朝，更是有了"政地多用亲贵""亲贵内阁""亲贵用事"等说法。宣统三年《东方杂志》第1期专门开列"政界之亲贵"专版，上附时任军机大臣奕劻、军谘大臣载涛、海军大臣载洵、禁烟大臣溥伟、军机大臣毓朗、农工商部尚书溥伦等人照片，⑦全部是宗室王公。

可见，"亲贵"一词在清代政治场域中的具体含义是不断变化的，起初形

---

① 《高宗纯皇帝实录（一八）》卷1346，《清实录》第26册，北京：中华书局，1987年影印版，第11页。
② 《穆宗毅皇帝实录（四）》卷133，《清实录》第48册，第140页。
③ 《穆宗毅皇帝实录（四）》卷137，《清实录》第48册，第213页。
④ 《德宗景皇帝实录（三）》卷179，《清实录》第54册，第500页。
⑤ 《德宗景皇帝实录（八）》卷595，《清实录》第59册，第866页。
⑥ 《直隶总督袁世凯奏请简大臣分赴德日两国考察宪法片》，胡绳武主编：《清末立宪运动史料丛刊·清廷的预备仿行立宪》第1卷，太原：山西人民出版社，2020年，第48—49页。
⑦ 《政界之亲贵》，《东方杂志》1911年第8卷第1期。

容大臣地位尊崇，光宣时期则多独立使用，强调"既亲且贵"，逐渐指一个特定的政治群体，即担任要职的宗室王公。严格说来，亲贵是一种政治地位而非严格的法定身份。按清代法令，皇族依照血缘亲疏分宗室与觉罗两类，以努尔哈赤之父塔克世为本支，是为宗室，塔克世兄弟为旁支，是为觉罗。宗室之中又分有爵位的宗室王公与无爵位的闲散宗室，两者的政治地位有显著差异，宗室王公很容易进入政坛高层，而"宗子无爵位者，与八旗世臣同受朝职"。①随着皇族不断繁衍，清中期以后又按照血缘亲疏将宗室进一步分为近支和远支，近支宗室更受皇帝倚重，被授以亲王、郡王、贝勒等爵位者较远支为多，而远支王公中几大"铁帽子王"又有世袭罔替之权，虽然与皇帝血缘渐远但仍占有显赫的爵位，清末政治场域中的"亲贵"便主要来自宗室中的近支王公和远支中的铁帽子王。

虽然"亲贵"一词发展至清末才比较特定地指向宗室王公，但宗室王公作为一个有别于普通满汉大臣的政治集团在后金建政伊始便已形成，自始至终都在清王朝国政中扮演着重要角色。作为一种非法定身份的政治地位，清廷并无明文规定哪些人属于抑或不属于亲贵，更多的是时人一种约定俗成的称谓；不过可以肯定的是，亲贵只是皇族之中的极少数人，他们聚集在最高统治者周围构成清帝国权力结构的最核心部分。

在家天下时代，国家即是皇帝一家一姓的私产，亲贵既是皇家成员又是清廷的重臣，兼具"股东"与"员工"双重身份，与普通满汉大臣有显著区别。清代官职分正式的"职缺"与非正式的"差使"两大类，其中重要差使多由宗室王公领衔、异姓大臣会同办理，于是担任这些差使的主要人员便被称作"王大臣"。在清代官方文书中，"王"与"大臣"往往并列出现，以突出其特殊身份，如清初执掌国家要政的议政王大臣，雍正帝即位初期设置的总理事务王大臣，历任君主出京之后设置的留京办事王大臣，咸同之际载垣、肃顺等人组成的赞襄政务王大臣；清末十年，随着新政事务日益繁多，又出现了"练兵处王大臣""会议政务处王大臣""宪政编查馆王大臣"等。这里的"王"即指担任这些重要差使的宗室王公，也就是清末政治语境中的亲贵。

---

① 昭梿：《啸亭杂录》卷2，北京：中华书局，1980年，第33页。

二、清代的亲贵辅政传统

"家国一体""亲贵合一"是中国在家天下的君主时代政权组织的一个重要原则,侯外庐先生曾指出,中国古代社会是"由家族而国家,国家混合于家族"①。不论封邦建国时代还是官僚郡县时代,由家而国、由亲而贵的政治理念几乎影响了整个君主时代,只是在不同时期的具体呈现略有差异。夏、商、周三代完全实行贵族政治,家国同构,西周的宗法制将这一政治形态推向顶峰,名曰"亲亲之道"。东周以降,"礼崩乐坏",贵族政治逐渐被官僚政治取代,但国家仍是一家一姓之私产,秦二世而亡业已证明"不徇亲情"的法家思想并不适合中国社会,此后历代皆以儒家学说为正统,而儒学又较推崇西周典制,尽管不可能完全复辟周制,但历代对"亲亲之道"依然极尽颂扬。虽然其间不乏皇家内部为争权夺位相残相杀的事例,但历代君主仍要恪守"亲亲"的治国理念,至少公开场合要如是标榜,或可谓"虽不能至,心向往之"。

总体而言,随着官僚制度的不断完善,汉、唐、宋、元、明以来皇族对政治的影响力基本呈递减趋势,然而这一趋势发展至清代不减反增。清代政治有较浓厚的家天下色彩,其中一个主要表现便是形成了亲贵辅政的政治传统。有清一代,由宗室王公构成的亲贵集团能够依靠血缘优势比较固定地掌权柄政,是清帝国权力结构的特殊组成部分,在清代政坛扮演了重要角色,即如《清史稿·诸王传》所谓,清代王公"内襄政本,外领师干","国初开创,栉风沐雨,以百战定天下,繄诸王是庸。康熙间,出讨三藩,胜负互见,而卒底荡平之绩。其后行师西北,仍以诸王典兵。雍正、乾隆谅暗之始,重臣宅揆,亦领以诸王。嘉庆初,以亲王为军机大臣,未几,以非祖制罢。穆宗践阼,辍赞襄之命,而设议政王,寻仍改直枢廷,自是相沿。爰及季年,亲贵用事,以摄政始,以摄政终"。②

亲贵辅政势必要建立在皇室团结互助基础上,清代诸帝历来重视维护皇

---

① 侯外庐:《中国古代社会史》,北京:生活·读书·新知三联书店,2012年,第34页。
② 赵尔巽等:《清史稿·列传二·诸王一》卷215,北京:中华书局,1977年,第8936页。

室内部的团结互助关系，努尔哈赤曾训谕诸贝勒谓："其为人也，孝悌而好犯上作乱者，未之有也。吾后代子孙当世守孝悌之道，不可违也。其为长上者，居恒当和睦其子弟，为子弟者亦宜承顺关切可也。"① 乾隆帝即位伊始即训谕诸王贝勒："朕惟治天下之道在亲亲，而亲亲之道在慎终追远。凡我宗室，皆太祖太宗之子孙，理宜亲睦，无致疏逖。"② 为此，清代专门设立宗人府以加强对皇族的管理，制定了比较完善的皇室教育制度，并且形成了一套严格的管理皇室成员的"家法"。清末贝勒载涛曾回忆称："清朝家法最严，尤其是近支王公更不能稍有轨外行动。所以每一代皇帝死亡和继承的时候，从未有过如过去历史上各个朝代所发生的那种变故。"③ 历代王公一旦掌握权柄大多会对皇帝构成威胁，甚至酿成西汉七国之乱、西晋八王之乱、唐代宣武门之变、明代靖难之役等皇室手足相残的悲剧。清代诸帝则比较成功地解决了这一问题，在清代大部分时期君主并不吝啬授宗室王公以足够权柄，而柄政王公也并不会恃权威胁君主之位，转而成为辅弼君主维护爱新觉罗一姓统治的左膀右臂。

清代诸帝在此虽标榜的是"亲亲""孝悌"等传统政治伦理，不过清代亲贵辅政传统的形成又与其"满族因素"密不可分。

一方面，努尔哈赤起兵之前的满洲族群尚处于氏族部落时代，缺乏完善的官僚体制，各部落政权以血缘关系和地缘关系为基础，政权的家族私属性质较强；而在家族内部又保留了一定的军事民主制痕迹，部族事务由家族内部会商办法并负责施行。在努尔哈赤创业初期，诸兄弟子侄随他南征北战；后金建政后，努尔哈赤以这些兄弟子侄执掌八旗，是为后金政权的骨干力量。他们统兵征战，商酌政务，将国政当作家事处理，使后金政权具有浓厚的家族色彩。努尔哈赤的兄弟子侄们既亲且贵，是后金政权的可靠支柱，逐渐形成有别于异姓大臣的亲贵集团。皇太极即位后采取汉化措施，借鉴中原式的官僚制度，吸收更多异姓满汉大臣参与政权，扩大统治基础，宗室王公的权势较之前稍杀，但由他们组成的议政王贝勒大臣会议仍是行政中枢。亲贵辅

---

① 《太祖高皇帝实录》卷9，《清实录》第1册，第127页。
② 《高宗纯皇帝实录（一）》卷7，《清实录》第9册，第291页。
③ 载涛：《载沣与袁世凯的矛盾》，中国人民政治协商会议全国委员会文史资料研究委员会编：《晚清宫廷生活见闻》，北京：文史资料出版社，1982年，第80—81页。

政与官僚体制共存，共同辅弼皇帝成为清政权的一大特色。

另一方面，入关以后，清廷以少数民族入主中原，满汉人口差距悬殊，满汉民族矛盾长期存在使清代统治者必须时刻保持警惕。"非我族类，其心必异"虽源自中原华夏民族，但作为一种朴素的族群认同，清统治者看待汉人亦是如此。顺治帝曾在诸汉大臣面前公开表示："朕不分满汉，一体眷遇，尔汉官奈何反生异意。若以理言，首崇满洲，固所宜也。"① 甚至连大力提倡汉文化的康熙帝亦认为："朕临御多年，每以汉人为难治，以其不能一心之故。"② 在这种情况之下，能够赢得最高统治者绝对信任的汉大臣极少，为保证政权的稳固，清统治者势必更倚信与之有族群认同的满洲文臣武将，即如顺治帝所谓："朕入关讨贼，除暴救民，平定中原，统一四海，悉赖满洲兵力，建功最多，劳苦实甚。"③ 于是"首崇满洲"便成为有清一代的基本国策。而在满人之中，宗室王公又是君主最为亲近的自家子孙，他们对清王朝的政治认同，比普通异姓满大臣的族群认同还要多一层更狭隘、更核心、更牢靠的血缘认同、家族认同。诸王公"谊属宗支""休戚与国"，与君主的根本利益一致，因此比普通异姓满大臣更受倚重，可谓"首崇之首"，于是便不难理解为何当索尼等人被任命为辅政大臣后一度不敢受命，因为在他们看来："从来国家政务，惟宗室协理，索尼等皆异姓臣子，何能综理？今宜与诸王贝勒等共任之。"④ 直至清末，仍有人认为"朝廷近年为根本计，广建懿亲匡辅王室"；"练兵理财厥任甚重，非得谊同休戚之亲臣不足当之也"；"安危所系，端赖懿亲"。⑤

亲贵辅政贯穿清代始终，不同时期的表现形式以及亲贵对国政的影响力又有所差异。

清太祖、太宗、世祖三朝是清王朝从创业建政到收服东北诸部，进而定鼎中原，逐步确立在全国统治的时期，彼时清（后金）政权仍带有一些军事

---

① 《世祖章皇帝实录》卷72，《清实录》第3册，第570页。
② 《圣祖仁皇帝实录（三）》卷270，《清实录》第6册，第650页。
③ 《世祖章皇帝实录》卷82，《清实录》第3册，第647页。
④ 《圣祖仁皇帝实录（一）》卷1，《清实录》第4册，第41页。
⑤ 温肃：《奏请重开尚书房令亲贵大臣就学事》，中国第一历史档案馆藏：军机处录副奏折，档号：03-7572-114。

民主制与贵族领主制的痕迹。努尔哈赤创设了亲贵议政制度,"凡有所谋,必与执政诸贝勒共议"。① 其时由努尔哈赤的次子代善、五子莽古尔泰、八子皇太极、侄子阿敏组成的"四大贝勒"最受倚重,"太祖命四大贝勒按月分直,国中一切机务,俱令直月贝勒掌理"。② 努尔哈赤晚年还建立了"八王共治"制度,以统领八旗的诸贝勒集体权威代替君主个人权威决定军国大政,这显然违背了后金政权封建化的趋势。于是崇德改元后,皇太极立即对这种亲贵议政形式做出调整,将"八王共治"改造成为有更多亲贵与文武大臣参与的议政王大臣会议,他本人则南面称帝,分封诸王贝勒以定名分,议政亲贵随之下降为辅弼皇帝的臣工,但总的来看仍是国家最高权力核心。③ 其时皇太极仿照中原官制设置六部、两院及内三院,这本是清(后金)政权封建化迈出的重要一步,但仍以诸王贝勒总理各部院事务,使得这一时期的官僚体制带有浓厚的贵族政治色彩,直至顺治九年才完全废止。④ 顺治帝冲龄即位,以睿亲王多尔衮和郑亲王济尔哈朗摄政,二王之下又有议政王大臣会议。刑政除拜、大小国事悉由多尔衮执掌,出兵等事由济尔哈朗负责;议政王大臣会议由诸王贝勒和八旗大员组成,负责商议军国机密事务,担任议政的诸王贝勒都是会议的主持者及议案的决定者,遇有重大机密事务还须由诸王贝勒单独集议。⑤ 这种二王摄政、诸王议政的体制保证了爱新觉罗家族对政权的掌控,对清廷在全国统治的建立与巩固起到重要作用。

康熙以降,清廷统治日趋稳固,君主更注重发挥官僚体制的作用,宗室王公对朝政的影响力降低。顺治帝临终传位给年幼的康熙帝时,并未沿用亲王摄政的办法,遗诏任命索尼、苏克萨哈、遏必隆、鳌拜四位异姓大臣辅政;雍、乾、嘉、道、咸诸帝以长君即位,无须亲王摄政。这一时期,议政王大臣会议的地位也逐渐下降,不再是帝国的权力中枢,宗室王公受到严格的限制,君主专制逐步走向顶峰。崇德、顺治年间,宗王掌权一度是君主独断朝

---

① 《太宗文皇帝实录》卷7,《清实录》第2册,第103页。
② 《太宗文皇帝实录》卷5,《清实录》第2册,第69页。
③ 参见张晋藩、郭成康《清入关前国家法律制度史》,沈阳:辽宁人民出版社,1988年,第29页。
④ 《官制·吏部》,《钦定大清会典事例(嘉庆朝)》卷16,沈云龙主编:《近代中国史料丛刊三编》第65辑,台北:文海出版社,1992年,第10—11页。
⑤ 参见杜家骥《爱新觉罗与清王朝国政关系研究》,南开大学博士学位论文,1997年,第139页。

纲的障碍，君主加强专制的举措主要表现为限制、削弱宗王权力；康熙以后，皇帝与官僚体制的权力矛盾成为主要矛盾，而宗室王公因其血缘关系，是维护爱新觉罗家族政权的最忠实群体，宗王掌权不再是皇权的威胁，反而成为皇帝加强权力的左膀右臂。因此，每当新君初立，权位不固，抑或遇有重大政治事件，皇帝最倚信的便是宗室王公。

康熙初年以异姓四大臣辅政，旨在防止宗王专权架空君主，但鳌拜专政跋扈使清室很快意识到异姓辅政大臣对皇权的威胁远在宗王之上，此后诸帝即位以后均以宗室王公领衔，同时参用值得信赖的前朝满汉大臣共同辅弼政务。雍正嗣位，命其弟怡亲王胤祥与大学士马齐等总理事务；乾隆初，以庄亲王胤禄、果亲王胤礼与大学士鄂尔泰、张廷玉等总理朝政；嘉庆帝亲政后，以仪亲王永璇、成亲王永瑆铲除和珅势力，并任命永瑆为军机大臣执掌枢机；道光临危之际命定郡王载铨、怡亲王载垣、郑亲王端华等人辅佐咸丰；咸丰病危时又任命载垣、端华等八大臣"赞襄政务"。① 此外，诸王公还被君主委以分管部院、八旗和军队等事务。例如果亲王胤礼，雍正七年受命管理工部事务，"八年，命总理户部三库。十一年，授宗令，管户部。十二年，命赴泰宁，送达赖喇嘛还西藏，循途巡阅诸省驻防及绿营兵。十三年，还京师，命办理苗疆事务"。② 总体而言，这一时期清廷比较成功地解决了历代以来宗王掌权即威胁君权、宗王无权则皇室虚弱的问题。君主能够有效驾驭宗室王公，授之以权柄又可随时收回，既达到了辅弼君主的目的又杜绝了王公尾大不掉。诸王贝勒经历了严格的皇室教育又被严格的皇室家法所约束，他们有充足的机会进入政坛，但只能尽心辅弼而不能有僭越之心。

咸丰以后，清廷内外交困，统治危机日益严重，与此同时各省在镇压太平天国和兴办洋务过程中掌握了地方兵财大权，汉族官僚势力崛起，而同、光、宣三朝皇帝却是幼主即位，对朝政毫无影响力；在这种情况下，清廷欲稳固皇室，挽救统治危机并保持对地方实力派的驾驭地位，势必更倚赖本家族成员的辅弼。辛酉政变以后，恭亲王奕訢以议政王的身份总领军机处（同治四年去议政王头衔），担任清廷"首辅"长达二十余年。奕訢柄政期间主持

---

① 参见杜家骥《爱新觉罗与清王朝国政关系研究》，第137—138页。
② 赵尔巽等：《清史稿·列传七·诸王六》卷220，第9083页。

创办总理衙门,与列强"和好",重用曾国藩、左宗棠、李鸿章等汉族官僚实力派,在中央倡导、支持洋务运动。这一时期,太平天国、捻军被相继扑灭,清廷转危为安,一度出现"中兴"气象。自奕䜣入枢始,以亲王担任首席军机大臣成为清廷的"不刊之典"(其间只有1901—1903年间担任首席军机的荣禄非亲王)。时人有谓:"两宫垂帘听政,则军机必以亲王领班,下以数大臣辅之,所谓军机王大臣是也。凡事由亲王作主,商之大臣而定,每日上班,必由领班之亲王开口请旨。"①

光绪十年"甲申易枢"后,清廷以礼亲王世铎为首席军机大臣,以庆郡王奕劻(后晋亲王)为总理衙门领班大臣,但其时最具实权的亲贵乃是光绪皇帝生父醇亲王奕譞:"甲申,奕䜣罢政,遂令(世铎——引者注)预机务,而以奕譞家居,遥总其成。"②此外,他还掌管着当时最精锐的旗兵——神机营,并担任海军衙门总理。奕譞的政治才干与其兄奕䜣差距甚远,吴相湘先生在其编著的《晚清宫廷实纪》中如是评价:"醇王奕譞,赋性保守固执,素不主重用汉人,又少与外国人接触,对外之知识有限,实不过一耿耿愚忠人物也。"③明代曾因侄继伯位引发了"大礼议"事件,作为光绪皇帝生父,奕譞自知身份微妙,稍有不慎便会触动慈禧太后最敏感的神经,因而在慈禧太后面前表现得唯唯诺诺,毕恭毕敬,唯恐给她留下半点"太上皇"的印象。慈禧太后则利用他的"愚忠"达到了排挤奕䜣、加强个人权威的目的。甲午中日战争爆发后,奕䜣再度出山执掌朝政,但是已风烛残年,无力挽救日益加深的统治危机。

戊戌政变后,清廷趋向反动,于是政治立场顽固守旧的端郡王载漪、贝勒载濂、辅国公载澜、庄亲王载勋等人活跃起来。他们因迎合了慈禧太后的仇外情绪而受到重用,一时炙手可热。载漪等人极力鼓动慈禧太后利用义和团反洋并获认可,义和团运动高涨期间载漪相继充任总理衙门大臣和军机大臣,载澜当上了右翼总兵和御前大臣,载勋则担任主管京城治安的步军统领,并与载漪、载濂等人统领义和团。载漪等王公怂恿慈禧太后与列强开战,酿

---

① 何刚德著,张国宁点校:《春明梦录·客座偶谈》,太原:山西古籍出版社,1997年,第110页。
② 沃丘仲子:《近现代名人小传》上册,北京:北京图书馆出版社,2003年,第77页。
③ 吴相湘编著:《晚清宫廷实纪》,北京:中国大百科全书出版社,2010年,第94页。

成"庚子国难",《辛丑条约》签订后被列为"祸首"遭到惩处。光绪二十九年以后,长期担任首席军机大臣的是庆亲王奕劻,同时清廷也开始推出一批年轻的亲贵。

第二节 从差使到职缺:庚子之后崛起的少壮亲贵

义和团运动与八国联军侵华极大动摇了清王朝的统治,庚子之后的内外局势使清廷更加难以收拾。

首先,慈禧太后作为清廷最高统治者,没有遵从最基本的政治文化规则。她为了一己私利,偏信顽固派王公,不顾群臣反对,利用义和团贸然向列强开战。义和团民固有其朴素的反帝爱国热情,但他们的指导思想毕竟属于中国主流政治文化所排斥的"异端邪说",其"神力"无法阻挡列强的枪炮是基本常识,统治者是绝不应当将鬼神迷信之事作为决策依据的。慈禧太后与顽固派王公却视国政如儿戏,盲目胡来,酿成大祸,在时人看来这完全是"失道"行为。经此一役,清廷权威丧失殆尽,甚至连政权的合法性都遭到严重质疑。其次,由于清廷"失道",东南各省督抚当八国联军入侵、两宫西逃之际集体违抗朝廷指令,尾大不掉,与列强"东南互保",使清皇室颜面扫地。东南督抚并无意与清廷决裂,所谓互保不过是非常时期"老成谋国"的非常手段,但他们公然不受朝廷节制的做法进一步损害了清廷的权威,加剧了清王朝权力格局"外重内轻"的问题。慈禧太后自知酿成大祸,对此不满却又无可奈何,只得表态理解认可东南各省的做法,特发懿旨嘉奖刘坤一、张之洞、袁世凯等人"共保东南疆土,尽心筹划,均属卓著"。① 可见,此时清廷对东南诸省的控制力已相当虚弱。最后,慈禧太后排洋不成,反而招致列强进一步入侵,数十年搞洋务积累的家底和自信被庚子一役摧毁殆尽,连她本

---

① 中国第一历史档案馆编:《光绪宣统两朝上谕档》第27册,桂林:广西师范大学出版社,1996年,第223—224页。

人都险些被列为"祸首"而惩处。列强视清廷为不可理喻的野蛮政权，对其步步施压，而最高统治者慈禧太后不得不变"反洋"为"媚洋"，这对整个清皇室而言不啻为奇耻大辱。

庚子政局使慈禧太后意识到，必须改弦更张，打造开明进取形象，以缓解列强压力，重新获取臣民认可。时论注意到："及乎拳祸猝起，两宫蒙尘，既内恐舆情之反侧，又外惧强邻之责言，乃取戊、己两年初举之而复废之政，陆续施行，以表明国家实有维新之意。"① 光绪二十六年十二月初十日，慈禧太后以光绪皇帝名义发布了一道谕旨，表示要实行"新政"，改革自强。② 清王朝历史从此进入"新政"时期。

庚子政局以及此后的新政为一批思想较为开通的少壮亲贵进入政坛提供了机遇。一方面，清代素来有亲贵辅政的传统，值此爱新觉罗家族政权岌岌可危、东南督抚公开不受节制之时，最高统治者势必更加信赖本家族成员。另一方面，由于列强要求惩办"祸首"，顽固派王公载漪、载澜、载濂等人被驱逐出权力中心，朝中的顽固势力遭到致命打击。虽然诸亲贵或有开通与保守、"帝党"与"后党"之别，但在维护爱新觉罗家族政权上则是根本一致的，载漪等人留下的权力空缺势必需要其他亲贵来填补。在这种情况下，清廷重组辅政亲贵集团，相继推出一批年轻的宗室王公，包括载沣、载泽、载振、溥伦、溥伟、善耆、毓朗（载洵、载涛进用于宣统朝，这里暂不讨论）。

载沣系光绪皇帝之弟，世袭和硕醇亲王，在诸少壮亲贵中地位最为显赫。庚子之后，慈禧太后为笼络当朝首辅荣禄，命载沣与荣禄之女联姻，"禄女，后视之若所生，自是沣始少少有宠"。③ 数年后，载沣长子溥仪降生，成为溥字辈中最有可能继承大统的皇室成员之一，载沣父以子贵，愈受重视，很快便跻身核心决策层。载泽、溥伦两人不仅是近支王公，而且与慈禧太后有姻亲关系；载振系奕劻长子，因慈禧太后笼络奕劻而受到重点栽培，在诸少壮亲贵中出任部院尚书最早；善耆和毓朗在少壮派中年纪较长，政治阅历相对丰富；溥伟虽有显赫的和硕恭亲王头衔，但因其祖父奕訢与慈禧太后有过矛

---

① 《论中国必革政始能维新》，《东方杂志》1904 年第 1 卷第 1 期。
② 中国第一历史档案馆编：《光绪宣统两朝上谕档》第 26 册，第 460—462 页。
③ 沃丘仲子：《近现代名人小传》下册，第 193 页。

盾，所受重视较载沣等人稍逊。总体而言，慈禧太后选用这些少壮亲贵，既是稳固皇室的需要也有维护自身权位的考量。庚子之后，支持慈禧太后的亲贵尽遭罢黜，其余王公大多是曾经同情光绪皇帝、反对招抚义和团的"帝党"。① 作为一名有丰富政治经验的政坛老手，慈禧太后明白，起用新的亲贵必须在她与光绪皇帝之间寻求平衡，至少不能"拥帝反后"，她重用与自己有特殊关系的载沣、载泽、溥伦以及奕劻之子载振显然有这种考量。即如载涛所言："她（指慈禧太后——引者注）之所以属意载沣，是因为她观察皇族近支之人，只有载沣好驾驭，肯听话。"②

兹将光绪二十六年十二月（新政开启）至光绪三十四年十月（光绪皇帝和慈禧太后去世）期间，少壮亲贵的主要任职履历梳理于下表：

清季少壮亲贵进阶表（光绪二十六年十二月至光绪三十四年十月）③

姓名 职差 年份	载沣	载泽	载振	溥伦	溥伟	善耆	毓朗
光绪二十六年	内大臣			镶黄旗蒙古都统、正白旗领侍卫内大臣		镶红旗满洲都统	

---

① 例如汤觉顿致康有为信函中声称："肃邸（即善耆——引者注）纯为帝党，自戊戌以至今日，宗旨坚定，经千曲百折，曾不少变。"见丁文江、赵丰田编《梁启超年谱长编》，上海：上海人民出版社，1983年，第448页。毓朗在义和团运动高涨时期曾向载漪建言："团人半皆愚鲁，日前有大车载一文弱书生，偕妻一子一，蒙红巾者数十押之赴坛，云获得二毛子也。问其凭证，即举一花露水瓶，曰此确证也。簇拥由府门前南去，其不通如此。"见毓盈《述德笔记》卷1，北京：民族出版社，2009年影印版，第7页。

② 载涛：《载沣与袁世凯的矛盾》，中国人民政治协商会议全国委员会文史资料研究委员会编：《晚清宫廷生活见闻》，第79页。

③ 资料来源：宗谱编纂处编《爱新觉罗宗谱》甲一册、甲四册，北京：学苑出版社，1998年。

续表

姓名 职差 年份	载沣	载泽	载振	溥伦	溥伟	善耆	毓朗
光绪二十七年	阅兵大臣、管理镶红旗觉罗学事务、正蓝旗总族长、头等专使德国大臣、正白旗汉军都统	稽查地面大臣	管理向导处事务	阅兵大臣	管理觉罗学事务、管理太庙袷祭并近支婚嫁等事	管理两翼宗学、正白旗领侍卫内大臣、管理健锐营事务、御前大臣上学习行走	
光绪二十八年	管理新旧营房事务	右翼监督、右翼前锋统领	御前行走	左翼查城大臣、正蓝旗满洲都统	正黄旗汉军都统、新营房城内官房大臣、值年大臣		鸿胪寺少卿
光绪二十九年	随扈大臣	派出守护东陵	镶蓝旗汉军都统、管理新旧营房、正白旗领侍卫内大臣、商部（农工商部）尚书、御前大臣	管理善扑营事务、总理行营事务，值年大臣、前往美国博览会正监督	随扈大臣、署理对引大臣、派出稽查七仓、内大臣、管宴大臣		

续表

姓名职差\年份	载沣	载泽	载振	溥伦	溥伟	善耆	毓朗
光绪三十年				值年大臣		镶黄旗满洲都统、管理新旧营房事务、管理藩院事务	光禄寺卿
光绪三十一年		考察政治大臣、镶黄旗汉军都统		稽查火药局事务			内阁学士兼礼部侍郎、巡警部左侍郎
光绪三十二年	管理健锐营事务、正红旗满洲都统、管理新旧营房事务	御前大臣、管理武备院大臣	正红旗族长	阅兵大臣、管理太庙祫祭及近支婚嫁事务	镶黄旗蒙古都统	管理雍和宫事务、管理圆明园包衣三旗并鸟枪营事务	
光绪三十三年	军机大臣上学习行走	度支部尚书	"丁未政潮"发生，开去农工商部尚书、御前大臣	崇文门正监督、资政院总裁	管理向导事务、正红旗满洲都统、管理新旧营房、署理宗人府右宗正	民政部尚书	民政部左侍郎
光绪三十四年	军机大臣				总理禁烟事务大臣		

据上可知，在新政的头五个年头，除了载振凭借其父奕劻的特殊地位跻

身商部尚书、年龄稍长的毓朗通过宗室考封得授阁部职任外①，其他少壮亲贵主要担任负责皇族和八旗事务的官职，同时被委以一些重要的临时性差使；前者多是闲职虚衔，清廷拔擢少壮亲贵的用意以及少壮亲贵对朝局的影响力主要体现在这些差使上。例如，光绪二十七年清廷派遣载沣赴德道歉，顺道游历各国，外间对此极其关注。《申报》评论称："此次醇亲王出使德国，虽朝廷不得已之举，然不但友邦可藉此辑睦，即外洋之事亦可周知，外洋之情亦可洞悉。将来事毕还京，嘉谟入告，必有足动朝廷之听者，新政之转机当于醇亲王是赖矣……醇亲王此次出使于中国变法大有裨益。"②又如，光绪三十一年载泽奉命出洋考察政治，回国后他力排众议，上密折奏请立宪，是为促使慈禧太后下定立宪决心的关键。时论称："深服泽公高见远识，洞见隐微，且能言人之所不敢言。近支王公乃有此人，大清国其有赖矣。"③"此次宣布立宪，当以泽为首功。"④而彼时载泽的正式职缺仅是镶黄旗汉军都统。可见此时少壮亲贵虽尚未得授要缺，但他们能够凭借其特殊身份影响最高统治者的立场，对朝政发挥着普通满汉大臣难以替代的作用，俨然已是彼时的政坛新秀。

这些少壮亲贵甫登政坛，官场习气较少，一改此前皇室顽固守旧的面貌，赢得了一定清誉。⑤他们大多有过出洋经历，思想比较开通。庚子国难使他们受到极大刺激，通过出洋考察游历，少壮亲贵们进一步体认到中国与列强之间的巨大差距，形成了强烈的革新自强意识。时论注意到："近来京中各亲王贝子与外国官商往来者，惟醇王、肃王、振贝子三人为最密，改良中国之心亦最热。"⑥溥伦赴美参加国际博览会时向当地记者表示："宗邦积弱，见侮外人，若不急图自强，何以振兴国脉。"⑦载泽在奏请宣布立宪密折中有谓："今

---

① 见毓盈《述德笔记》卷1，第3—4页。
② 《论醇亲王使德于中国变法大有裨益》，《申报》1901年7月6日，第1版。
③ 《论立宪制度利于政府而不利于地方官》，《申报》1906年9月9日，第1版。
④ 《考政大臣之陈奏及廷臣会议立宪情形》，《东方杂志·立宪纪闻》1906年第3卷增刊。
⑤ 如时人汪康年评价载泽："人甚好，品学俱优，虽稍旧，然有见地。"（见上海图书馆《汪康年师友书札》，上海：上海古籍出版社，1989年，第847页）孙宝瑄评价善耆："使天下办事人，尽如肃王，何患不百废俱兴耶？"（见中华书局编辑部编，童杨校订《孙宝瑄日记》，北京：中华书局，2015年，第458页）
⑥ 《时事要闻》，《大公报》1903年1月20日，第3版。
⑦ 《伦贝子回京后之关系》，《大公报》1904年9月1日，第2版。

日外人之侮我，虽由我国势之弱，亦由我政体之殊，故谓为专制，谓为半开化，而不以同等之国相待。一旦改行宪政，则鄙我者转而敬我，将变其侵略之政策，为平和之邦交。"①毓朗则有诗云："努力事新法，取多用始便。"②清王朝腐朽已久，革新才能自强，守旧便会加剧危机，这是少壮亲贵对朝局的基本判断；作为爱新觉罗家族的皇子皇孙，诸少壮亲贵显然不愿看到祖宗留下的江山社稷就此毁灭，其起衰振弱之心较之于普通满汉大臣更强烈。善耆曾向日人川岛浪速明确表达过这种认识：

> 清朝之旧组织如腐朽的房屋，无论怎样修补支柱也无济于事。必须彻底破坏之，重要的是要建新建筑。若朝廷能以自己的能力实现之，家主仍然是属于爱新觉罗氏；若没有实现之能力，迟早必由他人经营，此乃革命，"大清"二字于兹不得不归于消亡。若单为中国自身而谋划，宁可采取革命手段，不是明快且轻而易举吗？然而，余既然出生于大清之家，在谋求保全中国之同时，亦有务必维持大清之命运之义务，因而不能不试图在他人来毁坏之前，决然而起，毁掉旧房屋，筑起新建筑。余一生之志向、使命仅此而已。③

光绪三十二年，清廷宣布预备立宪，随后少壮亲贵迅速崛起，一跃成为执掌清廷财政、民政、立法等重要权柄的部院官长，载沣更是进入军机处，跻身最高决策层。晚清自咸同以降，虽然清廷重用亲贵的趋势一直在强化，不过亲贵任职仍主要集中在军机处和总理衙门，其他如练兵、海军等事则多以亲贵"总理事务"的形式管理，属于非正式的"差使"而不是正式的"职缺"；预备立宪开启后，诸亲贵如此大规模地出任重要部院堂官，这在有清一代亲贵辅政的历史上都是少有的，这期间的中央官制改革则是少壮亲贵上位的一个重要时机。

---

① 《镇国公载奏请宣布立宪密折》，《东方杂志·奏议》1906年第3卷增刊。
② 毓朗：《余痴生诗集》，纪宝成等编：《清代诗文集汇编》第789册，上海：上海古籍出版社，2010年，第591页。
③ 川岛浪速：《肃亲王》，章开沅、罗福惠、严昌洪主编：《辛亥革命史资料新编》第2卷，武汉：湖北人民出版社，2006年，第373页。

光绪三十二年九月至十一月间的中央官制改革是清廷内部十分关键的一次权力重组。新官制不分满汉，汉大臣欲通过官制改革打破满人在朝中的优势地位，清皇室则企图加强对政权的控制。时人恽毓鼎认为："辛丑回銮，孝钦（即慈禧太后——引者注）内惭，始特诏天下议改革，定新官制。少年新进不深维祖宗朝立法本意，第觉满洲人士以八旗区区一部分，与我廿一行省汉人对掌邦政，其事太不平，欲力破此局以均势。满汉之界既融，于是天潢贵胄，丰沛故家，联翩而长部务，汉人之势大绌，乃不得一席地以自暖。"① 恽毓鼎将亲贵执掌部院全部归因于少壮亲贵夺权排汉，显然有为慈禧太后开脱之嫌，缺少了这位最高统治者的支持，少壮亲贵们不可能如此顺利地、大规模地掌权。亲贵柄政以固皇权乃是包括慈禧太后在内的整个清皇室在这次权力重组中的共识。需要指出的是，清廷这次加强皇室权力，不仅"排汉"，而且"排满"，普通异姓满大臣亦是这次权力重组的失意者，其时京城有谚语云："近支排宗室，宗室排满，满排汉。"② 清皇室在这里表现出的已非单纯的种族之见，而是更狭隘的家天下意识。

慈禧太后之所以大量起用少壮派，还因为她注意到奕劻权势太大又贪鄙好货，政坛口碑极差，屡遭清流弹劾，故有意削弱之。而诸少壮亲贵经过担任重要差使的历练，已经有了一定阅历，使她削弱奕劻成为可能，毕竟清皇室不会轻易将亲贵留下的权力空缺转移至异姓大臣。据恽毓鼎之子恽宝惠后来回忆："他（指奕劻——引者注）因议和保全了西太后，始见信任，后更委以管理外务部，总理练兵，管理陆军部。其子载振，不过是贝子衔的镇国将军，特简为商部尚书。其时近支皇族，一大部分因主张利用义和团而纷纷戍边、革爵；一部分年甫及壮，经历未宏，尚不能与之对抗……西太后后来又将载沣加入军机大臣，希望分奕劻的权。"③ 光绪三十三年"丁未政潮"后，虽然慈禧太后保全了奕劻，但她以载沣在军机大臣上学习行走，按照惯例，军机处一般只有一名亲贵领衔，慈禧太后这样安排明显有历练载沣接班奕劻的

---

① 史晓风整理：《恽毓鼎澄斋日记》，杭州：浙江古籍出版社，2004年，第790—791页。
② 刘体智：《异辞录》卷4，北京：中华书局，1988年，第197页。
③ 恽宝惠：《清末贵族之明争暗斗》，中国人民政治协商会议全国委员会文史资料研究委员会编：《晚清宫廷生活见闻》，第63—64页。

用意，时论注意到："闻自瞿相（即瞿鸿禨——引者注）被斥后，御史台中又有极严厉极沉痛之折反攻庆邸（即奕劻——引者注），奉旨留中，然上意已为之动，特命醇邸（即载沣——引者注）入枢府学习预备替代之人，又令一老于公事之鹿传霖为醇邸之导师，其意已可概见……自今以后，庆之权位恐未必能如泰山磐石之安矣。"①

虽然如此，慈禧太后也深知以诸少壮亲贵们尚不能完全取代奕劻，加之她本人思想陈旧，担心他们年少躁进，对他们仍以历练为主。诸少壮亲贵主管单项政务尚可，在朝廷最高决策中的话语权仍在奕劻等人之下。其时奕劻因载沣入枢，屡以年老多病为借口请辞，并保荐载沣继任其位，慈禧太后均未答应。②载沣性格庸懦，入枢后遇事仍以奕劻为主。载泽虽然掌管了度支部，"拉后（即慈禧太后——引者注）尚以童年视之，虽与亲而未尝引谋要政也。泽亦不敢尽言，权力盖远在奕劻之下"。③执掌民政部的善耆也常受到奕劻申斥，"或曰荒唐不懂政事，或担心其轻佻误事"，以致日本外交官在面对善耆时"力图疏远，而首先窥庆王、那桐、袁世凯等之脸色，惟恐违背其意"。④

总之，虽然少壮亲贵在光绪朝末期已经开始担任部院官长，但彼时清廷权势依然掌握在奕劻一派手中，少壮亲贵们对朝局的影响力有限，其全面掌权则是宣统朝的事了。

小　结

亲贵辅政是有清一代的政治传统。清初保留了较多军事民主制色彩，对意欲加强皇权的君主而言，王公掌权柄政，辅弼与威胁并存；康熙以降，清

---

① 《日下近闻》，《申报》1907年6月27日，第3版。
② 《不允开去军机差使》，《大公报》1907年8月11日，第5版。
③ 沃丘仲子：《近现代名人小传》下册，第200页。
④ 川岛浪速：《肃亲王》，章开沅、罗福惠、严昌洪主编：《辛亥革命史资料新编》第2卷，第371页。

廷基本解除了王公对皇权的威胁，形成君主独尊于上、王公辅弼于下的辅政模式，宗室王公成为君主加强皇权的可靠力量。无论创业时期还是承平时期、危机时期，由宗室王公构成的亲贵集团在清王朝政治中均扮演了重要角色。由于诸王公政治才干、见识、立场不同，对朝政的影响也是有利有弊，既有多尔衮辅佐顺治定鼎中原、奕䜣辅佐同治转危为安的成功典范，也有奕䜣碌碌无为、载漪等人酿成国难的反面事例。但无论何种影响，亲贵集团"休戚与国"，守卫爱新觉罗家族江山社稷的基本立场是一致的。庚子之后，清廷为挽救统治危机重组辅政亲贵集团，推出一批思想趋新、年富力强的宗室王公。他们先是被委以出洋、"管理事务"等临时性差使，从中可见清廷着力培育政治新人的用意；预备立宪以后，少壮亲贵大量出任新建各部院官长，对朝政的影响力进一步增强。

　　质言之，清季少壮亲贵的崛起是有清一代亲贵辅政传统的延续。过往的各种历史书写常引用"亲贵干政违背祖制"意在说明清季亲贵柄政是清廷挽救危亡的"非常之举"；然而，危机之中当事人的实践逻辑往往来自长期以来形成的"惯习"，① 关键时刻依靠亲贵便是清廷统治的一种"惯习"，是清王朝自建政以来一项不成明文的"祖宗之法"，因而才有了清季少壮亲贵的崛起。彼时民族主义和民主思潮风起云涌，朝野对亲贵柄政已颇有微词，但在清皇室看来这却是治国理政的常规选择。

---

① 参见宫留记《布迪厄的社会实践理论》，开封：河南大学出版社，2009年，第144—151页。

第二章 从载沣摄政到亲贵用事

载沣摄政的前一年半多的时间是宣统朝局发展的第一个阶段。在此期间，最高统治者的更替给朝局带来诸多新气象，朝野上下起初对载沣摄政抱有极高的期待，但不久便趋于冷淡。与此同时少壮亲贵尽出掌权，庆袁一派遭到削弱，清廷权势格局发生改变。亲贵用事招致时人质疑，不过少壮亲贵们在各自职任上积极趋新求变，巩固了在政坛的地位，质疑之声也暂时沉寂。

第一节 末代的开局：载沣摄政及其政见

光绪三十四年十月，光绪皇帝和慈禧太后在十个时辰之内相继撒手人寰，国政骤然落在年轻的监国摄政王载沣肩上，清王朝从此进入载沣摄政时代。这是有清一代的最后三年，也是中国数千年的帝制历史走向终结的时期，被赋予太多的"末代"色彩；然而，若从王朝史的角度看，把持朝政近半个世纪的慈禧太后死去，年轻的摄政王上位，宣统朝的开局亦不乏"开新"的意味。

一、摄政时代开启与即时观察

如前述及，从载沣入军机处即可见慈禧太后有将未来国政交付于他的意向，不过对载沣而言，重任依然来得十分突然。光绪三十四年十月间，慈禧太后和光绪皇帝均已病笃，早已反目的二人似乎都在等待着对方先死。二十日，光绪皇帝临终之际，自知时日无多的慈禧太后连发两道懿旨，"醇亲王载沣之子溥仪着在宫内教养并在上书房读书""醇亲王载沣授为摄政王"。① 此时距载沣进入军机处历练仅一年多，骤膺如此重任，这位年纪轻轻并且对权力并不热衷的亲王似乎并没有做好准备，有关载沣受命的情形及其态度，从以下几则记载可以窥见端倪：

> 载沣日记："庆邸到京，午刻同诣仪鸾殿，面承召见。钦奉懿旨：醇亲王载沣授为摄政王，钦此。又面承懿旨：醇亲王载沣之子溥仪着在宫内教养并在上书房读书，钦此。叩辞至再，未邀俞允，即命携之入宫，万分无法，不敢再辞，钦遵于申刻由府携溥仪入宫。"②
>
> 刘体智《异辞录》："太后曰：'先令载沣之子入宫读书。'醇邸辞曰：'臣之子幼，载涛之子长，愿太后善为计。'太后微愠曰：'汝糊涂，此如何时，而犹作是言耶！立汝之子为穆宗毅皇帝之嗣，汝为摄政王，汝虽无才能，择有才能者为佐，勉之毋懈。'"③
>
> 胡思敬《国闻备乘》："孝钦之定策也，载沣叩头力辞，太后叱之曰：'此何时而讲谦让？真奴才也！'徐训之曰：'汝恐一人之力不能胜任，溥伟最亲，可引以为助。'"④

按照清末官场的一般规则，王公大臣得到朝廷提拔或封赏后往往要象征性地请辞一下，不过从以上各家所记情形来看，载沣请辞摄政王并非故作姿态。对于这一突如其来的重任，他确实有意推辞，无奈慈禧太后心意已决，载沣只能接受。

二十一日，光绪皇帝死于瀛台，载沣与各军机大臣及内务府大臣立即赶

---

① 中国第一历史档案馆编：《光绪宣统两朝上谕档》第34册，第243页。
② 载沣：《醇亲王载沣日记》，北京：群众出版社，2014年，第295页。
③ 刘体智：《异辞录》卷4，第227页。
④ 《溥伟争位》，胡思敬：《国闻备乘》卷3，上海：上海书店出版社，1997年，第70页。

赴福昌殿慈禧太后病榻前听候安排，慈禧太后下令，以溥仪为嗣皇帝，兼祧同治、光绪二帝，"现在时事多艰，嗣皇帝尚在冲龄，正宜专心典学，着摄政王载沣为监国，所有军国政事悉秉承予之训示裁度施行，俟嗣皇帝年岁渐长，学业有成，再由嗣皇帝亲裁政事"。然而彼时慈禧太后已处在弥留之际，无法训示军国大事，于是翌日改谕："现予病势危笃，恐将不起，嗣后军国政事均由摄政王裁定，遇有重大事件必须请皇太后懿旨者，由摄政王随时面请施行。"① 随后慈禧太后也撒手人寰。清廷连失两名最高统治者，朝局变动之剧烈殊出人意。时军机章京许宝蘅在日记中言道："十一时中两遭大丧，亘古所未有，可谓奇变，余缮写各旨时心震手颤，莫知所主。"② 不及两日，载沣先被授为摄政王，继而监国，从一名在军机处历练仅一年多的年轻亲贵一跃成为实际最高统治者，清王朝在一番慌乱中进入载沣摄政时代。

历朝历代新君初立时最易发生动荡，其时新皇帝尚在冲龄，载沣为人一向谦厚，还没来得及在朝中培植己派势力便已骤然上位，权势极其虚弱；好在溥仪继位系慈禧太后临终钦定，虽然恭亲王溥伟有意争位却也无可奈何；载沣则是大行皇帝胞弟、新皇帝生父，由他摄政于情于理均无可置喙。恽毓鼎在清帝逊位后曾有谓："以神器之重，授之暗懦孱王。父监子国，而君为虚位。名之不正，莫过于斯。"③ 但这只是他在清亡后检视少壮亲贵柄政的"后见之明"，并且对他们葬送祖宗基业有极强的抱怨情绪，有"事后诸葛"之嫌，不少论者以恽毓鼎此言为据质疑载沣监国的合法性，我认为是不恰当的。载沣的政治才干能否胜任终须实践验证，而彼时主少国疑，谋取最高权柄者如群雄逐鹿，载沣与大行皇帝及新皇帝最为亲近，其监国摄政不但合法性没有问题，而且在当时最不致引起他人对大权的觊觎，朝政因而得以平稳过渡。其时日本政客大隈重信即认为："此次清国皇帝升遐后即由太皇太后决定皇储问题，以溥仪殿下为嗣皇帝。未几太皇太后亦上宾，而皇储之问题已决，无敢窥伺。夫立皇储者，至难之问题也，于此不复酿成纠葛，实属大可庆祝

---

① 中国第一历史档案馆编：《光绪宣统两朝上谕档》第34册，第247、251页。
② 许恪儒整理：《许宝蘅日记》，北京：中华书局，2010年，第218页。
③ 史晓风整理：《恽毓鼎澄斋日记》，第576页。

焉。"① 历史上有周公辅成王的模范事例,清王朝也有睿亲王多尔衮辅佐顺治帝入主中原、恭亲王奕䜣辅佐同治帝转危为安的先例,载沣摄政不乏成功经验可寻。况且,多尔衮摄政时清廷大局未定,反对他的王公贝勒大有人在,奕䜣担任议政王时有两宫太后垂帘听政,重要决策必须请懿旨办理。载沣与他们相比,诸王中无人觊觎他的位置,他拥有处理军国大事的全权;虽然慈禧太后的临终懿旨要摄政王遇有重大事件须请示隆裕太后,但这与垂帘听政完全不同。加之清廷这时已经确定立宪的基本国策,并制定了比较详细的九年筹备清单,载沣照此推进即可。从这个意义上讲,载沣接手国政时面临的局势较其前辈多尔衮、奕䜣还要有利。

实际上,载沣执掌国政的最大短板恰恰是他本人。慈禧太后掌控朝政近半个世纪,是清廷的绝对权威,各派势力无不仰其鼻息,她虽无甚雄才大略,但凭借其政治阅历和手腕尚能够维持清王朝残局不致崩溃,慈禧太后死后留下的权势空缺绝非年轻的载沣所能够填补。其时元老亲贵奕劻长期柄政,势力盘根错节,载沣在军机处时,奕劻视之为后辈;张之洞为汉大臣领袖,在政学两界皆声名煊赫;袁世凯年富力强,把持外交,党羽遍布京外各界;满大臣中铁良掌握着近畿陆军。与他们相比,载沣的阅历明显不足,难以让这些政坛大佬真正服膺自己;而且他在朝中没有属于自己一派的政治势力,虽获得处理朝政的全权,却实际处于一种"有权无势"的窘境。大隈重信注意到:"摄政王醇邸固称识学兼优,贤良无比,无奈阅历尚浅,年齿亦壮,恐不如太皇太后操纵群雄犹反掌之易也,则势不得不倚重王公大臣,而政权势力之中心于是见分立焉。"② 此外,载沣性格过于谦厚,甚至有些懦弱,他总揽朝政却非政治强人,不但难以驾驭朝中各大佬,就连其家人也给他造成不小的麻烦。据时人胡思敬记述:"监国性极谦让,与四军机同席议事,一切不敢自专。躁进之徒,或诣王府献策,亦欣然受之。内畏隆裕,外畏福晋。福晋与老福晋争权,坐视无可如何。"③

可见,载沣接手朝政时所面临的朝局情势有利有弊:一方面,清廷预备

---

① 《大隈伯爵论北京政界之现势》,《盛京时报》1908年11月26日,第2版。
② 《大隈伯爵论北京政界之现势》,《盛京时报》1908年11月26日,第2版。
③ 《监国之黯》,胡思敬:《国闻备乘》卷4,第78—79页。

立宪的大政方针已经确定，他的监国摄政王之位也相当稳固；另一方面，朝中大佬林立，而他本人政治阅历和魄力明显不足。在这种情况下，载沣能做的，就是继续执行慈禧太后留下的九年筹备立宪规划，他在摄政伊始即向各军机大臣宣称："本王自蒙恩摄政以来，自惭才薄，昼夜兢兢，深惧弗胜，幸赖诸公匡助，恭办大事，渐已就绪。此后惟有仰承德宗景皇帝遗志，举办一切新政，但于国事有益决不敢妄议更张。"① 为此，他主要采取了以下三项举措。

其一，重申九年预备立宪方针。光绪三十四年八月，清廷在各方催促下终于颁布了《钦定宪法大纲》，确定预备立宪的期限为九年，并制定了九年筹备立宪事宜清单；不料仅仅两个多月后慈禧太后和光绪皇帝便撒手人寰，立宪前途一度不明朗，朝中大员及外间舆论相互揣度，疑言四起。② 其时《泰晤士报》推测："清廷遭此次之变，受其影响者决非浅鲜，断不致见分裂，而国家亦趋文明之域矣，但其进步断不如从前之迅速也。"③ 载沣接管朝政后对立宪年限问题极为重视，认为："今上御极之始，外间对于预备立宪问题妄生揣测，非奏请重申明诏不足以定人心而慰民望。"④ 乃向各军机大臣表示："立宪年限前由太皇太后、大行皇帝酌量情形定，以九年实为缓急适当之期限。我辈受恩深重，惟有仰遵遗训，切实预备，以期依限实行，俾竟两圣未终之志。"⑤

十一月初九日，溥仪正式登基，定新年号为宣统，翌日载沣即以新皇帝的名义发布了一道上谕，表示要继承两宫遗志，"仍以宣统八年为限，理无反汗，期在必行"。⑥ 宣统元年二月十五日，清廷再发布上谕重申立宪国策："今特将朝廷一定实行预备立宪维新图治之宗旨，再行明白宣示，总之国是已定，期在必成。嗣后大小臣工皆当共体此意，翊赞新猷。其有言责诸臣，亦当慎体朕殷殷求言之至意，于一切新政得失利病，剀切敷陈，俾臻上理。倘敢私

---

① 《摄政王之宣言》，《大公报》1908 年 12 月 13 日，第 4 版；《摄政王之宣言》，《盛京时报》1908 年 12 月 16 日，第 2 版。
② 《上谕巩固立宪之原因》，《顺天时报》1908 年 12 月 4 日，第 7 版。
③ 《译泰晤士报论北京之政局》，《盛京时报》1908 年 11 月 29 日，第 2 版。
④ 《重申谕旨之原因》，《大公报》1908 年 12 月 7 日，第 3 版。
⑤ 《立宪年限毫无更动》，《大公报》1908 年 12 月 2 日，第 4 版。
⑥ 中国第一历史档案馆编：《光绪宣统两朝上谕档》第 34 册，第 274 页。

心揣摩，意存尝试，摭拾腐败浮言，淆乱聪明，亦有应得之咎也。"① 对比这两道上谕不难发现，载沣强调九年预备立宪基本方针不变，起初旨在打消时人疑虑，安定人心；随后则更注重立宪行动，督促臣工切实办理，不得心存侥幸。作为一名对列强政治有一定认识的年轻亲贵，载沣早已将立宪视作挽救国运的唯一出路，他在与枢臣的交谈中提及"余赴德国时见其国俗之美，因而察其政治之施设，即知我国立宪之不容一日稍缓"。② 其一再申明立宪方针，可见他确实有按部就班切实完成的意愿。

其二，重视言官。"丁未政潮"后，清廷之中尚能算得上"清流"的瞿鸿禨、岑春煊下野，载沣接手国政之时，老亲贵奕劻久握政柄，作为不足而贪鄙有余，早已声名狼藉；袁世凯虽有政治才干，但长期贿赂权要，结党营私；诸老臣则虚与委蛇，态度暧昧。载沣虽然才能并不出众，不过品行操守尚好，有清廉之名，③不满当时贿赂公行、党同伐异的政坛风气。当时朝堂之上只剩言官还算得上清正，他们向来以朝廷耳目自居，载沣对这一群体极为重视，一来可以借助言官参劾各种贪赃枉法、结党营私行为以整肃政坛风气；二来可以借言官弹劾杀一杀政坛大佬们的威风，帮助树立个人权威。于是，载沣摄政后做出虚怀求谏的姿态，据报载："监国摄政王日前特召某某御史六人至起居所密嘱，嗣后凡关于朝政之得失，内外臣工云之良莠，如有确实见地，应即缮折具奏，其关系秘密私事者无妨封奏面奏，惟不得挟嫌诬蔑致干重咎。"④ 载沣摄政伊始即特地召见江春霖、赵炳麟两御史，台谏入对已绝迹三十余年，此时重获入对，各言官热情自是极为高涨，"台谏风生，海内动色。尝有七御史同日各递封奏，称极盛焉"。⑤

载沣有整肃政风、树立个人权威的需求，言官则希望在更换最高统治者后改变长期以来不受重视的处境，两者一拍即合，双方关系在载沣摄政之初进入一段"蜜月期"。光绪三十四年十一月初十日，御史蔡金台奏请明定摄政

---

① 中国第一历史档案馆编:《光绪宣统两朝上谕档》第35册，第63页。
② 《摄政王注意宪政之一斑》,《申报》1908年12月24日，第1张第3、4版。
③ "时奕劻索贿无艺，沣独身趋公，如张之洞、鹿传霖并门包弗纳，一时清誉著于朝端。"见沃丘仲子《近现代名人小传》下册，第194页。
④ 《御史之权力膨胀》,《大公报》1909年1月8日，第4版。
⑤ 徐珂编:《清稗类钞》，北京：中华书局，1984年，第1523页。

体制。翌日,给事中忠廉以"当今主少国疑,礼制尤不可不严",奏请颁定摄政王礼节;①御史赵炳麟奏请将各项大权全部统一于摄政王,以"巩固国命"。②这些封奏为加强摄政王权威着想,载沣自是乐见,一一应允。在随后罢黜袁世凯及其朋党陈璧、赵秉钧、唐绍仪等人的过程中,言官群体也都扮演了急先锋的角色(详后)。

其三,确立军机大臣署名制度。溥仪登基两天后,御史赵炳麟即上折奏请规复军机大臣副署上谕的旧制,这一制度创始于乾隆朝,原是为了完善军机处廷寄制度,后被废止。赵炳麟此时重提该制,按照他本人的说法:"署具衔名,责有攸归,政本自能清肃。东西国副署之制,亦同此意。"③载沣欣然俞允,并下令将其列入摄政王礼节中。其时清廷正处于预备立宪的关键时期,人们常常以军机处比附立宪国的责任内阁,军机大臣掌握行政大权却不负行政责任的现状日益为人诟病;在时人看来,此时命军机大臣副署上谕,其用意并非简单地规复旧制,而是在模仿立宪国国务大臣副署制度,是向建立责任内阁制迈出的重要一步,舆论对此颇为兴奋。《顺天时报》分析称:"由军机署名以表襄赞摄政王之政务也,按东西立宪体制,虽经皇上办事亦须有国务大臣署名,而摄政王适值立宪之时仿照东西立宪国体办法,以昭守信。"④《大公报》更是乐观地认为:"摄政王真不愧为立宪之摄政矣,国民为之欣然而喜,亟于军机大臣之署名,则其制度尤善。军机大臣者即立宪国所谓国务大臣也,国务大臣在宪法上之特色副署而已矣。今之军机大臣署名与立宪国国务大臣之副署其意正同……自监国摄政王钤章军机大臣署名之制度实行,而我朝数百年来之行政方式为之一变,此预备立宪第一年之佳现象也。"⑤

然而,这些只是舆论一厢情愿的期待,载沣或有令军机大臣担负行政责任之意,但清廷上谕毕竟没有明说这层用意,严格就官制而言,军机大臣仍

---

① 《宣统政纪》卷2,《清实录》第60册,第31—34页。
② 赵炳麟:《奏请统一政权巩固国命事》,中国第一历史档案馆藏:宫中朱批奏折,档号:04-01-02-0115-006。
③ 赵炳麟:《奏为三请规复署名旧制恭折》,《赵柏岩集·谏院奏事录》卷5,台北:文海出版社,1969年影印版,第8—10页。
④ 《上谕军机署名之原因》,《顺天时报》1908年12月22日,第7版。
⑤ 《论监国摄政王钤章军机大臣署名之制度》,《大公报》1908年12月24日,第3版。

属于皇帝的秘书班子,时人许宝蘅即认为:"现今奉旨非写内阁奉旨即写军机大臣奉旨,若以署名负责任之意解释之,内阁、军机非皆承旨之人手,非皆负责任乎?徒以署名不署名强分得失,殊属无谓,况署名之后,大臣有何政见能不请旨即行乎?且摄政王所任皆皇帝之事,所发皆谕旨,不认可岂能降旨乎?将以署名辨真伪,则一旨颁行各省曾闻有伪造者乎?今人议变法不于实际讲求,徒貌袭而皮傅,类皆若此。"① 由于载沣同意军机大臣署名却又对军机大臣的责任采取模糊处理,时人最关注的军机大臣责任问题并没有得到明确答复,这便为日后资政院与军机处的争执埋下了隐患。

虽然载沣的政治才能并不出众,又是仓促上任,但由于他为人谦逊、待人宽厚、操守正派并且有过出洋经历,对列强有一定认识,又有改革朝政的意愿,与此前长期把持朝政的慈禧太后截然不同,为政坛带来一股新风,于是在载沣摄政之初外界对他颇多赞誉,乐观地期待新统治者治理下的朝政前景。

《大公报》认为载沣摄政后中国的前途可喜可贺:"今何幸醇邸监国,兼摄朝政,凡我国民于痛悼国丧之中实不能不贺朝廷得人之庆。盖摄政王者,皇室中之伟人物,亦吾国热心新政之人也。戊戌政变即关怀于国是,欧洲出使复注意于邦交。其英明伟略久为臣民所钦佩,各国所尊崇,故摄政以来一切政事莫不恪遵遗训,倚任大臣。"② 孙宝瑄在其日记中也记下:"自摄政王当国后,气象为之一新,中外推服。观其连日所下谕旨,似极有条理。盖于和平中寓有严肃之气,吾为中国前途贺也。"③

中国方面的报道评论或有谄媚吹捧之嫌,外国方面也不乏溢美之词。其时德国报界评论称:"今天的摄政王却已具备了我们所说的才干。自巡访欧洲后,他下定决心埋头学习。他不但学识胜过外交官,而且还是清廷诸亲王中远比他人都更勤勉、更忠诚、更加品行端正的人。"④ 美国的《纽约时报》认为:"醇亲王是个年轻人,他成长的时代处于现代思想火花立足于东方世界之

---

① 许恪儒整理:《许宝蘅日记》,第223—224页。
② 《贺中国之前途》,《大公报》1908年12月16日,第3版。
③ 中华书局编辑部编,童杨校订:《孙宝瑄日记》,第1365页。
④ 《中国的新主》,章开沅、罗福惠、严昌洪主编:《辛亥革命史资料新编》第7卷,第144页。

际。他通过自己的眼睛看到了西方世界,其心智和视野并没有因为紫禁城的城墙而受到限制。因此,他可以做到其他大清国统治者所没有做到的事情,即立足于现代观点,以透视的目光,从与其他世界强国的对比中来认识自己的国家。单单凭据这一事实,即能证明他对目前清国所面临的事态所采取的态度是可靠而正确的。"① 日本《支那经济报告书》更是用大篇幅对载沣施政夸赞了一番:

> 摄政王年齿仅有三十,又是思虑细密、有温厚学者风范之人,值今日清国空前难局,克体百度更新之所以,英决果断,除积弊,兴新政,励精图治,真不愧贤王之名。观其屡降谕旨,大异于与以往空言交织者。其饬励地方官之上谕,斥责今所谓循吏,以催科听断缉捕为尽职,不知牧民之道以爱抚为主;又发出勤俭之上谕,令去冗官,节冗费;每当督抚等转任之时,戒以去援属僚之弊,降督饬预备立宪之上谕,在去年已有五次,因其察知官吏等相互推诿责任,敷衍表面,以一纸奏文塞责之实情。对奏折一一阅览加批,与从前只是按谕朱批者异,其精勤可惊。以大力整肃清国数百年积弊丛生之官场,如陈璧之去,即为显例。且致意与内廷之廓清,在宫中逞威已久之李莲英之去,为五月之事,宦官裁减之议虽未实行,然已略决。又大开言路,勉励上情下达,虚心纳谏,有礼贤下士之风。召见军机大臣及其他大臣时,克尽其言,当责者责之,虽不免有稍失峻严之嫌,然摄政王之热诚,乃上下所共见。②

由上可见,时人时论对载沣执掌国政后的朝局前景还是抱有一定期待的。

---

① 郑曦原编:《帝国的回忆:〈纽约时报〉晚清观察记》,北京:生活·读书·新知三联书店,2001年,第376页。
② 《摄政王之施政》,李少军编译:《武昌起义前后在华日本人见闻集》,武汉:武汉大学出版社,2011年,第380—381页。

二、"摄政王之新政见"

20世纪初的中国，民族主义和民主思潮风起云涌，清廷统治的合法性已经遭到质疑，与此同时列强对中国步步紧逼，不断攘夺中国主权，此时的清廷正面临着内部颠覆与列强瓜分的双重风险。清廷为挽救危局抓住了立宪这一救命稻草，但又以条件不成熟、准备不充分为由，为立宪设定了长达九年的筹备期。清廷立宪是危机中的变革，其时内外局势持续恶化，朝野有识之士立宪救亡之心日趋急进，他们对九年预备期尚且抱怨太久，更容不得朝廷再敷衍塞责。载沣执掌国政后，是继续亦步亦趋还是勠力革新，直接关系到清王朝的命运，时论注意到："现在已经到了这样一个时刻，该国（指中国——引者注）若要继续存在，就不得不用其良好的工作来让世人见识其存在的合理性，否则，中国本身将被各国分租为碎片。在各国悲惨的历史中这一危机时刻——确实是悲惨，无论用来界定它的政治术语是多么普通——全部责任重担就落在了这位27岁年轻人的肩上。"①

对载沣而言，摄政重任来得似乎有些突然，但这并不代表他对朝政没有自己的想法。载沣毕竟是清代唯一一名到过国外、亲眼得见现代西方的最高统治者，他对清王朝所处的危局以及中外的巨大差距有过切实体认，在诸亲贵中也算有一定的识见。时人注意到："醇亲王草拟了一个国内改革的美好计划：提高官员的思想水平，改善财政状况，用巧妙地分配高级职务的办法粉碎宗派乱党。"②载沣摄政后在处理内政外交各项事务过程中都阐发了自己的政见，舆论对这位年轻的统治者将如何治理偌大的清帝国、如何应对内外危机极为关注。上海商务总会创办的《华商联合报》（次年更名为《华商联合会报》）从宣统元年二月创刊到次年八月停刊，在长达一年半的时间内几乎每期都开设有"摄政王之新政见"专栏，搜集转载彼时各主要媒体对载沣处理内政外交言行的相关报道。兹以该报报道为主体，结合其他时人、时论的记述与评论，对载沣摄政第一年治国理政的主要政见做一番归纳。

---

① 《在现代中国（之五）》，胡绳武主编：《清末立宪运动史料丛刊·外文资料》，第232页。
② 《中国的新主》，章开沅、罗福惠、严昌洪主编：《辛亥革命史资料新编》第7卷，第144页。

其一，关切立宪，注重实行。如上述及，载沣摄政伊始即表示继承两宫未竟之志，重申坚持九年预备立宪国策，除明颁上谕外，他还在其他场合表达了对立宪的重视。

光绪三十四年十二月间，载沣召见御史赵炳麟时阐明了他对立宪的看法：

> 朝廷主持立宪，须求实在，若但假立宪之名位置一斑（当作"班"——引者注）私人，开销几分薪水，这就是立宪吗？即如清理财政，就是将来预算决算的根本，而预算决算就是将来上下议院的实权。我们的百姓纳了税务，也要使他知道官吏是如何用法方对得起百姓。近年各省财用蒙蔽侵蚀所在皆是，不惟百姓不敢问，朝廷亦不能查，这又如何立宪？我受孝钦显皇后及德宗景皇上之付托，兢兢业业，深恐无以上对两圣下对万民，所幸我在外边深知百姓的疾苦，当谋所以乐利之，实行《孟子》上保民两字。①

他告诫枢臣立宪应切实进行，不能只做表面功夫：

> 九年立宪之诏颁自先帝，复屡谕臣工切实筹划，力戒因循，俾得如期观成，以奠国本而慰民望。各部臣疆臣宜如何殚精竭思勉副先朝遗志，乃披阅筹备各折，颇多敷衍皮毛，掇拾一二，求其合于宪法之主要者，实不多觏。嗣后内外诸臣亟宜留心研究，免遗大失精、舍本逐末之议。②

其时贵胄重任专制习气依然浓厚，不明宪政体制者甚多，载沣为此专设一贵胄宪政研究所，派宪政编查馆人员为他们讲授宪法。③载沣对各省的宪政办理情形也十分关切，据报载："摄政王于预备立宪之事关切独深，十四日于甘督谢赏大清会典一折，王乃亲书其折后云：'陕甘省份一切关于各项新政及预备立宪事宜，须妥速筹备，毋托空言为是。'适览谢折，顺便批谕示知。又

---

① 《摄政王对于立宪之根本谈》，《申报》1909年1月26日，第1张第5版。
② 《摄政王关心宪政之训谕》，《申报》1909年7月28日，第1张第4版。
③ 《摄政王之新政见》，《华商联合报·海内外纪闻》1909年第6期，第1—2页。

是日，江督奏谢议叙一折，王亲批云：'规模宏远，应变有方，固卿之所长。朕心深为嘉许。'再加以'事事认真，速为预备，三江宪政，期底完美，尤朕之厚望于卿也'。又十五日，王亲批直督奏设宪政筹备处一折云：'畿辅重地，凡关于一切预备立宪事宜皆当切实筹办，以期依限无误，俾作各省模范，切毋松懈。'云。举以上三端，仰见王无时不以预备立宪念念在兹也。"① 总体而言，载沣始终坚持立宪国策没有动摇过，力求在九年内切实办理完毕。

宪法、国会和责任内阁是立宪最重要的三个环节，载沣对此也有自己的看法。对于宪法，他认为："详览各国宪政书籍，其国之兴多由实行宪法，故宪法实为强国之本，舍此罕有能收其效者。我官吏对于此事若不实心办理，即不能辞误国误民之咎。"② 丙午官制改革期间载泽、端方、袁世凯等人曾提议设立责任内阁，后因改革力度过大，反对意见太多而被否定。载沣摄政后重提责任内阁制，认为："组织新内阁一事，屡议无成，且多有以暂从缓定为词者，惟予近阅汪大燮、于式枚、李家驹等所奏考查英德日三国之宪政制度，均以新内阁为宪政之归宿，且一切规则甚属周详。应俟恭办奉安大差后，即行按期筹议，及早成立，以促宪政之进行。"③ 国会是"庶政公诸舆论"的根本所在，最受立宪派人士关注，载沣担任军机大臣时曾明表支持速开国会，摄政后则坚持要在九年筹备工作完毕后再开国会。

需要指出的是，载沣对立宪的认识与立宪派人士相比有明显的差异：作为清廷最高统治者，载沣立宪的初衷是挽救统治危机，实现富国强兵，他将立宪看作一项包罗官制、法律、财政、地方自治等多方面的系统工程；立宪派人士则更多地从改良行政、扩张民权的角度审视，主要关注宪法、责任内阁和国会问题，其他如清理财政、中央集权、地方自治等方面并非"宪政"，而是"常政"。在载沣看来，只有把官制、财政、法律等各个领域全部切实办理才是"实行宪政"，只关注阁会问题是"徒慕虚名"；而立宪派人士则认为，阁会才是立宪根本，其他领域不过是细枝末节，朝廷迟迟不先解决阁会问题便是隔靴搔痒，敷衍拖延。双方对立宪认知的差异直接导致了后来清廷与立

---

① 《摄政王之新政见》，《华商联合报·海内外纪闻》1909年第4期，第1—3页。
② 《摄政王注重宪政》，《盛京时报》1909年5月14日，第2版。
③ 《摄政王对于新内阁之提议》，《大公报》1909年9月26日，第5版。

宪派围绕国会年限问题的较量（详后）。

其二，整饬政风，革除积弊。清末官场腐朽，党同伐异，贿赂公行，各省、各部院要缺非重金贿买即各大佬之私人，载沣在军机时已经对此相当不满，摄政后立即下令简授差缺全部由他一人决定，各官员不得指望结交权要上位。①不久即有时论称："摄政王谦逊廉洁，明敏果断，自监国以后，威信行焉。官场之宿弊殆为一洗，贪缘徇私之风殆将绝迹，实可谓乾隆以后第一人矣。"②这种报道显然有夸大吹捧之嫌，清代官场积弊已久，盘根错节，直接牵涉到各政治大佬的切身利益，绝非仅凭一位年轻的摄政王上台几个月就能取得"一洗""绝迹"的效果，不过载沣摄政后一度致力于清除官场积习确是实情，其时美国的《华盛顿邮报》也注意到：

> 摄政王还谴责职官的腐败，这是自他上任以来几乎每天都在反复做的一件事情。如果他真的想清除官场中的腐败，如果他真的想消灭敲诈贿赂的制度，那么，摄政王承担的就是人们从未所曾承担过的任务中最伟大的一件。但是，毫无疑问，在他而言，坚定的态度和随时准备使用其权力来砍掉官员的脑袋，将会大大纠正祸害国家的较为严重的罪恶。摄政王天真地相信立宪政府当然会解决官员腐败问题，对此也许会有人加以讥笑，但是，不可否认的是，他所提出的目标值得所有善良的人们称赞。③

党同伐异与官员消极怠政是清末官场的两大顽疾，不仅扰乱朝纲，而且关系到各项新政能否切实办理。载沣试图制止朝中的党派争斗，他告诫各军机大臣："物必先腐而后虫生，未有己不自伐而被人伐者。中国积弱之病源，半皆坐此。以后内外文武满汉大臣办理国事务须和衷共济，勿得自相倾轧，致授人以从中播弄之机，乘势侵谋之地。方其迷于一往之时固不自见，然事后已无法挽回矣。"④针对官员消极怠政的现象，载沣通饬各衙门人员一律认

---

① 《贿赂之风渐绝》，《盛京时报》1909年2月3日，第2版。
② 《东报北京政局谈》，《盛京时报》1909年1月31日，第2版。
③ 《在现代中国（之五）》，胡绳武主编：《清末立宪运动史料丛刊·外文资料》，第234页。
④ 《摄政王之新政见》，《华商联合报·海内外纪闻》1909年第4期，第1—3页。

真甄别,"凡文字不通、事理不明者,即饬令回籍"。^①宣统元年十月十三日,他以宣统皇帝的名义发布一道上谕,声称阻碍宪政的最大因素便是"积习相沿",告诫内外臣工"宜殚竭血诚,担负责任,倘稍涉虚假,将来宪政不克依限实行,试问能当此重咎否耶?"命宪政编查馆随时稽核各省、各部院办理状况,如有懈怠迟疑或敷衍因循者,一经查明即按照溺职惩处,要求诸臣"共矢和衷,屏除私见,毋党同而伐异,毋勤始而怠终"。^②其时清廷为制定预算决算起见要求清理各省财政状况,甘肃藩司毛庆蕃百般敷衍,既不定期盘查也不遵章造报,度支部尚书载泽据实参劾,载沣极为愤怒,以"违抗玩误""贻误宪政"的罪名直接将毛庆蕃革职。^③事后,载沣专门召谕枢臣:"宪政事宜为国家兴衰所系,朝廷情殷望治,对于应行预备事项不啻三令五申,乃不意方面大员竟有丧心昧良如毛庆蕃者。现在已经降旨革职,惟各省大吏其类于毛庆蕃者难保必无其人,诸臣受先朝之寄托,幸各破除情面,严行考察,据实参处,免致贻误要政。"^④

其三,力戒虚糜,振兴实业。载沣接手国政时正值清廷财政奇绌,而各部院办理立宪事宜无不急需大量款项,在他看来,筹划国用应当先从减少糜费入手,特告诫枢臣:"现在国家财力支绌,所有各部院及各省督抚遇有应办各政奏明请款,尤宜撙节虚糜之费,以期有益实际,不得浮侈,致费巨款。"^⑤他批评京外各员"理财之办法,多以加抽各项捐税为能,而不从裁汰糜款入手,殊属非是",通饬各衙门,嗣后筹款应首先考虑如何撙节用度,减少虚糜,不能轻易加抽捐税。^⑥其时内务府糜费现象最为严重,载沣以"当此国计维艰之际,撙一丝之虚费即积一丝之实用",建议隆裕太后将内廷虚糜之款酌行裁减。他还以颐和园正值太后持服期、皇帝又年幼暂不前往居住为由,要求将颐和园各处每年费用一律裁减。^⑦然而内务府积弊相沿二百余年,大小官

---

① 《摄政王之新政见》,《华商联合报·海内外纪闻》1909年第2期,第1—5页。
② 中国第一历史档案馆编:《光绪宣统两朝上谕档》第35册,第432—433页。
③ 《宣统政纪》卷25,《清实录》第60册,第468页。
④ 《类于毛庆蕃者注意》,《大公报》1909年12月24日,第4版。
⑤ 《摄政王力戒虚糜》,《顺天时报》1909年5月30日,第7版。
⑥ 《摄政王之新政见》,《华商联合报·海内外纪闻》1909年第12期,第1—2页。
⑦ 《摄政王崇尚俭德三则》,《盛京时报》1909年3月14日,第2版。

员倚仗着为内廷和隆裕太后服务，一度对载沣核减费用的命令置若罔闻，载沣为此特召询内务府奎俊、继禄两大臣严加申斥，"严谕切实裁汰各项糜费，倘再敷衍定即严惩，并谕将自光绪三十四年十月后，除两宫大事典礼不计外，所有遵谕裁汰之糜款冗员，据实复奏"。①宣统朝初期财政本已支绌，兴办海陆军后财政愈形困难，有大臣提议削减内外官员的薪津，载沣极为赞成，并主动要求从上做起，先行核减自己的岁俸，以为内外臣工表率。②

仅靠"节俭"显然不足以从根本上解决财政困境，载沣同时注意到"开源"的重要性，重视发展农、工、商、交通等实业，他提议"凡能阐明新理振兴实业者，所需经费准由部库借给一半，获利时再筹还，并免取子息"。③宣统元年五月十六日，清廷专门发布了一道旨在振兴实业的上谕："以农工均为富民要图，办理刻不容缓"，要求农工商部严催各省督抚切实办理本省农林要政，兴办工艺实业，"用副朝廷振兴实业、念切民生之至意"。④

农业方面，载沣在召询农工商部尚书溥颋时强调："农为邦本，亟应提倡农业，讲求农事，所有各省设立之农务局及农官等，必与农民时相接洽，以研究地质土宜及种植培养灌溉各法，逐渐改良，尤须善为劝导，设法鼓励，于农业方能实收效果。"要求办理公务的官员必须禁绝官场习气，以朴实为主，否则严加惩处。⑤工商业方面，其时两江总督端方与南洋绅商倡议举办一次南洋劝业会，以鼓励工商，振兴实业。这是近代中国人第一次举办商品博览会，载沣对此极为重视，特在端方入京后面询南洋劝业会的筹办情况，端方将三年来筹划经费、创办宗旨、现时局面、将来目的逐一详细奏对，并建议北洋仿照开办，载沣"深为嘉赏"。⑥宣统元年七月间，农工商部将南洋劝业会详细办法具折上奏，载沣对此事"异常注意"，认为："该会之设，实为我国振兴实业之创举，亟宜尽力提倡，以树风声而固基础。"⑦遂于七月十三日发

---

① 《摄政王之新政见》，《华商联合会报·海内外纪闻》1910年第13期，第1页。
② 《摄政王之新政见》，《华商联合会报·海内外纪闻》1910年第5期，第1页。
③ 《摄政王之新政见》，《华商联合报·海内外纪闻》1909年第2期，第1—5页。
④ 中国第一历史档案馆编：《光绪宣统两朝上谕档》第35册，第241—242页。
⑤ 《摄政王之新政见》，《华商联合报·海内外纪闻》1909年第10期，第1页。
⑥ 《摄政王垂询南洋劝业会》，《申报》1909年8月5日，第1张第4版。
⑦ 《摄政王注意劝业会》，《大公报》1909年9月1日，第4版。

布上谕称:"振兴实业为国家富强要政,叠经谕令各直省督抚实力提倡并简派大臣前赴各国赛会,藉以开通商智为改良竞进之图……两江风气早开,民物繁盛,自应就地设会,树各省之模型。"派新任两江总督张人骏为南洋劝业会正会长,命各省督抚筹办协会出品各事,所有参会商品豁免税厘,并承诺俟开会时朝廷将简派大臣亲临会场,"用示朝廷劝励农工,推广商业之至意"。①

其四,重军尚武,亲贵典兵。载沣摄政后格外重视军事,相继编练禁卫军,兴复海军,设立军谘府整饬陆军,并把海陆军大权交由载洵、载涛等亲贵执掌。亲贵垄断兵权已被视作宣统朝的一大弊政,相关内容将在下文详述,本小节主要考察载沣在军事问题上的政见。

光绪三十四年十二月初三日,载沣下令编练禁卫军,以贝勒载涛、毓朗与陆军部尚书铁良为专司训练禁卫军大臣,"准其酌量由各旗营兵丁内拔取精壮尽数认真训练,不准疏懈。此项禁卫军专归监国摄政王自为统辖调遣,俟有成效再候谕旨"。②编练禁卫军需要大量款项,其时不少人心存疑惑,认为没有太大用处。③据当时《顺天时报》披露,载沣编练禁卫军的用意有二:"(一)可为安插旗丁精壮,不致废弃。(一)系仿照醇贤亲王练带神机营守卫之制。惟其成军时,系仿效日本御林军之法,专为随扈、守卫两要差。"④而据后来载涛回忆,载沣建立禁卫军源于他使德期间钦羡德皇族之威势与德军之精良,德皇告以"德国皇室制度即亲如皇弟、皇子,无不自陆军学校毕业,以至身入联队当兵,由低级军官以至将领";"皇室应以揽握兵权、革新武备为第一要着"。于是载沣便有了模仿德国,由皇室掌握兵权的意图。⑤两种说法虽有差异,不过从中可见编练禁卫军是载沣向君主立宪国家学习的结果。

光绪朝末期清廷便有了重建海军的动议,囿于经费不足进展十分缓慢,载沣摄政后立即把兴复海军提上日程,面谕陆军部尚书铁良(当时海军处暂归陆军部管辖):"兴复海军问题,迭经设法筹办,一二年来毫未决定端倪,我

---

① 中国第一历史档案馆编:《光绪宣统两朝上谕档》第35册,第328页。
② 中国第一历史档案馆编:《光绪宣统两朝上谕档》第34册,第308—309页。
③ 《练禁卫军之目的》,《大公报》1909年3月13日,第3版。
④ 《编练禁卫军之用意》,《顺天时报》1909年1月10日,第7版。
⑤ 载涛:《禁卫军之建立与改编》,《文史资料选辑》编辑部:《文史资料精选》第1册,北京:中国文史出版社,1990年,第30页。

孝钦显皇后及景皇帝每一念及海军，无不特加注意，饬令赶即妥筹，早日成立。现在言犹在耳，更宜竭诚兴办，以慰两圣在天之灵。其宜如何按年举办之处，务即划定阶级，迅速入奏，以便依次办理。"①宣统元年正月二十九日，肃亲王善耆上折奏请早定海军基础，折称："东西各国所以并峙地球者，固赖工商各业以致富，尤赖海陆军以致强。就现今大势而论，海军尤为重要，盖海权若不巩固，万不能言战言守，谓军国之安危全系于海军亦不为过。……以我国海岸自奉直以迄闽广，延亘几一万余里，若无海军以资控驭，则联络之策应不灵，饷械之转输不便，设遇要挟，非但海上财产尽在敌人权力之下，即设防自守，亦有顾此失彼之虞。"建议朝廷先定海军基础，俟财政充裕后再扩张海军。②载沣览折后"颇称善妥"，对善耆的建议"大为嘉赏"，③随即下令兴复海军，派善耆、载泽、铁良、萨镇冰筹划办法，命奕劻随时稽核进度。④随后，载沣在召见善耆时阐述了他对兴复海军的基本看法，称："我国兴复海军一事，为各国所注目，非切实筹划不足以资完全。此次所派筹办之王大臣，类皆平日擅长一切要政者……务须和衷共济，协力图维，庶海军成立有期，以慰先帝在天之灵，而竟太皇太后未终之志。至关于海军用人行政诸大端，均宜揆之国势，妥订详章，不得仍沿海军衙门旧案，依样仿办，致滋流弊误事。"⑤

载沣对陆军也十分重视，于召见陆军部堂官时强调："陆军关系重要，不能任听各省因循延缓，迟不兴练，可随时奏请饬催。边省虽财政困难，而此次陆军尤关紧要，仍须饬接期（当作"按期"——引者注）编练，不得一再请缓。"⑥为统筹海陆各军事宜起见，载沣下令设立类似于日本参谋本部的军事机关——军谘处（军谘处为筹建军谘府基础，宣统三年正式改为军谘府），以载涛、毓朗两贝勒管理军谘处事务。军谘处的设立使陆军部的地位急剧降低，

---

① 《摄政王筹划海军》，《大公报》1908 年 12 月 19 日，第 3 版。
② 善耆：《奏为拟请早定海军基础以维时局敬陈管见事》，中国第一历史档案馆藏：宫中朱批奏折，档号：04-01-20-0021-002。
③ 《摄政王嘉赏肃邸》，《顺天时报》1910 年 2 月 21 日，第 7 版。
④ 《着肃亲王善耆等筹画海军谕》，张侠等合编：《清末海军史料》，北京：海洋出版社，1982 年，第 93 页。
⑤ 《摄政王之海军谈》，《通问报》1909 年第 341 期，第 6 页；《摄政王之海军谈》，《盛京时报》1909 年 3 月 16 日，第 2 版。
⑥ 《摄政王之新政见》，《华商联合报·海内外纪闻》1909 年第 2 期，第 1—5 页。

权限大受削弱，载沣特告诫陆军部堂官："此次办理军政须认定权限，不可稍存意见，陆军部为行政机关，军谘府为司法机关，互相维系，两不相越，以期军政日有进步。"①除了关注军制、军政外，载沣还强调军人精神气质的重要性，认为："现在振兴海陆军事宜期备国家干城，但教练军人皆宜动其具有忠勇之心胆，其品格亦当高尚威严，庶几军气振兴。现海陆军虽略有眉目，军人资格尤属紧要，至各国、中国军界体制以及古时将兵之员，皆以捍卫国家为宗旨，须先教以深明大义。"②

其五，关注主权，谨慎外交。晚清以降，中国从一个主权独立的国家逐步沦为半殖民地，国家主权损失大半。清王朝国力衰弱，无力抵制列强入侵是导致主权受损的根本因素，同时也与统治集团昧于世界大势，缺乏近代国家主权意识，以致被列强欺骗愚弄不无关系。及至宣统朝，清王朝已经走向世界，高层普遍具备了一定的主权意识，但无奈国家主权破损的局面业已形成，并且列强的逼迫还在步步加剧。作为一名"弱国"的最高统治者，载沣首先关心的便是如何能在与列强的交往中确保现有的主权不被进一步侵夺，至少不能像以前那样，内外臣工无所作为，主权被列强轻易攫取。

关于领土问题，载沣慨叹："历年以来，损失国权不鲜，自鸦片一役，香港割于英；甲申一役，越南隶于法；甲午一役，台湾澎湖割于日本，朝鲜亦离我独立，由是德据胶州湾，俄据旅顺大连湾，英据九龙威海卫，法据广州湾，日俄一役，旅大又自俄转租于日本。沿海要港殆尽为列国所分割，以致今日兴办海军无相当之根据地。"于是命枢臣将外务部历年与各国订立的条款约章汇册进呈，以备他随时查核。③在载沣看来，此前清廷之所以在与列强的领土交涉中屡屡失败、吃亏，皆是因为办理外交的官员未能按照原定界限切实力争，对朝廷敷衍，对列强退让，致使国家领土受损，于是严饬各省督抚："将原定界限逐行清理，除已有成约应俟再行设法办理外，其余各处不论租借地、割让地以至沿边交界各地，凡地界上未按原定界址，有含混侵占之事，即行派员逐一清理，并由民政陆军部各派测绘员会同查绘全图，报部核照，

---

① 《筹划全国军政之种种》，《申报》1909年7月25日，第1张第4版。
② 《摄政王之新政见》，《华商联合报·海内外纪闻》1909年第13期，第1—2页。
③ 《摄政王对于主权丧失之概言》，《广益丛报·纪闻》1909年第210期，第1—2页。

由外务部次第与之交涉,勿再行敷衍退让。"①载沣亦认识到割让或租借事实既已成立,且有明确条约在案,局面势难挽回,外交的当务之急是保证现有局面不再进一步恶化,于是告诫外务部,不得轻易答应列强扩充租界的各项要求。②当是时,清廷边防空虚,边疆的荒山僻岛时常被列强乘虚占据,载沣认为这已经构成了对中国领土主权的侵害,乃责成各省督抚"认真保持,并筹屯矿实边等要政,以期善后。倘再有被人占据情事,督抚不得辞其责也"。③

司法主权方面,载沣尤其关注治外法权一项,颇有挽回之意,据报载:"摄政王以领事在我国有裁判权一事,实属大失主权,特面谕世相国(即世续——引者注)调查当日缘何放弃之理由,呈明核办,并谕交修律大臣速订新法律,俾免各国藉口。值此预备立宪时代,总宜设法妥议,先期挽回。"④在载沣看来,列强能够取得在华领事裁判权,与从前中国法律不完备有很大关系,值此筹备立宪之际,各项法度即将次第修明,可借机向列强要求放弃在华领事裁判权,以保全中国司法主权。⑤

经济主权方面,载沣注意到外务部在与列强的路矿交涉中损失了大量利权,下令嗣后此种交涉应由外务部与邮传、农工商两部合议共同办理,甚至一度下令:"嗣后无论何处路矿,不得再有与外人订立合同之举,以保主权而免交涉。"⑥载沣提倡振兴实业也有维护经济主权、防止利权外溢的考虑,他认为:"近年以来,商埠之开放,矿产之发现,铁路电线之建设,此三者于我国关系匪轻,非预为提防、从长计议不可。务于已失利权设法挽回,未失利权,详加审慎。"⑦他为此特地警示农工商部尚书溥颋:"中国实业尚在萌芽,物产虽丰富,类多坐弃,致启外人之觊觎。现在美比二国对于中国商业异常注意,若不力图振兴,必致利权外溢。"要求农工商部切实鼓励工商,振兴实业,以保利权。⑧

由上可知,仓促上位的载沣对于内政外交不乏自己的政见,其政见亦是

---

① 《摄政王严谕力保土地主权》,《广益丛报·纪闻》1910年第241期,第2页。
② 《摄政王注重租界》,《大公报》1909年2月14日,第3版。
③ 《摄政王之新政见》,《华商联合报·海内外纪闻》1909年第6期,第1—2页。
④ 《摄政王之新政见》,《华商联合报·海内外纪闻》1909年第5期,第1—3页。
⑤ 《摄政王注重法权》,《大公报》1908年12月24日,第4版。
⑥ 《摄政王注重路矿权》,《大公报》1909年7月31日,第3版。
⑦ 《摄政王之新政见》,《华商联合报·海内外纪闻》1909年第9期,第1页。
⑧ 《摄政王注重全国实业》,《广东劝业报》1909年第76期,第41页。

出于清廷所面临的现实问题而发,不无可取之处。然而,有无政见、是否贯彻政见、贯彻效果如何便是三个层面的问题了,历史的最终走向往往是多种趋向各异的力量综合作用的结果,以彼时清廷面临的内外局势而言,清王朝的国运显然不是仅靠摄政王的新政见就能决定的。在载沣摄政一段时间后,时人逐渐发现,虽然载沣的新政见不少,但朝政并没能朝着他的预期和时人期待的方向发展,当时的法国驻华公使藩苏纳便注意到:

> 人们对摄政亲王曾寄托过很大的希望。遣退袁世凯的举动给人们,即使是反对这个措施的人们的印象是,帝国元首是一个刚毅果断的人。今天,我们应当承认这个印象是错误的。摄政亲王这个抱着崇高的善良愿望的年轻人就他个人而言是无私的,然而出于无知、胆怯和软弱,他把握不了政府,也没有找到一个能人以他的名义去把握政府……另一方面,我们看到了这种自相矛盾的景象,一个通过财政改革、军事改组等途径,其纲领和原则都以中央集权为目的的政府,实际上面对各省却绝对地无能为力,不能迫使它们执行自己的意愿。①

据此可知,载沣难以把控朝政走向,其政见无法真正贯彻下去;而且彼时舆论已经发现,这位年轻的摄政王的政治才能是比较薄弱的,对他的热切期待也随之趋于冷淡。

第二节 亲贵用事:少壮亲贵柄政与清廷权力重组

最高统治者的更替往往伴随着权力格局的重构,载沣摄政后,少壮亲贵尽出掌权,此前几乎没有从政经验的载洵、载涛被授予军政大权,光绪朝后

---

① 《北京新政府情况》,章开沅、罗福惠、严昌洪主编:《辛亥革命史资料新编》第 7 卷,第 153—154 页。

期即已发迹的善耆、溥伦、载泽、毓朗等人除继续担任旧职外又被委以新任，元老亲贵奕劻权势受到削弱但仍占据着首席军机大臣之位，宣统政坛形成"亲贵用事"的格局。亲贵专权早已被视作导致清王朝覆灭的一大弊政，过往的历史书写多对此持批判态度，主要关注亲贵之间争权夺利，少壮亲贵也因之被描述成为毫无政见只会擅权误国的纨绔子弟。这种历史书写中的"后见之明"遮蔽了彼时政情的复杂性，细考宣统年间亲贵用事的内情，绝非争权夺利所能涵盖。

一、少壮亲贵柄政及特征

所谓"一朝天子一朝臣"，新统治者上位后势必要对高层人事结构进行重新洗牌，拔擢安插可信赖之人辅佐自己。载沣政治阅历很浅，进入军机处历练仅仅一年多便被置于摄政王之位，其身边的政坛大佬们，不论年长的奕劻、张之洞，还是正值年富力强的袁世凯、铁良，皆势力盘根错节。在此种情况下，哪些人能为己所用、哪些人能诚心匡扶爱新觉罗家的社稷，载沣首先想到的便是与自己年龄、阅历相仿的宗室王公们。于是，少壮亲贵们在载沣的支持下掌握了权柄，成为他治国理政的左膀右臂。

当是时，载沣的两个胞弟载洵、载涛此前几乎没有从政经验，载洵先是被委以修筑崇陵差事，继而添派筹办海军大臣，执掌全国海军事务；载涛则相继被任命为专司训练禁卫军大臣和军谘大臣，执掌全国陆军事务；光绪朝末期即已崛起的时任度支部尚书载泽、民政部尚书善耆、资政院总裁溥伦、民政部侍郎毓朗，此时除了继续担任原职还被委以各种新差使；唯独恭亲王溥伟仅继续担任禁烟大臣。此外，载沣还任命原商部尚书、奕劻长子贝子衔镇国将军载振为内廷行走，多次委以礼节性出访事宜，命奕劻次子镇国将军载抟参与训练禁卫军事务，以贝勒载润管理陆军贵胄学堂事务；不过与以上少壮亲贵相比，这三人的权势、职差、与摄政王的关系等方面要逊色许多，对朝政影响较小，不在本书重点考察之列。兹将宣统朝主要柄政少壮亲贵的基本情况列于下表：

宣统朝主要柄政少壮亲贵概况表①

姓名	爵位	主要职差使（载沣摄政之后）	年龄（以光绪三十四年为准，虚岁）	进入政坛时间	其他
载沣	和硕醇亲王	监国摄政王	26	光绪末期	宣统帝生父
载洵	郡王衔贝勒	管理崇陵事务、筹办海军大臣（海军大臣）	24	载沣摄政后	载沣胞弟
载涛	郡王衔贝勒	专司训练禁卫军大臣、军谘大臣	22	载沣摄政后	载沣胞弟
载泽	贝子衔镇国公	度支部尚书（度支大臣）、盐政大臣、纂拟宪法大臣	41	光绪末期	清仁宗曾孙（过继）；幼时长于醇王府；隆裕太后姊夫
溥伟	和硕恭亲王	禁烟大臣	29	光绪末期	恭忠亲王奕訢嫡孙，曾有望争夺皇位
溥伦	贝勒衔贝子	资政院总裁、纂拟宪法大臣、农工商大臣	35	光绪末期	清宣宗长曾孙（过继）；隆裕太后侄婿
善耆	和硕肃亲王	民政部尚书（民政大臣）、理藩大臣	43	光绪末期	清太宗长子豪格一系后代，世袭和硕肃亲王爵
毓朗	贝勒	步军统领、专司训练禁卫军大臣、军谘大臣、军机大臣	45	光绪末期	清高宗六世孙；载沣的贵胄学堂同学

作为"谊属宗支""休戚与国"的天潢贵胄，各少壮亲贵的命运与清王朝的国运有天然的联系，他们以载沣为中心把持着清王朝的军事、财政、警务、民政及资政院各项大权，构成宣统朝清廷的核心决策层。载沣之所以重用少

---

① 资料来源：《宣统政纪》、宗谱编纂处编《爱新觉罗宗谱》（北京：学苑出版社，1998年）、秦国经主编《中国第一历史档案馆藏清代官员履历档案全编》（上海：华东师范大学出版社，1997年）、中国第一历史档案馆《载沣等王公亲贵履历》（《历史档案》1988年第1期）。

壮亲贵,一方面,清代历来有亲贵辅政的政治传统,清廷自新政开始后便有意拔擢年轻亲贵,善耆、溥伦、载泽等人陆续在政坛上崭露头角;及至宣统朝,这些少壮亲贵已经成长起来,具备了一定经验和识见,是当时朝中一派日益上升的政治力量。另一方面,载沣政治阅历尚浅,摄政之前还未来得及在朝中培植己派势力,对这位年轻的统治者而言,这些与他一起生长于京城王府中的兄弟、侄孙们显然要比"外人"更值得信任。在朝中大佬林立的情况下,也只有这些少壮亲贵算得上是他的势力。

少壮亲贵柄政是宣统朝政治的重要特征,也被视作导致清廷覆亡的一大弊政,民初各种掌故笔记对此着墨甚多:

> 赵炳麟《宣统大事鉴》:"德宗崩,载沣摄政,业已任用载涛,而载洵不能无位置,因以海军部尚书崇陵工程畀之,自是行政大臣半王子王孙矣……摄政王初政,振纪纲,勤召见,天下喁喁望治。自元年以来,任用亲贵,猜忌汉人,天下失望。"①
>
> 金梁《光宣小记》:"摄政王监国,亲贵用事,某掌军权,某专财柄,某握用人,某操行政,以参预政务为名,遇事擅专,不复能制。各引私人,互争私利,某某为监国所倚恃,某某为太后所信宠,间有一二差明事理者为所牵率,亦不免逢君之恶。"②
>
> 胡思敬《国闻备乘》:"其时亲贵尽出专政,收蓄猖狂少年,造谋生事,内外声气大通。于是洵贝勒总持海军,兼办陵工,与毓朗合为一党;涛贝勒统军谘府,侵夺陆军部权,收用良弼等为一党;肃亲王好结纳勾通报馆,据民政部,领天下警政为一党;溥伦为宣宗长曾孙,同治初本有青宫之望,阴结议员为一党;隆裕以母后之尊,宠任太监张德为一党;泽公于隆裕为姻亲,又曾经出洋,握财政全权,创设监理财政官盐务处为一党;监国福晋雅有才能,颇通贿赂,联络母族为一党。以上七党皆专予夺之权,茸阘无耻之徒趋之若鹜,而庆邸别树一帜,又在七党之外。海军本肃王建议,载洵等出而攘之,故用载洵为海军大臣,派毓朗、载

---

① 赵炳麟:《宣统大事鉴》卷1,《赵柏岩集》,第4页。
② 金梁:《光宣小记》,上海:上海书店出版社,1998年,第30页。

扶专司训练禁军大臣。朗好谈洋务；扶，载振弟也。载涛见载洵等已握兵权，恐遂失势，争于摄政王前，几有不顾面（当作"而"——引者注）唾之势。王大窘，次日，复加派涛管理军谘府。唯溥伟以倔强与诸王不合，只派禁烟大臣，权力在诸王下。"①

徐凌霄、徐一士《凌霄一士随笔》："醇王载沣以摄政王受遗监国，代理海陆军大元帅，两弟争与军事，遂设立军谘处（后改军谘府），以载涛管理，兼充训练禁卫军大臣。并议兴复海军，以载洵充筹办海军大臣。"②

陈衍《陈石遗集》："景帝、太后相继崩殂，少帝立，醇王载沣摄政监国，专用亲贵，至十部大臣惟司法、学部属汉人，以母弟载洵、载涛典水陆军，载洵招权作威福，日营宫室，天下侧目。载泽长度支，无所知，惟与之洞争币制，袒庇瑞澂，以亡其国。"③

岑春煊《乐斋漫笔》："宣统改元后，醇邸摄政，亲贵擅权，虽罢斥袁逆，而除恶不尽，任其党羽伺隙发动。洵、涛诸人，又皆年少无识，惟知聚敛。吏残于上，民怨于下，譬犹厝火积薪，不可终日，危亡之势，尽人皆知。"④

沃丘仲子《近现代名人小传》："然其（指载沣——引者注）母弟洵、涛等已起争政权，分握海陆军柄，其妻亦交通内外，务鬻爵纳贿……时载泽有宠于孝定后，人亦明敏，沣素惮之，至是嫉洵涛所为，自竖一帜，颇揽权植党，于是京朝官各立门户。尚书则民政善耆、度支载泽、农工商溥頲、礼部皆（当作"溥"——引者注）良、理藩寿耆、海军载洵皆宗室也。疆臣则赵尔巽、张人骏党泽，陈夔龙党勋，袁树勋党洵涛，其他亦多贿亲贵。"⑤

以上各家记载有几点共同之处：其一，宣统朝各少壮亲贵尤其是载洵、

---

① 《政出多门》，胡思敬：《国闻备乘》卷4，第83—84页。
② 《载沣载洵载涛掌兵》，徐凌霄、徐一士：《凌霄一士随笔》，太原：山西古籍出版社，1997年，第607—608页。
③ 陈衍撰，陈步编：《陈石遗集》，福州：福建人民出版社，2001年，第429页。
④ 岑春煊：《乐斋漫笔》，北京：中华书局，2007年，第35页。
⑤ 沃丘仲子：《近现代名人小传》下册，第194页。

载涛两贝勒争相揽权,载沣性格懦弱,无力制止。其二,少壮亲贵们各植一党,争权夺利。其三,少壮亲贵无甚政见,唯知争权纳贿。

以上作者均经历过宣统时代,所记情形大体可信,后世历史书写与研究亦多以此为据。然而,这些记述毕竟是作者在清亡后对宣统朝局的回顾,带着清代亡于亲贵的"后见"回顾亲贵柄政难免将彼时复杂的政情简单化,用以印证结论,似乎亲贵揽权即已昭示国运将尽。从近代政治民主化进程来看,亲贵柄政显然违背了历史潮流;但若从清王朝的角度看,国初开创与同治中兴都离不开亲贵的鼎力辅弼,在宣统朝清廷统治风雨飘摇之际,重用亲贵未尝不是挽救危局的一个选择,因而有必要对此做进一步细致讨论。有关少壮亲贵的政治识见及相关活动置于第三节详述,本小节讨论前两点内容。

第一,载沣性格庸懦,优柔寡断,无力节制诸亲贵的权力欲望确系实情,其时法国外交部的汇报中也注意到:"摄政王面对各省政务,因为爱惜他的民望而显得软弱无力,而在他的家族面前,他的态度更加怯懦……摄政王本人极其老实,他很快就被家族中那些贪得无厌的人所压倒。开始他还斗争,后来便厌倦了。据说宫里成了大闹的场所,载洵、载涛二位宗室要求为自己开发财源。事实是,人们不断看到对这些人的任命。载涛负责建造光绪陵园,这是最肥的肥缺之一,同样是这位载涛,又被安排领导高级的军谘处。而载洵则被任命为高级专员组织海军。"① 不过这并不能说明载洵、载涛掌握兵权完全是他们向载沣要权的结果。如上述及,对载沣而言,这些少壮亲贵便是他最可靠的势力,把国政交给他们显然要比交给"外人"更保险。光绪三十四年十一月十一日,赵炳麟奏请设立禁卫军,按赵本人的说法,"初御史赵炳麟请置禁卫军,选北军南军之精锐入拱宿卫,以岑春煊为督办,冯国璋、陆荣廷为会办",② 最终载沣同意设立禁卫军,却并未任用赵炳麟提议的人选,而以载涛、毓朗两亲贵为专司训练禁卫军大臣。时人恽毓鼎认为:"此军监国特设,以拟古之宿卫,专挑京师旗丁强壮者练之。既得祖宗时八旗兵遗意,兼寓固本之谋焉。"③ 另据时论披露:"军谘处业派朗贝勒,复添涛贝勒管理。闻前本

---

① 《北京新政府情况》,章开沅、罗福惠、严昌洪主编:《辛亥革命史资料新编》第7卷,第153—154页。
② 赵炳麟:《宣统大事鉴》卷1,《赵柏岩集》,第3—4页。
③ 史晓风整理:《恽毓鼎澄斋日记》,第420页。

拟派洵贝勒，因于军事上阅历尚浅，故此次改派。然军谘处与海军大臣均关重要，洵贝勒不已派充筹办海军大臣乎，在朝廷简用亲贵自有权衡。"①据此可知，以载洵、载涛掌握海陆军并非全由亲贵争权而起，实系载沣有意为之。亲贵典兵，既是仿效德国皇族把持军队的成功先例，也是爱新觉罗家族不将近畿军事大权轻易交与外人的一贯做法。

第二，少壮亲贵内部存在分裂，但仍属于一个集团。按胡思敬的说法，载洵和毓朗为一派，载涛、溥伦、载泽、善耆各植一派，此外老亲贵奕劻自成一派。时人恽宝惠认为宣统朝亲贵分为三派，一派以载涛、毓朗为首，属于军事的；一派以载泽为中心，属于政治的；另外还有奕劻。②江庸的《趋庭随笔》亦指出："醇亲王摄政季年凡分三派，载洵、载涛两贝勒分领海军处、军谘处为一派，载泽管度支为一派，庆亲王奕劻、那桐、徐世昌任总协理为一派。"③这些记述固然反映了一定的历史事实，但系从过来人的角度回顾亲贵政争，着眼于整个宣统时代。当载沣摄政后期，少壮亲贵们羽翼已丰，在各自职任上培植了自己的势力，当然可以如以上各家所记载的各植一党，争权夺利。然而，当载沣摄政之初，诸少壮亲贵势力有限，载洵、载涛更是刚刚进入政坛，他们显然还不具备立即主导党争的资本。面对长期把持朝政的老亲贵奕劻，这些政坛新贵实际上是一个政治集团。他们以载沣为中心，遇有要事常集议办法。有学者注意到，少壮亲贵的人生经验、教育背景、思考方式等方面有诸多共同点：他们大多有过出洋经历，并且在贵胄学堂接受过近代教育，认识到欲谋求国家富强必须改革。④其时奕劻久领军机，作为不足，唯知贪贿，名声极差。这样一位亲王掌握重权对国政绝非益事，少壮亲贵之间虽有争斗，"而对于奕劻，不能容忍其挟制揽权，意见是完全一致的"。⑤

少壮亲贵们年轻气盛，革新欲望强烈，积极为摄政王载沣出谋划策，对

---

① 《军谘处与海军大臣》，《民呼日报》1909年8月6日，第3页。
② 恽宝惠：《清末贵族之明争暗斗》，中国人民政治协商会议全国委员会文史资料研究委员会编：《晚清宫廷生活见闻》，第64—66页。
③ 江庸：《趋庭随笔》，沈云龙主编：《近代中国史料丛刊》第9辑，台北：文海出版社，1967年，第41页。
④ 参见尹煜《年轻满洲亲贵集团的政治目标与挫折，1900—1911》，《满学论丛》第2辑，第151—160页。
⑤ 恽宝惠：《清末贵族之明争暗斗》，中国人民政治协商会议全国委员会文史资料研究委员会编：《晚清宫廷生活见闻》，第65页。

清廷决策和朝局走向产生重要影响。其时《泰晤士报》注意到:"在内部事务中,摄政王似乎更多倚靠满人。但令许多外国观察家们吃惊的是,在这些满人中间,目前有一些进步元素已见端倪。"① 细考宣统朝柄政的主要少壮亲贵,由于他们的权势、性格、识见、阅历存在差异,并且与摄政王载沣亲疏不同,对国政的影响力也不一致。以载沣为中心的少壮亲贵集团内部大体可划分为如下图几个层次,愈接近中心(载沣)者愈受载沣倚重,对核心决策和朝局走向的影响力愈大:

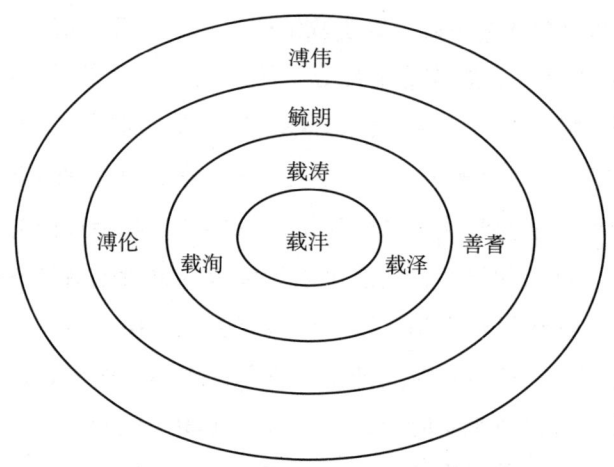

宣统朝主要少壮亲贵参与核心决策及政治影响力差异分布图

第一层次,载洵、载涛、载泽。其中载洵、载涛均是摄政王载沣的胞弟,血缘关系最亲,也是载沣摄政后才进入政坛的亲贵,把持着全国海陆军大权。两人相较而言,后者在名声、识见、作为方面稍胜一筹,即如《凌霄一士随笔》谓:"载洵碌碌,不过以是为黼黻仕美除,夸耀侪辈。其藉考察之名糜巨帑以游历各国,亦视作壮游豪举,归诧朝列而已……载涛则与其兄大异,自领军谘,即以造成军界新势力总持全国军权为职志,淬厉精神,努力从事。虽为时甚暂,而其事有足纪者。"② 载泽系载沣的同曾祖堂兄,虽然从血缘上较

---

① 《重访远东(12)——清国:新因素正在发酵》,方激编译:《帝国的回忆:〈泰晤士报〉晚清改革观察记》,重庆:重庆出版社,2014年,第261页。
② 《载沣载洵载涛掌兵》,徐凌霄、徐一士:《凌霄一士随笔》,第607—608页。

洵、涛为远，不过他幼时即受宠于慈禧太后和老醇王奕𫍯，与醇王府往来密切，载沣以兄长视之；①加之其妻为隆裕太后姊妹，兼得隆裕太后和摄政王载沣两名最高统治者的信任，胡思敬谓："隆裕妹为载泽妻，尝往来宫中通外廷消息，故载泽虽与载洵兄弟不合而气焰益张，恃内援也。"②载泽在光绪朝末期便已经是度支部尚书，逐渐形成自己的一派势力，又是亲贵中首倡立宪者，政治阅历远在洵、涛两贝勒之上，颇受载沣倚重，一时势要冠绝各亲贵。时人杨寿枏谓："宣统中，泽公以贵胄为尚书，权威最重。其人刚毅廉政，不受请托，亲贵如洵、涛，枢臣如庆、那，亦慑其威棱。度支部奏请之事，内外官奉行惟谨。"③

第二层次的溥伦、毓朗、善耆三名亲贵分别执掌资政院、军谘处和民政部，其中毓朗后来还出任军机大臣，他们能够参与清廷核心决策，但影响力较洵、涛、泽稍逊一筹。此三人年纪较长，但在皇族中辈分较低，其中溥伦系隆裕太后侄女婿，与载泽有姻亲关系，遇事多追随载泽。毓朗在新进亲贵中年纪最长，性格较为忠厚持重，政治上则属于载洵、载涛一派，在禁卫军、军谘处办事多以载涛意见为准，后来进入军机处也一度被时人视作洵、涛在行政中枢的代理人。④善耆在清末诸王公中素有清誉，以开明著称，有极强的革新欲望又有足够的政治阅历，但"行动往往不顾四周的旧习与一般之风俗，试图任情径行自己的理想，因而在社会上受到指责之事不少"。⑤此外，善耆属于肃武亲王豪格一脉，属于宗室远支的铁帽子王，在亲贵尽出揽权时别树一帜，与载沣兄弟常常貌合神离，⑥载沣对他的信任程度也不如近支王公。

溥伟则比较特殊。论血缘，他是宣宗曾孙，在己亥年筹议建储与光绪皇帝死后，曾两度有望竞逐皇位；论阅历，他在光绪朝末期即被拔擢为禁烟大

---

① 恽宝惠：《清末贵族之明争暗斗》，中国人民政治协商会议全国委员会文史资料研究委员会编：《晚清宫廷生活见闻》，第65页。
② 《监国预防隆裕》，胡思敬：《国闻备乘》卷4，第78页。
③ 杨寿枏：《觉花寮杂记》，转引自庄练《中国近代史上的关键人物》下册，第307页。
④ "朗贝勒亦亲贵中之有开明思想，而于军机中人尤以洵涛二邸之代表相目者。然要不失为温厚之士，至必谓有绝大势力恐未当也。"见《北京政界之推测》，《时报》1910年10月24日，第2版。
⑤ 川岛浪速：《肃亲王》，章开沅、罗福惠、严昌洪主编：《辛亥革命史资料新编》第2卷，第373页。
⑥ 李泰棻：《独树一帜的善耆》，中国人民政治协商会议全国委员会文史资料研究委员会编：《晚清宫廷生活见闻》，第85页。

臣，在亲贵中"颇持威仪"；且其祖父奕䜣功勋卓著，溥伟少时便承袭了恭亲王爵，是"最近支"宗室王公中地位最高的铁帽子王，其各项"指标"均不在其他亲贵之下，理应获得重用。据报载，载沣摄政伊始曾有意将他补授为军机大臣，但溥伟以年少不敢担负军机重任为由坚决请辞，①最终仅继续担任禁烟大臣。宣统朝三年间，溥伟一直未能获得重用，权势在载泽、载涛等亲贵之下，难以参与核心决策，时人认为："其时沣新监国，两弟势焰甚张，而劻、泽亦乘以争权，伟殊不为下，且于诸人频有微辞，遂不为众所容。或又谓侍奄某有妹，殊色也，为伟所昵，事为众知，致家庭勃豀，故愤起罢政。"②直至清帝逊位前夕溥伟才以主战派的姿态活跃于政坛。

二、"驱袁"与"削庆"

权力争斗往往是"零和博弈"的过程，少壮亲贵掌握权柄即意味着要削弱此前掌权者的政治势力，首当其冲的便是炙手可热的庆袁一派。

庆亲王奕劻自甲申易枢之后便当上了总理衙门领班大臣，长期主持外交事务，光绪二十九年起一直担任首席军机大臣，俨然两朝"首辅"，政坛势力盘根错节。袁世凯以练兵起家，党羽广布军政各领域，形成一派强大的北洋集团势力；入枢后主持外交事务，倚仗着列强对他的尊重和信任，行事极其跋扈。袁世凯以金钱收买奕劻，二人结成的政治同盟垄断着清廷的内政外交。载沣摄政不久，少壮亲贵便着手对袁世凯采取行动，光绪三十四年十二月十一日，清廷发布上谕："军机大臣外务部尚书袁世凯夙承先朝，屡加擢用，朕御极后复予懋赏，正以其才可用，俾效驰驱，不意袁世凯现患足疾，步履维艰，难胜职任。袁世凯着即开缺，回籍养疴，以示体恤之至意。"③驱逐袁世凯可谓载沣摄政后最"雷厉风行"的一项举动，对清廷中央权力格局产生了

---

① 《恭王固辞军机之传闻》，《顺天时报》1908年12月24日，第7版。
② 沃丘仲子：《近现代名人小传》下册，第206—207页。
③ 中国第一历史档案馆编：《光绪宣统两朝上谕档》第34册，第325页。

重要影响，学界对这一事件的研究成果已经相当丰富，基本史实是清楚的，①本书不再赘述。需要关注的是少壮亲贵在整个过程中扮演的角色。

袁世凯开缺回籍后在与亲友及同僚的书信往来中时常谈及自己的身体状况，②其患有足疾确系实情；但一名位高权重的军机大臣仅仅因为"足疾"便被开缺，无论时人还是后人显然都不会相信这样的说辞。时论有谓："袁公之开缺，不过以足疾托名耳，其中必有不得不开缺之理由也。但中国政府当此国丧在泣，梓宫未葬，各国愿政府协和赞化之时代，而决然将先朝最为信用倡首立宪之重臣，倏罢黜之而不惜，其中秘密难宣之理由，固必有在。第外间不知其情由，或不审察其情理者，必指以为中政府政权争夺之结果，或断以为朝廷大员相倾相轧之结果，亦未可知也。"③

表面上看，袁世凯在开缺之前便数次受到言官参劾，言官们打着整饬纲纪、巩固国本的旗号，斥其"结党营私，居心叵测""包藏祸心，罔知大义""久握军符，恃兵而骄"，要求严惩之。光绪三十四年十二月十一日，御史赵炳麟和给事中陈田各具一折弹劾袁世凯，载沣当天便下发了将袁开缺回籍的谕旨。④从这个意义上讲，载沣仅以回籍养疴处之，显然算是"厚待"袁世凯了。然而，专制时代内外大臣升降黜陟的最终决定权毕竟掌握在最高统治者手中，得到最高统治者信任不但可以权位无忧，甚至擅权误国、作威作福也不一定会受到严惩；而一旦失其信任，权势荣爵乃至自身性命都难以保全。袁世凯在光绪朝后期能够权倾朝野、飞扬跋扈固然与他的政治才干和手腕密不可分，而最关键的因素乃是得到了慈禧太后的宠眷。慈禧太后死后，这名飞扬跋扈的前朝宠臣顿时失去了保护伞，此前受其压制的亲贵、清流、

---

① 代表性的论著有杨天石：《须磨村密札与改良派请杀袁世凯的谋划》，《复旦学报（社会科学版）》1986年第5期；崔志海：《摄政王载沣驱袁事件再研究》，《近代史研究》2011年第6期；李永胜：《摄政王载沣罢免袁世凯事件新论》，《历史研究》2013年第2期；丁健：《清季袁世凯开缺问题研究》，《中国国家博物馆馆刊》2015年第1期；周增光：《失败的集权与立威——载沣驱袁事件再研究》，《北京社会科学》2016年第10期；马勇：《袁世凯"开缺回籍养疴"诸问题》，《华东师范大学学报（哲学社会科学版）》2017年第1期。
② 相关内容可见骆宝善、刘路生主编《袁世凯全集》第18卷，郑州：河南大学出版社，2013年，第395—401页。
③ 《论更动大员之宜顾全中外大局》，《顺天时报》1909年1月5日，第2版。
④ 赵炳麟：《劾袁世凯疏》，《赵柏岩集·谏院奏事录》卷5，第11—12页。

言官乃至海外的保皇党无不希望乘机将他扳倒；而新上位的载沣又有自己倚信的一派势力——少壮亲贵，并且对袁世凯早有不满，其失势在所难免。

在载沣下令驱袁之前，袁世凯的权位便已朝不保夕，其时日本记者佐藤铁治郎注意到："支那朝野之议论，多以西太后宾天，袁世凯必有奇祸，众口同声。某日袁退朝稍迟，忽传袁已杖毙。与袁有关系者，麇集袁寓探问。北洋公所车马络绎不绝。未几袁归，始各散去，时大有草木皆兵之势。"①德国报纸也觉察到："现今北京政界之一大现象在乎袁项城之失势力，盖袁项城与监国摄政王不甚浃洽，互有隔膜……通晓北京之士皆预言北京政府于嗣后三个月至六个月间必当有一大变动也。"②《凌霄一士随笔》亦认为："盖（袁世凯与载沣——引者注）同在军机时，袁承西后殊眷，以少不更事轻之，每不假以辞色。故一旦监国，遂修夙怨。且虑其跋扈难制，故欲除之。"③因此，虽然当时种种传闻或谓载沣驱袁系为光绪皇帝报仇，或谓言官参劾所致，或谓袁办理外交失败所致，笔者认为袁世凯在宣统朝初期骤然失势，首先应是专制时代最高统治者更替的常规结果，作为一名曾经炙手可热、行事擅专并且与"储君"有过过节前朝宠臣，袁世凯在新君上位后被抛弃是再正常不过的事。

驱袁事件在政坛上掀起一阵不小的波澜，外界揣测清廷恐将重满抑汉，担心新政前途。其时不少国内舆论或出于谄媚权贵的目的，称赞摄政王个人的"雷厉风行"，试图为清廷开脱，声称："袁去而袁之政策无变也，袁去而袁之人材无更也，此朝廷最妙之权衡，纳民轨物之微意确当不易者也。"④康梁一派与言官集团甚至对此拍手称庆，乐观地认为从此纲纪得以整肃，立宪前途有望。然而，革命党人及国外舆论则已经察觉到，此事绝非仅限于清除袁世凯一人而已，而是皇室揽权、不信任异姓大臣的开始，毕竟这位前朝宠臣失势后收益最大的便是皇室的少壮亲贵们。载沣驱袁事件发生后，革命党人创办的《中兴日报》刊载了胡汉民对该事件的评论：

---

① ［日］佐藤铁治郎著，孔祥吉、［日］村田雄二郎整理：《一个日本记者笔下的袁世凯》，天津：天津古籍出版社，2005年，第108页。
② 《德报之北京政界观》，《盛京时报》1908年12月24日，第2版。
③ 《载沣与袁世凯》，徐凌霄、徐一士：《凌霄一士随笔》，第519—520页。
④ 《对于政府退袁宫保之确评》，《大公报》1909年1月16日，第4版。

其一出于满族之深忌汉人也。当袁居直隶总督，握莫大之兵权，其时最为满政府所忌，然西太后母子，未尝不念袁之功，故一面收袁之兵权，一面厚袁之宠眷。袁既奉还四镇，其势力已在铁良、端方之下，及入为外部尚书，则不过为奕劻辈之一傀儡而已，然犹参预军机备顾问，于汉人犹为表表者。且袁为人，颇有才气，不若张之洞之老懵书痴，供人玩弄，今则西后、载湉之宠眷已去，而满族之猜忌不忘，故惟老懵书痴如张之洞者，尚得保其位，而袁遂见逐，此满人对于汉人之手段则然，固不问其人有无罪失也。其二出于载沣之自植党势也。奕劻当国十余年矣！前此载沣之在军机，奕劻以儿子辈畜之，固非其所能堪，今一旦摄政，必将取奕劻之党而去之，代以其私人，袁在军机，固所号为奕劻之党者也，奕劻且去，何有于袁？观于奕劻辞职之事，与袁休致之新闻，相连而出，外间可得窥其事之真相，更不必问其他之原因矣！①

各种史料表明，载沣罢黜袁世凯的动议并非始于言官弹劾，而是少壮亲贵们早有预谋。

光绪皇帝死后，流亡海外的康梁一派保皇党人如丧考妣，在他们看来，光绪帝的人生悲剧与英年早逝皆由戊戌年袁世凯告密而起，遂密谋除之。保皇党人为此还制订了促动摄政王载沣谋杀袁世凯的计划，在保皇党与载沣之间牵线搭桥的便是载泽、善耆两亲贵。据其时梁启超信函透露："上监国书颇不易达，弟前此方作一书，已设法交去，不知能达否……若无交不便托，则请寄来此间，由弟托人交泽公转交亦可。泽抚育于醇邸，与监国一心云。"又谓："弟为此类事发函于萧郎（即善耆——引者注）处，已不下数次，其言亦与公所拟电略同，此似亦已足。得公书后即将公所拟电文再抄一通寄萧处，言本欲如此发电，以迹涉于渎，故中止云云。萧与泽至密，而泽大为监国所信用也，此情想必能达于监国也。"②据此可知，善耆在整个过程中与保皇党人有过直接联络，并且明确表示赞成后者的除袁方案；载泽以其深受载沣倚信

---

① 胡汉民：《袁世凯之落职与保皇党之谣言》，中国国民党中央委员会党史委员会编：《胡汉民先生文集》第1册，台北：中国国民党中央委员会党史委员会，1978年，第524—527页。
② 丁文江、赵丰田编：《梁启超年谱长编》，第475—476页。

而成为保皇党笼络的对象,保皇党首先经由善耆争取载泽,进而再通过载泽促使摄政王载沣做出决断。

载沣、善耆、载泽等人谋除袁世凯固然与保皇党的鼓动不无关系,实际上更有自己的考量,时人刘垣即认为:"我研究载沣的罢斥世凯,并非个人的主张,亦非仓促所决定。他早与亲密信任的皇族经过长时期的讨论,而后有此行为。一般人都知道,载沣是一个胆子很小,性情很懦弱而没有主意的人。他的决然罢斥世凯,一定经过若干人之策动与鼓励。据我推测,至少必有肃亲王善耆、镇国公载泽、贝勒载洵、载涛、毓朗五人在内。而他们罢斥世凯的目的,决非仅仅报复戊戌之怨,而是打算收回世凯的兵权归满人统辖。"① 另据载涛回忆:"载沣虽无统驭办事之才,然并不能说他糊涂。他摄政以后,眼前摆着一个袁世凯,处于军机大臣的要地;而奕劻又是叫袁拿金钱喂饱了的人,完全听袁支配。近畿陆军将领以及几省的督抚,都是袁所提拔,或与袁有秘密勾结。他感到,即使没有光绪帝的往日仇恨,自己这个监国摄政亦必大权旁落,徒拥虚名……载沣摄政不久,即下谕罢免袁世凯。据我所知,促成其事的为肃亲王善耆和镇国公载泽。他两人向载沣秘密进言,此时若不速作处置,则内外军政方面皆是袁之党羽;从前袁所畏惧的是慈禧太后,太后一死,在袁心目中已无人可以钳制他了,异日势力养成,消除更为不易,且恐祸在不测(大意就是说袁心存叛逆)。善耆主张非严办不可;载沣彼时对袁,也觉得是自己的绝大障碍,遂同意善耆等的做法。"② 载涛系宣统朝核心决策层成员,其所记情形应当确切。由此可见善耆和载泽在驱袁过程中扮演了幕后推手的角色,正是他二人的极力鼓动促使载沣下定了驱逐袁世凯的决心,诸亲贵执意驱袁的根本原因乃是担心袁氏尾大不掉,威胁皇室安全和权威。

彼时核心决策层之外的人也通过各种方式得知肃、泽两亲贵尤其是载泽对该事件的影响。恽毓鼎在致端方的密函中告知后者:"项城开缺,泽公之力

---

① 刘垣:《张謇传记》,沈云龙主编:《近代中国史料丛刊续编》第13辑,台北:文海出版社,1975年,第166页。
② 载涛:《载沣与袁世凯的矛盾》,中国人民政治协商会议全国委员会文史资料研究委员会编:《晚清宫廷生活见闻》,第79—80页。

居多。泽公原可随时见摄政王，而自项城去后，泽恐招物议，尝谓此后朝中大政概不与闻云。"① 赵炳麟亦认为载沣驱袁受到了载泽的鼓动，其所著《宣统大事鉴》有谓："德宗之崩也，内外啧啧，度支部尚书载泽素亲德宗，密谓摄政王载沣曰：'昔晋赵盾不能讨弑君之贼，史书赵盾弑其君，今大行皇帝之事，天下称冤，皇上年幼，尔摄政其毋自贻伊戚。'载沣大感动，会给事中陈田、御史赵炳麟上书劾袁，遂以足疾罢归。"② 其时《神州日报》披露内情称："袁宫保此次开缺，其原因实种于戊戌政变之时，而最近军机中及各部大臣，又存满汉之见。自醇王摄政后，袁颇不自安，然又不敢遽行请退……度支部拟查各省报销款，袁又从旁力阻，泽公衔之。初七日江春霖召见，面劾袁二十大款，尚未发觉。初八日，袁由私宅发一电致唐绍仪，用军机处出名，摄政王恶其专擅。十一日，陈田又专折劾之，遂降旨开缺。"③ 刘体智在《异辞录》中亦提及："度支部尚书泽公以武进盛侍郎为谋臣，袁、盛之仇固结不解，泽公亦不悦于项城之所为，诼之曰：'岁费益巨万，仅得大使之虚名，岂计之上者。'项城乃被逐于外。"④ 通过以上各家所记可知，载泽和善耆两亲贵鼓动载沣除去袁世凯在当时已经不是什么秘密。

按诸言官和肃、泽两亲贵的想法，应当严治袁世凯之罪，载沣本来已经拟定好了将袁革职治罪的谕旨，但此举遭到军机大臣奕劻和张之洞的极力反对。载沣缺乏乾纲独断的魄力，在诸老臣的力争之下只得一再修改谕旨，结果并未治袁世凯之罪，仅令其"开缺回籍养疴"。⑤ 这样的处理结果虽是载沣在重压之下的无奈之举，但恰恰是他不够果断的处理才为辛亥年袁世凯复出创造了条件，继而成为清皇室的救命稻草（详见第四章），历史之吊诡即在于此。

驱逐袁世凯不是一个孤立事件，而是少壮亲贵全面"抢班夺权"的开始。袁世凯既遭罢斥，其党羽亦势难保全，其时西方报界揣测："奉粤等省三总督

---

① 朱宗震辑：《端方密函》，庄建平主编：《近代史资料文库》第 1 卷，上海：上海书店出版社，2009 年，第 43 页。
② 赵炳麟：《宣统大事鉴》卷 1，《赵柏岩集》，第 2 页。
③ ［日］佐藤铁治郎著，孔祥吉、［日］村田雄二郎整理：《一个日本记者笔下的袁世凯》，第 116 页。
④ 刘体智：《异辞录》卷 4，第 219 页。
⑤ 载涛：《载沣与袁世凯的矛盾》，中国人民政治协商会议全国委员会文史资料研究委员会编：《晚清宫廷生活见闻》，第 80 页。

为袁党之最有势力者,日内将有更动,云贵总督锡良将简直隶总督,梁敦彦之简外务部尚书逆料必难久任,继之者将为津浦铁路督办吕海寰,至邮传部尚书陈璧亦有更动消息。"① 首先殃及的便是掌握交通大权的邮传部尚书陈璧。

载沣对陈璧的不满由来已久,据恽毓鼎给端方的密函披露:"颍川(即陈璧)贪横,监国久恶之;原定邮部为府第,监国往视,知其用强力逐小户,以拓建花园,又署中有洋楼数幢,王勿善也。迨命其敬勘山陵,涉旬日犹不行;复命之日,迎合监国,驳斥内务府撙节用项之意,谓:若派其办陵工,他人用百万者,璧只用四十万而已足。不意大拂王意,面斥其玩视景皇山陵,草率苟简,全无心肝。"② 在清除陈璧的过程中,言官再次扮演了急先锋的角色,光绪三十四年十二月二十二日,御史谢远涵奏参陈璧虚糜国帑,徇私纳贿。载沣览折后大怒,立即召见军机大臣,意欲先将陈璧革职,后经各军机大臣极力转圜才同意先行查办再做定夺。③ 宣统元年正月十六日,负责查办事宜的孙家鼐、那桐将言官参劾陈璧各款的查办结果上奏,认为其确实存在虚糜国用的问题,但言官指陈的订借洋款、秘密分润、开设粮行、公行贿赂各节则查无实据。载沣随即下令将陈璧交吏部议处。④ 其时有军机大臣为陈璧开脱,认为将陈革职留任即可,但载沣坚持要从严惩处,⑤ 遂于十八日发布上谕将陈璧即行革职,以李殿林暂署邮传部尚书。⑥

彼时陈璧的政坛口碑很差,又遭言官弹劾,载沣从严惩处本应是整肃官场的一项举动;但由于陈璧有浓厚的袁党色彩,且按查办结果亦不至此,时人难免质疑载沣的用意。军机章京孙宝瑄认为:"袁之去位,陈之又将动摇,朝廷用人不当如是。一事之复就绪,遽又易人,事安得理?秉权者未免亲信贵近浮议,遂妄有所变移。"⑦

继陈璧之后,宣统元年闰二月初二日,清廷以民政部右侍郎赵秉钧"声

---

① 《西报纪袁世凯开缺事》,《申报》1909年1月6日,第1张第4版。
② 朱宗震辑:《端方密函》,庄建平主编:《近代史资料文库》第1卷,第40页。
③ 《纪陈尚书被参后情形》,《申报》1909年1月26日,第1张第5版。
④ 中国第一历史档案馆编:《光绪宣统两朝上谕档》第35册,第20页。
⑤ 《清谈》,《申报》1909年2月10日,第2张第4版。
⑥ 中国第一历史档案馆编:《光绪宣统两朝上谕档》第35册,第27页。
⑦ 中华书局编辑部编,童杨校订:《孙宝瑄日记》,第1376页。

名平常",将其"原品休致";五月二十一日原奉天巡抚唐绍仪开缺,以侍郎候补。① 袁党势力在宣统朝初年急剧失势,值得注意的是,除陈璧外,其他人并未获得任何罪名,这就为武昌起义爆发后袁党势力复兴创造了条件。

载沣拿下袁世凯的同时打出了"不事株连"的口号,袁派人物徐世昌、冯国璋、姜桂题等人并未随着袁的开缺而失势,反而继续获得清廷信任和重用,与柄政的少壮亲贵关系相当融洽。袁世凯开缺不久,时任东三省总督徐世昌请辞,载沣未予批准,不久,徐又被内调为邮传部尚书。其时近畿陆军皆是袁世凯一手编练,载涛掌握军权后依然信用军中的袁派人物,《凌霄一士随笔》注意到:"载涛知世凯虽已放逐,而北洋军界犹隐奉世凯为宗主,不消灭此种根深蒂固之势力,则军权集中有名无实。其用心与铁良不殊,而手段则大相径庭。盖以为铁良气度褊狭,不能容纳人才,对于袁系人物排之而无以代之,适足以促进其团结,实为无益有损。故反其道而行之,首以宏延揽、广奖拔为务,所擢用者大抵为东西洋留学生,虽有革命党形迹者,亦收诸夹袋之中,不以为嫌。惟一之宗旨,在以己为中心,而造成军界伟大之新势力于全国。此富于朝气之新势力造成,袁系之旧势力相形见绌,不必有意排除,自可逐渐陵替澌灭以尽。"② 袁党的冯国璋、姜桂题等人均是当时为数不多的深受少壮亲贵信赖的汉人武将。据此可知,载沣摄政后去除袁党势力尚且属于较为温和的人事调整,并非血雨腥风的清洗。

过往很多历史书写常常把少壮亲贵与袁世凯一派的矛盾简单地等同于满汉矛盾。诚然,清末民族主义思潮风起云涌,使清廷内部满汉矛盾的"潜流"日益凸显,但若笼统地以族群差异来审视朝堂分野,则所有清皇室与汉大臣、满大臣与汉大臣的争斗均可以归于满汉矛盾了,这显然忽视了彼时政情的复杂性。

笔者以为,少壮亲贵"驱袁"不能等同于"排汉"。在晚清政坛,有过洋务派与顽固派、帝党与后党、新党与旧党、庆袁集团与瞿岑集团等种种政争,一派满汉大臣对抗另一派满汉大臣是晚清政坛的常态,未见有纯粹的"满党"与"汉党"之争。时人刘垣即注意到:"有大权的旗人,不论做好事坏

---

① 中国第一历史档案馆编:《光绪宣统两朝上谕档》第35册,第81、248页。
② 《载沣载洵载涛掌兵》,徐凌霄、徐一士:《凌霄一士随笔》,第607—608页。

事，他的背后必有汉人做他的灵魂。例如肃顺背后，有七子。恭王背后，起先有沈桂芬，后来有李鸿藻。醇王奕譞背后，有孙毓汶。"①袁党之中固然以汉人居多，而少壮亲贵柄政后却也并非专用满人，其时载沣整肃官场重用"台谏三霖"（即江春霖、赵炳麟、赵启霖——引者注），载洵执掌海军依赖萨镇冰，载涛整顿陆军倚任冯国璋、吴禄贞等人，载泽理财则信用盛宣怀、郑孝胥、熊希龄等人，善耆更是慷慨陈言："只要你们汉人弄得好，咱们旗人滚蛋都行。"②笔者以为，少壮亲贵"驱袁"更多是为了"排老"，即政坛新贵向政坛元老抢班夺权。溥仪在其回忆录中写道："杀袁世凯和保袁世凯的问题，早已不是什么维新与守旧、帝党与后党之争，也不是什么满汉显贵之争了，而是一伙亲贵显要和那一伙亲贵显要的夺权之争。以当时亲贵内阁来说，就分成庆亲王奕劻等人的一伙和公爵载泽等人的一伙。给我父亲出谋划策以及要权力地位的，主要是后面这一伙。"③

少壮亲贵的意图不只限于去除袁派势力，更在削弱其背后更重要的人物——奕劻的权势。光绪朝后期，奕劻以"首辅"亲贵的身份长期把持着清廷的内政外交大权，势力遍布朝野，但他素来以贪著称，政坛口碑极差，多次被言官参劾，皆倚仗着慈禧太后的宠眷而得以高枕无忧。载沣摄政后更倚信少壮派，奕劻的地位大不如前，时论注意到："庆邸当国廿年，始终以太后眷顾得以为所欲为，故其私人遍布朝右，此尽人所知者。自慈禧宾天，今上嗣立，监国摄政，洵涛两邸继握大权。庆邸为宗室辈行之长，而年又最高，不便与洵涛辈相昵，故其权渐杀。"④诸少壮亲贵对奕劻掌握权柄却贪鄙无为极为不满，于是对奕劻的抢班夺权便成为他们的常规动作。

兵权方面，载沣摄政后相继设立独立于陆军部的海军、军谘两处，以载洵、载涛总揽其事，开去奕劻总理陆军部事务的差使；财权方面，度支部尚书载泽一向对奕劻贪鄙无为极其不满，企图将其扳倒，更不容他染指财政事务。宣统朝初期，奕劻的实权几乎一度被削减殆尽，载沣表面上对这位前

---

① 刘垣：《张謇传记》，沈云龙主编：《近代中国史料丛刊续编》第13辑，第169页。
② 李伯元著，李乔编选、校点：《南亭随笔》，北京：中共中央党校出版社，1998年，第8页。
③ 溥仪：《我的前半生》，北京：东方出版社，2007年，第21页。
④ 《京朝势力消长谈》，《民立报》1911年8月30日，第2页。

辈依然礼貌谦逊，但简授差缺之事决不与他商议，以致奕劻常发牢骚，决计告退。①

宣统二年二月，清廷开去铁良的陆军部尚书之职，以荫昌代之。②铁良为奕劻所提拔，他的去位使得奕劻一派的权势被进一步削弱。据《凌霄一士随笔》披露，此事与载涛有关："载涛任事之初，铁良犹长陆军。载涛挟皇叔之尊，少年气盛，与铁良每有龃龉。禁卫军初建，亦时以细故与陆军部发生争议。良弼以载涛为奥援，对铁良往往不留余地。盖以铁良不去，载涛之军权不能统一也。铁良自负军界前辈，而势不敌，遂引疾乞休。"③时人刘垣则进一步披露，谋去铁良的不止载涛一人，而是诸多少壮亲贵："这种作法（指罢黜铁良——引者注），我很怀疑，或者是听了载涛一人之言。后来有熟于当时内幕的朋友对我说，这是反对奕劻的一大群有力皇族全体一致的意见。他们说，铁良亦是奕劻心腹人物之一，不去铁良，则奕劻的势力依然存在，仍将永远把持朝局云云。"④

少壮亲贵对奕劻的抢班夺权可谓不遗余力，但他们政治阅历不足，对于早已习惯了"老人政治"的清廷而言，他们还难以完全取代奕劻的位置。一方面，少壮亲贵还不具备彻底扳倒奕劻的实力，恽宝惠记述宣统朝少壮派与奕劻争权的情形谓：

> 在奕劻一方面，以他之老奸巨猾，见多识广，这几位老侄对他的处心积虑，岂有看不出的道理；不过载沣的秉性和为人，从前在军机上共事多时，早经明了，他是认为不是置虑的。就是载洵、载涛两兄弟，在他眼中看来，年轻少阅历，亦还容易对付。唯独载泽，尚可和他拉个平手。⑤

另一方面，载沣固然倚信少壮一派，并且极大削弱了奕劻的权势，但新进

---

① 《庆邸退志已决》，《民呼日报》1909年6月13日，第2页。
② 《宣统政纪》卷31，《清实录》第60册，第556页。
③ 《良弼佐载涛排挤铁良》，徐凌霄、徐一士：《凌霄一士随笔》，第608页。
④ 刘垣：《张謇传记》，沈云龙主编：《近代中国史料丛刊续编》第13辑，第171页。
⑤ 恽宝惠：《清末贵族之明争暗斗》，中国人民政治协商会议全国委员会文史资料研究委员会编：《晚清宫廷生活见闻》，第66页。

的少壮亲贵还不足以接班奕劻，因此载沣并不打算将其彻底排出政坛，仍寄希望于这位元老能"发挥余热"。据报载："庆邸现已决议告退领袖军机之任，监国已特遣员二次慰留，其原因系一为现在待办之宪政及藏务甚多，一为亲贵中堪胜领袖军机之任者，惟泽公、肃邸及洵涛朗三贝勒为合格，而各王公等又均负有重要责任，万难再令分任枢务，故一时未便遽允庆邸之告退。"①

综上，少壮亲贵通过"驱袁""削庆"掌握了军政大权，清廷内部权势由庆袁一派转移至少壮亲贵，开启了少壮亲贵掌握权柄治国理政的时代。不过，拿下袁党系相对温和的人事调整，非政治清洗；对奕劻亦只是削弱其权势，非旨在完全将他排除，奕劻以及袁党人物在朝中仍有一定影响力。

三、袒护亲贵与台谏风潮

清末立宪开始后，清廷已经明确表示要"庶政公诸舆论"，载沣此时大量起用本家族成员难免遭到时人物议，尤其载洵、载涛两名几乎毫无政治阅历的年少亲贵一上来便被授予海陆军重权，舆论更是一片哗然。其时革命党创办的《民呼日报》直斥："一二日之间，洵贝勒派充海军大臣，涛贝勒朗贝勒派军谘处，载扶派禁卫军大臣，载振派内廷行走，兵权政权尽付诸无识无知小孩子之手，关系中国，实非浅鲜，一时都中舆论沸腾，均敢怒而不敢言。"②政见相对温和的《大公报》则委婉地表示："我朝煌煌贵胄，济济多才，迥非尔时诸王可比。然豫学之功断不可缓，振军经武之事宜暂责诸较有历练之大臣，俾贝勒辈多得专心向学，待异日者学优入仕，奏扬烈觐光之效，以弼我丕基，岂不懿欤？"③言下之意，少壮亲贵学识有限，阅历不足，应当着力培养自身学识，不宜骤然掌握军权。连一向支持载沣的《盛京时报》也对专门刊载了一篇名为《论近支王公今日所负责任》的评论，对载沣大量起用近支王公表示担忧：

---

① 《继任领袖军机者之难》，《大公报》1910 年 3 月 16 日，第 3 版。
② 《胡思敬舍命一言》，《民呼日报》1909 年 8 月 3 日，第 2 页。
③ 《摄政王训勉亲贵感言》，《大公报》1909 年 9 月 21 日，第 4 版。

> 近支王公，昔日之所注意者为远嫌，而今则大异，盖自恭忠亲王入赞枢廷，而祖制因之大变，近且益□恢扩而张大之，有以宗藩内长六卿者矣，有议以亲王出任疆符者矣。自顷以来，一切重任要差大抵以近支王公领之，涛贝勒之总禁卫军，洵贝勒之总理海军，其犹著也。夫任之也愈隆，则其所负之责任亦因之愈征艰巨，自非善为负荷，恐覆悚正亦可虑耳……某不知近支王公之担重任者以为可忻乎、可危乎，以为可危，则社稷之福，国民之幸也；以为可忻，则贻害盖不忍言矣。①

内外臣工对载沣大量重用少壮派也颇有微词。首先提出反对意见的是军机大臣张之洞，据《张文襄公年谱》载："亲贵联翩进用，公忧形于色。"②陈夔龙的《梦蕉亭杂记》亦提及："文襄亦以国事日非，亲贵用事，屡谏不听，赍志以殁。"③载沣拟派载洵充任海军大臣时张之洞明确表示不赞成，认为载洵少不更事，不足以担此重任，拒绝在谕旨上署名；无奈载沣心意已决，对其大加申斥，以致张之洞怄气不已，具折请假。④除张之洞外，宣统元年七月间，赴德考察宪政大臣于式枚有折到京，"谓亲贵任事权限亦宜略予限制，不宜集权过重"。⑤不久，东三省总督锡良奏陈时政，也曾向载沣建议："要政不可专付亲贵，且不宜屡派出洋，既糜费又损威重。"⑥

面对非议，载沣一方面告诫各亲贵要兢兢自守，实心任事，与诸大臣和衷办事，不得擅专，以免遭受外界指摘；⑦另一方面他对舆论的物议和内外臣工的劝谏仍不以为然，坚持重用亲贵的方针不可改变，声称："本监国用人行政一秉大公，即如信任亲贵，亦系量能授职，因材器使。倘各亲贵实系无能，自当随时撤换，免致贻误；如其才有可用，则予亦决不遽为浮言所惑，妄行

---

① 《论近支王公今日所负责任》，《盛京时报》1909 年 9 月 4 日，第 2 版。
② 许同莘编：《张文襄公年谱》卷 10，上海：商务印书馆，1944 年，第 219 页。
③ 陈夔龙：《梦蕉亭杂记》，章开沅、罗福惠、严昌洪主编：《辛亥革命史资料新编》第 1 卷，第 305 页。
④ 《张南皮并非大病》，《民呼日报》1909 年 8 月 3 日，第 2 页。
⑤ 《于式枚又请限制亲贵权限》，《申报》1909 年 9 月 12 日，第 1 张第 4 版。
⑥ 《老臣卓见》，《国风报·中国纪事》1910 年第 1 卷第 10 期，第 7 页。
⑦ 《训示和衷办事》，《大公报》1909 年 2 月 14 日，第 4 版；《摄政王谕勉亲贵》，《大公报》1909 年 9 月 15 日，第 4、5 版。

更动云。"① 载沣一向缺少乾纲独断的魄力，行事相当优柔寡断，却唯独在重用少壮亲贵一事上极其固执。揆其原因，君主时代的君上大权主要体现在"定策"与"用人"两方面，定策尚可由群臣商议后再交君主定夺，用人则全凭君主裁夺，臣下不得置喙，以示君主对臣下的绝对掌控。可以说，用人之权最能体现君主权威，载沣代表皇帝行使大权，在用人方面不肯轻易妥协应当有树立权威的用意。

亲贵用事使此前一直支持载沣的言官们大失所望，他们支持削弱庆袁势力是着眼于整肃官场，而紧随其后的亲贵专权显然不是言官们想要的结果。载沣摄政伊始曾表示广开言路，鼓励据实参劾官场不良风气，言官们也相当积极，军机大臣、各部堂官、直省督抚中不少大员都受到言官弹劾或指摘。诸言官对亲贵揽权也极为不满，他们在成功劾罢袁世凯、陈璧等人后信心大增，他们不畏权贵，敢于直言进谏。

宣统元年六月初五日，御史胡思敬首先上折奏请"裁抑亲贵"，直言："一国之大，至要者为枢务，其次为兵权、为财权，一切悉委诸宗潢贵近之手。自本朝推而上之，至元明，又上至唐宋、至秦汉，无此制也。自中国推而远之，至日本，又远至英法、至俄美，亦无此制也。"他担心"其小人无知者，疑皇上以天下为一家私物，不信汉，并不信满，各怀一自外之私，推卸仔肩，匿情而思遁，由是国家渐成孤立之势。而一二党徒或散布谣言，煽惑海外人心，其关系于宗社民生者，甚可畏也"。胡思敬认为，诸王公贝勒享有世爵世禄又有建言议事之权，早已在亿万人之上，摄政王欲彰显"亲亲之道"，于世爵世禄之外别加赏赐即可，然而"自商部兴，群起而充尚书；禁军兴，群起而充统帅，毅然任天下之劳而不辞，挺然任天下之谤而不避。且事权既属，不得不广事招延，恐浮薄新进喜事之徒，曳裾王门，各出其揣摩迎合之术，渐开党援倾轧之风"。他劝谏载沣，"以祖宗之心为心，以先朝用人之法为法，本廓然大公无我，临照四方，毋使奸人得所藉口，今日稍示裁抑之心，他日

---

① 《监国任用亲贵之卓议》，《大公报》1909 年 9 月 19 日，第 5 版；《摄政王之所谓一秉大公》，《民吁日报》1909 年 10 月 15 日，第 2 页。

即隐受保全之利"。①简拔臣工系君主大权所在,历来臣工不得干预,胡思敬直言重用亲贵是在搞"家天下",力陈其非,要求载沣改变用人政策,这在当时是一个极其冒险的举动,据报载:"胡未上折之先,曾嘱其家人预备殓具,自言必上菜市口无疑。"②折上后,载沣并不为所动,但也没有责备胡思敬干预君主用人大权,仅仅做了"留中"的处理。

七月十三日,江春霖上折劝谏,直指载沣对载洵、载涛两贝勒的任命:

> 皇上御极,监国摄政王莅政以来,崇陵之工、海军之事以郡王衔贝勒载洵治之;禁卫军之兵、军谘之府以郡王衔贝勒载涛掌之。本根庇远,磐石宗强,与古同符,于今为烈。然而郑宠共叔,失教旋讧;汉骄厉王,不容终病,载在史册为万世戒。二王性成英敏,休戚相关,料未至循覆车之辙,而慎终于始,不可不为杜渐防微也。比者道路传闻,臣僚议论,涉及二王者颇多,而监国摄政王之令闻亦为稍减。礼义果使不愆,人言固不足恤,但恐位尊权重,左右近习或有假借名色之人,则致谤出于有因,即失察亦所不免,上负委任,下玷声名,非细故也。伏年德宗景皇帝同气之亲,监国摄政王及二王而已,景皇帝以神器付之,皇上冲龄践祚,军国重事监国摄政王主之,二王辅之,治同其乐,乱同其忧,国事即家事也。国之不保,家于何寄……监国岁未及周,物议沸腾,至于此极,臣不禁为祖宗三百年国祚效贾生痛哭流涕长太息矣。③

表面上看,江春霖强调外间对洵、涛两贝勒掌权的种种非议,警告载沣切勿重蹈历代王公内乱的覆辙,实际上是隐晦地表达了对载沣重用亲贵政策的不满。载沣并未听取江春霖的劝谏,将该折留中不发。

江春霖仍不甘心,于二十四日再上一折,内容与前折主旨相同,"并谓朝廷用人大权,虽非臣下所敢干预,惟丁兹时事孔艰,用人一事,关系国家存

---

① 胡思敬:《退庐全集》,沈云龙主编:《近代中国史料丛刊》第45辑,台北:文海出版社,1970年,第745—750页。
② 《胡思敬舍命一言》,《民呼日报》1909年8月3日,第2页。
③ 江春霖:《奏为贝勒载洵载涛各掌海军军谘事务士大夫奔走夤缘物议沸腾请召诫二王事》,中国第一历史档案馆藏:宫中朱批奏折,档号:04-01-12-0677-126。

亡，不可不出以慎重。内政不修、外交失败，二者相为表里，方今国家整军经武，大政刷新，盛强之基于焉是赖，某某二处此时虽未具有雏形，将来事繁责重不待赘言，朝廷简贤任能原无偏袒，但兹事体大，关系良深，凡在臣民，苟有所知自不敢安于缄默"。① 与前折相比，江春霖这次直陈朝廷的用人政策，所谓"某某二处"即指载洵的海军处与载涛的军谘处，以洵、涛两贝勒少不更事，难以担负起整军经武的重任，劝告载沣慎重用人。但载沣仍不为所动。

言官们对载沣重用亲贵的质疑使得双方的合作关系逐渐走向破裂。言官们受到载沣摄政之初推出的广开言路、鼓励劝谏的政见鼓舞，此后纠参权贵、劝谏朝政蔚然成风，但是有些言官甚至在不了解实情、未掌握足够证据的情况下便贸然参劾，给正常行政造成一定干扰。当时《申报》即刊载专论，指出了言官的这种"滥参"现象：

> 自江春霖以劾袁故邀摄政王赏识，于是鹿（传霖——引者注）张（之洞——引者注）相被参，陈璧被参，陆尚书被参，徐世昌被参。最近如某御史奏政务处办事敷衍，阻碍新机，一时京外大员，名列弹章者日有所闻。彼言官有弹劾之责，所参者诚多可议之人。然而攻讦倾陷之风宜防其渐，使因一时之际遇，逞一时之意气，而互以弹劾大臣为侪辈之翘楚，则不肖言官必有借此为报怨计者。既存报怨之私心，则罗织其事以图万一之满意，而京外大员皆惴惴不自保。不自保则不得不结奥援，结奥援者于理应劾；不自保则不得不废职守，废职守者于理又应劾，而政界从此扰扰矣。弭之奈何，曰勿滥参。②

其时军机大臣张之洞因受到言官指摘颇为不悦，屡次向载沣请辞退休。张之洞系前朝顾命老臣、汉大臣领袖，被清廷倚为柱石，是载沣最依赖的老臣之一，载沣对言官们如此轻易地指摘这样一位重臣极不满意，一再慰留张

---

① 《江侍御又递对奏述闻》，《申报》1909 年 9 月 16 日，第 1 张第 4 版。
② 《敬陈所望于各台谏》，《申报》1909 年 2 月 16 日，第 1 张第 2 版。

之洞,并表示不会为"谗言"所动。①载沣亦逐渐担心言官们怀有私见,故意博取清誉,告诫他们:"言官须持大体,当一秉公正之心,如其怀挟私意,罗致细故以相倾轧,则殊非朝廷求言纳谏之意,各御史虽不至此,然亦当儆之于先,须时时曲体余之本心。"②另据《盛京时报》披露:"近来言官气焰大张,自庆邸以下各权贵殆无不被弹劾者,颇有吹毛求疵之弊,是以摄政王严饬张总宪限制言官参折,勿开攻击之渐。"③

然而,言官们并未听从载沣的告诫,反而将参劾的矛头进一步指向亲贵,质疑摄政王的用人政策,载沣对此自然相当不满,他批评言官"参劾亲贵每多捕影,自博名誉,其实奉迎朝旨及妄逞臆见以试揣度者,殊负朝廷广开言路之至意。此后应即严行禁止,务体本监国一秉大公之心为心,意气化除有裨朝局多矣"。④宣统元年十二月初四日,载沣以宣统皇帝的名义发布了一道旨在告诫言官"正确劝谏"的长谕:

> 朕敬维列祖列宗,至仁极圣,临民敷政,无时不广开言路,博采群谋。朕御极以来勤求治理,于嘉言直谏,凡有益于国计民生者罔不虚衷采纳,见诸施行;即由该长官代奏者,亦必详加批览,酌核办理。惟近来建言诸臣,其直言敢谏、披沥忠忱者固不乏人,而怀挟私见及毛举细故、不知大体者亦尝有之。否则毫无建白,缄默偷安,甚负朕殷殷求言本意。自此申谕以后,朝廷宽其既往,严其将来。其有言责诸臣暨代奏抒诚进言者,果能关怀时局,为国为民,条陈得当,朕不但立准施行,且加以奖叙。倘敢如前不悛,任意尝试,亦必予以惩处不贷,用示广纳忠言、励精图治之至意。⑤

载沣在这道上谕中一方面继续摆出一副虚怀纳谏的姿态,另一方面也试图对言官的参劾行为加以限制,而在时人看来,这一上谕虚怀纳谏是假,限

---

① 《摄政王温慰张相国》,《盛京时报》1909年2月7日,第2版。
② 《摄政王勉励言官》,《申报》1909年1月28日,第1张第4版。
③ 《专电》,《盛京时报》1909年2月2日,第2版。
④ 《摄政王用人之大公》,《广益丛报·纪闻》1910年第236期,第1—2页。
⑤ 中国第一历史档案馆编:《光绪宣统两朝上谕档》第35册,第490页。

制言官才是其真正目的，即如《大公报》评论称："朝廷对于台谏一官可扬而不可抑，可敬惮而不可斥责。我朝历代相承，只有奖励言官之事，而从无限制言官之事，非纵之也，亦以非此不能广开言路耳。乃者自监国摄政孜孜求言，休扬辇毂，其言责诸臣不能仰副宸意者固比比而是，方谓我贤王必将有导之使言者，比读本月初四日之谕旨而窃不能无疑焉。"①

载沣摄政伊始一度与言官建立起良好的合作关系，然其基础是相当脆弱的，二者的最大区别在于：言官的职责只在"言"上，他们无须直面治国理政中诸多棘手的实际问题，可以依靠伦理道德大胆地弹劾各种政坛乱象；而载沣作为国家的真正掌控者，在处理朝政时迫于各种内外因素，有诸多"不得已而为"之处，不可能完全按照理念行事。言官说到底只是最高统治者驾驭百官的一个工具，言官参劾之事准驳与否全在最高统治者。当载沣有清除袁世凯势力的需求时，言官便可以成为他的急先锋、马前卒，言官们各种或大或小或有或无的参劾事由均能引起他的重视；而当载沣重用亲贵甚至有意庇护亲贵时，不论言官们依托何种理由质疑亲贵用事，或是善意地建议改变用人政策，在载沣看来均是不理解其苦衷的"妄议"举动，此时的言官便不再是"整肃朝纲"的先锋，反而成为"掣肘国政"的累赘。十二月初四日上谕发布后，载沣与言官的分歧已经表面化，双方的合作关系至此基本破裂。时论注意到："近来言官参劾亲贵之章业已数见，而朝廷一概留中不发，微特被劾者有恃无恐，益长其骄矜之气，即劾人者亦无由知所言之当否，岂参劾之语皆摭拾浮言而无实据者耶……朝廷纵无袒护之意，固俨然有袒护之实，而犹谓其信任台谏，导使尽言，殆未必然矣。"②

诸言官似乎并未意识到载沣对他们"滥参"的不满，依然热衷于参劾朝廷大员。十二月初四日上谕发布不久，御史江春霖便继续奏参江西巡抚冯汝骙和安徽巡抚朱家宝，十二月二十八日，清廷发布上谕声称江春霖所奏不实，并认为江春霖在朝廷已经查办后依然反复参劾，是"有意深文，挟持成见"，斥其"是非不明，进退失据，乞将前后疏章饬部平议，断断不休，并叙及母老妻故、旁无婢妾、归隐林泉、感且不朽等语，无非博一己戆直之名，贻朝

---

① 《论限制言官之非计》，《大公报》1910年1月19日，第3、4版。
② 《闻摄政王传谕言官感言》，《大公报》1910年2月26日，第3、4版。

廷拒谏之过"，对江春霖传旨申饬。① 这是载沣摄政后首次以上谕的形式公开申斥言官，其时言官"滥参"现象确实存在，并且已经给正常行政带来一定干扰，但这些言官毕竟还占据着政治伦理道德的高地，处理起来相当棘手。载沣一直试图避免落得拒谏之名，而在此次申斥江春霖之后，实际上已经造成了拒谏之实，舆论处境相当不利。

宣统元年八月间，张之洞去世，清廷增补戴鸿慈在军机大臣上学习行走；不及半年，戴鸿慈亦病殁，何人填补军机空缺成为时人关注的焦点。当时外间传闻徐世昌、陈夔龙、林绍年等人皆有望入枢，② 徐、陈均是庆袁一派人物，若入枢势必重新强化奕劻在朝中的势力。言官们对庆袁一派早已不满，御史赵炳麟还曾在袁世凯被罢黜后劝谏载沣将奕劻一并除去，③ 此时徐世昌、陈夔龙入枢传闻风起，言官们自是极力反对。

宣统二年正月十六日，江春霖上折弹劾奕劻"老奸窃位，多引匪人"，该折认为罢黜袁世凯后奕劻仍在其位，庆袁一派人物依然占据着内外要津，指陈邮传部尚书徐世昌、农工商部侍郎杨士琦、邮传部侍郎沈云沛、江苏巡抚宝棻、陕西巡抚恩寿、山东巡抚孙宝琦、江西巡抚冯汝骙等人皆是庆袁党羽；更直斥直隶总督陈夔龙为奕劻干女婿，安徽巡抚朱家宝之子为载振干儿，劝谏载沣"现查军机大臣戴鸿慈业已出缺，我皇上、摄政王复听奕劻荐引私人，或误用老迈庸懦者充数伴食，大局之坏，何堪设想……敢肯圣明揽天下之才，极一时之选，不论官阶尊卑，破格擢用，俾效赞襄"。④ 折上，载沣要求江春霖就折中所谓陈夔龙为奕劻干女婿、朱家宝之子为载振干儿两项据实说明。⑤ 随后，江春霖再上一折详细回答了载沣的质问。⑥

---

① 中国第一历史档案馆编：《光绪宣统两朝上谕档》第35册，第540—541页。
② 《戴鸿慈去世及其后任》，李少军编译：《武昌起义前后在华日本人见闻集》，第455页。
③ "炳麟以世凯虽罢，而朝廷布置太疏，必有后患，上书陈孤危情形。摄政王召见，谓曰：'尔言关系极重，究应如何布置？'炳麟对曰：'世凯罢官而罪名不著，天下疑摄政王排汉，奸人构之，使民解体，为患滋大。当宣布德宗手诏，明正世凯之罪，黜逐奕劻，以靖内奸……'"见赵炳麟《宣统大事鉴》卷1，《赵柏岩集》，第3页。
④ 江春霖：《劾庆亲王老奸窃位多引匪人疏》，朱维干、林锴编纂兼点校：《江春霖集》上册，马来西亚：马来西亚兴安会馆总会文化委员会，1990年，第217—220页。
⑤ 中国第一历史档案馆编：《光绪宣统两朝上谕档》第36册，第14页。
⑥ 江春霖：《遵谕明白回奏疏》，朱维干、林锴编纂兼点校：《江春霖集》上册，第221—224页。

如前述及，少壮亲贵柄政后极力削弱奕劻势力，不过载沣并不打算彻底除去奕劻。江春霖的举动固然符合少壮亲贵们削弱奕劻的一贯立场，时人注意到"此次江春霖之参奏，恐使庆亲王在政界之权威受到致命伤"①；然而彼时最令载沣头痛的是言官"滥参"亲贵大臣的问题，毕竟此前不久江春霖刚刚参劾过载洵、载涛两亲贵。面对言官的指责，老少亲贵实际上是同一个利益群体，一旦"纵容"言官弹劾奕劻，少壮亲贵也会随之岌岌可危。在这种情况下，载沣首先考虑的是保全亲贵，正月十八日，他以"毫无确据，恣意牵扯"为由回绝了江春霖的弹劾，申明"亲贵重臣固不应任意诋诬，即内外大臣名誉所关亦不当轻于污蔑"，剥夺了江的言职，命其回原衙门任职。②事后载沣召见都察院堂官说明了自己的"为难之处"，谓："江春霖虽忠，未免使朝廷为难，故不得已而示薄惩，使告诸言官毋误会。"③此后有时论披露，载沣罢斥江春霖与"某某两贝勒"鼓动有关："当时折上，摄政王本拟留中，而某某两贝勒则力请降旨议罪，遂有回原衙门之旨。然摄政王固心嘉侍御之忠鲠，次日即饬将原折宣传《政治官报》刊发，至某某两贝勒则因受某邸之运动，其运动之辞则谓台臣如此肆言无忌，行将及殿下云云。故两贝勒言之甚力也。"④奕劻亦认为载沣这样做并非为了庇护他，而是为了保全载洵、载涛二人。⑤

江春霖素以戆直著称，曾是载沣摄政后着意拔擢的言官，在载沣树立个人权威以及清除袁世凯势力过程中是有过功劳的，如今竟因弹劾亲贵获咎，台谏一片哗然，据报载，"命下，全台大愤"。⑥十九日，给事中陈田与御史赵炳麟联名奏请载沣收回成命，挽留江春霖，声称："臣等环顾台垣，如江春霖者固不愧为真御史也，仅若因言去职，臣等恐天下寒心，士气沮丧，书之史册，何足昭示后人！"⑦御史胡思敬则上书直言奕劻在接连被参劾的情况下仍安然不动，"恐后世疑陛下独私其亲而示天下以不广"。⑧诸言官为江春霖力辩

---

① 《北京政界之波澜》，李少军编译：《武昌起义前后在华日本人见闻集》，第453—454页。
② 中国第一历史档案馆编：《光绪宣统两朝上谕档》第36册，第16页。
③ 《台谏近事感言》，《国风报·时评》1910年第1卷第6期，第13页。
④ 《江春霖获谴之由来》，《广益丛报·纪闻》1910年第229期，第2页。
⑤ 赵炳麟：《宣统大事鉴》卷1，《赵柏岩集》，第9页。
⑥ 《言官罢斥》，《国风报·本国纪事二》1910年第1卷第3期，第1—2页。
⑦ 赵炳麟：《谕留江侍御疏（与陈田联名）》，《赵柏岩集·谏院奏事录》卷6，第21页。
⑧ 胡思敬：《退庐全集》，沈云龙主编：《近代中国史料丛刊》第45辑，第817—820页。

使载沣甚为愤怒，①随后清廷乃发布上谕称："朝廷于用舍大权斟酌至当，毫无容心，兹据陈田、赵炳麟、胡思敬等奏请收回成命，暂予优容留任效用之处，着毋庸议。"②言官们仍不罢休，二十三日，给事中忠廉纠集言官五十三人联名具奏，"内容即谓嗣后亲贵重臣遇有应行奏参之件，尚可以参否，请明降谕旨，俾得钦遵"。③由此可见，诸言官关注的焦点并非只在江春霖之去留，而更关心一旦开启因言获咎的先例，嗣后言官遇有应参之亲贵又该如何处置。

忠廉等人的集体行动给载沣造成相当大的压力，处理不慎便会落得个抑制言官、拒绝劝谏之名，这与自己摄政之初提出的广开言路自相矛盾。载沣未与诸言官针锋相对，试图为这次事件降温，于是发布了一道语气和缓的上谕，声称诸言官对朝廷的用意"殊多误会"，"嗣后仍宜恪遵祖训，谨守台规，凡遇民生疾苦、官吏贪横诸大端，务当据实陈奏，如立言得体，必立予施行，用副朕博采群言、虚怀纳谏之至意"。④载沣还下令将江春霖的劾折刊布在《政治官报》上，用示朝廷并无包庇亲贵之意。⑤

江春霖事件将亲贵用事推上了舆论的风口浪尖，事后诸少壮亲贵多表现出同情或厚待江春霖之意，以图转圜，据报载："江太史春霖自回原衙门行走后，恭邸首拟派为禁烟公所稽察，伦贝子拟调入资政院，朗贝勒拟委办军谘处文案。"⑥载泽则公开表示："江直言敢谏，据我看此等人真不可多得，我辈亲贵蒙恩优待，但常恐有不称职处，若再无人敢言，以后爵位愈尊，倘有过错必得销爵处分，何可以言官为非？我对于此举实有不甚满意之处。"⑦

载沣等人试图把江春霖事件的影响控制到最小，竭力避免给朝野造成包庇亲贵、抑遏言路的观感。然而舆论往往更倾向于同情弱者，江春霖不畏强权，参劾亲贵，一时声名鹊起；舆论不会关注他是否重证据实，亦不再提起此前言官的"滥参"问题，而是聚焦在他的"一身正气，两袖清风"之上，

---

① 《专电·电二》，《申报》1910年3月4日，第1张第3版。
② 中国第一历史档案馆编：《光绪宣统两朝上谕档》第36册，第19页。
③ 《御史关于江春霖之风潮》，《申报》1910年3月10日，第1张第4版。
④ 中国第一历史档案馆编：《光绪宣统两朝上谕档》第36册，第23页。
⑤ 《刊布江御史参折之原因》，《大公报》1910年3月9日，第4版。
⑥ 《江春霖之声望》，《大公报》1910年3月18日，第4版。
⑦ 《京师近事》，《申报》1910年3月21日，第1张第6版；《京事近闻》，《时报》1910年3月22日，第2版。

钦佩其英勇，同情其遭遇。江春霖离职出京时全台共同资助其路费，京师绅学两界人士夹道欢送，江春霖受到英雄般的礼遇。与江春霖声望大增相对的是，清廷及亲贵的舆论处境更加不利，袒护亲贵的观感已然造成，《时报》即有评论称："江春霖是，则庆王非。庆王是，则江春霖非。今庆王告退，而在上者挽留之；江春霖告退，而在下者敬礼之。甚矣，中国上下之是非何相反若是也。"① 载沣对此只能颇感无奈，谓："该御史素日戆直，坦白无私，固应有斯声望。惟此次朝廷之罢斥，亦实出于不得已，非外人之所得知。"②

综上，载沣摄政后重用少壮亲贵掌握军政大权，通过"驱袁""削庆"，清廷的权势由庆袁一派转移到少壮亲贵，形成"亲贵用事"的格局。时人对亲贵专权颇有物议，但载沣不为所动，最终得罪言官，使清廷陷入相当不利的舆论境地。

第三节　趋新求变：少壮亲贵在任上

载沣大量起用少壮亲贵受到时人质疑，但这并非意味着年轻的宗室王公便不能被委以重任；相反，在有清一代亲贵辅政的历史上，素来不乏"杰出王公出少壮"的先例。多尔衮十几岁便领兵征战了，三十二岁以摄政王身份率军入关，定鼎中原；奕䜣第一次担任军机大臣时只有二十岁，三十岁加议政王衔，主导了自强运动，使清王朝一度呈现出"中兴"气象。因此，宣统朝的少壮亲贵们能否立足于政坛，能否赢得各界的认可，最终还要取决于其政见和政绩。

与元老亲贵相比，少壮亲贵年富力强，不甘落后，拒绝墨守成规，有强烈的改革进取之心；与异姓满汉大臣相比，他们与清王朝的命运休戚与共，

---

① 《时评一》，《时报》1910年3月17日，第2版。
② 《罢斥江侍御不得已之疑团》，《大公报》1910年4月1日，第3版；《新闻旧闻》，《时报》1910年4月8日，第2版。

更能得到最高统治者的信任,更敢于直言任事。彼时慈禧太后时代已经终结,老耄的奕劻在少壮派的削弱之下日趋式微,张之洞、鹿传霖、戴鸿慈等老臣或相继凋零或仅做伴食宰相,唯独少壮亲贵的权势与日俱增,内外臣工竞相攀附,成为朝中一派蒸蒸日上的政治力量。为了挽救清王朝国运,实现富国强兵,直至与列强并驾齐驱,诸少壮亲贵十分热心国政,积极投身各自职任,走上趋新求变之路。

关于少壮亲贵在各自职任上的政见、举措、影响以及时人的评价,过往学界已有所关注,对善耆主导警政与载泽主持财政研究得较为充分,对其他亲贵关注甚少。① 彼时受到质疑最多的是几乎没有军事阅历的载洵、载涛两贝勒执掌海陆军大权,时人最关注的是立宪的进展情况,载沣不顾众人反对坚持重用少壮亲贵,效果如何?此时深处舆论中心的海军大臣载洵、军谘大臣载涛和资政院总裁溥伦一举一动都受到朝野瞩目,事关舆论观瞻。因此,这里选取"载洵兴复海军""载涛整顿陆军"和"溥伦筹备资政院"三个代表性较强的案例加以论述。

一、载洵兴复海军

前文述及,载沣摄政不久便将兴复海军一事提上日程,并责成善耆、载泽、铁良、萨镇冰筹划相关事务。当时海军处隶属于陆军部,四名筹办海军事务大臣中,善耆、载泽、铁良的主要职缺分别是民政部尚书、度支部尚书、陆军部尚书,只有萨镇冰的"主业"是海军。

宣统元年五月二十八日,清廷发布上谕调整海军处组织与人事安排,把海军处从陆军部中独立出来,以载洵、萨镇冰为筹办海军大臣。② 其时《大公报》披露了清廷这样调整的原因:"兹探悉,日昨具奏海军入手办法一折,系由肃邸、泽贝子、萨提督会衔奏陈坚请改派大臣以重专责。折上,摄政王与枢臣决定以肃、泽现在各司部务,责任重要,应准改派,惟萨镇冰熟谙海军,

---

① 相关学术史见导言部分。
② 《着载洵萨镇冰充筹办海军大臣谕》,张侠等合编:《清末海军史料》,第96页。

仍宜派办一切事宜以资擘画，因于二十八日降旨钦派。"①可见，把海军处独立出来并任命专职海军大臣是为了统一权责，体现了清廷对兴复海军的重视。

至于缘何简派毫无军事阅历的载洵为海军大臣，过往各种私家笔记与回忆录多认为这是亲贵争权的结果，典型如恽宝惠所记："载沣既无西太后驾驭人的本事，更谈不到恩威并用。自己一个兄弟（载洵）压迫他，想要管海军，其理由是奕譞管理过海军，要子承父志。载沣明知这位贵介弟弟完全是外行，当然诸般推托，但禁不住他声色俱厉，非要不可；结果仍不得不勉强答应，先派他出洋考察一次海军，然后再授为海军大臣。"②恽宝惠的回忆与史实有些许出入，载洵是先当上海军大臣然后才出国考察的，不过载沣意识到载洵缺乏军事阅历确系实情，另简萨镇冰充任海军大臣便有让他辅佐载洵的考量。据报载，载沣在授予载洵海军重任后多次告诫他："海军关系全国命脉，责任至重，务与萨镇冰和衷共济，不得意气用事，致滋贻误。"③"朝廷不惜巨款振兴海军，盛衰在此一举，且此事为各国之所集视，全国之所瞻望，责任非常重要，勿稍玩懈因循，亦不得卤莽误事。务须详慎筹措，以期成立，否则咎有应得，法律无亲。"④另据报载，载沣还告知萨镇冰，载洵历练尚浅，遇事须由二人共同商议筹划，不得任由载洵一人独断。⑤

兴复海军事关重大，时人对这名年轻望浅的亲贵能否担负这一重任颇持观望态度，但不可否认的是，载洵以摄政王胞弟身份领衔海军事务，无疑提升了兴复海军在清廷国家要政布局中的地位。海军是一项花费巨大的工程，彼时清廷财力奇绌，朝中大臣多对兴复海军态度消极，致使此前的几次动议无果而终，而载洵可以凭借其贵胄地位以及与载沣的特殊关系为海军争取更多政策支持和经费支持，减少来自保守大臣的阻力，顺利推进海军建设。此外，清廷同时任命载洵和萨镇冰两名海军大臣，在时人看来，在实际工作中，少不更事的载洵势必会倚赖阅历丰富的萨镇冰，后者的军事才能将得到充分

---

① 《改派海军大臣之原因》，《大公报》1909年7月19日，第3、4版。
② 恽宝惠：《清末贵族之明争暗斗》，中国人民政治协商会议全国委员会文史资料研究委员会编：《晚清宫廷生活见闻》，第65页。
③ 《摄政王传谕洵贝勒》，《大公报》1909年7月23日，第4版。
④ 《摄政王又训洵贝勒》，《大公报》1909年8月9日，第3版。
⑤ 《摄政王倚重萨军门》，《大公报》1909年8月10日，第4版。

发挥，这样的安排较之前善耆、载泽、铁良、萨镇冰四人组成的海军班子更有利于海军兴复。其时《大公报》披露：

> 此次海军大臣之更动，枢府提议已久，实因萨大臣自到京以后与某某两尚书渐有意见不合之处，日前会议时极为激愤，已有决意乞休之意。而朝廷信倚萨大臣甚深，故有此举。闻洵贝勒人极谨愿，从善如流，毫无自专自用之习，想此后萨大臣有所作为，定能和衷共济，毫无掣肘矣。①

载洵受命后对萨镇冰表现出极大的尊重和倚赖，更进一步印证了时人的这种看法。其时外间有传闻："海军大臣责任，有划分内外之说，其大略情形以洵贝勒驻内，担任设署筹款，萨军门驻外，担任筑港购舰，为内外联络一气之计划。"②甚至有时论吹捧洵、萨两大臣"以英年之贵胄劳苦不辞，以历练之勋臣赞襄鸿业，懿欤休哉……吾为中国前途幸，吾更为国家得人幸矣"③。由此可见，任命地位尊崇的载洵领衔海军以重其事，另添派经验丰富的萨镇冰辅佐之，在当时未尝不是一个有利于兴复海军的选择。

军事阅历上的缺失并不妨碍载洵对自己职任的热情，他在萨镇冰的辅佐下很快便投入兴复海军的事务中，据报载，载洵计划"先行筹措的款，培植人才，再行建筑军港，制造军舰，即以此为宗旨"。④在此之前，清廷的筹划海军上谕已经提出要"先立海军基础"，宣统元年六月二十八日，载洵与萨镇冰联合上折陈述了筹办海军基础的各项办法，提出了关于兴复海军的基本构想。载洵等人首先强调了海军在中外交通时代的重要性："现在时局日新，海权日重，合环球而为战国，即皆必以海军为命脉。列邦于规拓军港、制造船械、讲求学术战法，无不愈进而愈精，且必竭国力以赴之者，以得失强弱之机举在此也。"而中国的海防形势极不乐观，自日俄战后危急到达极点，本国洋面门户全开，海权皆非中国所有，"就中国现势而论，非有大支舰队，实不

---

① 《萨大臣将大有为》，《大公报》1909年7月19日，第4版。
② 《筹办海军种种》，《申报》1909年8月1日，第1张第4版。
③ 《对于筹办海军之希望》，《申报》1909年9月8日，第1张第3版。
④ 《洵贝勒对于海军之宗旨》，《盛京时报》1909年7月29日，第2版。

足与列邦角立。惟购置船舰需款甚巨,以目前库储之支绌,人才之缺乏,非独无此财力,且先无此人员以资任使。再四酌度,目前办法惟有懔遵谕旨,筹划基础,先从购船舰、设学堂、开军港、修台垒、整厂坞诸大端入手,以期逐渐扩充"。为此,载洵等人制定了六条筹设海军基础的具体办法,包括预算经费、编练舰队、辟建军港、筹办学堂、改良厂坞、整顿炮台,并声称:"以上各条皆权目前财力所及,审海军预备所当,先期于切实施行,树立基础,既非敢侈谈高远,亦不敢但事补苴,图尺寸于此日,冀推广于将来……总之,非择建军港则操防不便,非广兴教育则任使乏才;船舰之散布于各省者不为编制则统一难,炮台之相维辅者不谋联属则策应难。"该折上后,朱批"依议"。①

宣统元年七、八月间,载洵出京南下,前往上海、象山、福州、厦门、广州等地巡视海军,勘察港口,随后制定了一个七年之内全面重建海军的宏大计划:第一年清查旧有军舰,勘察南北军港,扩充各地海军学堂,改办各省造船厂;第二年添造各式军舰,辟建军港,成立海军学堂,筹办海军经费,查定海军征兵区域;第三至七年续添各式军舰,建成北洋、南洋、福建三支舰队,设置海军专部,设立海军大学。②清廷兴复海军计划从此进入具体实施阶段。

具体而言,载洵在这一时期兴复海军的主要活动有:

第一,筹划海军官制。

宣统元年六月初七日,载洵等奏设海军临时编制,定全称为"钦命筹办海军事务处",内设参赞厅,专设参赞一员,由海军副使谭学衡充任,"又厅内分设秘书、庶务两司,每司各设司长、司副、科长、科员等缺,掌管文牍、庶务。并拟于厅内设一二三三等参谋官,以海军学生出身人员充当。此外,暂设第一、第二、第三、第四四司,每司各设司长、司副、科长、科员等缺"。载洵还要求度支部拨付开办经费,共计银六万两。这一方案得到摄政王

---

① 载洵、萨镇冰:《奏为遵筹海军基础办法各条事》,中国第一历史档案馆藏:宫中朱批奏折,档号:04-01-01-1099-099。
② 《筹办海军七年分年应办事项》,张侠等合编:《清末海军史料》,第100—101页。

载沣的认可，朱批"依议"。① 七月初六日，载洵又上折奏请添设医务司，亦得俞允。

宣统二年初，载洵第一次出洋考察归来，他十分钦羡列强的海军部建制，有意仿照办理；但考虑到清廷财力不济，若再加以另设海军部之款势必难以筹备，于是拟将海军处加以扩充，"既足以撙国帑，又足以期人望"。② 载洵多次向载沣提出这一动议，并要求加拨海军经费，载沣命其转商度支部尚书载泽，而后者则强调财政困乏，万难着手，于是清廷最终不得不决定暂缓办理，推迟至宣统五年再设海军专部。海军部既已缓设，载洵又提议在上海先设海军衙门，由一名海军大臣常驻，以便就近筹划一切事宜，此议得到载沣认可。③

宣统二年二月二十九日，载洵上折对海军事务处编制进行调整，将原第一司更名为军制司，负责海军规制、考绩、驾驶、器械、轮船；第二司更名为军政司，负责修造船舰，建筑工程；第三司更名为军学司，主管海军教育、训练、谋略等事务；第四司更名为军防司，负责铨衡各省水师将弁并侦测。医务司更名为军医司，主管海军卫生、疗伤、医药及军医教育等事务。参赞厅内原设两司，秘书司更名为军枢司，负责全处人员升迁、调补、差缺、机密、公牍、函电及承发文件等事宜。庶务司更名为军储司，主管海军经费暨服装、军粮等事宜。此两司从参赞厅内独立出来，与其他各司并列，另设一军法司负责海军军纪法律事宜。如此，海军处从原来的一厅四司转变为一厅八司的格局，按载洵本人的说法，这样调整是为了名实相符起见，也有为将来设立海军专部奠定基础的考量。④

宣统二年六月，日俄协约签订，随后日本正式吞并朝鲜，清廷面临的外患形势更加岌岌可危。当年七月至九月间，载洵第二次出洋考察海军，深切感受到日俄协约后列强瓜分中国的用心，中外实力的巨大差距极大地刺激

---

① 载洵等：《奏为遵旨筹办海军暂时编制并请饬下度支部拨给开办经费事》，中国第一历史档案馆藏：宫中朱批奏折，档号：04-01-01-1099-005。
② 《洵贝勒之欲建海军部》，《顺天时报》1910年2月25日，第7版。
③ 《海军部与海军衙门》，《申报》1910年2月26日，第1张第5版。
④ 载洵等：《奏为重订海军部各处职掌职名事》，中国第一历史档案馆藏：宫中朱批奏折，档号：04-01-01-1113-032。

了这名少壮亲贵,益使他意识到设立海军专部加速建设海军的必要性。归国后,载洵特上一折奏请建立海军第一舰队并筹设海军部,折称:"现当日韩合并,我国时事日亟,加以海疆延亘七千余里,外国战舰常川游弋,非设数支舰队即不足以保海权而资策应。此非臣等故为危言以渎圣听,即征之中外通人议论,亦同一致……盖必有完全之舰队,始可以练将练兵,成完全海军基础;然必练之于今日,将来乃不致有乏才之叹。若因财政支绌,勉强枝枝节节而为之,则日新月异之船艺恐不我待,故蓄艾徙薪,不容不预为之。"又谓:"臣处原为筹办海军事务而设,尚非完全行政机关,今既官制提前,应请改为专部,以与各项行政机关事归一律,其官制亦应早日厘订,以专责成。"载沣同意了设海军专部方案,但考虑到经费有限,谕令将建设第一舰队一事及所需经费先由载洵等与度支部尚书载泽商议再做决定。①

最终,清廷决定在海军事务处的基础上成立海军部,仍以载洵总领其事,而辅佐他的人则由萨镇冰更换为谭学衡。随后,载洵等人拟定了海军部官制大纲,本着"长官之责任既重,事权即宜专一"的原则,设海军大臣一员,副大臣一员,裁撤海军事务处大臣、参赞,其余各司酌量变通,重加厘定。②

除了筹划海军基本官制之外,载洵还着力改革海军人员的官阶职任。当时海军人员官制阶级基本还在沿用绿营旧制,他认为,"维时局日新,海权日重,欲固各省洋面之防,必以振兴海军为要;欲作将士之气,必以更新官制为先",提出将海军官阶比照陆军办理,定三等九级,新官名目品位自正都统至协军校,皆冠以海军字样,以示与陆军区别,"又查陆军部奏定陆军补官任职折内声明,凡学堂出身、游学毕业、谙习武备、带领新军者,分别除授。现拟海军官制任用办法,亦请在中外海军水师各学堂毕业暨管带海军著有成绩者,分别除授,庶班秩既清,人才自奋,冀副朝廷振兴海军,实事求是之至意。"③

第二,筹措海军经费。

---

① 载洵、萨镇冰:《奏为拟设海军第一舰队并拟厘订海军部官制各情事》,中国第一历史档案馆藏:宫中朱批奏折,档号:04-01-01-1113-046。
② 《筹办海军处奏拟定海军部暂行官制大纲折》,张侠等合编:《清末海军史料》,第520—522页。
③ 载洵、萨镇冰:《奏为拟订海军人员官阶职任请比照陆军办理事》,中国第一历史档案馆藏:宫中朱批奏折,档号:04-01-01-1099-098。

甲午战后，清廷内部对重建海军一事屡议无成，其最大的制约因素便是财力不济。进入宣统朝，清廷的各项改革全面提速，而此时把兴复海军提上日程，使本已拮据的财政更加捉襟见肘。不过，有载洵以皇叔身份领衔海军，又有摄政王载沣全力支持，海军依然能够获得一定经费支持。作为一名雄心勃勃的海军大臣，载洵一直不遗余力地为兴复海军筹措经费。

载洵等人在七年筹办海军事项奏折中向朝廷索要开办经费一千八百万两，常年经费二百万两，由度支部筹拨，各省督抚协助筹划。度支部尚书载泽理财向来以撙节为宗旨，对花费巨大的海军事务颇不以为然，只答应由度支部认筹开办经费五百万两，其余款项由各省分筹协济。① 但各省的认筹情况十分不理想，宣统二年八月二十一日，度支部将各省认筹情况上奏，除云南、贵州、甘肃、新疆四省均系偏远地区实系无力承担外，其余十八省总计认筹开办经费一千一百三十万两，常年经费一百六十八万两，较预期存在数百万两的经费缺口；即便如此，度支部还一再强调筹款的困难之处，声称："京外财力同一殚竭，部库既积储殆尽，各省亦罗掘俱穷，悉索之余，止有此数。且查各督抚来电，除湖南、河南两省指定的款外，其余诸省或请稍款期限，或俟设法腾挪，虽一时勉力认筹，而竭蹶情形概可想见。""惟有仰肯饬下筹办海军大臣，通盘筹划，暂就认筹陆续解到之款，分别缓急，量力举行，为得寸得尺之计。"② 其时不少臣工屡以海军筹款艰难，建议载沣从缓办理，而载沣兴复海军的意图却相当坚定，表示："现在臣工每有因海军筹款维艰，奏请暂行从缓举办者，殊不知海军为国家命脉。上奉两圣之遗旨，下慰兆民之切望，予已决计，无论如何即令朝廷减衣节食，亦必赶先筹办。"③ 相当支持载洵的做法。度支部折上后，载沣照该部所报数目暂为拨付，其余不足之款仍令度支部设法筹划。④

在清廷确实拿不出足够款项的情况下，为筹措更多经费，载洵向载沣提出一个"兴利裕饷"的方案，他注意到"各国致治之方，图强必先图富，如

---

① 《筹办海军七年分年应办事项》，张侠等合编：《清末海军史料》，第 100—101 页。
② 《度支部奏筹海军开办及常年经费折》，张侠等合编：《清末海军史料》，第 671—676 页。
③ 《监国筹办海军之定见》，《南洋兵事杂志》1909 年第 37 期，第 5 页。
④ 中国第一历史档案馆编：《光绪宣统两朝上谕档》第 35 册，第 365 页。

铁路、航业、农林、工艺、渔业，苟兴一政，必生一利。民生既裕，国用自充，而生利至大、收效至速者，莫如矿务……中国矿产富饶，富甲于五洲，近年风气渐开，迭经华侨议集股本，禀请开办，而人情未见踊跃者，以矿章限制太严，大资本家不敢轻于尝试，其余又限于财力，不能独举，故办理迄无成效"。主张效法欧美国家办法，于办理矿务之初从宽制定相关章程，以示鼓励；俟办有成效再酌情将各国续增条款加入，"则行之以渐，人自乐从，矿务之兴可企踵而待矣"。载洵强调，开辟利源储备专款是在财政空虚的情况下，不必通过加重人民负担而可以补助军饷的最有效办法。①

"兴利裕饷"的设想固然不错，但振兴矿务尚需时日，绝非朝夕可以获利，而筹措海军经费却是当务之急，在这种情况之下，海军经费只能指望载洵利用他的特殊身份向朝廷、度支部以及各省督抚索要。其时资政院总裁溥伦正在筹备第一次常年会事宜，载洵向他建议将海军捐列入资政院议案，称："现在筹办海军仅由部省担任经费万难有济，此事为保护国内外人民而设，应由国民分担筹款义务，将来资政院开议时应以此项列入议案，俟议定后用正式宣告各省谘议局公同担任。"②载洵还授意海军处参赞通咨各省："振兴海军为当今之要政，全仗各省筹款协济，若各省督抚将认解之款稍有欠解延宕，则海军即无法筹办，中国海军之成立无日矣。故饬将此意通咨各省督抚，务须竭力襄赞，勿论财政如何拮据，万不可延解海军各款，俾本大臣得以筹设一切而期完备。"③

继索要一千八百万两开办经费之后，载洵又以海军处用款孔亟为由，向度支部提出续解款一千万两，这次各省报解者寥寥。载洵希望度支部能将该部和各省所认筹款项如数垫解清楚，并将此意反复与度支部尚书载泽磋商，而载泽坚称度支部认筹之款可以照解，各省之款应当在到部之后再行拨付。他对载洵不顾财政实情反复要钱的做法极其不满，当面声称："前次之所以垫付者，以海军处急待应用，故稍事通融。若欲全垫，当此库储支绌，实有未

---

① 载洵等：《奏为海军需款骤难筹集请速兴矿利以裕海军饷源事》，中国第一历史档案馆藏：宫中朱批奏折，档号：04-01-36-0115-015。
② 《海军捐列入资政院议案》，《申报》1910年4月13日，第1张第4、5版。
③ 《海军处之通咨各省》，《顺天时报》1910年8月26日，第7版。

逮。"但载洵坚持无论如何也要先拨付五百万两,其余款项可以分期划拨,不能等到各省解款到部后再交付。二人反复争执,几至冲突。① 最终,载洵将此事禀报载沣,载沣袒护载洵,命度支部先行拨付银五百万两。②

兴复海军对于财政拮据的清廷来说,就像一个填不满的无底洞,内外大臣乃至奕劻、载泽、载涛等亲贵王公均有意暂缓办理,载洵坚决反对,声称:"斯时降旨缓办海军必为各国所轻视,至于撙节财用一事固属当务之急,以臣之见,若内外大臣实行痛除虚糜,共守维持国脉之心,想年省千数万两尚非难事。"③ 载洵这种近乎贪婪的筹款方式招致了不少物议,更与度支部尚书载泽频起纠葛。

第三,出洋考察与购买船舰。

载洵对出洋考察海军十分热衷,曾于宣统元年九月至宣统二年七月不到一年的时间内两次出洋考察。一方面,出洋考察海军是清廷借鉴列强先进经验,加速本国海军建设的必由之路。另一方面,彼时政坛有明显的尊新崇洋的风气,言必称西几乎成为大小官员展示自身识见的常态。因而对载洵个人而言,这种"海外经历"也是他增长阅历和见识,乃至提高在朝中话语权的重要条件。

载洵出任海军大臣后便马不停蹄地南下上海、象山等地调查海军和军港,在对本国海军情形有了基本了解的基础上又决定出洋学习列强的先进经验。宣统元年七月初五,载洵在上折汇报南下巡视各港情形的同时提出他的出洋考察计划:

> 海军为国防第一线,环球所公认,是以东西各国于海军一切事宜莫不锐意经营,惟日不足。中国海军甫有萌芽,当此竞争最激烈之时,尤应急起直追,务求相师相胜之道,以保海权而张国势……凡中国原有船舰厂坞固当详细调查,而外国之海军,其政策之命意何在,其行政机关成规何若,船舰器械何种为中国目前所急需、何种为将来扩充所应备,

---

① 《海军处与度部商拨经费之困难》,《申报》1910年5月23日,第1张第4版。
② 《叔侄之胜负如何》,《广益丛报·纪闻》1910年第236期,第3页。
③ 《洵贝勒不欲缓办海军》,《申报》1910年11月19日,第1张第4版。

以至厂坞穿渠为修理船舰要地,应如何布置管理方裨船政;子弹医药与各种军需品物,其存储供给各法应如何筹划乃能源源接济、不虞缺乏。凡此各端,仅举大要。此外一切事宜,其与海军有关者不厌求详,研究其精意,庶得以合诸国之所长,参配己国情势徐图扩充之策。①

载沣十分认可他的计划,朱批"依议",并饬度支部拨款银十八万两。

宣统元年八月二十七日,此时距结束南下调查回京复命仅仅半月,载洵便迫不及待地为出洋考察事宜做打算,乃上折提出出洋期间除考察列强海军政策、官制、船舰等事项外,还要聘请海军顾问及订购船舰,折称:

> 查顾问一官,关系至重,固贵才学优长擘画不遗乎巨细,尤贵志趣纯正措置不涉于偏颇。奴才此次出洋,拟悬此为格,于行抵英国后详慎访求,必须合格人员方能与之妥订合同,实行延聘。该项合同大旨,凡受聘之人,只令殚心赞划,不准干涉行政,庶海军大权操之自我……至聘请教习,则以品学兼优、启迪有方者为合格,所订合同以明定权限有裨作育为宗旨……又查海军船舰,各国皆能制造,奴才等拟每至一国,先周历其国中名厂,逐加调查,然后将奏准添购各船令其核实估价。如有工作精良而取价最廉者,乃与磋商一切,议订购买之法……②

载沣同意这一建议,并于当天召见载洵、萨镇冰两大臣。③二十九日,载洵等人前往载沣处请训,载沣告以"此次应行考察之事甚多,且皆关系紧要,必须详细考求,非操切所能济事"。④载沣对这位胞弟首次出洋相当关心,专门差人代以送别。⑤九月初三日,载洵一行由上海放洋前往欧洲。载沣知道载

---

① 载洵、萨镇冰:《奏为巡阅各省及出洋考察海军拟酌带随员并请饬部拨给经费事》,中国第一历史档案馆藏:宫中朱批奏折,档号:04-01-01-1099-097。
② 载洵:《奏为酌拟聘请海军顾问各项教习及订购船舰办法事》,中国第一历史档案馆藏:宫中朱批奏折,档号:04-01-01-1099-089。
③ 《宫门抄》,《申报》1909年10月11日,第1张第3版。
④ 《出洋考查海军之需时》,《大公报》1909年10月14日,第6版。
⑤ 载沣:《醇亲王载沣日记》,第337页。

洵一向不喜撙节，挥金如土，担心他在国外贸然订购船舰，特电谕："筹办海军巡舰实为始基，关系重要。该大臣等有鉴于此，不惮烦劳，亲往东西洋考察所有兵舰以及枪械，何种为新式，何种最合用，当不难得其要领，应俟考察完竣，再行订购，勿稍冒昧，致涉糜费。"①

不过载洵并未听取载沣的劝告，出洋考察期间，他除了参观考察与参加礼节性的外交活动之外，"军购"是一个重点。他分别在意大利订造一千吨炮舰一艘；在奥匈帝国订造四烟囱两千吨特快驱逐舰一艘；在德国订造新式鱼雷艇三艘，各约七百吨，又订造钢甲平底炮艇两艘，各约四百吨；在英国订造三千余吨巡洋舰两艘。十二月初考察完毕，赴俄国经西伯利亚铁路返程回国。②载洵违背旨意订购船舰，按他本人的说法："欲秘军容，本不愿购用外人军舰。惟现在亟拟成第一舰队，自造当须时日，迫不及待，故暂行购自外洋，其在各国分订者，亦为稍可密秘，且藉以联合邦交，实不得已之苦衷耳。"③由此可见其加速海军建设之迫切。载沣只好无奈认可，称："此次振兴海军，所有第一舰队之军舰因急欲观成，势不得不暂由外国订造，以期简易。惟购自外人终属难靠，嗣后仍须自行建造为宜。"④

载洵回国后仍不甘心，认为在欧洲各国考察得太仓促，适逢美日两国邀其前往考察，载洵认为"美则海军为近世界最新之式，日则各军制于中国之习惯为宜，将来至此两国，须延长其期，俾细加参考，方能得其真相"，有意再赴美日考察一次。⑤当时朝中不少臣工以财政拮据，不宜糜费，对亲贵出洋多有抱怨。⑥但美日两国极力邀请，事关邦交大事，载沣不得不允，遂告诫载洵"汝等出洋考察，一切费用务须节省"。⑦

---

① 《电谕海军大臣勿遽订购械舰》，《申报》1909年11月1日，第1张第3版。
② 《载洵萨镇冰出国考察海军》，张侠等合编：《清末海军史料》，第846—850页。
③ 《海军大臣分购军舰之原因》，《北洋兵事杂志》1910年第2期，第108页。
④ 《新闻旧闻》，《时报》1910年5月22日，第2版。
⑤ 《详志考查海军之近闻》，《大公报》1910年7月22日，第3版。
⑥ "度支部泽绍陈（即载泽、绍英、陈邦瑞——引者注）各堂官前日会议谓，近年屡派亲贵出洋，每年核计经费约在百万以上，而此项经费并非预有的款，均系临时筹措，遂致本部亏累日巨。此次海军大臣又须出洋，其川资约在二十万两以上，是又本部一大难题云。"见《海军大臣第二次出洋之筹议》，《申报》1910年7月26日，第1张第4版。
⑦ 《专电·电三》，《申报》1910年8月16日，第1张第3版。

不过，载洵并不打算因此便停止军购，宣统二年七月初十日，他入宫请训并上一折，提出应继续向英德美日意奥六国分购新式战船，"俾得比较研究，藉联睦谊"，拟向德厂订购鱼雷猎船一艘，浅水炮船二艘；美厂三等巡洋舰一艘；日厂航海炮船二艘；意厂鱼雷猎船一艘；奥厂鱼雷猎船一艘。按载洵本人的说法，这是为了"训练"起见，载沣朱批"依议"。① 载洵还与萨镇冰商议，以前次着华服赴欧，奇装异服致使外人讥笑，"此行若仍如是，恐又不免为彼轻视，且亦不足以壮我之军威。我辈既属海军人员，身着军服亦是正当之办法，拟此后着军衣前往"。萨镇冰亦以为然，遂命考察团各员一体遵行。②

七月十四日，载洵等人出京，由上海放洋赴美日两国考察。载洵一行在美国受到隆重接待，不仅详览了美国海军的盛况，而且起到了"敦睦友谊"的效果。③ 在美考察一个月后，载洵等人又前往日本考察海军组织机构，当年十月返京。这次考察期间虽没有订购军舰，不过在起程之前已经在日本订下两艘一千六百吨的炮舰，回国不久又向美方订购了一艘三千吨的巡洋舰。

二、载涛整顿陆军

载沣摄政伊始便下令编练禁卫军，以载涛、毓朗、铁良为专司训练禁卫军大臣。宣统元年五月二十八日，清廷发布上谕，将原暂隶于陆军部的军谘处独立建制，作为"通筹全国陆海各军事宜"的军令机关，以贝勒毓朗为管理军谘处事务大臣。④ 不久又添派贝勒载涛管理军谘处事务，排位在毓朗之前。二人之中，载涛年仅二十出头，年轻气盛，又系摄政王胞弟、皇帝亲叔，地位尊崇，迅速成为全国陆军首脑；毓朗稍年长，相对稳重，遇事多以载涛为准，宣统二年夏入值军机处后不再专理军事，可以说，载涛是宣统年间清廷陆军事务的主要主持者。

---

① 载洵、萨镇冰：《奏为向英德美意日奥各国续购新式海军练船事》，中国第一历史档案馆藏：宫中朱批奏折，档号：04-01-01-1113-043。
② 《洵贝勒拟戎服出洋》，《广益丛报·纪闻》1910年第244期，第2页。
③ 详见崔志海《海军大臣载洵访美与中美海军合作计划》，《近代史研究》2006年第3期。
④ 中国第一历史档案馆编：《光绪宣统两朝上谕档》第35册，第251页。

载涛与其六哥载洵均是在此前几乎没有军事阅历的情况下骤然执掌陆海军政事务，不同之处在于，兴复海军是宣统年间才付诸实施的，是甲午年海军覆灭之后，在几乎一片空白的基础上对海军进行的重建活动；而陆军事务则不然，清廷自新政伊始便开始大规模地编练新式陆军，至宣统改元时已经取得了一定成效，袁世凯、铁良等人在编练新军过程中迅速崛起，并且在军中培植了自己的势力。载涛出任军谘大臣时，袁世凯虽遭罢黜，但其一手培植起来的北洋将领依然占据着军中要职，满大臣中"三杰"之一的铁良则担任着陆军部尚书，在军政两界均有声望，载涛欲掌控全军首先便要处理与这些旧有官将的关系。《凌霄一士随笔》对此颇有介绍：

> 载涛知世凯虽已放逐，而北洋军界犹隐奉世凯为宗主，不消灭此种根深蒂固之势力，则军权集中有名无实。其用心与铁良不殊，而手段则大相径庭。盖以为铁良气度褊狭，不能容纳人才，对于袁系人物排之而无以代之，适足以促进其团结，实为无益有损。故反其道而行之，首以宏延揽、广奖拔为务，所擢用者大抵为东西洋留学生，虽有革命党形迹者，亦收诸夹袋之中，不以为嫌。惟一之宗旨，在以己为中心，而造成军界伟大之新势力于全国。此富于朝气之新势力造成，袁系之旧势力相形见绌，不必有意排除，自可逐渐陵替澌灭以尽。其计划盖如此。当时东西洋军校毕业归国者咸得破格除授，载涛之力也。①

据此可知，载涛利用铁良与袁派将领的矛盾，首先采取与铁良截然相反的策略以争取袁派将领向附，继而广揽留学生以扩充己派势力。

其时袁派将领冯国璋、段祺瑞等人并未随着袁世凯被罢黜而失势，他们在载涛手下依然获得了重用。军谘处独立建制后，载涛特简冯国璋充任军谘处正使，并命其负责编订军谘处制度；② 段祺瑞在光绪三十三年丁未政潮后已调任镶黄旗汉军副都统，宣统元年十一月载涛重新将他调回陆军，担任第六

---

① 《载沣载洵载涛掌兵》，徐凌霄、徐一士：《凌霄一士随笔》，第 607—608 页。
② 《京师近事》，《申报》1909 年 8 月 6 日，第 1 张第 5 版。

镇统制。① 另据报载，载涛还一度有意将冯国璋、段祺瑞补充为近畿陆军督练参谋，后因其他王公的反对而搁置。②

倚信留学生是彼时少壮亲贵用人的一大特色，据民初掌故专家刘体智记载："洵涛两贝勒、泽公，则非徒为利，而又自逞其才，故学生一派乘之而起。若辈接近邸第，把持部务，若似乎在王公及部员之间生出一重障碍也者。至部则曰'王爷、公爷之意也'，在邸则又曰'部员非此不可'，因而上下其手，甚至潜施毒计，以覆其宗。"③ 载涛最为倚信的留学生如吴禄贞、良弼，前者有革命倾向，系刘体智所谓"潜施毒计"的一类，而良弼则位列皇族，真心实意地为维护清王朝统治着想。

在载涛看来，对他权力威胁最大的乃是陆军部尚书铁良，载涛对其一再削弱直至将其排除在军权之外。在铁良受命与涛、朗两贝勒共同训练禁卫军后仅仅一个月，清廷便又命铁良参与筹划海军，因"任重事繁"，开去了他专司训练禁卫军大臣的差使。④ 宣统元年五月，清廷将海军处从陆军部独立出来，任命载洵、萨镇冰掌管海军，铁良便只剩陆军部尚书一职。不久，军谘处又从陆军部中独立出来，陆军部权限再次受到削弱，新的军谘处负责通筹全国海陆军事宜并且有两贝勒总理其事，实际地位已在陆军部之上。载涛与铁良共事时常有龃龉，且后者系奕劻提拔，最终铁良被排挤出京，外放为江宁将军，随后载涛将其亲信荫昌举荐为陆军部尚书，完成了对军权的独揽。

具体而言，载涛担任专司训练禁卫军大臣和军谘大臣期间主要有以下活动和举措。

第一，编练禁卫军。

宣统元年正月，禁卫军训练处正式开始办公，首要任务便是制定禁卫军官制，简派各级官员。正月二十四日，载涛、毓朗上奏训练处人员执掌与营制饷章。⑤ 专司训练禁卫军大臣之下设军谘官六人，负责文牍、筹备、考功、

---

① 《宣统政纪》卷26，《清实录》第60册，第480页。
② 《京师近事》，《申报》1909年12月2日，第1张第6版。
③ 刘体智：《异辞录》卷4，第229—230页。
④ 《宣统政纪》卷7，《清实录》第60册，第137页。
⑤ 中国第一历史档案馆编：《光绪宣统两朝上谕档》第35册，第33页。

调派、教育等事宜，训练处下设军械、军法、军需、军医四科。① 以溥侗、哈汉章、文华、章遹骏、田献章、徐致善六人充任军谘官，以姚宝来为军械科监督，廷夔为军需科监督，王金绶为军法科监督、游敬森为军医科监督。按照奏定营制，应编制步队两协，下辖四标；马队一标，共计三个营；炮队一标，共计三个营；另有工程队一营，辎重队一营，机关炮队一连。② 闰二月初七日，载涛、毓朗连上三折奏请明定禁卫军衣帽服章、训练大臣徽章及骑射徽章样式与禁卫军标旗及马队旗样式，以团鹰为标志，各项形制均与普通陆军有较大区别。③ 时论注意到其中的用意："禁卫军大臣涛朗两贝勒与谘议官商议拟定该军衣领上徽章，系与各镇军士领章特异，以昭区别。闻所定之章，为鹰形铜质镀金，军官兵士一律，其原因取效鸷鸟有搏击之力，故用以为徽章而表军人尚武精神矣。"④

经过几个月的编练，载涛发现"本军编制，行军工程既益增多，临时运输尤为繁重"，原有工程和辎重部队远远不够，于是奏请禁卫军再增设辎重和工程两营，声称："军队譬之人身，必手足灵敏，脉络贯通而后可以举事。工程不备则病在淤塞，辎重不给则病在痿痹……拟请仍按陆军各镇营制，工程辎重各增二队，实于军事大有裨益"，并要求度支部下拨开办经费银两六万零九百十四两，常年经费银四万九千九百七十两，摄政王载沣同意了他的要求。⑤

宣统元年五月，此时禁卫军第一期即将编练完成，载涛决定对原定禁卫军暂行章程略作变通。原章程有关司务长的规定为不少末级军官提供了进身之阶，不利于学生将学堂所学军事知识付诸实践，"将司务长仿各国准士官之例，列于正目之上、三等九级之下，作为札补之员，以在队日久、长于庶务之头目升充"。又以军中非战人员数量过多，"将各协标营书记官、书记长等全行裁撤，司书生专司缮写，暂准照留，将来遇有缺出，陆续由正副目拨充，

---

① 详见吴兆清《清末禁卫军》，《故宫博物院院刊》1985年第2期。
② 载涛：《禁卫军之建立与改编》，《文史资料选辑》编辑部：《文史资料精选》第1册，第31页。
③ 见《宣统政纪》卷9，《清实录》第60册，第170—171页。
④ 《禁卫军之领徽章》，《顺天时报》1909年7月11日，第7版。
⑤ 载涛、毓朗：《奏请增设禁卫军工程辎重两营队数事》，中国第一历史档案馆藏：宫中朱批奏折，档号：04-01-01-1096-074。

其原定等级视同协军校,并应改照司务长例列三等九级之下,以昭划一"。①

按照载涛的计划,自宣统元年正月起,用两年时间分四期练成禁卫军,每期半年。第一、二、三期按原计划进行,第四期由于征募困难而展期,直至宣统三年七月才正式成军。有关清廷禁卫军分期编练计划详见下表:

禁卫军分期编练表(二年成镇)②

兵 科	宣统元年		宣统二年	
	上半年	下半年	上半年	下半年
步	一标	一协本署 一标	一标	一标 一协本署
马	一营	一营	一营 标本署	
炮		陆路炮一营	陆路炮一营 标本署	重炮队一营
工		一队	营本署	一队
辎		一队	营本署	一队
交 通		营本署	两队欠四排	四排
机关炮		营本署	两队	两队
附 记	一、军乐队应于宣统二年下半年告成; 二、交通、机关炮二营,未办以前,先派员调查一切编制办法。			

第一期由于时间紧迫,来不及全数挑选新兵,载涛"就现供宿卫之第一镇,选调步队一标、马队一营,以为编练根底。其余各营队,亦即逐次编练"。"至挑选兵丁,谨当遵旨,由各旗营拔取精壮,并由各驻防分期选送,尽数认真训练。其正副目兵拟由第一镇择优选充。两协官长拟不分满汉,由各军队衔署军官军佐内,择其兵学优长、操法娴熟者,拣选调派。"③宣统元年六月,禁卫军第一期步队一标与马队一营编练完毕,二十六日,载涛等人奏

---

① 载涛、毓朗:《奏请变通禁卫军暂行章程事》,中国第一历史档案馆藏:宫中朱批奏折,档号:04-01-01-1096-075。
② 中国社会科学院近代史研究所中华民国史组编:《清末新军编练沿革》,《中华民国史资料丛稿专题资料选辑》第2辑,北京:中华书局,1978年,第135页。
③ 中国社会科学院近代史研究所中华民国史组编:《清末新军编练沿革》,《中华民国史资料丛稿专题资料选辑》第2辑,第132—133页。

报第一期编练情况:"禁卫军步队一标、马队一营已于本月十六日由第一镇开拔,调赴第六镇,暂借营房驻扎。当于本月二十日率同军谘官各员前往南苑亲加点验,所有步马队官兵行列,均属整齐,标医务所亦经附设,并饬认真训练,务使学术两科日有进步,以资环卫而树风声。"①

禁卫军第二期编练营队由各旗营及昌平驻防内选调,并有闲散宗室数人请求充兵入伍,宣统元年十一月,载涛奏请在编练第三期时挑选兵丁应将闲散宗室纳入挑选范围,认为:"现在闲散宗室人数甚众,其中幼年强壮者当不乏人,若因势利导,必能群思奋起。""嗣后禁卫军挑选兵丁,准其兼挑闲散宗室,到营后与各兵一律待遇。如三个月后查明堪胜操练,年在十九岁以下未经补过黄甲者,即咨明宗人府随时坐补黄甲,以示鼓励。"②至第四期时,选拔士兵的范围则不再局限于京旗和驻防,转而仿效各国通行的征兵制度,"由顺直、山东等处,选其身家清白、赋性忠勇者,限定格式,照章拔取。并仿照各国现行征兵办法,两年退伍。俟第一期退伍后,再推及他省一体选充"。③

宣统三年七月初五日,载涛奏称,除重炮队和交通营尚未成立,马队第三营尚未足额之外,共计成立步队四标,马炮队各一标,工程、辎重、机关炮各一营,军乐一队,禁卫军至此基本成军。④

第二,推进军事中央集权。

晚清以降,清王朝呈现出"外重内轻"的权力格局,预备立宪开启后,清廷以筹备宪政为由极力削弱地方督抚权力,中央集权成为清廷立宪当中的常规举动,军谘处便是军事中央集权的产物。清廷在设立军谘处的上谕中明言:"前经宪政编查馆奏定宪法大纲内载统率陆海军之权操之自上等语,已奉先朝谕旨颁行,朕今钦遵遗训,兹特明白宣示,即依宪法大纲内所载朕为大清帝国统率陆海军大元帅,并敬符我太祖太宗肇基鸿业、亲总六师之制,以

---

① 《宣统政纪》卷16,《清实录》第60册,第317页。
② 载涛:《奏为禁卫军挑选兵丁请兼挑闲散宗室事》,中国第一历史档案馆藏:宫中朱批奏折,档号:04-01-18-0057-037。
③ 中国社会科学院近代史研究所中华民国史组编:《清末新军编练沿革》,《中华民国史资料丛稿专题资料选辑》第2辑,第137页。
④ 载涛:《奏报禁卫军两协成立日期并请摄政王校阅事》,中国第一历史档案馆藏:宫中朱批奏折,档号:04-01-01-1112-009。

振我军人尚武图强之心,并着先行专设军谘处赞佐朕躬通筹全国陆海各军事宜。"①可见,军谘处作为辅佐皇帝通筹全国陆海军事宜的机构,其设立初衷便是为了集中军权,时人注意到清廷用意,"为统一兵权而创设军谘处、海军处,举中央集权之实明矣"。②载涛担任军谘大臣后立即着手推动军事中央集权。

设立军谘处的动议始于丙午年官制改革期间,光绪三十三年陆军部成立,将原练兵处改为军谘处,附设在陆军部之下,并制定了军谘处章程,但由于种种限制未能办理完全。③宣统元年五月,清廷仿照日本陆军参谋本部,将原军谘处从陆军部中独立出来,由原先从属于陆军部转而成为地位在陆军部之上的军令机构。载涛担任军谘大臣后,首先注意到"从前在陆军部设立之军谘处,所有编定之章程与新立管理陆海军事宜章程诸多悉应改良",于是命属下尽快编定新的军谘处章程,"以昭慎重而立军谘府之基础"。④

七月初九日,载涛、毓朗将拟定完毕的军谘处暂行章程上奏,原章程中设立五个司,实行暂行章程期间先开设其中的三个司,各司科人员先照六成设置。军谘处分设七厅,"首设总务厅一,置军谘使二员,凡不隶各厅事务归其办理。此外,分设第一、第二、第三、第四、第五及海军等六厅,各设厅长一员统理全厅事务。又于各厅分设各科,每科设科长一员,管理全科事务;再分设一二三等科员以资助理,并分设录事,以供缮写"。⑤

新章程的奏定表明军谘处已经成为全国最高军令机关,载涛随即通咨京外各衙门,以"全国陆海军一切政令,固以军谘处为总汇机关,必熟查内外之情形,而后可以统筹全局,必先有通灵之消息,而后可以速应戎机",要求各衙门嗣后专属军事的文件必须先咨报军谘处,其他与军事有关的文件,如铁路计划、行军户口调查、征兵等事项,亦应当一律向军谘处咨明,"庶全国军政一气,相联筋络,既可以通灵事权,亦有所统摄"。⑥十月十八日,载涛、

---

① 中国第一历史档案馆编:《光绪宣统两朝上谕档》第35册,第251页。
② 《中央集权制努力》,李少军编译:《武昌起义前后在华日本人见闻集》,第381页。
③ 见张建军《清末民初中央政府参谋机构的设置及其沿革初考》,《民国档案》2009年第4期。
④ 《军谘处章程改良编订》,《顺天时报》1909年8月7日,第7版。
⑤ 载涛、毓朗:《奏为酌拟军谘处暂行章程事》,中国第一历史档案馆藏:宫中朱批奏折,档号:04-01-01-1095-012。
⑥ 《军谘处奏请饬京外各衙门将关涉军事文件咨报本处折》,上海商务印书馆编译所编纂:《大清新法令1901—1911》第6卷,北京:商务印书馆,2011年,第185页。

毓朗上折奏请将陆军部原定九年筹备立宪事宜中有关军谘处的事宜全部划归独立后的军谘处管辖，并以皇帝统率海陆军不受宪法制约，而军谘处则是辅佐皇帝通筹全国军事的机关，要求"嗣后陆军部及各省督抚将军大臣，凡关于新旧各项军事之一切计划及厘订各种章制，均先咨商军谘处办理"。①

中央集中军权便意味着要削弱地方督抚的军权。载涛以军谘处与日本参谋本部地位相当，应当直接统辖全国所有军事人员，首先排除各省督抚对军事用人的干预，特咨会各省："本处统辖全国各参谋官，嗣后所有各参谋官缺出须咨由本处遴员补充，各省不必指明预保，又各参谋官升迁调转亦应电商本处办理。"并谓："本处奏定暂行章程，奉旨已经允准，惟参谋官辅佐统兵大员筹划国防及用兵机务，兼管练成军队事宜，关系军事极为重要，急宜划一，以重军政。"②载涛还以军谘处有筹防用兵的责任，通咨各省，嗣后各省遇有关系军国要件及地方变乱等事，当地参谋人员务必从速电告军谘处，由军谘处相机办理。③

宣统二年八月，载涛上折奏称："治兵之道，最忌分歧，整饬军政当以划一教育、严肃纪律为本。各国兵权无不统于君主，军政无不责之部臣，鲜闻有另设各项机关者。"呈请明降谕旨，将近畿督练公所即行裁撤，直隶省毋庸再训练陆军第二、四两镇，近畿所有陆军六镇统归陆军部直接管辖，以一事权。④《顺天时报》对此评论称："从此军事上之行政又可集权于中央矣。"⑤其时直隶总督陈夔龙反对军谘处这种收权举动，认为将第二、四两镇收归中央统辖有诸多窒碍，载涛乃上折批驳陈夔龙所说的种种窒碍与实际情形不符："各镇军队本同有卫戍地方之责，断不致以改归部辖遂形膜视"，他指责陈夔龙"身膺疆寄，责有攸归，尤不得以此藉口"，要求"嗣后地方遇有事故，应

---

① 载涛、毓朗：《奏为遵议陆军部前奏九年预备一切事宜并请各项军事计划章制先咨军谘处办理事》，中国第一历史档案馆藏：宫中朱批奏折，档号：04-01-01-1095-089。
② 《军谘处集权制见端》，《民吁日报》1909年11月8日，第2页；《军谘处统辖全国参谋》，《顺天时报》1909年11月18日，第7版。
③ 《军谘处咨嗣后地方出有重要事件应速电禀本处文》，上海商务印书馆编译所编纂：《大清新法令1901—1911》第8卷，第235页。
④ 《军谘处奏整顿陆军各镇请归部直接管辖折》，上海商务印书馆编译所编纂：《大清新法令1901—1911》第9卷，第235页。
⑤ 《军政集权中央之原因》，《顺天时报》1910年9月29日，第7版。

仍责成该督臣实力筹划，与臣等随时接洽，不得托辞诿卸。如有需用军队之时，应即懔遵前旨，一面电商军谘处陆军部请旨办理，一面电奏"。①

第三，尚武与崇洋。

晚清以降，列强对华步步紧逼，朝野有识之士普遍意识到重军经武的紧迫性。新政开启后，清廷明确提出了"尚武"口号，意在提升军事实力，抵御外侮，毓朗即有诗句称："经武原图御寇边。"②作为清廷最高军令机构的掌门人，载涛在整顿陆军的过程中大力倡导尚武风气。

中国官场素来重文轻武，品级相同的情况下，武官地位较文官为低，载涛认为，欲在全国形成尚武风气首先应提高武官的地位，乃上折奏称："我国文章萃美，冠绝宇内，然崇文陋武之习急宜救正。现万国竞争，均以武备相尚驰骋欧亚，若再蹈袭旧习，实非因事制宜之道……文武官员待遇之法尚存旧态，犹然左文右武，故官之品级虽同，而武员较文员似有等差，于赏罚黜陟之理遂多不合矣。请嗣后遇同品秩文武官员，一律相待，于相见之礼，当以功勋之多寡、年龄之长幼定为次序。"载沣对这一提议甚为嘉许。③宣统元年九月，载涛等人制定了新的各级军官特简、奏补及委任章程，比照文官重新划定各级武官品级，正都统比照文官正一品，有勋劳者可加宫衔；中等第二级以上各官佐比照盐运使以上各级文官简放；中等第三级各官佐及次等一二三级各官佐比照道员以下各级文官，由军谘处会同陆军部奏补。④

有清一代惯例，文官中满大臣对皇帝自称奴才，汉大臣自称臣，武官则无论满汉一律自称奴才，不仅体现了满汉有别，也表明文武不平等。宣统二年正月，载涛、毓朗联合载洵、萨镇冰、载扶、寿耆等海陆军高层联衔上折，认为"方今屡奉明诏预备立宪，官制既宜重订，满汉方期融合，而文武并重之制亦经奉旨申明，独于折奏衔名显有区别，上失国家教忠之旨，下启臣民轻重之心，非所以尊朝廷而崇体制也"。呈请嗣后满汉文武大臣奏陈事件一律

---

① 载涛、毓朗：《奏为遵旨办理中央直辖近畿六镇妥筹权限办法事》，中国第一历史档案馆藏：宫中朱批奏折，档号：04-01-01-1107-016。
② 毓朗：《余痴生诗集》，纪宝成等编：《清代诗文集汇编》第789册，第601页。
③ 《奏定文武平等事宜》，《顺天时报》1909年11月16日，第7版。
④ 《宣统政纪》卷22，《清实录》第60册，第408页。

称臣，永革奴才称谓，以化除满汉畛域，平均文武阶级。①载沣同意了这一请求，随即发布谕旨命满汉文武官员一律称臣。②

载涛还试图提高普通军人的地位。彼时立宪各国皆有尊重、优待军人的社会风尚，有专为军人而设的军事法律、军事法庭，而中国"向无文明军律，军人有过则责之以棍，或披其颊骂其亲，致使自爱者视从戎为畏途、当兵为无耻"。③宣统二年七月，载涛和毓朗奏称，军法既已独立，大理院以普通司法惩办军人特别之罪有碍军人体面，要求嗣后凡陆军犯罪人员一律交陆军部审判，以示区别。④

此外，载涛本人也是一名喜动恶静、乐谈兵事的年轻人，声称："我朝家法，王公贝勒无不以战功立名，实与各国皇族少有不从事陆海军之立制用意相符。今朝廷整军经武，虽谓新猷，实复古制，我辈身为大臣，如不身先士卒，树立楷模，谁复知军人之尊贵？"他的这种个性和喜好也对提倡尚武风气起到一定程度的示范效应，时人评论称："咸丰、同治以后，以亲贵典兵，以涛贝勒为始。其不仅规复祖制，且一洗右文之习，以致贵介华宗世家子弟争以入卒伍为荣誉。此朝廷尚武使然，亦当为涛贝勒勤学讲兵、热心提倡所致。"⑤

载涛年轻气盛，急切地希望建如成欧美日一样强大的军队，最简便的办法便是直接照搬列强经验，紧跟世界潮流，因此他主导的军政改革有明显的崇洋倾向。

载涛一上任军谘大臣便公开表达了对列强军事的钦羡，据报载，"军谘大臣涛贝勒日前与某枢臣言谈，谓：'此次英国陆军大操，本拟前往参观，惟因军谘处现甫成立，不便擅离，嗣后无论何国举办海陆军大操，必须奏请往观，以资阅历。'"⑥其时载涛主抓的禁卫军便是清廷模仿西方的产物，他在筹划军谘处官制及权限时也基本仿照日本参谋本部规制。此外载涛还奏请设立全国

---

① 载洵、载涛、毓朗等：《奏请降谕内外满汉文武诸臣陈奏事件一体称臣永革奴才称谓事》，中国第一历史档案馆藏：宫中朱批奏折，档号：04-01-02-0013-007。
② 中国第一历史档案馆编：《光绪宣统两朝上谕档》第36册，第26页。
③ 《军谘处严禁轻辱军人》，《申报》1910年7月25日，第1张第5版。
④ 载涛：《奏为拟请将陆军犯罪人员一律交陆军部办理事》，中国第一历史档案馆藏：宫中朱批奏折，档号：04-01-01-1117-034。
⑤ 《涛贝勒》，李少军编译：《武昌起义前后在华日本人见闻集》，第463—464页。
⑥ 《涛贝勒之壮谈》，《大公报》1909年9月30日，第2张第1版。

军用图书馆,"仿照各国参谋本部办法,凡游往外国有能搜得秘密之图书或精详新出之善本,准其将原书并译本一体送处,量为请奖"。①

为了更好地学习各国先进经验,宣统二年正月十七日,载涛上折奏请出洋对立宪各国的军政做一次全方位考察,他极赞东西列强军事"其规模之美备、气象之恢宏,胥加乎我国之上",并阐明了他的出洋考察的计划:

> 现在军谘处办理粗有端倪,禁卫军编练亦已及半,奴才际此时机亟拟抽身出洋,参观游历,俾便挈长补短,徐图扩充。此次拟赴日本英美法德意奥俄八国,其往来程途,经过各国,如有情殷邀请者,再行随时奏明办理。每至一国或留数日或十数日不等,连在途日期计算,非五个月以外不能竣事。至考察之法,如国军编制、官署组织、军队实情、局厂办法诸大端,以及服装、器械、精神、教育一切关系陆军事项拟皆悉心研究。②

摄政王载沣同意了他的请求。载涛一行于二月初十日出京南下,由上海放洋,前往日美英法德意奥俄八国考察,当年六月由俄国经陆路返回国内。与以往亲贵游历式考察不同,载涛此行有明确指向,即学习各国陆军先进经验,尤其注重考察德日两国陆军。③考察期间,载涛广泛参观了各国陆军和兵工厂,对无线电报、军用气球、飞艇等新兴事物也表现出浓厚的兴趣。④列强军政之完备、器械之先进给载涛以强烈震撼,归国后他向载沣提出一揽子扩军计划(详后)。

---

① 载涛、毓朗:《奏为酌拟通盘筹划全国军用图书馆整齐划一办法事》,中国第一历史档案馆藏:宫中朱批奏折,档号:04-01-38-0030-016。
② 载涛:《奏为谨拟出洋考察陆军事宜事》,中国第一历史档案馆藏:宫中朱批奏折,档号:04-01-16-0304-007。
③ 《涛贝勒考查军制之方针》,《申报》1910年3月13日,第1张第4版。
④ 《欧洲近信》,《时报》1910年7月14日,第2版;《涛贝勒考查无线电报纪闻》,《申报》1910年7月29日,第1张第5版。

三、溥伦筹备资政院

如上述及，宣统朝柄政的少壮亲贵既有载洵、载涛这样在载沣摄政后骤然执掌大权的，也有一部分亲贵在光绪朝末年便已经发迹于政坛，具备一定政治阅历，溥伦即是后一类型的代表。

光绪三十三年八月清廷宣布筹设资政院，时年三十三岁的溥伦被清廷任命为资政院总裁，负责筹设资政院事务，是慈禧太后后期着力培养的年轻亲贵之一。载沣摄政后，溥伦依然担任这一要职，是清末资政院存在期间所有正副总裁中在任时间最长的一位。资政院系上下议院之基础、舆论要冲，关涉到清廷与立宪派的关系，是连接朝野的纽带，立宪观瞻所系。在彼时立宪派人士看来，载泽主持的财政、善耆主持的民政、载涛主持的军政皆属于并非紧要办理的"常政"，溥伦主持的资政院才是真正的"宪政"事务。溥伦对资政院总裁这一职任有相当高的热情，加之其在舆论中素号开通，外间对溥伦执掌资政院相当看好，其时《图画日报》专门刊载了溥伦肖像，并附上主要经历，颇多称赞之词：

> 贝子溥伦为宣宗成皇帝三太子慧郡王之孙，贝勒载治之子。贝子秉性聪颖，锐意进取，为贵胄中之卓卓者。光绪丙申间，历任镶黄旗、镶蓝旗、正红旗满军都统。甲辰，派充美国圣路易赛会监督，为美总统罗斯福及美国诸大臣所欢迎。闻见既广，学识益进。丁未，与大学士孙家鼐同时派充资政院总裁，今监国摄政王时充宪政大臣，与贝子和衷共济，筹备宪政基础。各省设立谘议局之成议，贝子与庆王之力居多。说者谓中国宪政人才当以贝子为首屈一指云。①

宣统朝初期，溥伦主要致力于筹设资政院基础，并为宣统二年资政院如期开院做准备。

---

① 《伦贝子肖像》，《图画日报》1909 年第 17 期，第 3 页。

光绪三十三年八月，清廷下令筹设资政院，任命溥伦与大学士孙家鼐为总裁，会同军机大臣及宪政编查馆拟定资政院章程。① 按照溥伦等人的计划，拟总共编订资政院院章十章，分别为总纲、选举、职掌、资政院与行政衙门之关系、资政院与各省谘议局之关系、资政院与人民之关系、会议、纪律、秘书厅官制、经费，但及至光绪三十四年六月仅仅完成总纲和选举两章，共计十五条。慈禧太后览后认为尚可，命溥伦等人继续从速拟定其余八章。② 不久，慈禧太后和光绪皇帝撒手人寰，载沣摄政后十分关注资政院办理情形，对溥伦等人迟迟不能将院章拟定完毕极为不满，据报载："资政院续订章程尚未具折入奏，兹闻监国摄政王曾谕令伦贝子迅速会同各大臣筹议办法，将应行续订章程妥为筹划，克期告成，不得再行延缓。"③ 其时某御史甚至参劾资政院"玩误宪政"，声称："至今院章未见全行颁布，何观望乃尔。京外官绅不无阻挠之见，恐以此藉为口实，是可误孰不可误！"④ 外间舆论对资政院章程一再延宕也有诸多批评，如《申报》有谓："自奉旨开办以来时历十阅月，而奏定章程仅仅两章，其余八章则自去年元月初十以后迄今四月初十以前，其间之见诸报纸者，孝钦皇后屡催矣，德宗皇帝屡催矣，摄政王更屡催不一催矣，各御史亦屡参不一参矣，而此十一阅月并无一章一节一句一字之入奏，官场之好整以暇，孰有过于此者？"⑤

内外压力使溥伦认识到加速拟定院章的紧迫性，加之其时各省谘议局已经相继成立，资政院"提纲挈领为天下观瞻，若不先粗定何以为之表率"，于是下令资政院主要办事人员按期在公所开议，以便尽快将院章拟定完毕。⑥ 资政院办事之所以如此拖沓，并非主持其事的溥伦有意拖延，首要原因乃是办事人手不足；其所调派各员多系兼差，遇有应办之事往往稽延，甚至连溥伦本人也兼任着筹办帝陵、典礼祭祀、外事活动、变通旗制、修订皇室典范等

---

① 《设立资政院派溥伦孙家鼐为总裁并会同军机大臣拟订院章谕》，故宫博物院明清档案部编：《清末筹备立宪档案史料》下册，北京：中华书局，1979年，第606页。
② 《资政院等奏拟订资政院院章折（附清单）》，故宫博物院明清档案部编：《清末筹备立宪档案史料》下册，第627—628页。
③ 《摄政王催订院章》，《大公报》1909年2月24日，第4版。
④ 《御史参资政院玩误宪政》，《申报》1909年7月30日，第1张第4版。
⑤ 《资政院之好整以暇》，《申报》1909年5月25日，第1张第2、3版。
⑥ 《京师近事》，《申报》1909年5月11日，第1张第5版。

多项差事，而另一名总裁孙家鼐则是年逾八旬、思想守旧的老叟，纵使不故意阻挠也没有精力担负起总裁重任，于是溥伦与孙家鼐商议"拟添派数员，俾专职守，以重宪法要政"。① 随后即有时论报道称："近日资政院因拟订章程，甚为忙碌，孙中堂等均常到院。"② 孙家鼐年老力衰，不久便劳累过度，时常请假，溥伦又奏请添设两名会办以资臂助。③ 经过溥伦等人加班筹划，至宣统元年四月初，外间即有传闻"资政院章程已定，将入奏"。④ 不过随即又有传闻："资政院大臣以前所定院章与各省谘议局之关系一项，俟各省报齐办理初选情形后可能斟酌妥订，且谘议局议员升送名额尚须酌改，故章程一时未能入奏。"⑤ 五月初一日，参与拟定院章的汪荣宝在当天的日记中有谓："到院，将片稿呈总裁阅定，对读院章及折稿共三件，伦贝子将于明日携至会议政务处，送各枢画奏。"⑥ 至此资政院内部已经对院章不存分歧，只待军机大臣审核入奏。

恰在此时，五月初四日，正在国外考察宪政的吏部侍郎于式枚奏报德国地方议会情形，声称中国各省的谘议局与德国地方议会多有不符，他认为谘议局权力过大："若督抚不为之屈，日事斗争则责归疆吏，屡请解散则怨归朝廷。若为之屈，俯首拱手，全听地方之指挥，则一省之政纲弛；内外把持，或更官绅联合，以抗国家之法令，则一国之政权移矣。"⑦ 诸军机大臣认为，谘议局章程既然已经遭到批评，可以用资政院章程来补救谘议局的流弊，以资政院制约各省谘议局，从而使后者减少对督抚行政的干预，遂将院章草案交还资政院继续修改。此后一个多月，溥伦等人不得不按照军机大臣的意见继续修改章程。

六月初六日，溥伦将修订完毕的院章转示军机大臣世续，世续基本没有异议，随后转示张之洞；数日后，张之洞在院章中签出数条以为不妥之处，

---

① 《资政院将添派办事员》，《顺天时报》1909年5月15日，第7版。
② 《专电·电二》，《申报》1909年6月6日，第1张第3版。
③ 《京师近事》，《申报》1909年8月14日，第1张第4版。
④ 《专电·电二》，《申报》1909年5月21日，第1张第3版。
⑤ 《专电·电一》，《申报》1909年6月18日，第1张第3版。
⑥ 韩策、崔学森整理，王晓秋审订：《汪荣宝日记》，北京：中华书局，2013年，第37页。
⑦ 《考察宪政大臣于式枚奏各省谘议局章程权限与普国地方议会制度情形不符折（续）》，《申报》1909年9月8日，第2张第2版。

其基本意图乃是要保护督抚的权势。溥伦对此颇不以为然，表示要与张之洞力争。六月二十五日，资政院各员又按照军机大臣的签改之处修正院章条文，汪荣宝抱怨"颇费周折"。当天修改完毕时溥伦已离开资政院，下属随后向其面告修改理由。①溥伦自知难以与军机大臣们争执，不得不暂为妥协；至七月初五日，双方已无分歧，七月初八日溥伦将资政院续订章程八章上奏，并对此前奏定的两章略作了修订，将原第二章"选举"修订为"议员"，共计十章六十五条。②当天清廷发布上谕通过了这一章程。

立宪政体下的国会与责任内阁是相互制约、对立的两个机关，彼时清廷的资政院和军机处虽然还不是真正意义上的国会和责任内阁，却也逐渐有了走向对立的趋势。在制定资政院章程过程中，溥伦与军机大臣力争民意机关权利未果后被迫妥协，不过此后与军机大臣共事时依然能够以民意机关首脑自居，维护资政院权利和地位，极力排除军机大臣的无端干预。资政院章程奏定后，军机大臣们认为资政院权限太重，要求再详加修改，溥伦坚决反对："以资政院为将来议院之基础，核之各立宪国成例，自有一定之权限，我国岂能独损。故主持甚力，一再辩争。"③其时某军机大臣想要保荐一名废员进入资政院，溥伦拒不接纳，乃向摄政王载沣奏称："资政院为现在谘议局之代表，将来上议院之根基，关系重要，非为位置废员而设，请嗣后凡遇添派院内人员，务必遴选敏干有为者，藉资得力。其各项废员一概不得用入，以免滥竽。"④此外，溥伦还以"宪政进行，最忌权限分歧，诸多掣肘"，提议把隶属于军机处的宪政编查馆划归资政院，各军机大臣对此不以为然，反对资政院权限扩大。⑤

资政院院章厘定完毕后，溥伦等人随即着手筹拟其他各项细则章程。

宣统元年七月十三日，资政院会议制定选举章程，共分宗室王公、外藩

---

① 韩策、崔学森整理，王晓秋审订：《汪荣宝日记》，第42、43、45、47、50页。
② 《资政院会奏续拟院章并将前奏各章改订折（附清单）》，故宫博物院明清档案部编：《清末筹备立宪档案史料》下册，第629—637页。
③ 《伦贝子力争资政院权》，《大公报》1910年1月6日，第3版；《新闻旧闻》，《时报》1910年1月19日，第2版。
④ 《资政院难容废员》，《大公报》1910年1月2日，第4版；《新闻旧闻》，《时报》1910年1月24日，第2版。
⑤ 《伦贝子主张归并宪政馆》，《大公报》1910年1月23日，第5版；《宪政馆与资政院之难并》，《大公报》1910年3月4日，第4版。

王公、满汉世爵、宗室觉罗、硕学通儒及纳税多额者、各部院衙门、各省谘议局七种选举章程，由汪荣宝、程明超、曹汝霖、章宗祥四人分别拟定，限十九日脱稿。二十三日，溥伦在资政院与各员就各项选举章程逐条讨论，要求继续修改；八月初三日，汪荣宝等人将选举章程修订稿送往溥伦府邸呈阅，溥伦比较满意，命将稿函送资政院公所写印清本，公同加签决议，准备上奏。此后资政院又对章程做进一步校勘，增修若干处，计划于八月中旬上奏。① 其时有报载："资政院伦总裁及诸协理各堂近于初六七八等日每日必已刻到院，申刻始行散值。闻连议之件系续章细则已定纲目，会商起草办法，以便中秋节前会同军机大臣核议定期具奏。"②

然而至八月十七日，宝熙、李家驹对选举章程草案提出异议，签改之处甚多，溥伦当天赶赴资政院，命汪荣宝等人将原稿修改，作为改订底本，细加校勘。二十一日，宝熙又要求修改《硕学通儒议员选举章程》第一条第三款，资政院议定后准备翌日送至军机处核阅；但随后宝熙再次对选举章程数处提出异议，溥伦只得暂缓交送军机处，命资政院继续修订。③ 宝熙、李家驹以宪政编查馆提调的身份兼任资政院帮办、协理事务大臣，参与厘定资政院章程制度本是分内之事，但他们实际代表的是军机处及宪政编查馆的利益诉求，往往纠结于议员人数，溥伦认为这是资政院的权限，因而对其颇为不满，时论称："资政院现正筹办本院议员选举事宜，据伦贝子政见，此项选举章程应由本院自行详订，按照各省议员人数之多寡以决其当选之定额，毋庸与宪政馆会同办理。"④

九月十三日，溥伦、孙家鼐将资政院议员选举章程上奏，钦选议员中，宗室王公世爵、满汉世爵及外藩王公世爵阶级较高，人数较少，由资政院开列全单，皇帝简拔任命；宗室觉罗、各部院衙门官及纳税多额者仿照外国上议院办法，先在内部互选，再由皇帝参照互选结果简任；硕学通儒议员仿照过去保荐博学鸿儒办法，由地方官员搜访推举，学部抉择，最后皇帝钦选。

---

① 韩策、崔学森整理，王晓秋审订：《汪荣宝日记》，第55—61页。
② 《资政院连班会议纪闻》，《大公报》1909年9月25日，第5版。
③ 韩策、崔学森整理，王晓秋审订：《汪荣宝日记》，第63—65页。
④ 《资政院特定选举章程》，《大公报》1909年10月10日，第2张第1版。

民选议员由各省谘议局推举，按照得票多寡为准绳，但又规定"监督之权在于督抚，非经覆定不令滥厕是选"。①总体而言，这一选章既参酌了立宪国家上下议院规制又照顾到清王朝实际国情，既明定了资政院的地位又照顾到各部院和各省督抚的利益，实际上是趋新势力与保守势力、资政院与军机处相互博弈与妥协的结果。折上后，载沣朱批"依议"，随即发布上谕颁布施行。②

资政院章程与选举章程出台过程均一再延宕，摄政王载沣认为，资政院筹备事关重要，而总裁溥伦兼差太多，难以专顾，照这种进度势必延误立宪，遂决定不再给溥伦委派其他差事，责成他专心筹办资政院事务。③按溥伦等人的计划，拟于宣统二年春召集各省谘议局议员来京召开一次预备会议，其时军机处中有人阻拦，认为各省谘议局刚成立不久，各项章程均不完备，遽行召集恐招致纷扰，溥伦则坚持原定计划，"以此事于宪政进行上关系重要，岂容稍事延缓，致失全国宪政之期望。务于年内妥订召集及解散详章，奏请实行"。④此后溥伦加紧筹办资政院开会事宜。

首先是资政院选址，宣统元年七月十一日，溥伦上折奏请以贡院旧址改建资政院，获载沣批准。⑤随后，溥伦与资政院各员就会址问题会议数次，并调取德国、日本两国议院图式详加考求。溥伦还亲自前往贡院旧址勘察地势，丈量土地，核估用款。为加快建设进度以争取开院时投入使用，溥伦还奏请添派外务部郎中程遵尧、农工商部主事张镆绪、江苏补用道冯国勋共同办理资政院工程事务。⑥据报载："伦贝子以资政院图式于观瞻上较诸外国稍觉有逊，故拟将前绘之图再加修改展拓，以求一劳永逸。"⑦资政院修建工程量巨大，尽管溥伦与摄政王载沣一再催促加快建设进度，⑧但依然没能在资政院开

---

① 《宣统政纪》卷21，《清实录》第60册，第392—393页。
② 中国第一历史档案馆编：《光绪宣统两朝上谕档》第35册，第394页。
③ 《责成伦贝子办资政院》，《顺天时报》1909年10月30日，第7版。
④ 《京事汇录》，《时报》1909年12月13日，第2版。
⑤ 《宣统政纪》卷17，《清实录》第60册，第329—330页。
⑥ 《资政院奏派要差人员》，《申报》1910年1月26日，第1张第5版。
⑦ 《资政院之展拓规模》，《顺天时报》1909年12月18日，第7版。
⑧ "资政院伦总裁以八月二十日召集期迫，谕饬赶速估价按图建造，限七月内先成会议厅。"见《专电·电二》，《申报》1910年5月12日，第1张第4版；"摄政王谕将资政院工程赶开会前竣工。"见《专电·电二》，《申报》1910年6月7日，第1张第4版。

院之前完工。宣统二年六月，溥伦奏陈资政院会址建设进度，决定资政院第一次年会暂借法律学堂为议场。①

宣统元年十二月二十五日，溥伦奏请筹设速记学堂并拟定速记学堂章程，先于资政院内附设速记学堂，厘定课程分期教授，学堂学生一部分就近招考，一部分由各省选送，毕业后即分别选充资政院及各省谘议局。②为培养速记人才，资政院专门派员前往日本学习相关课程，溥伦特致电驻日公使转照留学堂监督严格考查所派人员的课业，以便归国后能胜任资政院工作。③宣统二年二月二十五日，速记学堂正式开学，溥伦致训词。④

此外，溥伦还为资政院开院议事做准备。宣统二年四月初一日，溥伦上奏资政院钦选议员名单，清廷随即谕令以当年八月二十日为资政院正式召集之期。⑤随后溥伦在资政院公所提议："现在本院开院之期已经钦定，朝廷对于开院之议案及临时秩序两项极为注重，惟此事为中国之创举，极宜先期筹定预备办法，以免仓猝从事，致多纷歧。"⑥

议案方面，载沣特地告诫溥伦："本年该院举行开院，关系重大，所有应行预备议案必须关乎全国利害之事，分别次序办理，如有一省寻常地方事宜，一概不得提议，以昭郑重。"⑦溥伦认为这是资政院第一次开院，京外各种议案势必相当繁多，遂与资政院各员商定："所有本院应议事项，除钦交各案外，其各部院衙门及各省谘议局送来议案，苟非由本衙门及本省集议未决者，本院概不与闻，当即一律驳回，毋庸列议。"⑧

议事秩序方面，溥伦与资政院各员就议事细则和分股办事细则进行了多次讨论和修改，八月十九日，溥伦将这两项细则上奏，其中议事细则共计十二章一百五十条，分股办事细则共十章六十五条。这些条文对资政院开闭会时间、议员座次、发言秩序、表决方式、行政大臣演说办法等各方面做了

---

① 中国第一历史档案馆编：《光绪宣统两朝上谕档》第36册，第180页。
② 《资政院奏筹设速记学堂拟定章程折（并单）》，《政治官报》1910年2月19日，第15—16版。
③ 《资政院电查速记生》，《申报》1910年2月24日，第1张第5版。
④ 韩策、崔学森整理，王晓秋审订：《汪荣宝日记》，第131页。
⑤ 中国第一历史档案馆编：《光绪宣统两朝上谕档》第36册，第87页。
⑥ 《各议员不习朝仪院仪》，《申报》1910年5月29日，第1张第5版。
⑦ 《谕饬郑重资政院议案》，《大公报》1910年7月20日，第4版。
⑧ 《资政院限制议案之办法》，《大公报》1910年9月21日，第5版。

细致的规定。① 载沣览后，颇为许可，特召见溥伦详细垂询，溥伦一一奏对，载沣训谕谓："所订各则尚属精细可行，惟此事为议院将来最要之基础，关系重要，务须随时详慎办理，勿得松懈任意，致滋贻误。"②

资政院对少壮亲贵们而言是一个既充满期待又有所忌惮的新事物。一方面，作为成立上下议院的基础，筹设资政院是清廷立宪的重要环节，它的成立标志着筹备宪政迈出关键一步，这无疑是少壮亲贵们所乐见的，因此载沣数次催促赶办，溥伦在筹办过程中也相当认真。另一方面，资政院的开办也标志着清廷从此建立起民意机构，对这些生长在京城王府中的亲贵而言，来自各省的民意代表有何诉求、能否遵守秩序、是否与朝廷一心都还是未知数，他们难免所有疑忌，于是又试图借各种议事细则把会场秩序限定在可控范围内。宣统二年九月初一日，资政院第一次常年会正式召开，彼时民气奋发，民选议员很快便如野马脱缰一般成为朝中不可忽视的一股政治势力，这显然是清廷及少壮亲贵们始料未及的。

小　结

把持清廷朝政近半个世纪的慈禧太后死去后，年纪轻轻、有出洋经历并且品行操守尚好的载沣成为清王朝的摄政王，对彼时朝局而言未尝不是一个新时代的开始。载沣摄政后重申立宪国策不变，广开言路重视言官，确立军机大臣署名制度，一度树立起勤政、纳谏的形象。国内外舆论对这位新统治者期望甚高，乐观地期待这位年轻的摄政王能开创新局。载沣上位虽然比较突然，但并不妨碍他对朝政有自己的政见，主要包括：关切立宪，注重实行；

---

① 溥伦等：《奏为酌拟资政院议事细则及分股办事细则事》，中国第一历史档案馆藏：军机处录副奏折，档号：03-9297-016；溥伦等：《呈资政院分股办事细则清单》，中国第一历史档案馆藏：军机处录副奏折，档号：03-9297-017。

② 《监国面谕伦贝子述闻》，《大公报》1910年9月26日，第2张第1版。

整饬政风，革除积弊；力戒虚糜，振兴实业；重军尚武，亲贵典兵；关注主权，谨慎外交。这些政见均着眼于清廷所面临的现实问题而发，不无可取之处，但实施效果则要受制于各种内外因素，这就需要摄政王载沣有足够的政治能力和手段才能行。然而，载沣并非一位"乾纲独断"的统治者，过于谦厚甚至庸懦的性格使他难以驾驭各派势力，其政见虽好却无法贯彻，时人对他的期待也逐渐变为失望。

载沣摄政之前尚未来得及在朝中培植己派势力，摄政后乃大量起用少壮亲贵担任要职，形成亲贵用事的格局。诸少壮亲贵以其阅历、职任、与载沣亲疏不同等因素，对朝政的影响力也不尽相同，他们之间虽然有纷争，但均属于政坛新进势力。以载沣为核心的少壮亲贵集团通过排除袁世凯势力，削弱奕劻权势，成为清廷最高决策层；不过这些均是正常的人事调整，并非激烈的政治清洗，庆袁派人物在朝中仍有一定影响力。少壮亲贵柄政一度招致时人不少物议，但载沣重用亲贵之心坚决，并因此得罪言官，酿成台谏风潮，致使双方的合作关系破裂，清廷及亲贵集团的舆论处境相当不利。

然而，少壮亲贵们并非如朝野预期的那般少不更事，也并非如后世笔记中描绘的那样唯知争权夺利，他们掌权后义无反顾地走上趋新求变之路，迫切地希望把清王朝建成像东西方列强一样强盛文明的国家。少壮亲贵在各自职任上以东西列强为榜样积极推动各项改革，是彼时朝堂之上最积极活跃的革新势力，其举措总体上顺应了时人对朝局的期待，外间对亲贵用事的质疑也暂归沉寂。

第三章 从载涛归国到皇族内阁

从宣统二年夏载涛考察归国，到宣统三年四月皇族内阁登场，这是清廷从一度赢得人心到尽失人心的转折期。宣统二年六月日俄协约签订极大地刺激了中国朝野上下，立宪救亡呼声更加高涨。其时载涛正在国外考察，切实感受到中国与列强的巨大差距，归国后提出一系列急进的变革主张，载沣颇为所动。随后，清廷调整中枢大员，少壮亲贵势力进一步增强，时人一度认为朝局将有转机。由于少壮亲贵普遍支持，清廷最终决定缩短国会年限，但未能满足时人即开国会的愿望。此后清廷在应对弹劾军机事件中也是种种失策，致使时人对清廷立宪日趋失望；及至皇族内阁登场，这种失望达到极点。

第一节 危机中的转机：载涛归国与中枢变动

载沣摄政之初明确表示要继承两宫遗志，按照九年筹备期切实筹办立宪事宜，在此后的一年多，清廷的各项举措基本上是按照九年筹备清单按部就班推进的。及至宣统二年夏，日俄协约的签订使清廷高层被迫重新检视立宪节奏。是继续按部就班，还是振作提速？在这种情况下发生了世续、吴郁生出枢事件，这是载沣摄政以来，继罢黜袁世凯之后对军机处的又一次主动调整，毓朗、徐世昌取代世续、吴郁生入枢，少壮亲贵对朝局的影响力进一步增强。这次中枢调整对宣统年间政局走向有重要影响，并直接关系到此后责任内阁总协理大臣人选问题，既往学界对此鲜有关注，仍只知其事而不知其详。① 本节将详细考述世、吴出枢事件前后的政情。

一、载涛归国后的建言与举措

宣统二年夏，日俄两国签订了有关中国的第二次协约，双方约定共同维护各自在中国东北和蒙古地区的势力范围，不允许别国插手该地区事务。日俄两国丝毫不顾及中国主权，任意分割中国领土，消息传来，中国朝野一片恐慌，皆以瓜分危机将近，时论疾呼："满蒙而可分割，则所谓主权者安在？所谓领土者安在？今日满蒙既为日俄所确定，则明日者法可以割滇越，英可以割长江，德可以割齐鲁。夫如是，则满蒙去而十八省亦随之而亡。"② 摄政王载沣得知日俄协约消息后慨叹："近年来外交失败，国步日艰，东三省为祖宗发祥之地，外人之势力膨胀，相逼而来，国际前途不堪设想。"③ 其时载涛正在国外考察军政，列强强大的军力、完备的制度使他大受震动，极欲在归国后有所建白。考察完毕途经奉天时，东三省总督锡良向载涛力陈国家危亡已迫在眉睫，载涛当即表示："廷臣不能言者，予归当谏于监国。"④

宣统二年六月二十七日，载涛乘京奉专车返抵北京，在府邸内稍作休息即先赴长春宫觐见隆裕太后。由于此次出洋的主要任务是考察各国军政，载涛首先向隆裕太后简要奏陈各国军政情况，他认为此次周历各国，其海陆军政之完备远在中国之上，"并谓中国亦须赶速振兴，方足以资抵制，因力请皇太后颁发内帑及孝钦显皇后遗金充海陆军款，以补国帑之不足"。⑤ 复向隆裕太后痛陈中国处境之危急，认为应当亟图挽救之策，否则后果不堪设想。这

---

① 据笔者管见，专题研究仅有李学峰《宣统二年清廷中枢更动述论》（《团结报》2011 年 11 月 24 日）一文。
② 《日俄协约之警闻》，《广益丛报·国际》1910 年第 238 期，第 2 页。
③ 《监国郑重东三省》，《大公报》1910 年 7 月 18 日，第 4 版。
④ 沃丘仲子：《近现代名人小传》下册，第 199 页。
⑤ 《涛贝勒请颁内帑》，《大公报》1910 年 8 月 7 日，第 4 版。

次召见历时三小时之久，隆裕太后颇为载涛之奏陈所动，"为之唏嘘不置"。①另据报载，载涛归国当日还面见其母及载沣，"初见监国及老福晋即掩面大哭，据闻系在各国时探得各国协力谋我之心，至危且险，而日俄协约成立后，黄河以北非复国家所有，国势之危，千钧一发，言之伤心，不禁泪涔涔下"。②随后，载沣正式召见载涛，询问其在各国考察军政情形如何，载涛奏以"海军以美国为优，陆军以德国为优，器械亦以德国及法国为优，其余亦无大异，然较之我国有过之无不及"，并将考察途中所记见闻与法国飞行艇详细造法一并呈上，获得载沣嘉许。③

载涛出洋考察归来，见识和阅历大增，载沣对他的信任与倚重也进一步增长。宣统年间，外患日迫，危机日深，身为摄政王的载沣早已对内外大臣的因循敷衍积习极其不满，日俄协约后他埋怨诸臣办理外交不善："此次未能先事预防，待外人约定之后始思补救，已无及矣。推其原因，多由于锡良、邹嘉来不善外交、置若罔闻之所致。"④而载涛的建言正中载沣下怀，于是载沣屡次召见他询问国政。年轻气盛的载涛有感于日俄协约后严峻的外患，结合自己在出洋考察中的所见所闻，在召对、上奏时以及政务处会议、军谘处会议等场合毫不讳言其发愤图强、急进变革的政见。具体而言，主要有以下几点：

第一，国势阽危，必须力戒保守，亟图挽救。

载涛通过出洋考察切实体认到立宪各国的富强，中国与列强的巨大差距使他备受刺激，而列强对中国的觊觎又使他产生强烈的危机感；当此弱肉强食时代，身为谊属宗支、休戚与国的亲贵王公，载涛的起衰振弱之心格外强烈，于是他归国后立即将这种危机感传播于朝野上下，试图警醒摄政王及诸臣认清形势，亟图挽救。据报载："涛贝勒回国后屡蒙召见，贝勒沥陈中国积弱之原因，谓此时危象毕露，不可不亟图挽救，设朝野上下仍以苟且偷安为事，则时机一误，其为患有不忍言者。摄政王闻之深为感动，故迩来常寓三所（即紫禁城南三所，载沣摄政期间在此起居——引者注）不回府邸，藉便

---

① 《涛贝勒奏对述闻》，《申报》1910年8月10日，第1张第5版。
② 《涛贝勒之哀国泪》，《蜀报·纪事》1910年第1卷第4期，第1页。
③ 《涛贝勒奏对志闻》，《大公报》1910年8月8日，第4版。
④ 《监国不满意于外交家》，《大公报》1910年7月28日，第4版。

磋商国事。"① 还有报道称："涛邸回国以来，见人必谈各国官绅商民之程度之高，政治之良美，武备之强壮，中国如何腐败，外人待中国如何景况。及睹东三省受日俄蹂躏情形，若再不图自强，一味因循，将来不堪设想。"② 载涛还对人直言，中国向来所有举措多有名无实，此弊亟须革除。③

载涛力持急进，其热心国事在时人看来无人能及，然而作为国家行政中枢的军机处却在一干"老成持重"之人的把持下暮气未除，因循依旧，载涛对此极其不满，斥其"天下事尚可图，何当轴者皆在睡梦中而犹未醒耶？"④ 他甚至认为，导致数年来新政难收实效的原因即是军机大臣过于因循守旧，乃"决意另图急进政策，以资振作一切"，联合毓朗、善耆、载振、载扶、溥伦、溥伟等少壮亲贵"以期共进"。⑤

第二，扩张军备，振兴军政。

作为清廷的军谘大臣，载涛出洋考察的主要内容便是各国军政，取各国之长以备本国采择是其本职所在。当时流行所谓"武装和平"一说，载涛能够比较清醒地认识到，"有此武装则可以言和平，无此武装则终不免于决裂。今日之所谓文明者，非他，铁血而已"。⑥ "现在为战争竞烈时代，凡国际问题均以铁血主义为后盾。"⑦ 在他看来，强大的军力才是中国实现与列强平等外交、维护国家安全、摆脱外患的基石，因此极力主张扩张军备，振兴军政，时人注意到，"涛邸自外洋回国，力陈时事，大致以强兵为极要之点"。⑧

六月二十九日，载沣同时召见载涛和军机大臣。⑨ 载涛与诸军机大臣谈及扩张军备事，主张萃集全国之财力编练陆海两军以图自强，但各军机大臣对此不以为然。⑩ 其中，世续反对尤其激烈，与载涛几至冲突，载涛因此颇怨

---

① 《涛贝勒奏对述闻》，《申报》1910年8月14日，第1张第3版。
② 《涛邸出洋之刺激》，《北洋兵事杂志》1910年第2期，第107页。
③ 《述涛邸之感言》，《顺天时报》1910年8月31日，第7版。
④ 《京师近事》，《申报》1910年8月26日，第1张第5版。
⑤ 《贵族之主张急进者》，《大公报》1910年8月30日，第4版。
⑥ 《论涛贝勒扩张军备之政见》，《时报》1910年8月24日，第1版。
⑦ 《涛贝勒两陈军国大计》，《申报》1910年9月14日，第1张第3、4版。
⑧ 《涛邸锐意新政》，《丽泽随笔》1910年第1卷第13期。
⑨ 《宫门钞》，《政治官报》1910年8月5日，第2版。
⑩ 《专电》，《时报》1910年8月17日，第2版。

愤世续，甚至请求载沣开去他的军机大臣差使（详后）。及至世续出枢，载涛向新简授的军机大臣毓朗提议，请他在军机处主持甄别军官、改良军制事宜。毓朗与载涛同为少壮派，又同在军谘处任职，素持相同政见，慨然应允。① 七月二十九日，载涛分别以军谘处名义和个人名义上封奏两件。② 其中第一件条陈军政，认为"中国自改练新军以来，糜款千万，不过略具形式上之模型，于实际精神尚多缺略，必须切实研求，方能收实用"，并列举出十二款亟待兴革事宜。第二件封奏中则直接建议载沣将不通新政、办事敷衍的督抚、尚侍一律更调。③

载涛扩张军备面临的一个更实际的问题是财政空虚。宣统年间，各项新政已全面铺开，所需费用甚巨，而清廷国库奇绌，主管财政的度支部尚书载泽坚持撙节主义，对各部院增加开销的要求十分谨慎。七月十二日，载沣同时召见军谘大臣毓朗、度支部尚书载泽④，毓朗面奏"整顿军政为当务之急，但财政窘迫万分，实多为难"。载沣支持扩张军备，令载泽在财政上设法维持。⑤ 但载泽却认为"各部院衙门每多糜费，拟请旨饬令认真裁减"，并提出由度支部先做表率，"由本部办起，然后奏请严饬一律节减"。⑥ 据《顺天时报》载，载涛一度囿于财政支绌，认识到扩张军备并非易事，曾表示"俟诸事就绪后始实行，期无贻误"。⑦ 然而此时不但未能如愿增加军费，度支部竟然还要求核减军费，各省对军费一事态度也相当消极，载涛对此极为不安，深恐扩张军备就此中辍，乃于三十日以军谘大臣的名义上折奏陈练兵筹饷、筹划国防事宜，详细阐述其扩张军备的政见。

载涛在折中声称："国势之强弱，恒视兵力为转移，兵力盛则国势日强，兵力衰则国势日弱，故不练多数之兵不足以立国，不筹一定之饷亦不足以练兵。"列强之所以强大，原因即在于列强大都将扩张军备作为立国的第一要

---

① 《涛贝勒之振兴军制热》，《大公报》1910年8月24日，第4版。
② 《宫门钞》，《政治官报》1910年9月3日，第2版。
③ 《涛贝勒两陈军国大计》，《申报》1910年9月14日，第1张第3、4版。
④ 《宫门钞》，《政治官报》1910年8月17日，第2版。
⑤ 《专电·电一》，《申报》1910年8月17日，第1张第3版。
⑥ 《论度支部宜先谋节省以为各部倡》，《大公报》1910年8月21日，第2版。
⑦ 《涛郡王改良军务之有待》，《顺天时报》1910年8月20日，第7版。

义，少则岁入之三分之一投入军费，多者过半，并且此后军费投入只会越来越多，从未有减兵节饷的先例，因此"世界日启竞争之局，列邦皆以雄视为心，非固本不足以图强，非整军不足以御侮，故虽倾国帑、竭民财以供军队之用，而不肯轻议裁减者，以减少军力即所以缩小国力，恐其不能自立也"。他坚决反对削减军费，强调中国积弱已久又面临严峻外患，不扩张军备便无以自保。他坚持认为，其他费用可以节省，军费则必须有充分保证；当前朝廷财力有限，军费势难增加，这已经落后于列强，若再裁减军费，后果不堪设想。他奏请将新旧军队及兵工厂、练兵公所、军事学堂等各项军费，全部按照光绪三十四年、宣统元年用过数目一律全归军用，不得挪作他项用途。载沣采纳了他的提议，朱批"依议"。①

第三，设立责任内阁，统一行政。

清廷筹备立宪，设立责任内阁即是其中的关键环节，然及至宣统二年，责任内阁依然屡议无成，进展缓慢。载涛在出洋考察时对立宪各国责任内阁制度之优越有了切实感触，认为立宪各国富强的根源全在上下一致，行政统一，"故欲整顿海陆军，非先从组织责任内阁，定一统一之政策不可"。② 六月二十九日，载涛归国后首次受摄政王载沣正式召见时曾呈递见闻录两册，据报载，"册中所言多半主持速诏责任内阁，并详述新内阁于国计民生大有裨益，当蒙监国留供披览"。③

七月初二日，载涛在政务处会议中与各王大臣提议从速设立责任内阁，略谓："此后改用军事政策，当从全国一致入手，万不可枝枝节节。假如整顿海陆军不能全恃海陆军两部及军谘处，其余关于国民教育及财政问题，均须合谋进行，故第一须组织责任内阁，以为提纲挈领之办法，否则互相掣肘，互相推诿，国事决无转机之一日。"载涛言辞恳切，各王大臣为之所动。④ 载涛为速设责任内阁还在各种场合与枢臣协商数次，"以我国各政纷歧，皆因责任不专，权限不定所致，非实行组织新内阁断难冀收成效"，他的建言对打

---

① 载涛：《奏为练兵筹饷筹划国防敬陈管见事》，中国第一历史档案馆藏：宫中朱批奏折，档号：04-01-01-1108-016。
② 《涛贝勒提议组织责任内阁》，《申报》1910年8月15日，第1张第3版。
③ 《涛贝勒力主速设新内阁》，《大公报》1910年8月12日，第5版。
④ 《涛贝勒提议组织责任内阁》，《申报》1910年8月15日，第1张第3版。

消奕劻的顾虑起到重要作用，后者在载涛劝说后表示对责任内阁"已毫无异说"，遂入手筹议相关事宜，责任内阁制提议数载，至此始见实效。①

第四，剪发易服，开释党禁，起用废员。

晚清中国人的发辫早已沦为列强取笑的对象，被视作野蛮落后的象征。出洋考察期间，载涛因发辫受外国人讪笑而大受刺激，②归国后更极力主张剪除发辫。据《顺天时报》载，载涛于回京当日曾向载沣面请剪除发辫，理由是发辫于军事有碍："各国军人操伐敏捷，我国军人于操伐时发辫颇觉累赘，虽有关国粹，而于军中殊多不便之处，应请饬下凡系军界者，一律薙发，俾图健强。"③此后载涛还有数次奏请，理由已不局限在军事方面，而是请求朝廷通过剪除发辫树立开明进取的姿态，与天下更始，以期收拾人心，他指陈："服制不变无以辨等级，发辫不除无以竞强盛。目下国事垂危，列强环伺，诸凡新政若不加以毅力亟早颁行，恐国民智识永无开通之期，宪法大纲亦无成立之望。"并提议"将亲贵王公服制赶速拟定，请旨颁行，后各王公即先剪发以为倡率，次及勋旧大臣及各部院尚侍、各直省督抚，以次递推。由政界起点而服制亦随定随颁，渐及学界、军界、商界、民界，总之愈速愈妙。若必俟各界服制定后一律更换，则虽严限迫促，亦必无齐备之理，恐迟误时日，贻笑外人"。④

为彰显朝廷开明进取之意，载涛还建议开释党禁，起用废员。载涛七月二十九日所上的两封奏折中建议摄政王载沣"赦党人，起用废员"。⑤另据报载，"涛贝勒此次考察军政，默察世界大势，知中国衰弱原因端在人材缺乏，且断非因循委琐可与图存"，于是奏请"大赦党人，消解天下之忿气"。⑥起

---

① 《责任新内阁议决之述闻》，《大公报》1910年9月30日，第4版。
② 据报载："闻贝勒所以急欲剪发者，因在某国时应某大臣之宴，贝勒身衣军服盘发于顶，以冠掩之而往，入门即与某大臣摘冠致敬，不意辫发陡然下垂，适为座中某女公子所见，作嘤咛笑，贝勒大惭，故回国后即向监国力陈发辫应速除，免致招笑。"见《涛贝勒主张剪发之原因》，《申报》1910年8月19日，第1张第4版。
③ 《军界发辫之将薙》，《顺天时报》1910年8月10日，第7版。
④ 《力请剪发易服》，《广益丛报·纪闻》1910年第246期，第3页。
⑤ 《涛贝勒封奏之述闻》，《大公报》1910年9月7日，第4版。
⑥ 《涛贝勒游历回国后之议论》，《申报》1910年8月12日，第1张第4版。

用废员方面，载涛以政务殷繁为由，建议重新起用袁世凯。①

总体而言，日俄协约之后，清王朝面临的外患更加深重，随时有倾覆的风险，载涛此时提出一系列急进变革主张，在时论看来颇中要害。他以亲贵身份力劝摄政王，言他人之不敢言者，为日俄协约后令人失望的朝局注入一针强心剂。时人以为，载涛以英年柄政，"其所报政治上之见解必为进取的而非保守的，必为积极的而非消极的"，其政见不同于暮气日深的老髦廷臣，定会在政治上有所作为，"在朝诸臣虽反对者多，而以监国之明，必能感其言而翻然为奋发图强之举也。以贝勒之手握大权，亦必能力排众议，以实行其所主张为再造吾国之伟人也"。② 还有时论称赞载涛："所有一切条陈，既请于监国，又请于太后。言之不已，继之以泣。英气奋发，大有旋转乾坤之势。此等动作，为老成辈不足者在此，为老成辈不能者亦在此。国步艰难，难望完全，有进无退，赖有特创。以余观之，天下固不可无此人，无此事也。"③

二、老少、缓急之争与中枢调整

载涛的急进变革政见并不为"老成持重"诸臣所容。他们自恃政治阅历丰富，往往认为载涛等少壮亲贵甫登政坛，对国家实际政治运作并不了解，容易受外界影响，盲目追新求变；他们坚持稳重保守定见，不以急进为然。

其时军机处为行政总汇之处，在清廷的立宪计划中已被确定为成立责任内阁的班底，军机大臣不仅在传统官制中位列宰辅，而且在宪政编查馆、会议政务处等新设机构中居于核心地位，在立宪中扮演着领导班子角色，其政见积极或保守对朝政影响至关重要。彼时军机大臣班子由奕劻、世续、鹿传霖、那桐、吴郁生（军机大臣上学习行走）五人组成，其中首席军机奕劻为四朝元老，长期把持军机大权，作为不足而以贪鄙著称，政坛口碑极差；世

---

① 《袁世凯确蒙保奏》，《顺天时报》1910年9月2日，第7版；《袁项城确将起用》，《申报》1910年9月9日，第1张第4版。
② 《论洵涛两贝勒与中国之关系》，《时报》1910年8月22日，第1版。
③ 《涛邸锐意新政》，《丽泽随笔》1910年第1卷第13期。

续入枢多年,又是慈禧太后选定的顾命老臣,"人虽谨饬,而于现时世界大势尚觉茫然,于一切新政亦多隔膜"①;鹿传霖虽久在军机,但时值暮年,长期请假,已不过是作为汉大臣点缀的"伴食宰相";那桐向来以圆滑闻名,贪鄙可与奕劻比肩;吴郁生于宣统二年正月始入军机,时人认为他"保守派也,非开通派也"②,且吴身为军机新人,"以系学习行走,地位资望较浅,遇事多所掣肘,不能放手作去,故对于诸要政未免时形谦让"③。总体而言,军机处被一干"老成持重"之人把持,以致"贝勒载涛回国后意欲有所兴革,多为枢府诸公阻止,难与有为"。④军机大臣构成载涛倡导急进变革的强大阻力,尤以世续、吴郁生反对最为激烈。

六月二十九日御前会议,载涛极言立宪各国之强盛,主张扩张军备,集全国财力扩充海陆两军,言辞恳切,载沣及不少王大臣均为之所动。然位高权重的军机大臣内阁大学士世续颇不赞成,他素不以急办海军为然,早在宣统元年清廷筹议兴复海军之始,世续便附和张之洞之见,主张从缓办理,因此大拂载沣之意。⑤及至此次载涛提出扩张军备,世续坚持主张从缓,声称:"吾国无海军势固不可,办理过早亦不可。如御敌外(当作"外敌"——引者注),一时无此能力;仅治内乱,已成之陆军亦已足用。兵贵及锋而试,现虽勉强练成,而用在数十年之后,兵已老矣。应俟财力充裕、须用兵力时再行兴办海军,扩充陆军,此时尽可从缓。"⑥世续所言不无道理,时美国驻华公使嘉乐恒从旁观者的角度亦认为:"中国不需要任何庞大的海军;他们也许只需要为沿海和内河巡逻警察工作所需的、或为缉私和镇压叛乱和训练官员所需的已有的炮艇、游艇,等等,但战舰对他们没有任何用处。"且当时清廷财力确实难以满足扩军需要;但在载涛等人看来,强大的陆海军是保卫国家安全,乃至实现与列强并立的必不可少的条件,"他们喜欢拥有一个大国的所有标记,并像大国那样受到尊敬。因此,他们想要陆军和海军、枪炮和堡垒、战旗、

---

① 《中央政界大更动之种种原因》,《申报》1910年8月23日,第1张第3版。
② 《吴学士入军机感言》,《时报》1910年3月2日,第1版。
③ 《吴蔚若欲效江杏村》,《大公报》1910年8月21日,第5版。
④ 《专电》,《时报》1910年8月13日,第1版。
⑤ 《再志中央政界之大更动》,《申报》1910年8月24日,第1张第3、4版。
⑥ 《专电·电二》,《申报》1910年8月20日,第1张第3版。

战鼓和军号"。① 因此，载涛对保守之世续极其愤怒，将他视作朝廷变革振作的障碍。

载涛归国后在载沣面前极力提倡剪除发辫，载沣初未应允，并责其不识大体、轻举妄动。据报载，这并非载沣本意，乃是世续"预侦涛邸有此举动，先于监国前奏呈剪除辫发不特于国粹有关，且恐骤下此令，顽固者必惊为奇异，大局恐致扰乱"。② 然而此后载涛再三奏陈发辫事宜，有不得不达成之势，载沣遂为之所动，于七月初八、初九两日召集枢臣商议剪发事宜，载涛、毓朗两贝勒亦参与商议。会商过程中涛、朗与世续、吴郁生大起冲突："世相国首先发议梗阻，吴之入枢本为世所援引，平日政见无不与世相同，乃继世发议，亦不以剪发为然，反对尤力。某贝勒再三辩论，世、吴仍极力梗议，因而互相口角，两造声色俱厉，大触监国之怒。"③ 对于发辫，载沣已逐渐倾向于载涛之见，称："即去发未必遂至亡国。"军机大臣那桐不甚赞成去发，圆滑地表示："不去未必以此亡国，去之亦未必能兴国。"世续则坚决反对称："去发之后，中国未必亡，然大清国却是已经亡了！"时论对此评价道："寥寥数语，可以想见中堂心术及其对于涛邸改革意见之态度。"④

另据报载，载涛在内廷与各军机会议时还质询他们为何拒驳请愿运动，某军机大臣对称这是朝廷之政见，载涛大不谓然，声称："予在欧洲接此电旨，后嗣又闻各国政治家之议论非常焦灼，此事之或准或驳大权半在诸公，不得专推之监国，各国政府早有定评。今所见如是，其如宪政之前途何？"⑤

反对扩张军备、反对剪发易服、拒驳国会请愿三事，增加了载涛对军机大臣们的不满，载涛将他们视作清廷变革振作的主要障碍，唯恐朝政在这些素号老成持重之人的把持下继续沉沦下去，于是屡在载沣面前"请退黜老朽，免藉口于持重以误国事"。⑥

世续向来不附和新政，当此国势岌岌可危之际，全国舆论已普遍希望清

---

① 见崔志海《海军大臣载洵访美与中美海军合作计划》，《近代史研究》2006年第3期。
② 《请剪辫发阻力之由来》，《大公报》1910年8月14日，第4版。
③ 《世吴出枢余闻》，《广益丛报·纪闻》1910年第246期，第2页。
④ 《京师近信》，《时报》1910年8月31日，第2版。
⑤ 《涛贝勒之国会谈》，《大公报》1910年8月14日，第4版。
⑥ 《涛邸锐意新政》，《丽泽随笔》1910年第1卷第13期。

廷能奋发图强、积极有为，而身居要津的世续仍固执己见，立场保守，反对急进兴革，不独为载涛所不容，也逐渐引起摄政王载沣的不满。其时清廷会商改革内务府制度、厘定皇室经费、预备仿设宫内省等事宜，唯独世续反对。世续为内务府旗人，认为内务府改革不可太剧烈，故对于裁改内务府员缺及改革等事屡次反对，以致延宕不能决定。载沣对此极为不悦，责其："世相如此抗议，实属瞻徇情面，袒庇私人，且身为朝廷重臣，应如何秉公持政，乃敢滥存私见，置大局于不顾。若不即定去留，势必贻误要政，后虑何堪设想。"①

至于吴郁生，他系世续门生又是世续引荐入枢，事事追随世续，"虽工夤缘，而暗庸绝不识政体"，亦引起载沣、载涛兄弟不满，据民初掌故专家回顾："载涛自欧美考察陆军归国，力陈日俄谋我之急，非速变法立宪不足图存。载沣命共枢臣议，郁生一词不能赞，涛谓：'军机，政所从出，而大臣才若此，事何由办？'因力诋郁生而举世昌。"②

看到世续、吴郁生对待立宪事宜态度消极，再加上载涛从旁鼓动，载沣也有了改组军机处之意，与各亲贵开始谋划此事。当时《顺天时报》即已觉察到，在载涛归国之后，朝廷必将进行一番重要人事调整："闻政府因内外各衙门秉政大臣中于预备宪政事宜恐有未能谙悉者，届期必有贻误之虞，故先体查精悉宪政之大员数人以备擢升要缺，其内外大臣不久当有一番更动矣。"③

军机大臣位高权重，一黜一陟间关系海内外观听。其时五名军机大臣中，奕劻以亲王领袖军机，鹿传霖为汉大臣元老，皆不便遽行更动；那桐虽无甚政见，但为人圆滑，不致得罪亲贵，并且那桐还曾推荐载涛入枢④，尚为少壮亲贵们信任；惟世续、吴郁生二人不但政见保守，而且与载涛在诸多改革问题上发生直接冲突，遂成为载沣、载涛兄弟谋划改组军机的主要调整对象。⑤

按晚清政治的惯例，世、吴两大臣一满一汉，其接任者亦应当为一满大

---

① 《政府人物大更调原因之一》，《申报》1910年8月26日，第1张第3版。
② 警民：《徐世昌》，沈云龙主编：《近代中国史料丛刊》第4辑，台北：文海出版社，1973年，第22页。
③ 《内外大员之更动》，《顺天时报》1910年8月18日，第7版。
④ "先是数日，本有涛贝勒自入军机之说，此亦确耗，缘监国既颇激赏邸之猛进，庆邸、那相又相推佩，因共推之，邸意殊踌躇未决。"见《再记新枢府之由来》，《时报》1910年8月24日，第2版。
⑤ "摄政王以世中堂人虽谨饬，而于现时世界大势尚觉茫然，一切新政亦多隔膜。至吴侍郎之入军机本为世中堂引进，且新入军机过于谦退，不欲骤有建白，故日久未得实授。日前又因会议剪发一事颇主反对，故有同时退出之命。"见《中央政界大更动之种种原因》，《申报》1910年8月23日，第1张第3版。

臣和一汉大臣。值得注意的是，世续系异姓满大臣，而载沣等人在酝酿其继任者时，乃锁定在载涛、载泽、毓朗三名亲贵身上，可见载沣更倾向于将力挽时艰、自强图存的重任赋予本家族成员，异姓满大臣难以获其信任。

载涛归国后倡言改革，一些支持他的官员曾有意公推载涛进入军机处与会议政务处，但被他本人极力谢绝，表示："予素恶兼差，兼顾不周必致互有延误，且凡事求完，两方面最不易办。现朝廷既畀予以军政，任大责重，时时恐有疏虞。现惟专意于军政，力求扩充整理，断难再任别事。"① 载沣起初亦有意令载涛入军机处随同办事，考虑到载涛为其胞弟，恐于行政多有不便，且载涛负有军谘处与禁卫军两项重任，遂罢此议。② 载涛则向载沣表示，自己年少，阅历尚浅，难以胜任军机重任，乃力保毓朗老成持重，堪以代己。③ 毓朗在少壮亲贵中较为年长，与二十出头的载涛相比，其政治阅历较丰富，不过据后来时论披露，载涛力保毓朗入枢还因为二人同在军谘处和禁卫军共事，在他看来，以"知兵"的毓朗入赞枢机更有利于推行自己的扩军计划。④

载泽和毓朗均为载沣平素所倚重之人，其中毓朗在一年前便有过入枢传闻，"徒以主任各差俱极重要，一时难觅替人，未获入参枢密"。⑤ 载沣为选合适干练大臣，遂召集载泽和毓朗二人同时入见，拟从该两亲贵中选择一人入枢，征询各自意见如何，召见时泽、朗二人互相谦让，载沣考虑到毓朗比载泽年长，资望较深，遂意属毓朗。⑥ 七月十二日，载沣召见毓朗晤谈入军机之事良久，毓朗默许。十三日，载沣向军机大臣那桐说明了在三人中选择毓朗入枢的原因："以涛贝勒分属懿亲，年轻望浅，现正饬其专筹军政，势难再入枢垣。泽公虽人极稳练，惟现当财政吃紧之时，度支部尚书亦不得轻更生手。惟贝勒毓朗办事敏捷，且近议军政与涛贝勒亦意见相合，故遂得与选。"⑦

汉大臣方面，载沣于七月初十日与奕劻商议更动军机事宜，原拟调用陈

---

① 《涛贝勒之谦谨》，《大公报》1910年8月28日，第4版。
② 《枢府更调之原因》，《时报》1910年8月23日，第2版。
③ 《政府人物大更调原因之一》，《申报》1910年8月26日，第1张第3版。
④ 《专电》，《时报》1910年8月20日，第2版。
⑤ 《朗贝勒将赞枢机》，《大同报（上海）》1909年第12卷第12期，第32页。
⑥ 《枢府更调之原因》，《时报》1910年8月23日，第2版。
⑦ 《朗徐入军机之原因》，《大公报》1910年8月21日，第4版。

夔龙、张人骏等人，但陈等皆辞不就；载沣以为，"汉军机继任人材必须明达新政，政绩卓著者方足赞画机要"。奕劻保举徐世昌，载沣应允。① 载涛亦在载沣面前推举徐世昌，"举其治奉政绩，有整洁之马路，嘹哨（当作"嘹亮"——引者注）之军乐，壮丽之公署，皆可颉颃外国。载沣亦谓，朝臣达新政者，世昌必首屈一指"。② 不过，对于载涛推举徐世昌一事，民国掌故专家沃丘仲子认为载涛政治阅历不足，被徐在东三省的表面政绩所迷惑，略谓："以急于变法而实不达行政目的之方，且罔悉官吏情伪，故道出东三省时，睹其形式之新政、西式之建筑，遂以徐世昌为奇才异能，力举之为枢要，其实世昌所行政，殊不值识者一笑也。"③

七月十三日，清廷发布朱谕，大学士世续着开去军机大臣，专办阁务；吴郁生着以侍郎候补，毋庸在军机大臣上学习行走；贝勒毓朗着补授军机大臣；协办大学士徐世昌着补授军机大臣。④ 朱谕系由监国摄政王直接下发，据报载，发布当日世续、那桐、吴郁生三人照常入值（鹿传霖因病已长期请假），奕劻在前一天已被载沣单独召见，得知载沣已决定开去世、吴，遂于朱谕发布当日请假以避嫌。三人召对完毕，那桐又被载沣单独召见，载涛亦在场，相见后载沣向那桐出示拟定好的朱谕，并令他将此谕传世、吴二人，那桐见谕初为二人求情，载沣声称："此次办法并非与彼二人以无面子，一则回阁办事，一则侍郎候补。"⑤ 世续得知开缺消息，只说："我早知有此。"吴郁生则面色甚红，一言未发。⑥

与此同时，清廷当日还进行了另外两项重要人事调整，任命唐绍仪为邮

---

① 《政府人物大更调原因之一》，《申报》1910年8月26日，第1张第3版。
② 警民：《徐世昌》，沈云龙主编：《近代中国史料丛刊》第4辑，第22页。
③ 沃丘仲子：《近现代名人小传》下册，第199页。
④ 中国第一历史档案馆编：《光绪宣统两朝上谕档》第36册，第253—254页。
⑤ 《京师近信》，《时报》1910年8月31日，第2版。关于当日载沣召见那桐的细节还有另一种传闻，据《大公报》报道："十三日所颁开去世、吴两军机之朱谕，闻前由监国交那相署名者原另有一道，字数甚多，宣布该两军机之过失，并系即行开缺云云。当由那相再三恳请，以世相为先朝之重臣，吴郁生亦宣力有年，请只开去军机大臣，以全颜面。监国允如所请，故复易此朱谕云。"（《那中堂调护世吴述闻》，《大公报》1910年8月21日，第4版）笔者以为，世、吴二人在当时除政见保守之外并无甚劣迹，尚不致开缺；且从不久后世续即出任资政院总裁看来，载沣对世续的不悦也应当尚未达到将其开缺的程度，故本书此处不采纳《大公报》说法。
⑥ 《再志中央政界之大更动》，《申报》1910年8月24日，第1张第3、4版。

传部尚书,盛宣怀为邮传部右侍郎。①《申报》披露了此二人得以委任的内情:

> 川粤汉铁路事宜久未解决,摄政王以此事于外交交通两方面均大有窒碍,而唐少川尚书向以长于外交著称于世,又于路事阅历甚富,故以邮传部尚书属之,俾得与外人妥为办理。日前本有令盛官保为邮传部尚书之说,旋因政府意见不同,盛亦力辞,故仅令回右侍郎任。泽公亦言盛长于理财,有令至度支部之意,盛亦力辞,故只帮办币制事宜。又闻盛力陈气体不宜居北,故派以钱币事,俾便时至申汉调查,且便随时赴申办理商约。②

三、时人对朝局变动的观察

宣统二年七月的中枢调整是载沣摄政期间,继罢黜袁世凯之后对军机处的又一次主动调整。在此之前,戴鸿慈在张之洞殁后进入军机处,吴郁生又在戴鸿慈殁后进入军机处,均是在老臣凋谢之后被迫对军机大臣进行的增补,因而此次主动调整对于朝局影响重大。刘体智在《异辞录》中述及此次中枢调整谓:"世伯轩(即世续——引者注)相国于诸满人中负一时重望,忽与吴郁生同时罢值枢府。涛、泽参预密勿,权在枢臣上,传闻涛将柄政,召用袁、岑,已忽寂然。足征当时起落不定之象。"③其所谓起落不定大概只能算是作者的"后见之明",从当时舆论的反应来看,时人对此次中枢调整十分关注,既表达各自看法,打探其中内情,又揣摩当局用心,预测朝局走向,具体而言,时人的观察与评论主要有以下几点:

第一,殊出意外,继而推测此事必与载涛有关。

一般而言,朝廷进行重要的人事调整都极其秘密,外界事前难得预闻;即使留下蛛丝马迹,也多半是事后对这些细节的重新梳理,事前往往容易忽

---

① 中国第一历史档案馆编:《光绪宣统两朝上谕档》第36册,第254页。
② 《中央政界大更动之种种原因》,《申报》1910年8月23日,第1张第3版。
③ 刘体智:《异辞录》卷4,第221页。

略。世续系慈禧太后选定的顾命老臣,在军机处三年毫无失德;吴郁生乃载沣亲选,入枢仅数月,办事谨慎,无甚过失。其时奕劻、那桐贪鄙早已为世人所知,甚至有"庆那公司"之讥讽,尚且地位稳固,鹿传霖长期因病请假亦未见更替,而世、吴二人除政见保守外,并无劣迹,若在平日,的确不至于被逐出枢垣。因此,虽然此前有一些关于朝廷将要进行重大人事调整的传闻,但当世、吴出枢的消息发布后,外界还是相当意外的。

身为军机大臣的那桐事先未得预闻,七月十三日得知消息后颇感意外,在当天的日记中记述道:"世相、吴侍郎勿庸在军机行走,朗贝勒、徐中堂补授军机大臣。朝局一变,殊出意外。"[1] 毓朗之弟毓盈在其所著《述德笔记》中亦认为毓朗入枢来得比较突然:"余兄之入军机也,初无消息。"[2]《顺天时报》则评论称:"世续之补授军机大臣,已阅数年,在旗籍大员中向固最见信任于朝廷者,不料一旦夺其实权,与以空名,使出军机,令其专办内阁事务云。如今之中国内阁,果有何事务之可办乎?想世大学士于此或不免多所遗憾于衷曲。虽然,朝廷之上为开后进之路,以登用新人才为急务,势盖出于不得已也。但鹿中堂以年老衰病,迭请开缺,至不得允准,俄而竟有此举,有若不免令人吃一惊者。"[3] 保守官僚胡骏甚至觉得这一突然的人事调整难以理解:"按吴蔚若今正才入军机,较枢府诸大臣为晚,乃甫及半年竟尔撤其差使,此何等重要地位,而进退轻易若此,识者有以忧其继矣。世中堂之为人虽未深悉,然其接人谦挹,公事熟谙,似非毓贝勒可及,今以毓代世,良不可解。"[4]

七月十三日朱谕来得突然,时论在分析此前朝局的种种动向后普遍认为此次大员更动应与载涛有关。《时报》在第二天即报道,此次大员更动,载涛从中筹划居多。[5] 又有报道将该事件与此前载涛归国后的建言联系起来,称:

> 昨日奉上谕,世中堂续、吴侍郎郁生均出军机,而易以朗贝勒及徐

---

[1] 北京市档案馆编:《那桐日记:1890—1925》,北京:新华出版社,2006年,第664页。
[2] 毓盈:《述德笔记》卷7,第7页。
[3] 《论大臣务期其尽职》,《顺天时报》1910年8月19日,第2版。
[4] 胡骏:《补斋日记》,沈云龙主编:《近代中国史料丛刊三编》第8辑,台北:文海出版社,1986年,第364—365页。
[5] 《专电》,《时报》1910年8月19日,第2版。

中堂世昌，北京政界大都有迅雷不及掩耳之概，实为一出人意外之大变动，然其主动实出涛贝勒，其中固有线索可寻也。涛贝勒归后，极陈国事之急于监国之前，至于痛哭，且提议种种改革之意见，如筹办海陆军、组织责任内阁、剪除发辫（此事殆不久实行）、解除党禁等等。词旨痛切，庆邸、那相皆赞之，监国亦为动容。以监国最近痛心国事，邸言适合其时也。世中堂不随时俯仰，又颇笃旧，故邸归后并未与庆邸、那相同与秘议。吴资望殊浅，徒以在政务处提调时受监国特赏擢升今职，皆不适今日政界，故势在必去。①

英国外交官也获悉载涛在这次大员更动中起到重要作用："自本月初载涛亲王从国外考察军事归来，清朝高级官员中发生了种种重要变化。不知正确与否，据说这些变化都直接来自载涛的影响。"②

第二，朝廷将重视武备，扩军强兵有望。

时人既已注意到此次中枢调整与载涛有关，而载涛此前已力主扩张军备，入枢之毓朗又为军谘大臣、禁卫军大臣，徐世昌担任过东三省总督，二人皆负"知兵"之名，③故时人推测朝廷将更加注重武备。时论认为："涛邸此行专以考察陆军，故归国以后，力倡全国皆兵之议。朗贝勒固与涛邸同领军谘大臣，徐协揆者又夙以知兵闻于时，今不用它大臣而独推毂此两公者，朝旨之注重武备固可于言外得之。"④

载涛以贵胄掌兵深得摄政王载沣倚重，又在与世续、吴郁生的政见对垒中取胜，进一步提升了在朝中的权势，为推行自己的政见扫除一大障碍，时论认为："涛贝勒归国，鉴于列强之争雄，力欲扩张军备，而世续则力主缓办海军。夫涛贝勒之意，世所谓进步党也。世续之意，世所谓守旧党也。今世续以是而出军机，则守旧党退矣。毓朗、徐世昌，涛称为达时知兵而进之，

---

① 《再记新枢府之由来》，《时报》1910年8月24日，第2版。
② 《麻木勒先生致格雷爵士函》，章开沅、罗福惠、严昌洪主编：《辛亥革命史资料新编》第8卷，第3—4页。
③ "贝勒载涛以保国首在强兵，极力主持，因朗贝勒、徐世昌达时知兵，故力保其入军机处办事。"见《专电》，《时报》1910年8月20日，第2版。
④ 《忠告新政府》，《时报》1910年8月25日，第1版。

则进步党进矣。退守旧党而进进步党,则他日一切政治上之进步固可断言,而军事上之进步尤必有指日可待之势。"但时论也同时指出,以清廷支绌之财政,想要做到既扩军强兵又不累及民生,难度很大。①

第三,为政得人,进步取代保守,朝政迎来转机。

新任军机毓朗、徐世昌以及同日任命的邮传部尚书唐绍仪,在外界看来皆属于通晓新政、干练有为之人,舆论对清廷能够重用他们普遍感到乐观、振奋。

汪荣宝认为朝廷此次调整中枢于立宪前途关系重大,他在日记中写道:"本日上谕世相入阁办事,吴蔚老以侍郎候补,开去军机大臣,而以月华贝勒及徐相代之,以唐少川权邮尚,而令沈雨人暂摄,盛杏孙留京当差云云。午刻回寓,忆丙午年宣布立宪,亦以今月今日,距今适四年,本日政府之变动,于将来政界当有影响,是本日不可谓非政治上之一纪念日也。"②《顺天时报》在中枢调整上谕发布的第二天即有评论赞扬朝廷"得人",略谓:"徐协揆为干练之才,尽人皆知,曩奉大节莅于东省,在百难中施政有方,能使诸般政务厘革就绪,入坐枢府,堪庆为得人。朗贝勒聪明睿智,虽声名未播海外,思想宽宏,识见卓拔,尤爱泰西之智识,习练英语,颇有造诣。年近不惑尚在贵胄学堂与学生同机肄业,是岂常人所能为哉?今入赞枢府,想监国之赏识不爽意。唐少川尤有才干,加以精通外事,唐君擢入邮部尤称相宜,将来改革进步,必中肯綮,洵可为中国政府贺,亦足见官场人口吻一斑矣。"③

外国列强也对此次中枢调整感到满意,对新进之朗、徐、唐三人给予较高评价。英国外交官麻木勒在致格雷爵士的信函中称:

> 军机处两个空缺分别由毓朗和徐世昌填充。毓朗是皇族成员,通过军谘处同载涛关系密切。他性格开朗,好打交道,朱尔典爵士和我本人都十分熟悉他。徐世昌是邮传部尚书。这两个人的任命将加强军机处的力量,同时也显示出中央政府终于认识到,要排除来自各省的对各项新

---

① 《时评·其二》,《申报》1910年8月21日,第1张第6版。
② 韩策、崔学森整理,王晓秋审订:《汪荣宝日记》,第180页。
③ 《朗徐唐之迁擢得人》,《顺天时报》1910年8月19日,第7版。

政的长期抵制，必须把那些著名的性格坚强的人物安插到首脑岗位。然而，最为令人满意的变化，是提名唐绍仪为邮传部尚书。众所周知，唐是袁世凯的忠实追随者，如果他决定担任这一职务，或许会替袁世凯逐步重返政坛铺平道路。①

《纽约时报》认为朗、徐、唐三人皆是进步派人士，清廷重用他们是进步的象征，有重要意义。②新任邮传部尚书唐绍仪曾留学美国，又是袁世凯的党羽，并且美国当时正急欲参与中国铁路事务，因此美国政府最为关注和满意的便是清廷对唐绍仪的任命，据《华盛顿邮报》披露，"美国政府官员期盼中国中央政府政策中的改革能够对北京政府的人事安排方面进行整体性改革""美国政府对唐绍仪接替徐世昌升任邮传部署尚书感到非常满意""可以期望中华帝国对其事务采取更加有力的、商业式的管理"。③

日俄协约后中国形势岌岌可危，全国上下普遍希望朝廷能从速振作，奋发图强；清廷开去因循守旧的世、吴，以通晓新政的朗、徐入赞枢机，其背后又得主张急进变革的载涛的支持，舆论普遍认为以载涛为代表的急进派在朝中占据了上风，朝廷将一改因循保守积习而日趋进步，朝政将在危机中迎来转机。《丽泽随笔》评论称："近来时事自逼，岌岌可危，摄政王异常择人；加以涛贝勒从外洋游回，一切推陈致新，期与天下更始，故近来将二中堂一时撤差，另以毓朗、徐世昌为之，其余各尚书侍郎、各省督抚闻亦将有变动。得失是否姑无暇论，现在涛邸回洋，洵邸又复出洋，所见所闻，日日鼓动监国之耳，此后大小臣工因循推诿之风庶几可一革了。"④《申报》认为，20世纪列国竞争，弱肉强食，中国以积弱之邦值此潮流，"政治上一切之措施，宜主进行而不主保守也必矣"。况且国家当筹备立宪之时，百度维新，"自非超轶绝伦之才断不足膺艰巨而负重寄，一二老成人备位朝端，振浮式靡，可黼黻休明者，或不足扶危而定倾"。因此"今日者世、吴退值，朗、徐继任，吾国之

---

① 《麻木勒先生致格雷爵士函》，章开沅、罗福惠、严昌洪主编：《辛亥革命史资料新编》第8卷，第3—4页。
② 《中国改革胜利》，胡绳武主编：《清末立宪运动史料丛刊·外文资料》，第330—331页。
③ 《期盼中国改革》，胡绳武主编：《清末立宪运动史料丛刊·外文资料》，第330页。
④ 《枢府易二大臣》，《丽泽随笔》1910年第1卷第11期。

新政,殆所谓自保守的而达于进行的之一日也"。①《时报》有专论认为,近两年间内政外交的种种不尽如人意,皆因为枢府老朽诸臣难资辅弼,而载涛归国后的建言和举动已预示着中国政局迎来转机:

> 比者涛贝勒自海外归来,痛于外患之日深,毅然有革新之志。观近日各报所载涛贝勒之政见,主张扩张军备,解除党禁,设立责任内阁,更换枢臣,淘汰尚侍督抚之不职者;又倡议剪发易服,并责难政府之阻挠国会。侃侃而谈,旁若无人,大有三日於菟,气吞全牛之势。记者方逖听风声,深望其言之见用,而又深虑阻力横生,不能见容于诸老朽,或因是而灰心也。乃不谓霹雳一声,竟有十三日更换枢臣之明谕。自此谕既下,各国皆环视耸听,以为中国革新之机即在于是,而各报所载亦谓此次枢臣更迭,实涛贝勒从中策划之力为多……天下惟有朝气者乃能有所作为,今涛贝勒之政见纯取急进主义者也,取积极的行动者也,所谓朝气也。虽归国未久,其所建白只此数端,朝廷所采而施行者亦仅更换枢臣二人。就令果出于贝勒擘画之意,亦不过为发轫之始,究未知足当志勇沈毅之誉否。然而窥虎一文,足见一斑,使本此开敏之才气,复进之以沈毅之志勇,则中国积年之辱可雪也。②

还有时论既注意到此次中枢调整是朝局由保守转向进步的信号,但又对保守派根深蒂固有所担忧:"此次枢府之更动,去世、吴而进徐、朗,是由保守主义而入于开进主义之动机也。唐、盛之久废而起用者,其亦此议。虽然,其如保守派之根深蒂固乎,我恐亦仅一时之春云而已。"③

在这次中枢变动中,少壮亲贵载涛、毓朗威望和权力得以增长,时人注意到少壮新进者已有取代老成持重者之势,而毓朗的亲贵身份又让时人将他与军机处另一名元老亲贵奕劻联系起来。自恭忠亲王奕䜣入枢以后,亲王领衔军机已成为晚清政治的"不刊之典",但极少出现两亲贵并列军机的情况,

---

① 《读十三日上谕恭注》,《申报》1910年8月20日,第1张第2、3版。
② 《论中国政局之转机》,《时报》1910年8月21日,第1版。
③ 《新枢府之原因》,《时报》1910年8月20日,第2版。

唯有光绪末期载沣曾在军机大臣上学习行走,与奕劻同在军机一年多,而当时慈禧太后已有令溥仪即位之意,将载沣调入军机处更多是出于增加政治历练的目的,并非要以载沣取代奕劻。此次中枢调整,去一异姓满大臣世续而进一亲贵毓朗,五名军机大臣中一时出现两名亲贵,时人推测摄政王载沣这是有意令少壮派的毓朗接替老迈的奕劻:

> 今朗贝勒以世臣宗子从事枢垣,随庆邸之后与闻国政。监国于此必非无因,说者谓庆邸年老,虽欲追踪东西先进国,敦促宪政,力图进行,而精神竭蹶,辄有顾此失彼之忧;加以久膺大权,屡致媢嫉,急流勇退,陈请者屡矣。今日之命盖隐隐以眷念老臣之意,迫而为桑土未雨之谋,鼓励其少年英锐之气,使之谨步趋于老成硕望之后,为国家培一宗臣,即于异日进行政策上多一历练任事之臣。①

当时还有传言称:"摄政王以庆邸迩来精神渐弱,虽勤勉王事,然军机亲贵缺乏,不得臂助,故特简饬朗贝勒入枢练习机要,以步领袖军机之后尘。"② 又谓:"朗贝勒此次入赞军机,朝廷实以庆邸年近古稀,军机大臣领班必须夙负朝野重望、了然中外情势及富有经验者方克负此重任。朗为监国所夙知,洵涛两贝勒亦深器重其为人,故补授斯缺实为将来继续庆邸之预备。"③ 时论在这里直接将毓朗入枢与奕劻年迈相联系,甚至没有提及给毓朗腾出军机位置的世、吴,可见此时舆论的关注点已由事件本身转移到军机处今后的发展动向上来。

四、中枢新格局下的急进主义与老少矛盾

宣统二年七月的中枢调整是载沣、载涛为挽救统治危机,对行政中枢进行的旨在清除保守势力、倡导急进变革的一次重要改组,总体上顺应了日俄

---

① 《读十三日上谕恭注》,《申报》1910年8月20日,第1张第2、3版。
② 《政府人物大更调原因之一》,《申报》1910年8月26日,第1张第3版。
③ 《京师近事》,《申报》1910年8月30日,第1张第6版。

协约后舆论对朝廷奋发图强的迫切期待。在这次事件前后，载涛以其敢言敢做并深得载沣信任，在朝中的声望和权势进一步提升，此前他虽掌握兵权，但影响力只局限在职权以内；自归国以后，他的建言和举动已关系到军机大臣的黜陟，显然已超越兵权范围。毓朗进入军机处，权力进一步增长，少壮亲贵的势力得以由兵、财等领域扩展至枢机；加之载洵已于六月十八日被简拔为参预政务大臣，载泽、溥伦、善耆等皆在各自任上毫无动摇，这一时期少壮亲贵在清廷权力格局中势力进一步扩大，对朝政的影响力达到了一个新的高度。其时《时报》注意到朗、徐入枢后清廷权力格局的变动，对几位少壮亲贵在朝中地位做了一番分析：

> 载洵、载涛："新势力之名词用于二邸最为恰当。虽近日声望似涛邸颇优于洵，要之，二邸以监国二介弟掌陆海军之大权，四海固引为重望，监国亦以之心安；且以二邸皆周游海外，具有开明思想，其所敷陈固无不见采用者，然隐察政界情势，似四国牵制之力亦殊甚大。盖今日局面根本上之改革，则人人无权，否则人人皆能发言也。"
>
> 毓朗："亲贵中之有开明思想，而于军机中人尤以洵涛二邸之代表相目者。然要不失为温厚之士，至必谓有绝大势力恐未当也。"①
>
> 载泽："居今日之度支部，办今日度支部所办之事，非以泽公之威重殆莫可措手，此天下之公论也。顾今日度支部之能事，不仅在清厘削减已也，当平均天下之政费，厘定税则之混乱，救济危迫之金融，统一四海之财政，否则其危险现象计日可待。泽公亦自知之，故时欲告退，不愿久居难局，又实不堪海陆军二处之牵扰也。"②

世、吴出枢为载沣、载涛振兴国政扫除了一大障碍。载沣在新军机组建不久即连日召见枢臣商讨日韩合并后中国亟须振兴各政事宜，主要内容有：组织预备新内阁；颁行新内官制；实行考试、任用、官俸三项章程；更动内外因循不振各大员；赶练海陆军备；清厘京外冗员糜费；销除党禁；筹划财

---

① 《北京政界之推测》，《时报》1910 年 10 月 24 日，第 2 版。
② 《北京政界之推测（续）》，《时报》1910 年 10 月 25 日，第 2 版。

政开源方法；研究国会缩短问题等。① 载涛在去除世、吴后，还力请将京内外一切不明宪政、办事敷衍的督抚尚侍全部更动，连次与各枢臣催办此事，声称："值兹外患日迫，非将庶政大加振兴难资挽救，而现在京外各大员多不可靠，惟有迅即更易。"②

新进军机大臣毓朗成为军机处中少壮亲贵的代表，入枢后他曾向各军机大臣表示要力图振作，略谓："予现蒙朝廷特达之恩，擢入枢垣，学问阅历均甚浅薄，深惧弗胜，尚须时仰诸君之匡教，惟只知实事求是，泯除私心，力求振作，以期无负委任。嗣后诸事倘有与诸君龃龉之处，务求勿存意见。"③据报载，毓朗入枢后的主要政见和举措有：延揽英才，集思广益；调查各筹办宪政衙门是否因循；严行参处疲玩腐败大员；军机处议事应自由议论，不应局限于领班军机大臣一人。④对于此前载涛与军机大臣们争执的剪发易服、开设党禁问题，毓朗赞同载涛之见，乃向摄政王载沣建言："朝廷锐意更新，而中外舆论尚以私意妄测，若以朝廷现行各政均为涂饰国民耳目之计，以致谣言纷起，一般青年子弟误信浮言，步各国革新时代之后尘，预谋急进，其志可悲，其心亦可谅。今拟特下明诏，解除党禁，使一般不逞之徒无所施其鼓簧，并择其党魁中学术优长、志虑远大者量予位置，使得展其所长，不至有怀才不遇，至蹈楚材晋用之覆辙。一面下剪发之令，使中外人民咸晓然于朝廷锐意更张毫无游移，实于大局关系不浅。"⑤整顿内务府一事曾因世续的阻挠而延宕，毓朗入枢后对此极为关注，"以内务府种种弊窦已所素知，清查尚易，惟欲实行整顿该府，必须先将该府旧有制度大为更革，另行组织，方能彻底澄清，扫除积弊"。遂令宪政编查馆将各国皇室经费制度及日本宫内省制度文本送来查阅，以资参考。⑥在时人看来，毓朗入枢后，各项政务颇有振兴之象，据报载："朗贝勒自擢入枢垣后逐日到早散迟，办事议事颇见振作，力挽从前各军机委靡不振之积习，且不时在监国前举发枢垣及政务处并宪政馆之弊端，

---

① 《监国召对枢臣会议述闻》，《广益丛报·纪闻》1910年第249期，第1—2页。
② 《涛贝勒坚请更易京外大员》，《申报》1910年10月3日，第1张第3版。
③ 《京师近事》，《申报》1910年8月30日，第1张第6版。
④ 《朗贝勒之办事法》，《丽泽随笔》1910年第1卷第14期。
⑤ 《朗徐军机之政见》，《丽泽随笔》1910年第1卷第15期。
⑥ 《朗贝勒整顿内务府之准备》，《申报》1910年9月24日，第1张第4版。

任劳任怨,俱所不辞。"①

朗、徐接替世、吴入枢后,少壮亲贵大有掌控全局之势,舆论热切盼望着急进主义取代保守主义、少壮进取取代老成持重、积极有为取代消极因循。然而,调整后的军机处并非一个全新的"政府",奕劻、那桐仍在枢垣(鹿传霖于中枢调整后不久即去世),成为保守派的代表。自载沣摄政后重用少壮亲贵起,奕劻一派权势便持续受到削弱。毓朗入枢后深得载沣信任,奕劻有感于少壮亲贵权势增长,在世续出枢后即奏请开去军机大臣之差,并提议毓朗担任领班军机,载沣不以为然,"以此次退出世、吴两军机亦属朝廷不得已之举动,决无成见,毓朗虽入军机,然资望尚浅,未识能否胜任。况领袖大臣其任尤重,现当各新政力图振作之时,务当勉为其难,以济时艰,勿生退念"。②那桐亦萌生退意,其原因系"枢垣自世、吴两军机退出后,局面为之一变,朗贝勒既擢入枢府,大为监国所信任,宠眷之隆或有优于庆邸之处,惟那琴轩相国信任渐衰,其所建议多数未蒙采用"。③

虽然如此,但奕劻久在军机,势力根深蒂固,而且在载沣看来,尽管奕劻不尽如人意,但亲贵之中尚没有人能取代他的位置。作为摄政王,载沣需要斟酌权衡朝野各种因素,因此他既要倚重少壮派,又不能马上完全清除元老派,改组后军机处遂"新旧杂糅,冷热互用",在外界舆论看来,世续、吴郁生出枢后,犹在枢垣的奕劻、那桐便是朝局继续进步的主要障碍。④奕劻、那桐之政见虽不如世续、吴郁生顽固不化,但他二人之政绩、品行颇为舆论所不满,在国人要求急进变革之时沦为众矢之的,时论称:"今之枢府非全新者也,庆邸领班军机,朗贝勒以下非其后辈即其所拔擢之人,则是朗、徐即有所主张,其不能不秉承庆邸之命者势也。军机诸臣既须一一承庆邸之命,则是庆邸一日不退出枢垣,而朝政终不能改其旧时之面目。"⑤

毓朗入枢后力持急进,与奕劻时起冲突,奕劻对这位颇有抢班夺权之势

---

① 《朗贝勒恐受挤排》,《大公报》1910年9月7日,第4版。
② 《庆邸力辞军机述闻》,《大公报》1910年8月22日,第4版。
③ 《那相有决计请退之说》,《大公报》1910年9月21日,第4、5版。
④ 《论国是不定之大患》,《时报》1910年9月28日,第1版。
⑤ 《论朝局将有转机》,《时报》1910年9月10日,第1版。

的后辈极其不满，遂联合那桐排挤毓朗。①毓朗在军机处极力提倡缩短国会年限、剪发易服、开释党禁等事宜，奕劻皆强烈反对。在目睹军机处新老势力的对垒后，舆论发现少壮派并未完全战胜元老派，奕劻在朝中依然占据关键位置，日本媒体注意到："目下清国政治之中心果在何人之手颇为可疑。以表面观之，则在摄政王手中，然王乏政治之经验。而如庆亲王者，为有老功之政治家，占不可拔之根蒂，外间之批评，因其去年几度失脚，以为其位甚危，然究非事实也。观其渐次登用亲戚故旧，地方势力益加强固，故庆亲王者，大为摄政王统一政治之障碍，此人人所共信者。"②《时报》亦认为"政府年来纯用收缩政策，自徐朗入军机后，虽有变动之势，然终不能大动。当局之最有力量者，仍推某邸，其次则两贝勒，余为那相矣"。③

综上可见，日俄协约后全国上下普遍希望朝廷能够振作图强，载涛归国后倡言急进变革并推动中枢调整，使时人一度认为朝局将有转机；在这一时段的朝局变动中，少壮亲贵的势力进一步扩张，对朝政的影响力增强，然而庆那势力仍在，"新旧参半"之枢府并不能完全满足舆论对振兴朝政的期待。

在这一轮朝局变动之后，接踵而至的便是第三次国会请愿运动。

第二节 "速开"与"即开"：少壮亲贵与国会请愿运动

宣统年间，立宪派为争取速开国会先后发起四次大规模的国会请愿运动，历时一年多，在第一、二次请愿失败后，第三次请愿运动取得部分成果，清廷最终同意将国会缩短至宣统五年召开，这与宣统二年夏载涛归国后的朝局变动不无关系。第三次国会请愿前夕，清廷刚刚完成中枢调整，少壮亲贵对朝政的影响力进一步增强，其国会立场的变化是促使清廷缩短国会年限的重

---

① 《朗贝勒恐受挤排》，《大公报》1910 年 9 月 7 日，第 4 版。
② 《日纸之妄论中国（续）》，《民立报》1910 年 10 月 17 日，第 1 页。
③ 《京事近谈》，《时报》1910 年 10 月 29 日，第 2 版。

要内因。学界对国会请愿运动的研究已经取得了一定成果，但多是从立宪派的角度进行的考察，对清廷内部的推动力量——少壮亲贵关注较少。[①] 国会请愿运动期间，少壮亲贵由于对时局的认识、政治影响力、舆情压力的变化，他们对待国会问题的态度也在变化，这种变化直接影响了清廷的决策。本节探讨少壮亲贵在国会请愿前后的政见与活动。

一、清廷拒驳前两次请愿及少壮亲贵的国会观

光绪三十四年八月初一日，清廷颁布了《钦定宪法大纲》及《逐年筹备事宜清单》，构成预备立宪的总体纲领和规划方案。按照这一方案，立宪要有九年的筹备期，国会将在九年筹备工作完成后召开。这一进度与立宪派对国会的期待有较大差距。对清廷而言，国会在筹备工作完成后始行召开，国会即是筹备立宪的结果，相关筹备工作则由军机处、政务处、宪政编查馆等部门负责；但立宪派迫切地想要通过国会参与政治，在他们看来，国会应当是筹备立宪的机关而非结果，即如时论所谓："夫国会，本也；筹备，末也，必待国会既开而筹备之事乃始有所凭借。今官吏先自筹备，必筹备之既完后乃召集国会，则国会更有何事之可办乎？"[②] 因此，立宪派普遍要求在两三年内速开国会，毋庸等到预备期满。这种"作为立宪结果的国会"与"作为立宪机关的国会"的认知差异，成为此后清廷与立宪派围绕国会年限问题产生矛盾的根源。

早在九年筹备清单出台之前，时任军机大臣载沣建议朝廷应尽快确定立

---

① 这一领域比较有代表性的研究论著如张玉法《清季的立宪团体》，《"中央研究院"近代史研究所专刊》(28)，1985年；张朋园：《立宪派与辛亥革命》，《"中央研究院"近代史研究所专刊》(24)，1983年；侯宜杰：《二十世纪初中国政治改革风潮——清末立宪运动史》，北京：人民出版社，1993年；高放等：《清末立宪史》，北京：华文出版社，2012年，等等。比较而言，丁业鹏《清末国会请愿运动研究》(华东师范大学博士学位论文，2014年)一文对清廷在国会请愿中的态度较为重视，并分析了载沣对国会请愿运动失败的影响。李细珠《立宪派、地方督抚与清廷之间的互动关系——围绕国会请愿与责任内阁制问题的探讨》(中国社会科学院近代史研究所政治史研究室、苏州大学社会学院编：《晚清国家与社会》，北京：社会科学文献出版社，2006年，第307—332页)一文集中探讨了包括亲贵集团在内的清廷高层围绕国会请愿展开的讨论，注意到少壮派与奕劻对待国会问题的政见分歧，在事实建构、细节挖掘等方面仍有较多可拓展的余地。
② 《恭读二十日上谕感言》，《时报》1910年2月2日，第1版。

宪年限，声称："今预备立宪，朝廷博采群言，若不速开国会，诚恐众志不齐，国是无定，上下隔阂，国力不张。万勿以程度不及为言，致事事无可举办。亟宜妥定选举规则，早为宣示最近召集期限，以孚天下人民之望，藉以巩固邦基。"①清廷颁布筹备立宪清单不久光绪皇帝和慈禧太后便撒手人寰，载沣执掌国政后认为九年预备期限缓急得当，无须更动。②光绪三十四年十一月初十日，他以小皇帝的名义发布上谕，重申九年预备国策不变，并责成内外臣工切实办理。③

载沣之所谓"速开"国会，是建立在朝廷完成各项筹备工作的基础上的，针对包括厘定新官制、清理财政、地方自治、改良法制在内的一系列宪政事宜的办理进度而言，而并非仅仅局限在国会一项。换言之，对载沣及清廷而言，国会是立宪的成果，速开国会即意味着一切宪政事宜都要提速；并且开国会即意味着立宪派将要参与政治，清廷将让渡部分权力，若当一切尚未就绪之时便贸然允许立宪派参政，宪政能否按照清廷预期的方向进行、朝政还能否掌握在朝廷手中便不好说了。因此，对这位仓促上位又谨小慎微的摄政王来说，坚持九年预备立宪显然是个稳当的策略。

立宪派则不以为然，他们迫切要求通过国会参与到立宪筹备中，而不是在宪政建立后再参政。他们视国会为挽救时局的唯一出路，九年期限实在太长；且国会关涉人心，时局瞬息万变，内忧外患恐已由不得清廷按部就班地筹备。因此，立宪派对清廷九年预备期满始行召集国会的方案极其不满，希望促动朝廷缩短国会年限。

载沣摄政的第一年，"老成持重"的张之洞在朝中有着极高的话语权，内外大臣仰其学识资望，一切政见均以张为转移。张之洞主张立宪须"和缓渐进"，这也成为清廷内部关于立宪的主流基调，彼时立宪派虽有一些小规模的请愿活动，但"仅仅发之于下，彼当轴诸公固绝无赞成之者"。张之洞之殁为立宪派发起国会请愿提供了机遇，时论注意到："保守党之势力已渐形薄弱，

---

① 《国会年限问题》，《时报》1908年7月24日，第2版。
② 《立宪年限毫无更动》，《大公报》1908年12月2日，第4版。
③ 《重申仍以宣统八年为限实行宪政谕》，故宫博物院明清档案部编：《清末筹备立宪档案史料》上册，第69页。

二三亲贵相继柄用，英年卓识，方欲有所表见于时，故当各省请愿国会发动之始，肃邸、伦贝子、泽公等皆深表同情，并拟联合亲贵各大臣合词吁请速行立宪。"①宣统元年八月，列强在海牙和平会议上提议监督中国财政，消息传来，全国上下极为震惊，唯恐重蹈埃及亡国之覆辙。立宪派更将开设国会视作救国要图，迫切希望朝廷缩短国会年限，他们以各省谘议局为中心相互联络，在全国发起声势浩大的第一次国会请愿运动。

与此同时，京城的亲贵也掀起一阵国会热，"传闻各亲贵中赞成此举者甚多，如肃邸、恭邸、振贝子、伦贝子、泽公、朗贝勒、扶将军、侗将军均在赞成之列。拟联合各皇族王公贝勒，公同恳请缩短国会年限，俾宪政及早成立，得以挽救时艰"。②这些人无一例外皆属于亲贵中的少壮派。据报载，"亲贵中之最热心者为民政部肃邸、度支部泽贝子、军谘大臣朗贝勒"。资政院总裁溥伦还向诸亲贵建议，俟各省代表到京请愿后，即在亲贵中公举代表联衔奏请速开国会。③当时载洵正在国外考察海军，得知各省谘议局发起国会请愿，乃电致军谘府载涛、毓朗二人："现在各省鼓动请缩短国会年限，此事欧人喧传已遍，虽议论不一，然皆极为注重，应奏请监国，务宜俯顺民情，匡救时局，万不可轻信人言，以致横生阻力云。"④善耆则向载沣建议召开亲贵会议，讨论国会年限问题，"须发起在各省之先，或追随于各省之后。并拟恳请朝廷，如已允准，须仿日本明治初元宣誓办法，宣布誓言，以坚臣民之信望"。⑤

各省代表于宣统元年十二月陆续进京，十二月初六日齐赴都察院呈递国会请愿书，随后几日，代表们往谒各军机大臣及宗室王公以求疏通。各军机大臣中，奕劻和那桐当面表示赞成速开国会，鹿传霖认为既设谘议局便无须速开国会，戴鸿慈认为各种预备尚未完备难以速开，经代表解释后表示赞成，世续也在代表劝解后有所动容。⑥

十七日，请愿代表往谒各少壮派王公，善耆、溥伦、载泽均未得见，仅

---

① 《请愿国会对于政府之希望》，《申报》1910年1月11日，第1张第2、3版。
② 《亲贵之国会热》，《大公报》1909年12月27日，第3版。
③ 《中央权贵之国会热》，《大公报》1909年12月31日，第3版。
④ 《洵贝勒之国会热》，《大公报》1910年1月11日，第3版。
⑤ 《亲贵对于国会之预议》，《汉口中西报》1910年1月11日，第2页。
⑥ 《宣统元年十二月中国大事记》，《东方杂志》1910年第7卷第1期。

见到载涛、毓朗两贝勒。载涛向诸代表表示："我辈军人不当干涉国事，然极望国会早开，庶几可挽危局。"并提醒各代表，请愿或被枢臣阻挠，某某两枢臣（指奕劻和那桐——引者注）的表面应允不足为信。毓朗亦表示支持，声称："预备不可靠，我辈早已知之，君等此举极为钦佩，定当竭力相助。"十八日，请愿代表得见溥伦，溥伦认为："资政院何异于国会，如有办理不妥之处，可请酌改，何必急需国会？"代表婉辩，溥伦表示："北方人民程度非南方可比，终难骤行召集国会，诸位均谘议局或资政院议员，彼此犹如一家，皆当尽心于谘议局、资政院，如奉旨准开国会，我亦甚愿。"① 载洵考察回京后，有代表前去游说，恳请支持速开国会，载洵表示："筹办海军与速开国会互有关系，自当尽力为之。"② 虽然少壮亲贵们大多向代表表示支持速开国会，但他们不久即发觉请愿会因枢臣阻挠而难以成功，溥伦提倡的亲贵联衔奏请计划也因奕劻持有异议而未能实行，少壮亲贵的国会热已渐渐冷淡。③

在国会年限一事上，摄政王载沣的话语权无疑最重。载沣是支持切实筹备立宪的，甚至将其视作救命稻草，在他看来，"现在内政外交同处危急时代，固舍宪政别无挽救"，正因为宪政如此重要，故不可不谨慎切实办理，"办理稍或不慎，反致扰乱，若土耳其国前鉴不远，深堪危虑"。④ 速开国会即意味着卷帙浩繁的立宪筹备工作要在短时间内完成，"诚恐徒滋纷扰，非独实效难收，反于宪政前途有碍，仍拟照原定年限，严饬京外各衙门认真筹备，届时决计实行，万不至有失人民信望"。⑤ 他向溥伦询问国会请愿情形，溥伦谨慎地表示："国会早开一日固可早收一日之效果，但兹事重大，必须审慎方可施行。与其勉强从事，莫若稍待时期，倘揆时度情，实可以开会者，则即毅然行之，亦未便迟疑不决。"⑥

各军机大臣虽然表面上应允了请愿代表，但在载沣面前又反对缩短国会年限。⑦ 于是，反对缩短的意见在朝中占了上风，清廷于十二月二十日发布上

---

① 《专电》，《时报》1910年1月30日，第2版。
② 《专电·电四》，《申报》1910年2月3日，第1张第4版。
③ 《亲贵已无国会热矣》，《大公报》1910年1月23日，第5版。
④ 《监国对于宪政之远虑》，《广益丛报·纪闻》1910年第226期，第1页。
⑤ 《监国对于缩短国会之意旨》，《大公报》1910年1月30日，第4版。
⑥ 《补述国会代表请愿时情形》，《申报》1910年2月4日，第1张第4版。
⑦ 《时评一》，《时报》1910年2月5日，第2版。

谕，强调："我国幅员辽阔，筹备既未完全，国民智识程度又未划一，如一时遽开议院，恐反致纷扰不安，适足为宪政前程之累"，清廷拒绝了缩短国会年限的请求，并且申明："俟将来九年预备业已完全，国民教育普及，届时朕必毅然降旨，定期召集议院，庶于励精图治之中，更寓慎重筹维之意。"①

第一次请愿失败并没有使立宪派气馁，经过几个月的筹备和联络，立宪派决定发起规模更大的第二次请愿。这次，立宪派专门成立了具有政党性质的组织——国会请愿同志会，请愿代表由各省谘议局议员扩展至教育、商业、华侨等领域，从"各省代表"转变为"各界代表"，参与请愿签名者达三十万之众。然而，载沣对待国会的态度并未为之所动，依旧坚持国会应在各项筹备事宜完结后再召开，据报载，载沣在得知立宪派酝酿继续请愿后，特向枢臣申明了自己的对预备立宪及速开国会的看法：

> 朝廷主持立宪乃为真立宪，若但假立宪之名，位置一些私人，开销几分薪水，这就是立宪吗？即如清理财政，即为将来预算决算根本，而预算决算又为将来上下议院实权。百姓尽纳税之义务也，须使知官吏如何用法，方对得起百姓。近来各省财政蒙蔽侵蚀，所在皆是，非惟百姓不敢问，朝廷亦不能查，这又如何立宪？我受孝钦皇后及景皇帝之付托，深恐无以上对两宫，下对万民。所幸我在外边深知百姓疾苦，作为我自己之疾苦，而谋所以乐之利之，实行《孟子》保民二字之政策，还靠我大小臣工及百姓，大家努力自强，以朝廷之心为心，力去积习，中国治安或可长保。至各省要求速开国会，尚在表面上虚名着想，其实真立宪非上下信用、君民联为一体不可，彼时不用要请，亦自成为国会也。②

宣统二年春天发生了莱阳民变与长沙抢米风潮，载沣有感于民气日盛，朝局形势随时有可能脱离朝廷的掌控，更坚信国会不可速开。据报载："诸大老近议各省代表将拟上书要求速开国会，均愿赞成略为缩短年限。日前召见

---

① 《俟九年预备完全定期召集议院谕》，故宫博物院明清档案部编：《清末筹备立宪档案史料》下册，第641—642页。
② 《摄政王主持立宪之成算》，《广益丛报·纪闻》1910年第233期，第2页。

时复在监国前极力揄扬，惟摄政王以近来各省乱事迭出，足见人民资格不齐，若果国会速开，诚恐徒滋纷扰，故仍坚持原定年限，并无转圜之意。"①

请愿代表于宣统二年四月间陆续抵达京师，五月初十日前往都察院呈递请愿书，强烈要求在宣统三年召集国会。十五日，都察院将请愿书上奏。载沣览奏，将请愿书交军机大臣会议对待办法，并责成各军机"以不违成命、不拂民情为宗旨"。② 载沣还以国会关系重大，饬宪政编查馆电询各省督抚意见，"以九年筹备与速开有无利害迅即复奏"。③ 十六日，请愿代表赴摄政王府游说，载沣未接见请愿代表并拒绝接收上书，代表们只得将上书封固交邮局寄递。④ 总体看来，载沣对待国会请愿的态度比较谨慎。

在第二次国会请愿期间，各少壮亲贵依旧多赞成速开国会。据《顺天时报》载："度支部泽公因财政日绌，筹款不易，将来尤恐不可收拾，尝语人曰，国会若开，国民担任之义务，度支部不致如此困难。故拟条陈迅开国会，缩短年限，以保国存。"⑤ 十九日，请愿代表黎宗岳等谒见军谘大臣毓朗，晤谈一小时之久，毓朗对国会请愿深表同情。⑥ 善耆于二十日召汪荣宝询问国会事宜，汪详陈速开国会各理由，善耆"甚以为然"。⑦ 少壮亲贵虽然对国会请愿表示赞成或同情，但也仅限于表示，并未采取实际支持行动，其热情明显不如第一次请愿时高涨。

各军机大臣对国会请愿一事主见各异⑧，但载沣"不违成命"的命令业已表明了他并不打算缩短国会年限；军机大臣得令后拟定数稿上谕，载沣皆不

---

① 《国会受乱民之影响》，《大公报》1910 年 6 月 4 日，第 4 版。
② 《国会请愿最后之解决》，《申报》1910 年 7 月 2 日，第 1 张第 3、4 版。
③ 《国会请愿不准之原因》，《顺天时报》1910 年 7 月 6 日，第 7 版。
④ 《专电》，《时报》1910 年 6 月 24 日，第 2 版。
⑤ 《泽公赞成国会》，《顺天时报》1910 年 6 月 24 日，第 7 版。
⑥ 《专电》，《时报》1910 年 6 月 27 日，第 2 版。
⑦ 韩策、崔学森整理，王晓秋审订：《汪荣宝日记》，第 165 页。
⑧ "近来枢廷对于此事主见各异，某中堂或某军机则力主以严旨震赫，以免哓哓不休，并力陈二次之请愿实由于去冬温旨褒嘉，以助其气。朝廷既迫于先朝之成命，则应力禁人民之再求云云。某中堂则甚不以此议为然，谓国会期限虽不能缩短，而民心不可失，民怨不可积，仍须婉言对付，以免酿生意外枝节。而某邸则甚然此说，并主张期限稍为缩短，非十分不能办到之事，于大局亦无甚窒碍云云。惟某中堂或某军机持之甚力，故一时尚难解决云。"见《国会请愿近情种种》，《时报》1910 年 6 月 26 日，第 2 版。

以为然，各军机大臣担心独自承担拒绝请愿的责任，遂提议将该事交政务处会议，取多数人意见，"监国然之，随将原折抄交政务处会议，故军机大臣、各部院尚书皆每日于一钟至三钟齐集政务处，研究对待之法"。① 各省督抚将军在接宪政编查馆电后纷纷回电表明态度，二十四员督抚将军中仅有八人赞成速开国会。② 为商讨对待国会请愿办法，载沣下令"会议政务处王大臣均着于本月二十一日预备召见"。③

召见之前，各王大臣预先在政务处商议能否缩短国会年限，"有赞成者，有反对者，有中立者，共分三派，而三派中以中立者为多"。善耆、载泽为赞成派之最力者。会议数小时之久，以反对派占优势告终。④ 二十一日，载沣召集全体军机大臣和会议政务处王大臣开御前会议，⑤ 军机大臣将已拟定好拒绝国会请愿的上谕出示各王大臣，善耆、载泽对枢臣已有定议又要其他大臣分担责任的做法极其不满，据报载，"肃首言此事本由枢臣定议，并未与各行政衙门谋过，何谓询谋佥同？泽亦言此事不能专推在我们身上，如必欲叫我们分些责任，则但言按照分年筹备单，办理尚未完全，尚可说得过去。"⑥ 最后决议时，反对速开国会的意见占据多数，载沣认为九年期限尚属合适，遂于当日发布上谕拒驳了第二次国会请愿，并申明国会年限不可缩短的理由："国家至重，宪政至繁，缓急先后之间为治乱安危所系。壮往则有悔，虑深则获全。论议院之地位，在宪法中只为参预立法之一机关耳，其与议院相辅相成之事，何一不关重要，非尽议院所能参预。而谓议院一开，即足致全功而臻郅治，古今中外亦无此理。况以我国幅员之广，近今财政之艰，屡值地方偏灾，兼虞匪徒滋事，皆于宪政前途不无阻碍。而朝廷按期责效，并未尝稍任松懈。宵旰急切图治之心当为薄海臣民所共谅。"同时告诫各界代表："兹事体大，宜有秩序，宣谕甚明，毋得再行渎请。"⑦

---

① 《国会请愿最后之解决》，《申报》1910年7月2日，第1张第3、4版。
② 《国会请愿不准之原因》，《顺天时报》1910年7月6日，第7版。
③ 中国第一历史档案馆编：《光绪宣统两朝上谕档》第36册，第168页。
④ 《国会请愿最后之解决》，《申报》1910年7月2日，第1张第3、4版。
⑤ 《宫门钞》，《政治官报》1910年6月27日，第1版。
⑥ 《追记国会请愿确情》，《时报》1910年7月8日，第2版。
⑦ 中国第一历史档案馆编：《光绪宣统两朝上谕档》第36册，第170—171页。

二、立宪派人士游说少壮亲贵

第二次国会请愿失败,立宪派仍不甘心,立即着手准备发动规模更大的第三次请愿运动。正当立宪派筹备第三次国会请愿时,朝局发生重要变动:日俄协约与日韩合并极大地刺激了中国朝野上下,迫使朝野重新检视立宪进程,随后载涛归国并促动中枢调整,少壮亲贵在政坛的影响力进一步增强,立宪派从朝局变动中看到缩短国会年限的希望。据《大公报》披露:"自军机更动后,国会机关颇见活动,闻其原因,系因朗贝勒、徐协揆未入枢垣时均极力主张此事。那相国当日虽未赞成,亦未破坏。现朗、徐复极力鼓动,那亦随之。又由涛贝勒从旁赞襄,故某枢老亦不便十分阻止,因之监国已甚有允准缩短之意矣。"① 其时《申报》有专论分析了这一时期的朝局动向,认为速开国会有望:

> 自第二次请愿无效后,全国人心为之灰冷,谓国会缩短绝望,国亡无日,无须再作和平之请愿。惟代表团诸君则以二次请愿或积诚未至,不能动深官之听,故又通告各省团体限定九月间再行来京,抵死请愿,不得轻退,曾迭志前报。近自涛邸回国,怵于外势之迫,谓非速开国会无以图存,而朗贝勒亦极力主张缩短国会,诸大老中如庆邸、徐中堂、泽公现亦均表同意。肃邸、良弼尤常与涛、朗细商此事,监国亦为涛贝勒所感动,已深知速开国会之利益,闻将饬令宪政馆奏陈如何缩短国会之法,即由朝廷颁布施行,他如开党禁、剪辫发两事亦将同时发布。②

在前两次请愿期间,军机大臣首鼠两端,在请愿代表面前多表示赞成,在载沣面前却又反对速开国会,直接导致清廷拒驳了前两次请愿。宣统二年七月,清廷改组了军机处,少壮派的毓朗入枢后力持急进主义,主张速开国会,他认为:"各省人民盼望早开国会有如饥渴,业经两次上书请愿。现在国

---

① 《国会机关栩栩欲活》,《大公报》1910年8月31日,第4版。
② 《然则国会果有速开之望矣》,《申报》1910年9月2日,第1张第3、4版。

事日亟,应需海陆军费均无所出,不如特降明谕缩短期限,俾国会早开一日,政府担负可早轻一日。"①毓朗在军机处会议时指出,外患日迫,国势危急,必须破除积习,另筹切实办法,而缩短国会年限便是解救危局的"最要之图",他提议由各军机出面奏请摄政王载沣将速开国会一事定为资政院钦定议案。②毓朗还在载沣面前多次奏请速开国会,极力净谏,载沣一度未予采纳,而毓朗意见极为坚定,表示:"内忧外患纷至叠来,又值库款空虚、人心涣散,若非早开国会断难挽既倒之狂澜。吾必出死力以谏之,务求达其目的而后已,如将来终不获命,情愿退出军机,不忍敷衍云。"③

毓朗以少壮派入枢,遇事力主急进,与"老成持重"的奕劻意见多有不和,双方甚至时有冲突,在速开国会问题上体现得尤为明显。八月十二日政务处讨论应如何挽救日俄协约后的东三省危机,毓朗"主张速开国会以救危局",而奕劻则以为"人民程度太浅,速开恐致召乱"。毓朗坚持认为"国会不开,一切新政决办不下去"。双方争论甚为激烈,以致奕劻次日召见时奏请辞职。④时人注意到主张渐进的老成派给少壮派急进变革带来的阻力,谓:"惟急进主义每不为老成所许,故虽极力主张,而每见尼于渐进主义之说。监国虚衷,博采群议,而渐进、急进理论相持,则遂再四沉吟而未敢遽断于此。"又认为在缓急对垒之时应当站在急进一方,促动朝廷缩短国会年限:"请愿书上,则足以助急进者之力而解摄政王之疑,岂不绝好机会,而为代表团所当有事者乎,是何不急起直追,乘机请愿也。"⑤可见,第三次请愿前夕的朝局正在向有利于缩短国会年限的方向发展。

宣统二年九月,请愿代表团宣布正式发起第三次请愿运动,这次代表团变换了策略,没有赴都察院呈请代递请愿书,而是直接上书摄政王载沣。九月初五日,国会请愿代表团孙洪伊等二十余人前往摄政王府呈递请愿书,因载沣尚在三所而未得见,各代表商议留下六人在王府前露宿等待,其余代表筹备上书资政院和政务处事宜。民政部尚书善耆闻讯亲自前往摄政王府慰问

---

① 《朗贝勒提倡早开国会之先声》,《申报》1910年8月29日,第1张第4版。
② 《又一开国会之机会》,《大公报》1910年9月4日,第4版。
③ 《朗贝勒决以去就争开国会》,《申报》1910年9月17日,第1张第3版。
④ 《庆邸乞退为争开国会耶》,《申报》1910年9月14日,第1张第4版。
⑤ 《时评·其一》,《申报》1910年9月18日,第1张第6版。

诸代表，允诺于翌日面见载沣时将请愿书代奏，各代表将请愿书交于善耆而归。① 代表团在上载沣的请愿书中并未如前两次重点讨论国会与立宪的关系，而是径直痛陈日俄协约及日韩合并后外患之急迫，尤其强调清王朝发祥之地东三省的紧迫形势：

> 乃者东三省人民，以日本并韩而后，势力渐趋于南满，北部则迫于强俄，介居两大，协谋来侵，约章既成，风云益剧。东省人民寝不贴席，既合全省士绅会议数四，乃公推特派员数人到京，佥谓及今不开国会，国家必无幸存。东三省有变，则全局瓦解，宗社人民将置何地？虽欲从容立宪不可得矣。时势迫促，不能再缓须臾。嗟嗟吾王，期年之间，时变如此，吾贤王受先朝遗命，监辅冲主，身膺国家之重，倘亦有震撼于中不能自已者乎？

请愿代表吸取了前两次请愿无果的教训，直言关乎清皇室切身利益的"祖宗基业"，这显然要比单纯向载沣等亲贵讲述宪政理论更具影响力。如前述及，载沣等亲贵早已将立宪视作救命稻草，立宪派亦将立宪视作救国要图，但立宪派认为立宪救国的关键在于国会，进而向载沣剖陈没有国会的立宪定要失败，难以挽救危机：

> 有国会而后可言立宪，无国会而言立宪，人民生其疑阻，政事日即惰偷，虽日日言筹备，而财用之耗蠹，人才之惰窳，民生之凋敝，恐即在此筹备之中，而祸乱之至且无日矣。王试思列国之强皆有一日千里之势，而吾国至今犹在纷纭梦扰中，庶政孔多而财政奇绌，官僚充斥而责任无人。非不日言筹备也，而局处衙门凡号称新政机关者，率皆东涂西抹，举一遗二，而其间犹复新旧杂糅，有举无废，循节敷末，百孔千疮。以如此之政治，当列强之竞争，其有幸乎？

---

① 《第三次国会请愿上书记》，《国风报·中国纪事》1910年第1卷第25期，第7页。

故此，请愿代表认为，欲挽救危机必须速开国会，"与天下以更始，令四海万国耳目一新，知吾国家真实立宪，见日月之明，而奸谋自阻"。①

初六日，载沣召见善耆②，善耆向其禀报了初五日国会请愿情形，代递了国会请愿书，并力请载沣重视请愿运动，声言："现今国步艰难，国民望治甚殷，故不禁情急迫而出，此并非该代表等之私意。请朝廷格外鉴原，速定大计，俾国会及早召集，以救阽危。"③

随后，请愿代表晋谒各亲贵重臣，试图说服他们赞成缩短国会年限。自载涛归国及毓朗后，少壮亲贵对朝政的影响力增强，他们力持急进主义，热心国会事宜，自然成为请愿代表积极争取的对象，各少壮亲贵也在接见请愿代表时表明了对国会问题的基本态度。

善耆在第三次国会请愿伊始便对此事极为关切。九月初六日，他将请愿书代递后便立即遣人到请愿代表住处接洽，各代表以此事须面见善耆，遂于翌日到肃王府求见。④随后，善耆表示要联合各部尚侍联衔奏请缩短国会年限。⑤接着，请愿代表在晋谒那桐、徐世昌两军机大臣后，又到善耆府上求见，"传见后谈亦甚久"。⑥

第三次国会请愿期间，载涛极力赞成速开国会，曾与人言："自归国后所极力主张者三事，一为缩短国会，一为更动京外庸懦大员，一为军界剪发。其剪发与更动大员已归无效，然尚不及国会问题之重要，予誓必竭力争请，如再有阻力，则定行退位让贤，断不随同敷衍。"⑦载涛在会晤请愿代表时表示："予因人民要求国会，尝细心考察各国国会利害，实无丝毫流弊。"⑧九月十三日，资政院议员许鼎霖、汪荣宝等人往谒载涛，汪"略述立宪政体之要义，首在统一行政，故责任政府不可不设，而国会与责任政府为对待机关，一面设责任政府，一面不可不设国会"。载涛与他们略谈了自己对于国家大政

---

① 《代表团孙洪伊等上监国书》，《申报》1910年10月16日，第1张第2、3版。
② 《宫门钞》，《政治官报》1910年10月8日，第1版。
③ 《肃邸赞成国会之述闻》，《大公报》1910年10月12日，第4版。
④ 《第三次国会请愿记》，《申报》1910年10月18日，第1张第3版。
⑤ 《专电》，《申报》1910年10月18日，第1张第3版。
⑥ 《代表往见那徐两相国之详情》，《大公报》1910年10月16日，第4版。
⑦ 《涛贝勒为真赞成国会者》，《大公报》1910年10月18日，第4版。
⑧ 《国会问题之大警告》，《申报》1910年10月20日，第1张第3版。

的宗旨，"言语明晰，气度雍容"。①

九月十四日下午，请愿代表孙洪伊、文耆、陈登山等晋谒毓朗，首由孙洪伊说明来意："去冬叩谒，深知贝勒对于国会极表同情，今适入军机，望极力主持，早开国会，以救国亡而慰民望。"次由吉林代表文耆详说东三省危局，毓朗又询问东三省总督及三省谘议局意见如何，代表答以均力主急进，毓朗对此颇为欣慰，称："吾国数年来进步之速，京中自军机以下、外省自督抚以下较前皆极开通，而犹以京朝最为进步。"请愿代表力陈速开国会之理由，毓朗甚以为然，并允诺将极力主持。②

就在立宪派以为速开国会或有希望之时，有传闻称载泽反对速开国会，据报载："泽公为政府最有力量之人，虽不积极反对，然颇有不甚赞成之态度，监国之意遂至游移。"③外界甚至传言载泽反对速开国会最为坚定："开国会一事，枢府贵胄中，其主张者十之五六；其心中反对，口中敷衍人民，于事实上不赞助，亦不破坏，出以消极态度者十之二三。而惟泽公，则坚定不挠，反对此事。"以载泽在朝中的权势及其对载沣的影响力，他若持反对意见必定会对国会请愿带来极大阻力，立宪派深恐载泽在政务处或御前会议时反对缩短国会年限，于是在请愿同志会的喉舌报刊《国民公报》上刊文"忠劝"载泽，以国会关系民心向背，当此"民心怨毒日深，几视官府如寇敌"之时，万不可与民心作对："泽公者，现为舆情所爱戴者也。今当全国鼎沸之秋，正应辅赞君上，以收拾民心，挽救弥天之过失。欲收拾民心，则莫如即开国会，因全国人所死争者即此一物，所谓得之则生，不得则死也。为泽公者，又何忍拂民之性，必欲迫人民于死地耶？"④

二十三日，请愿代表孙洪伊等二十三人前往载泽府邸游说。时载泽已赴度支部衙门，代表们稍等后，载泽随即回府会见。诸代表说明来意，责问他因何反对速开国会。载泽甚不以外界传闻为然，声称："近日报载本爵反对国会，岂有提倡立宪之人，转而反对国会之理？且本爵奏请立宪之时，颇与政

---

① 韩策、崔学森整理，王晓秋审订：《汪荣宝日记》，第200页。
② 《国会请愿与朗贝勒》，《时报》1910年10月25日，第2版；《代表谒见朗贝勒庆邸详闻》，《申报》1910年10月26日，第1张第4版。
③ 《国会问题之大警告》，《申报》1910年10月20日，第1张第3版。
④ 《为国会事忠劝泽公》，《国民公报》1910年10月24日，第2版。

府诸公冲突,惟孤行己意,毫无所惧。今日舆论谓余反对国会,可笑之极。且度支部异常困难,国会开时,凡关于财政问题,一经国会通过,便为国民担负,不但度支部不任其难,即本爵个人亦多裨益。惟先皇诏旨、今上两次不准国会之谕,昭昭在人耳目,今日允准速开国会,国体所关,朝廷颇难转圜。且诸公此次要求,未免太力,所谓此进愈力,彼退亦力。诸君不如稍缓进行,朝廷必有办法。"又云:"此次吾见诸君所言,皆开诚布公,决不敷衍,第恐有人向监国曰,以一般民人之要求,朝廷遽行允准,岂不大失国体而损威重?"

载泽认为,立宪须存体制,如此才能彰显大权统于朝廷之义,不得因立宪派吁请便贸然更动。其言下之意,清廷立宪是自上而下的立宪,主导权应在朝廷和君主手中,体制一旦破坏便会导致朝廷失去立宪的主导权,作为寄生在君主制度和家族政治上的亲贵,载泽显然不希望看到事关爱新觉罗家族江山社稷的预备立宪被立宪派左右了进程。但请愿代表更看重人心和危局,强调:"我国外交事事失败,东三省已不为吾有,未闻政府诸公有以失国体、损威重为言者,何以对于国民请愿速开国会以救灭亡,便存此客气之见?且各省谘议局、各省督抚、资政院及全国人民对于请愿速开国会一事,舆论所在,全国一致,所谓庶政公诸舆论、俯顺舆情者何在?如第三次朝廷再不允准,则全国不纳租税,谘议局全体解散,皆意中事,流血惨剧之幕亦必从此揭开。彼时内乱大起,大局恐有不可收拾者。"他们力劝载泽:"身为亲贵,既能提倡立宪于前,何不主持速开国会于后,将来中国立宪史上之异彩及铜像之建铸,流芳千古,望公爷勿失此千载一时之机会也。"载泽颇为所动,遂向各代表表示:"此次诸公不必着急,定有好消息,本爵必能极力维持。如此次被驳,第四次本爵单衔请愿,虽牺牲一切,亦所不惜也。"①

载泽在接见请愿代表后颇为恼闷,他对代表们将他视作国会请愿反对派十分不解,对人言:"我于国会问题向未发表政见,讵意接见各代表时言词间竟疑我为反对国会,我实不能自安。"彼时载泽在少壮亲贵中权势最为显赫,其本也是雄心勃勃,有意在时机成熟时取代奕劻位置,正值积累政坛声望之

---

① 《代表团谒见泽公之详情》,《大公报》1910年10月27日,第4、5版;《国会反对者投降》,《民立报》1910年10月30日,第2页;《国会代表与泽公》,《时报》1910年10月31日,第2版。

际，显然不希望落得个反对速开国会的名声，于是找溥伦商议对策，"以便实力赞成，藉释国人疑虑"。①溥伦建议载泽应亲赴资政院演说预算，借机向各议员公开表达对速开国会一事的立场，载泽深韪其说，随即临院。②载泽在资政院演说中声称："现在责任内阁未成，国会未开，本部困难情形难以尽述，惟有盼望将来国会一开，诸位竭力赞成担负义务，实本大臣之幸也。"③至此，载泽支持速开国会的态度业已明朗。

三、少壮亲贵与缩短国会年限决策的形成

西方的君主立宪制建立在新兴资产阶级追求与专制王权平衡的基础上，而清末立宪则是清皇室、内外臣工及立宪派士绅为挽救危局、救亡图存而达成的共识，系所谓"危机中的变革"，其特点是危机感越强，政治参与的要求与压力也就相应越大。④日俄协约与日韩合并后，清王朝面临的内外形势更加危急，随时有被列强瓜分豆剖之险，全国上下要求加速变革的情绪也更加急切，于是更多政治力量加入向清廷施压的行列，第三次国会请愿运动已不只是请愿代表团的请愿，还获得了资政院议员和各省督抚的支持。请愿内容亦不仅限于国会一项，同时还要求速设责任内阁。

宣统二年九月初一日，作为国会基础的资政院正式开院议事。请愿代表于九月初七日向资政院呈递了国会请愿书，资政院议员对此极为重视，遂修改议程将速开国会列为议案之一，二十日资政院通过了速开国会案，二十六日由议长溥伦代表资政院上折奏请提前设立国会。与此同时，各省督抚也加入国会请愿行列，九月二十三日，由云贵总督李经羲主稿，东三省总督锡良领衔十九名疆臣（十七名督抚及伊犁将军、察哈尔都统）联名电请军机处代奏，

---

① 《是或代表一见之效力》，《大公报》1910年10月29日，第4、5版。
② 《伦贝子规劝泽公》，《大公报》1910年10月31日，第4版。
③ 《资政院第一次常年会第十号议场速记录》，李启成点校：《资政院议场会议速记录：晚清预备国会论辩实录》，上海：上海三联书店，2011年，第80页。
④ 参见萧功秦《危机中的变革：清末现代化进程中的激进与保守》，上海：上海三联书店，1999年，第269页。

提出立即组织责任内阁，宣统三年召集国会。① 各资政院和各省督抚从体制内部向朝廷施压，清廷陷入十分孤立被动的局面。

过往学界对资政院和各省督抚支持第三次国会请愿，联手促动清廷缩短国会年限的研究已相当充分，基本史实是清楚的，本书不再赘述。实际上，清廷内部也并非铁板一块，李细珠注意到此时清廷内部载沣派与奕劻派在速开还是缓开国会问题上有较大分歧，认为载沣派更加积极。② 通过前文梳理亦可见，少壮亲贵普遍支持速开国会。笔者以为，虽然载沣属于少壮派，并且颇为倚重少壮亲贵，但身为摄政王的他不可能完全站在少壮亲贵一边而对朝中其他声音置之不理；并且载沣一向优柔寡断，用人行政往往须听取各方，审慎周详后再做定夺，即梁启超所谓"监国摄政王，谦恭自牧，事无大小，悉咨廷臣，又天下所共闻也"③，各派势力都会对他的决策产生影响，以致"为诸贵要牵掣，遇事不复能行其意，众皆失望"④。

第三次国会请愿期间，少壮亲贵在朝中的影响力已显著增强，载洵、载涛、载泽、善耆、溥伦、毓朗等人皆明确表示支持速开国会，成为除请愿代表团、地方督抚和资政院以外推动速开国会的另一支重要政坛势力，过往研究对该群体在第三次国会请愿中的作用关注不足。少壮亲贵深处清廷统治集团最核心，他们聚集在载沣周围就缩短国会年限一事相互磋商，对清廷决策进程有重要影响。

第三次国会请愿的规模声势比前两次要大得多，而且由于日俄协约后紧迫的形势，请愿代表的言行愈发激愤。载沣对请愿的反应首先是密切关注，预防意外。九月初六日，他接到善耆代递的国会请愿书，注意到代表们言行激愤，当日即命军机大臣们商讨应付办法。⑤ 初七日载沣再次召见民政部尚书善耆、侍郎乌珍，⑥ 命他们关注请愿代表动向，预防代表团做出过激举动，以

---

① 《各省督抚请设内阁国会之章奏》，《申报》1910 年 11 月 2 日，第 1 张第 4、5 版。
② 见李细珠《立宪派、地方督抚与清廷之间的互动关系——围绕国会请愿与责任内阁制问题的探讨》。
③ 梁启超：《论政府阻挠国会之非》，《国风报·时评》1910 年第 1 卷第 17 期，第 11 页。
④ 金梁：《光宣小记》，第 29—30 页。
⑤ 《专电》，《时报》1910 年 10 月 10 日，第 2 版。
⑥ 《宫门钞》，《政治官报》1910 年 10 月 10 日，第 1 版。

免发生意外。① 初七日午后载沣又召各军机大臣垂询应对请愿事宜，毓朗认为："民气不可强压，欲救中国之亡，非速开国会实无他策可筹，因政府数人之筹划决不如国会多数人协筹。"② 正在此时，浙江省谘议局因挽留浙路总理汤寿潜以至于罢议，载沣深畏"民意嚣张"，当时传闻载泽反对速开国会，两江总督张人骏又上专折反对速开国会，载沣一度有拒绝国会请愿之意。③ 不过，载沣的立场很快又随着各少壮亲贵的力劝而动摇。

载涛在第三次国会请愿运动一开始便极力赞成，往返奔走于各亲贵大臣之间游说，计划联合亲贵和重臣联衔奏请，但各王大臣相应寥寥。④ 其时，正在国外考察的载洵致电载涛，认为当下中国瓜分之祸将近，非速开国会上下一心无法救亡图存。⑤ 嘱咐他在面见载沣时"于此次请愿国会务即批准，勿为莠言所惑"，并建议他从速会同毓朗、善耆、载泽各亲贵联衔呈递国会请愿书，以为各督抚及国民之后应。⑥ 载涛在复函中表明自己赞成速开国会的态度，"然孤掌难鸣，苦无同志，天下不如意事十居八九，信不我欺"。⑦ 随后，载涛又在载沣面前"以去就争缩短国会年限"⑧，加之外间极力鼓动国会，载沣意识到缩短年限已是大势所趋，向军机大臣们表示："国会问题刻已有不得不允之势，应赶即妥商办法，惟须研究如何缩短，毋容再行议及应否准驳。"⑨ 可见，至此载沣已有意缩短国会年限，下一步亟待解决的是如何缩短的问题。

第三次国会请愿运动也引起了隆裕太后的注意，她特召载沣垂询请愿事宜，认为："伊等忠爱热忱，谅非沽名，实迫于时势为之耳。吾亦知此事关系重大，不可草率从事，惟闻廷臣中有意反对者亦属不少，究竟有人能将国会速开之得失及利弊关系，一一断决否？若仍似是而非，怀挟私见，须当早自定见，切勿为浮言所挠。"随后，载沣将隆裕太后的意思转告军机大臣，命他

---

① 《专电》，《时报》1910年10月14日，第2版。
② 《第三次国会请愿记》，《申报》1910年10月18日，第1张第3版。
③ 《专电》，《时报》1910年10月15日，第2版。
④ 《亲贵大臣之国会观》，《申报》1910年10月29日，第1张第4版。
⑤ 《洵贝勒言动撼政王》，《大同报（上海）》1910年第14卷第13期，第28页。
⑥ 《洵贝勒赞成国会请愿》，《大公报》1910年10月20日，第4版。
⑦ 《国会请愿之最后五分钟》，《申报》1910年10月27日，第1张第3、4版。
⑧ 《专电·电五》，《申报》1910年10月20日，第1张第3版。
⑨ 《监国关于国会之近谕》，《大公报》1910年10月20日，第4版。

们商议应付办法，"并饬速电各省督抚及各部大臣，将缩短国会期限问题详细解释，统限于半月以前、十日以后电奏，以便博采众论，从长计议"。①

军机大臣奕劻、那桐依旧是速开国会的最大阻力。其时毓朗在军机处提议缩短国会年限，那桐反对，认为"现在民气嚣张，此风断不可长"，毓朗对此极不满意，反驳称："民气嚣张四字系指抗捐拒税非理之暴动而言。若如国会之请愿，系专为大局存亡起见，谓为民气发达则可，谓为民气嚣张则不可。"②据《大公报》披露，"枢府某大老（指奕劻——引者注）对于国会问题始终无认可之意，反对二字已印入脑髓，竟视为一定而不可移。日昨曾发挥议论，拟尽力之所能，切实争持，如不见用即决计乞休，终老林泉，不再与闻国事云。"③在速开国会问题上，奕劻、那桐两军机俨然已成为反对派，时论称："此次国会请愿，朗贝勒与徐相国均极为赞成，并不似某某两军机之表里不一。闻该两军机前在枢垣提议，以俟谕旨颁布时倘仍行拒驳则相约并不署名，以表示其决不反对之意见。"④奕劻又是反对国会之最有势力者。⑤

九月二十日，资政院全体通过将速开国会列为议案，并举汪荣宝等六人具折拟稿，即日上奏。当场欢声雷动，民气奋发，据汪荣宝日记载："满场一致，无不起立，拍手喝采，声震屋瓦。余以得意之极，大呼大清国万岁，今上皇帝陛下万岁，大清国立宪政体万岁。众和之。楼上旁听之内外国人亦各和之。自开议以来，此为第一次有声有色之举矣。"⑥清廷却对此极为恐慌，当晚载沣即电召奕劻商议应如何对待资政院决议速开国会一事，会商要政约一小时之久。⑦资政院会议时，正值总裁溥伦请假，会场由副总裁沈家本主持。散会后，溥伦电询汪荣宝会场情形，"汪答以民气发扬，可为国会前途贺"。又向溥伦建议："请政务处先议缩短四年，请旨通谕，可以不失朝廷威望。"溥伦看到缩短国会年限势在必行，但当时外间风传载泽反对，乃谓"泽公颇为反

---

① 《太后有速开国会之意》，《申报》1910年10月21日，第1张第3、4版。
② 《朗贝勒对于民气之评论》，《大公报》1910年10月29日，第4版。
③ 《是诚国会前途之一大阻障》，《大公报》1910年10月29日，第4版。
④ 《朗徐两军机果能如是乎》，《大公报》1910年10月28日，第4版。
⑤ 《亲贵大臣之国会观》，《申报》1910年10月29日，第1张第4版。
⑥ 韩策、崔学森整理，王晓秋审订：《汪荣宝日记》，第203页。
⑦ 《庆邸夜赴监国府第述闻》，《大公报》1910年10月26日，第4版。

对，吾当面叩之"，遂往载泽府邸游说。① 溥伦见到载泽后，"向之破釜沉舟，痛陈利害，国会问题，非缩短年限无从解决"，载泽亦以为然。②

二十一日，载沣召见军机大臣商议如何应对资政院速开国会案，某军机大臣建议应当在资政院折上奏后先召集全体政务大臣开御前会议再行降旨。③ 会议达一小时，奕劻又留内商议约二十分钟，"闻已议有一定主义矣"。④ 后据《申报》披露，其时军机大臣"皆不过赞成酌量缩短，以谢人民，并不承认即开，并有某枢相谓此次之鼓动实为少数人之意见，资政院中民党议员即为国会代表团中人，苟不详加核议，恐将太阿倒持，大有并缩短年限亦不赞成之意"。⑤

二十二日，载泽得到载沣召见，详细说明了支持速开国会理由，大致将两日前溥伦劝说他的大意转述于载沣。经过载泽一番剖陈，载沣对奕劻、那桐"首鼠两端，透过当道"的做法十分不满，⑥ 抱怨称："军机大臣对上言是一种说话，对国会代表言又是一种说话，教我倒为难了。"⑦ 载泽这次奏对对清廷决策的影响至关重要，此前载沣主要与军机大臣商议国会问题，奕劻、那桐的意见对他有很大影响，虽然载涛曾"以去就争缩短国会年限"，但在载沣看来这是年少急进的举动。而当时载泽对于朝政有很大的话语权，时人注意到，在国会问题上，"政务处大臣自军机外，部臣中自以泽公为最有力，其余之赞成反对者，虽可即以其人性格历史推之，然必视军机意旨发言，断不敢为有力之主张"。⑧ 起初载泽对国会问题的态度不明确，奕劻等人在载沣面前常常以载泽反对为借口反对缩短国会年限，⑨ 而他这次在载沣面前明确阐明支持速开国会，无疑给国会请愿运动增加了砝码，亦使奕劻、那桐等人陷入被动，逐渐失去在国会问题上载沣对他们的信任。

在载泽表明支持态度之后，载沣逐渐倾向于同意缩短国会年限。据《时

---

① 《空空手枪之北京》，《民立报》1910年11月5日，第2页。
② 韩策、崔学森整理，王晓秋审订：《汪荣宝日记》，第204页。
③ 《国会谕旨有御前会议之说》，《大公报》1910年10月26日，第4版。
④ 《政府之审慎顾虑》，《大公报》1910年10月26日，第5版。
⑤ 《赞成国会与反对国会者》，《申报》1910年11月1日，第1张第3、4版。
⑥ 韩策、崔学森整理，王晓秋审订：《汪荣宝日记》，第204页。
⑦ 《空空手枪之北京》，《民立报》1910年11月5日，第2页。
⑧ 《国会之大跃动》，《时报》1910年11月3、5日，第2版。
⑨ 《专电》，《时报》1910年10月31日，第2版。

报》载,载沣在召询载泽后表示"万不得已当稍为缩短期限"。①《申报》则更明确称,载沣决计降旨将国会年限缩短三年。②载泽退后往见溥伦,将召对情形转告,溥伦认为:"想此事或可略有转机。但具奏期日宜稍从缓,最好于上奏之前能一见监国,面陈利害,于事更易有济。"③

二十三日,载沣接到载洵电报,内容有谓:"现在国会之陈请既已全国一致,时势所趋非人力所能遏止,批准则尚可图存,议驳则必致速亡。"据《大公报》称,载沣此前有意缩短年限,但见盈廷仍有不少反对意见,故有所游移,至接载洵电报后下定缩短年限决心;而据当时各报风传,载沣关于国会年限的计划是缩短三年,至宣统五年召集。④然而,载涛、溥伦、毓朗三少壮亲贵主张明年即开国会。⑤

二十四日,载沣召见载泽、溥伦垂询资政院决议速开国会事宜。⑥当日溥伦距假满尚有两天,以国会事宜紧急,故先期销假召见,"盖监国注念此事亦殷也"。泽、伦两亲贵向载沣详细地剖陈利害,支持速开国会,溥伦召对更是长达一小时二三十分之久。⑦《大公报》对二人当日奏对情形有详细报道:

> 探闻泽公当日奏对,有速开国会诚现时救危亡、扶政治之无二上策,并云国会与责任内阁不可稍分先后,倘一有先后,恐双方面均不免有流弊。随沥陈无国会不利于行政之证据,即如现今财政困难,拟改订税章,增入国款,而预算之案诸多牵掣;又如外交紧迫,约章均须改订,而磋议之条终难妥洽。推厥原因,皆以无国会遂无激动力之故。至于政府一方面,事理纷歧,各不相应,亦缘无内阁之统一,不但上下隔膜,即中央亦难同气云云。其伦贝子之奏对,即以当日资政院表决之情形足征民气之发达,请即俯允,缩短年期,召集国会,持以毅力,勿为莠言所惑。⑧

---

① 《专电》,《时报》1910年10月26日,第2版。
② 《专电·电三》,《申报》1910年10月26日,第1张第3版。
③ 韩策、崔学森整理,王晓秋审订:《汪荣宝日记》,第204页。
④ 《国会已准缩短之述闻》,《大公报》1910年10月30日,第4版。
⑤ 《国会缩短断难再有更动》,《大公报》1910年10月30日,第4版。
⑥ 《宫门钞》,《政治官报》1910年10月27日,第1版。
⑦ 《国会之大跃动》,《时报》1910年11月3、5日,第2版。
⑧ 《监国召见泽公伦贝子志略》,《大公报》1910年10月28日,第5版。

另据《时报》载，溥伦在召对时还与载沣就缩短几年进行了商讨，载沣言："情势如此，期限不能不缩，然则一年可乎？"对曰："不可。"又曰："二年可乎？"对曰："不可。大抵至少之非缩短三年，不足以餍天下之望。"载沣默然。① 载泽和溥伦既强调速开国会是救亡图存的唯一出路，又强调民意勃发势难违背，载沣大为所动。奏对结束后，溥伦立即赴资政院向各议员说明当日奏对情况，他对奏对成效十分满意，认为"国会问题大有圆满解决之望"，并将汪荣宝等人所拟奏稿出示各议员，告诫少安勿躁。②

载泽和溥伦都是隆裕太后的姻亲，而隆裕本人则是一个无甚政治见识的妇女，身居帝国顶端的她对这两名姻亲的信任甚至超过对载沣的信任，泽伦二人联合起来支持速开国会，在时人看来这很大程度上可以反映出隆裕太后的态度。时论以为，经过载泽、溥伦一番陈说，"大约缩短期限日内即可明降谕旨"。③ 又有谓"监国欲俯顺舆情，昨日（二十四日）特召见伦贝子、泽公垂询请愿国会事，甚久，大约可望速开"。④

就在清廷筹议准驳国会请愿的关键时刻，素持反对意见的奕劻见朝中赞成者居多，遂连日请假以图规避，载沣对此十分不满："以现为国会准驳紧要之时，庆邸为国家元老，乃竟不肯担负责任，殊失先朝之付托与朝廷之倚畀。"载沣多次派人赴庆王府催奕劻赶紧销假，奕劻均以病辞，载沣决定不等奕劻参预，从速决定。⑤ 载沣与泽、伦二亲贵商议完毕后基本上已经允准缩短国会年限，又派载泽、毓朗二人前往庆王府商议办法，并催奕劻赶紧销假。⑥ 奕劻得知载沣已有意允准，遂不再明表反对。⑦

与此同时，各省督抚联衔电请速开国会的奏折到京。折称：

> 内阁、国会为宪政根本，计已定于先朝，事无待于末议。顾造端宏

---

① 《国会之大跃动》，《时报》1910年11月3、5日，第2版。
② 韩策、崔学森整理，王晓秋审订：《汪荣宝日记》，第205页。
③ 《国会只有赞成者矣》，《申报》1910年11月2日，第1张第1版。
④ 《国会之最近观》，《民立报》1910年11月2日，第2页。
⑤ 《监国不满意于庆邸》，《大公报》1910年10月30日，第5版。
⑥ 《朗贝勒泽尚书同谒庆邸》，《大公报》1910年10月28日，第5版。
⑦ 《反对国会者均已势败》，《大公报》1910年10月30日，第5版。

大，不易图维，老成过为持重，必求谋出万全；政府首当其冲，不敢轻于一发。其争执不过数年期限之迟早，其关系乃在目前国势之存亡……与其迟设而失事机，不如速设以维邦本……今日大患在于政务太繁，财用日绌。有内阁统一政策，国帑始可酌盈济虚；有国会协赞岁用，要政始不因噎废食……特颁明诏，定于明年开设国会，敕宪政编查馆克期拟呈议院、选举各法，钦定施行，宗社幸甚，生民幸甚。①

折上后，载沣询问各枢臣为何两江总督张人骏、陕甘总督长庚等人未列衔，毓朗答以张人骏另有见解，其他人则不明宪政，势必反对。② 随后载沣令枢臣分电各省督抚"凡未奏请速开国会者，再饬陈明政见，迅即电复，以凭采择"。③

二十六日，溥伦将资政院拟定速开国会奏折上奏，折称：

> 立宪政体之要义，实以建设国会为第一，国会之作用在协赞立法、监察财政，与政府、法院鼎立并峙，而为国家统治机关之一，不可不备者也。今朝廷立宪不啻三令五申，筹备不可谓不密，督责不可谓不严，而未尝有成效之可言者，则以财政之未精确，法制之未统一，而实国会之不早建设有以致之也……臣等内审国情，外考成法，窃以为建设国会为立宪政体应有之义，势既不可中止，何必断断于三五年迟早之间。人心难得而易失，时会一往而不还。及今图之，犹可激发舆情乂安大局，朝廷亦何惮而不为？用敢合词赞可，披沥上闻，伏乞皇上毅然独断，明降谕旨，提前设立上下议院，以维危局而安群情。④

载沣对督抚和资政院的奏折十分重视，随即发布上谕称："本日资政院具奏据顺直各省谘议局及各省人民代表等陈请速开国会一折，又据锡良等及陈

---

① 《各省督抚请设内阁国会之奏章》，《申报》1910年11月2日，第1张第4、5版。
② 《垂询会奏未列衔之督抚》，《大公报》1910年10月31日，第4版。
③ 《监国特召军机大臣侍议》，《大公报》1910年10月31日，第3、4版。
④ 溥伦等：《奏请提前设立上下议院事》，中国第一历史档案馆藏：宫中朱批奏折，档号：04-01-01-1095-068。

夔龙、恩寿电奏组织内阁、钦颁宪法、开设议院等语。着将原折电交会议政务处王大臣公同阅看,预备召见。"①该上谕发布后,毓朗建议,以海军大臣载洵此前曾奉旨参预政务,现在国外考察军事,但以国会一事于国家关系重大,应将各省督抚及资政院折电摘要电致载洵,并令回复意见。时人推测,毓朗此举意在以载洵之赞成来抵制反对者之势力。②当日,政务处召开一次临时会议,公阅各省督抚和资政院折电,并商讨预备召见细节,善耆、载涛、毓朗、载泽四亲贵商定,"俟召见时极力赞成,决不作模棱两可之语"。③

二十七日,载涛、毓朗面见载沣,"两贝勒面陈此次国会请愿实为宗社安危所系,务请及早决断,俯顺舆情,以收民心而裨国计"。载沣认为应当在会议政务处王大臣召见后再行降旨。④据报载,政务处各王大臣大多主张宣统三年设立内阁,宣统五年开国会,奕劻没有表态,乃商之于溥伦,溥伦认为:"兹事体大,明日第十期议会,可请诸公到院,将朝廷于宪政进行之方法,先向各议员演说,微示以缩短国会之意。如得全体赞成,则将来明诏一颁,自然欢声雷动,而诸公之名誉,亦必占将来历史上无量光荣。"⑤

二十九日,毓朗代表军机大臣前往资政院演说,各议员以军机大臣位列宰辅,于朝廷决策关系重大,乃群起质问军机处对于速开国会究竟持何立场。毓朗告知各议员:

> 对于国会问题,现在奉到朝旨,已经交会议政务处公同阅看,将来各具说帖,筹定方针。现在尚未决定,本大臣亦无从预言。但据全国人民对于此事都是为公为国,(拍手)并不是为私为利。(拍手)朝廷之上已经深悉,不久即可宣示。凡事都要决诸公论,始能面面周到。现今朝廷既未决定,本大臣所以不能宣布。

各议员犹以为,朝廷能否允准速开国会结果全在军机大臣,坚持要让毓

---

① 中国第一历史档案馆编:《光绪宣统两朝上谕档》第36册,第370页。
② 《朗军机信赖洵贝勒》,《大公报》1910年10月31日,第4版。
③ 《皇族中之主张阁会者》,《大公报》1910年10月30日,第5版。
④ 《朗涛两贝勒奏对之述闻》,《大公报》1910年10月31日,第4版。
⑤ 《政府密议追记》,《民立报》1910年11月7日,第2页。

朗当场宣布军机大臣的立场。毓朗表示他以军机大臣身份到院演说,所说的话不能超越职权范围:

> 若说个人的意见,本大臣未经陈明君上之前,自不便先为宣布。总之,国会问题大概自上至下,无有不赞成的。(拍手)如今地球之大,大半是立宪之国,没有一国没有国会的,岂但本大臣等无别的意思,想我朝廷亦无别的意思。况且各位议员代表舆论,请速开国会都出于忠君爱国之至诚,本大臣等是很佩服的。①

毓朗在资政院感受到民气勃发,回到军机处后向各枢臣建议:"民气如此强盛,国会万不可不速开。"但奕劻仍以为须待御前会议之后再做定夺。②

其时,速开国会已经成为大势所趋,除胡思敬、张人骏等少数顽固的个案,内外臣工基本对速开国会已不持反对意见;但保守诸臣有意将"速开"与"即开"区别开来,他们赞成缩短国会年限,以此安抚舆情,但又以宪政难以短期筹备完全为由反对次年(宣统三年)立即召集国会,于是应缩短几年便成为诸臣争论的焦点。政务处王大臣奉旨公阅折电后对国会年限意见各异,清廷令政务大臣按照本部应筹政务情况进呈说帖,陈明各自对国会问题的意见。

度支部尚书载泽、民政部尚书善耆、外务部尚书邹嘉来及学部尚书唐景崇主张次年即开国会,其他各行政大臣主张缩短三四年不等。③各政务大臣说帖中,以善耆主张最为激烈,"内有民心激愤,后患堪忧,若不即开国会以安天下之心,则必有剧烈之举动,祸机一发不可遏止,彼时民政部不能担此重任等语"。④善耆对保守诸大臣表面上赞成"速开"国会,实际上反对"即开"国会的做法极其愤怒,直言:"予窥各王大臣对于国会之态度不独无真实赞成,且大有反对之意,即或敷衍缩短,亦迫于时势使然,将来必仍有阻力之发现,

---

① 《资政院第一次常年会第十二号议场速记录》,李启成点校:《资政院议场会议速记录:晚清预备国会论辩实录》,第108—110页。
② 《政府密议追记》,《民立报》1910年11月7日,第2页。
③ 《各大臣呈进说帖之略闻》,《大公报》1910年11月4日,第4、5版。
④ 《国会缩短年限之余谈》,《申报》1910年11月14日,第1张第3、4版。

乃外间不知犹殷殷企望，此则诚可悲悯者耳。"①

军机大臣在政务处的话语权最重，四名军机大臣中，只有少壮派的毓朗主张即开国会，奕劻、那桐等人的意见则是缩短三年，于宣统五年召集国会。②其时军机大臣在会议政务处居于核心地位，奕劻又是首席军机，他的态度往往最终成为政务处的态度。早在载沣有意缩短国会年限伊始，外间即有传闻称朝廷可能将国会年限缩短三年；请愿代表团听闻后对这一年限并不满意，为此专门上书政务大臣请速开国会。③及至军机处将说帖上奏，宣统五年召集国会逐渐成为政务处的主流意见。

三十日，政务处会议公决国会年限，毓朗试图为争取宣统三年即开国会做最后一搏，声称："资政院现已开院，国会与资政院并无轩轾，乃人民皆云政府未能实行预备宪政，不过以预备为延缓地步，预备一节最为全国民气所反对。现在时局，内政外交皆甚棘手，徒招民怨，甚非上策，此时欲孚民望，惟有速开国会即为立宪之实行。"并云："开设国会系中国未有之事，政府深恐滋生弊害，是以详慎，不知各国一经开设国会，其人民程度自蒸蒸日上，政治日有进步，以故政府宜定一年之预备，后年即开设国会，以副民望而速宪政。"④然而，当日会上"枢府有赞成至宣统五年者，各部长官亦多主此说"。⑤

十月初二日，载沣召见政务大臣开御前会议商议国会年限问题。载洵表示："此次在外洋时，华侨等无不以国会力请速开，兼以内地民气奋发，欲图挽救危局之策，惟照王大臣决议，速降缩期开会之旨，以慰薄海臣民之望。"⑥毓朗赞成速开国会，认为："时事危迫，国会诚不可不速开。然不先明定国是，则政府与国民遇事争执，必不免纷扰。故必先设新内阁及确定海陆军进行政策再开国会，庶军权不至为民权所抑。"载泽的意见与之前相比发生了些许变化，不再坚持明年开国会，以为宣统五年召集国会尚属合适："现在国税地方税未分，遽开国会恐人民争执，且朝廷注重国防，人民注重实业。目下采访

---

① 《肃邸之孤掌难鸣》，《大公报》1910年11月2日，第4版。
② 韩策、崔学森整理，王晓秋审订：《汪荣宝日记》，第208页。
③ 《国会代表上政务处王大臣请速开国会书》，《申报》1910年11月8日，第1张第3版。
④ 《宣统五年决议开设国会之原因》，《申报》1910年11月8日，第1张第4版。
⑤ 《决议宣统五年召集国会原因》，《申报》1910年11月7日，第1张第4版。
⑥ 《洵邸回京与速开国会上谕之关系》，《顺天时报》1910年11月5日，第7版。

舆论，已多主张裁减海陆军费，甚有主张停办海军者。故必先设立新内阁明定国是，然后再开国会，方能免一切纷扰。为今之计，应明定宣统五年召集国会，既不阻绝人民之请愿，而乘此二年功夫可以确定各项要政办法，并须立降明谕成立新内阁，故本日主要问题当先规定新内阁办法。"① 善耆仍旧主张即开国会。②

当日御前会议上仍有数名顽固大臣以大权不可旁落、民气勿任嚣张为由，建议载沣慎重考虑，载沣申斥："此等不识时务之言，我闻之已久，现时局如此颠危，民情如此奋发，若再议驳，汝等能别有善策以保治安而免祸乱乎？"至于国会年限，多数政务大臣赞成将国会年限缩短三年，于宣统五年召集。国会年限一事至此确定，但当日清廷未发布上谕宣布，《民立报》分析其中原因有三："（一）为表示此次缩短年限，虽由于臣民之公请，仍出自朝廷之独断；（一）为会议解决后，监国谕以此事关系重大，应再详细审思；（一）为国会年限系先朝钦定，必预行奏请皇太后懿旨允准；（一）为涛贝勒、伦贝子未得参列御前会议，尚须特召与之密商。"③

溥伦在得知当日御前会议情形后，令汪荣宝转告各议员设法镇定，不要再反对，汪坚持要再缩短一年，并给溥伦写了一封信，"略言今日危急存亡之际，朝廷政策以鼓舞人心为第一要义。又言多一日预备，不过多一日敷衍。又言安危之机，在此一举，若发表之后再有更动，则朝廷之威信尽失，即大权之根本不坚。与其诒悔于将来，何如审机于此日。又言若坚持五年，必令花团锦簇之举，消归乌有，决非得策"。溥伦见信，"反复省览，非常感动"，遂于翌日赴三所晋谒载沣，竭力敷陈，载沣亦甚感动，但又"屈于群议，亦无如何"。溥伦又向各军机大臣力争，但应者寥寥，"最后惟闻上谕内召集议院改为开设议院，并令会议政务处王大臣全行到署"。④

十月初三日，清廷发布上谕，声称前两次议驳国会请愿系"为郑重要政起见，诚有不得不一再审慎者"，当前时局危迫，日甚一日，各省代表及内外

---

① 《御前会议详记》，《民立报》1910年11月11日，第2页。
② 《国会缩短年限之余谈》，《申报》1910年11月14日，第1张第3、4版。
③ 《各会之风丝雨片》，《民立报》1910年11月15日，第3页。
④ 韩策、崔学森整理，王晓秋审订：《汪荣宝日记》，第209页。

臣工均力请速开国会，朝廷俯顺舆情，同意缩短国会年限，但"召集议院以前应行筹备各大端，事体重要，头绪纷繁，计非一二年所能蒇事"，因此缩改于宣统五年开设议院。上谕还声称："此次缩定期限，系采取各督抚等奏章，又由王大臣等悉心谋议，请旨定夺，洵属斟酌妥协，折衷至当，缓之固无可缓，急亦无可再急，应即作为确定年限，一经宣布，万不能再议更张。"①明谕禁止臣工和绅民再请缩短。

四、十月初三日上谕后

宣统二年十月初三日上谕颁布后，朝野各方对宣统五年召开国会的认识明显不同。一部分相对温和的立宪派对此比较满意，上谕颁布后，他们"忭喜不胜，谓陈请有效，似当大开贺祝会以庆贺其事也"。然而，对大部分希望立即召开国会以挽救危机的立宪派人士而言，宣统五年才开国会绝非他们请愿的初衷，他们"愤慨愈甚，深恐国会未成而大乱已兆"，②于是着手发起第四次请愿运动。清廷内部，一部分督抚对宣统五年才开国会也不满意，他们再次电奏，力请次年即开国会；而在保守诸臣看来，朝廷缩短国会年限便已经向疆臣和立宪派做出了极大让步，官民应当体谅朝廷苦衷，不应再"得寸进尺"。③由此可见彼时朝野各派势力对朝政前景认知和判断的复杂性。亲贵集团内部对清廷这一决策的认知、对国会问题的政见以及随后致力的行动也不尽相同。

对摄政王载沣而言，宣统五年召开国会的决定，是朝廷在充分参酌各政务大臣、各省督抚、资政院和请愿代表意见的基础上，综合权衡筹备事宜与臣工、绅民意愿后审慎出台的，不得再轻易更改。清廷宣布缩短国会年限当日还发布一条上谕称，由于朝廷已经决定宣统五年开设国会，所有各省代表

---

① 中国第一历史档案馆编：《光绪宣统两朝上谕档》第36册，第376—377页。
② 《读初三日上谕感言》，《时报》1910年11月8日，第1版。
③ 《国会恐无即开之望》，《申报》1910年11月20日，第1张第5版。

应当即日散归,各安职业,听候朝廷安排一切。①但这一谕旨并不能阻止民意,请愿代表团虽奉命解散,各省绅民的请愿活动却仍在继续。国会问题事关民心,载沣不得不考虑,不过民心又不能作为他决策的全部依据,他以为"民心自当曲从,然若过于急进,恐于宪政前途反有阻碍"。②因而对此后的国会请愿活动,载沣以谨慎决策为由予以驳斥。

十月初三日上谕后,危难中的东三省绅民率先发起第四次国会请愿运动,奉天各界一万余人前往东三省总督公署跪请总督锡良向清廷转递国会请愿书,"万余人伏地悲泣,至有搏颡流血,声嘶力竭不能自已"。清廷本希望督抚能在各省绅民再请愿时剀切晓谕,为朝廷消弭民意压力,但实际上锡良对奉省如此声势浩大的请愿活动根本无力阻拦,与民意作对只能让自己陷入极端孤立;加之他早已有感于东三省危机深重,又见绅民爱国热情高涨,认为"默察今日大势,欲求所以捍三省之危亡者,一无可恃,所恃者民心不死,皆知崇戴朝廷耳",遂于十一月初六日再次上折呼吁朝廷俯顺舆情,立即召开国会。深居京城的载沣无法切实体会东三省绅民急切的救亡心情,也无须亲自面对绅民请愿带来的巨大压力,他更在乎决策的慎重,对锡良的奏请乃朱批:"缩改开设议院年限,前经廷议详酌,已降旨明白宣示,不应再奏。"③

除呈请锡良代奏外,东三省还推举代表进京请愿,上书资政院并游说军机大臣;与此同时直隶学界也发生了激烈的请愿运动,学生们行为激进,"相率罢课,且遍发传单,致旅京各学堂约停课反抗,不认政府,欲将各学堂付之一炬",一贯顽固的恽毓鼎称"其语狂悖,直叛徒矣"。④十七日,资政院上折要求弹劾军机大臣,立宪派议员日益高涨的气焰使载沣进一步认识到朝廷已定之政策决不能因绅民请愿而随意更改,他认为:"该院系上议院之基础,议员程度较高,尚作此无益之请。若果骤行召集国会,人民资格不及,必至遇事牵涉,徒滋纷扰。查看此等情形,须即督饬京外各衙门依限认真筹备各项事宜,设法开通民智,无论如何仍于宣统五年实行开办国会,所有再请缩

---

① 中国第一历史档案馆编:《光绪宣统两朝上谕档》第 36 册,第 378 页。
② 《国会年限果不许再请耶》,《申报》1910 年 11 月 18 日,第 1 张第 4 版。
③ 《东三省总督锡良奏奉省绅民呈请明年即开国会折》,故宫博物院明清档案部编:《清末筹备立宪档案史料》下册,第 648—649 页。
④ 史晓风整理:《恽毓鼎澄斋日记》,第 515 页。

短国会期限之说万难允从。"① 不久，隆裕太后向载沣垂询奉直等省民众请愿情况，载沣表示："此事关系国家前途甚大，本监国颇愿准伊等之请，既可挽国危，复能慰民望。惟其中待议之问题甚多，故尚须详加斟酌耳。"②

针对奉直等地绅民激烈的国会请愿行动，清廷于十月二十三日发布了一道措辞严厉的上谕：

> 开设议院缩改于宣统五年，乃系廷臣协议请旨定夺，并申明一经宣示，万不能再议更张。诚以事繁期迫，一切均须提前筹备，已不免种种为难，各省督抚陈奏，亦多见及于此，乃无识之徒，不察此意，仍肆要求，往往聚集多人，挟制官长。今又有以东三省代表名词来京递呈，一再渎扰，实属不成事体，着民政部、步军统领衙门立即派员将此项人等迅速送回原籍，各安生业，不准在京逗留。
>
> 朝廷于无知愚民因迫于时艰，妄行陈说，已屡从宽宥，然岂有国民而不循理法者，深恐奸人暗中鼓动，藉词煽惑，希图扰害治安，若不及早防维，认真弹压惩办，久必至于酿乱。此后倘有续行来京，藉端滋扰者，定惟民政部、步军统领衙门是问，各省如再有聚众滋闹情事，即非安分良民，该督抚等均有地方之责，着即懔遵十月初三日谕旨，查拿严办，毋稍纵容，以安民生而防隐患。③

据《申报》披露，这道上谕之所以如此严厉是因为奕劻、那桐等人在载沣面前极力鼓动，④ 虽然如此，犹不可否认载沣对第四次国会请愿的拒绝态度比前几次都要坚决。他认为国会年限系内外臣工充分讨论后做出的谨慎决策，

---

① 《弹劾折影响于国会》，《大公报》1910 年 12 月 21 日，第 2 版。
② 《皇太后对于请开国会之嘉奖》，《大公报》1910 年 12 月 25 日，第 5 版。
③ 《开设议院年限不能再议来京请愿人等迅速送回原籍谕》，故宫博物院明清档案部编：《清末筹备立宪档案史料》下册，第 652—653 页。
④ "是日解散国会代表之谕旨，由军机恭拟呈进后，闻监国初尚游移，嗣某相国在旁奏称，当断不断，必受其乱，此事既经决定，即请宣布，勿庸疑虑，致误大局。监国聆之，随即钤章交发。" "又闻国会降旨之前数日，曾在三所特开密议，各枢臣均以民气嚣张，日益膨胀，朝廷若再放弃大权，必致酿成乱端，莫如即时防制，或可补救等词激讽监国，以致监国卒为所动。" 见《四次国会请愿了矣》，《申报》1911 年 1 月 4 日，第 1 张第 4 版。

不得任意更改；在他看来，国会仅是筹备立宪中的一项，而且应当在各项筹备工作完成后召开，但纷繁复杂的宪政工作必须要有足够的时间去筹备，仓促进行恐又难免敷衍塞责，所以他认为速开国会是徒慕虚名。载沣在缩短国会年限上谕发布后即向载泽、溥伦表达了这一看法，声称："时势至今日，国会原不可不速开，所以缩至宣统五年者，盖欲该大臣等对于此事悉心筹办，免致仓卒贻误。"① 这或许是他在"作为立宪结果的国会"的基本立场下对国会年限问题进行的理性思考。

然而，这道上谕直接将请愿绅民视作扰乱朝政的愚民，公开压制民意，视民众若仇敌，舆论对此极其愤怒，时论以为，"朝廷不容民请，谓前已宣示，万不能再议更张，则此次谕旨只须声明前谕可矣，又奚必动雷霆之怒哉？谕旨云开设议院，缩改于宣统五年乃系廷臣协议请旨定夺……吾诚不识朝廷何以如是推重廷臣而轻视百姓至于极点也"。"恭读二十三日之谕旨而叹朝局将愈不可问也。"② 从几个月前清廷调整中枢时的朝局转机，到拒绝第四次请愿后的朝局不可问，从中可见时人对清廷日渐失望。

同时，缩短国会年限也就意味着立宪各项事宜都要提速，载沣对国会年限缩短后各项筹备工作能否切实办理甚为焦虑，曾与各军机大臣言："自国会年限缩短后，本监国对于此事极为危虑。（一）恐筹办各政届时不克完全。（一）恐政府议院权限不清，互相倾轧，必至激成他变。"③ 十月十一日，清廷发布两道上谕，一道催促各部院切实赶办宪政事宜，"其民政部调查户口、筹设巡警等项，度支部清理财政、厘订税法等项，以及法部应筹设各级审判厅等项，学部应筹办教育普及等项，均属关系重要，不容置为缓图，各该管衙门俱有应担之责任，着即迅将提前办法通盘筹划"。另一道告诫各省督抚"举凡开设议院以前地方应行提前赶办事项，着即懔遵前旨，切实进行。毋再因循推诿，致误限期"。④

十月初三日上谕发布后，其他各少壮亲贵的反响不一。

---

① 《国会缩短年限之余谈》，《申报》1910年11月14日，第1张第3、4版。
② 《朝局将不可问》，《时报》1910年12月27日，第1版。
③ 《监国对于国会之顾虑》，《大公报》1910年11月21日，第4版。
④ 中国第一历史档案馆编：《光绪宣统两朝上谕档》第36册，第393—394页。

载洵、载涛二人仍力持急进主义，对国会年限仅缩短三年十分不满，认为这不是"速开"而是"缓开"。载涛得知十月初三日上谕后立即往见各军机大臣，要求他们说明国会缓开的理由，奕劻等人认为载涛年少躁进，未予以正面答复。① 初四日载洵面见载沣，仍极力主张立即召集国会，力言："以吾国现情与各国比较，不但陆海军力相去霄壤，关于行政立法等事亦纷乱异常，美国大统领于谒晤时力言吾国危状，暨各国对待吾国方针，几有不可终日之势，再迟一二年后，恐吾国将无以自存。"② 载洵还质问奕劻为何不赞成次年开国会，奕劻认为诸多预备事项尚未完成，须再有二三年才能将各项事宜筹划完毕，载洵甚不满此说，直言："此等预备殊属无谓，东西洋各国皆有成规，即认真编纂，半年亦可竣事，何必迟至二三年之久，反使因循误事。现在民气激昂，若再加抑制恐有意外之虞，不识公等何以处此！"③

在军机处，奕劻、那桐不以国会为然，屡与民意作对，毓朗则尚知注重民气，颇有急进之势，事事与奕劻不合，甚至在会议时常有冲突。其时军机大臣四人中，庆那为一派，毓朗独自一派，徐世昌只是两面敷衍，毓朗虽有急进主张却难免被奕劻压制，其政见难以成为军机处的最终决定。④

载泽在十月初二日的御前会议上已经明表赞成宣统五年开设国会，翌日上谕发布后未再就国会年限问题陈请；并且他所执掌的度支部事务繁重，各种宪政事务又都离不开财政支持，对载泽而言，缩短国会年限即意味着各省、各部院将在短时间内向他索要更多的财政支持，因而他更关注国会年限缩短后应如何破解财政难题，向枢臣提议，"以现在国会缩短，所有京外一切宪政自当提前赶办，惟应需各款甚属浩繁，于财政问题关系重要，须预行设法筹措"。⑤

溥伦和善耆此前力主即开国会，清廷的决定未如他们所愿，当时舆情普遍不满宣统五年召开国会，溥伦以资政院总裁面对各议员，善耆以民政部尚书面对请愿代表，皆当民意之要冲，于是他们更多地致力于在朝廷与绅民之

---

① 《国会缓开之理由何在》，《大公报》1910年11月14日，第4、5版。
② 《国会缩短年限之余谈》，《申报》1910年11月14日，第1张第3、4版。
③ 《国会恐无即开之望》，《申报》1910年11月20日，第1张第5版。
④ 《行政大臣各分党派之暗潮》，《申报》1910年11月26日，第1张第4版。
⑤ 《泽尚书又棘手矣》，《大公报》1910年11月13日，第5版。

间调和，试图缓解舆论的不满情绪。

资政院的立宪派议员们对清廷于宣统五年才开国会的决定极不满意，十月初六日会议上，会场情绪极为激愤，溥伦为维持会场起见极力调停，向议员们表示："此事可由本院质问政府，今日不答，明日再问，必使政府答出理由。"会后溥伦找到军机大臣，力陈议员激昂情绪，以为"宪法议院选举法等各国成规具在，断无庸候至三年，且此三年中吾国所历危象不可臆测，苟无国会以促进行，但凭数大臣之焦劳，一二新进之协赞，断不足洽国民之公论。应请熟权利害，早定大计，务以不拂民情为主，否则压抑过甚必有溃决之一日，甚非国家之福"。奕劻并不为所动，反而申斥溥伦，以致溥伦有辞职之意。①

至于善耆，《民立报》评价他持"两面讨好主义"，"政务处会议时，多所主张，而迨上谕颁发后，每见代表，亦叹息谓，朝廷亦不必执定五年"。十月初三日上谕发布后，清廷命他负责"剀切晓谕"请愿代表团立即解散出京。代表团初决定解散，嗣因各省电争遂决计再行请愿，善耆"晓谕"无效但又不忍对代表团采取强制措施。奕劻对代表团素有敌意，得知代表团未出京极为恐慌，乃令他赶紧采取措施，善耆表示："国会期限缩至五年，舆情欢舞，实无反对。代表团因本省电争，不敢解散，亦是各尽其职，当设法开导。"奕劻仍向善耆施压，以至于善耆只好请假，"以免令代表为难，一面令人劝谕代表领袖某君，令某设法解散大家，顾全面子"。②

继奉天之后，东三省在京绅民也开展继续请愿运动，请愿代表径直前往奕劻府邸质问，彼时舆论早已将军机大臣视为阻碍速开国会的罪魁祸首，奕劻也对请愿活动非常敌视，善耆担心代表与奕劻发生直接冲突，遂前往庆王府调和，极力说服奕劻接见请愿代表并促使奕劻表面答应代表呈递请愿书。③清廷以一道措辞严厉的上谕回绝了第四次国会请愿，并命民政部遣送请愿代表出京，善耆奉旨办理后复在载沣面前为请愿代表求情，"详陈该代表之热心国事，实为时事所迫。复云东三省时事，实有如各代表等所陈之状况，并请

---

① 《国会问题之复起》，《申报》1910年11月17日，第1张第5版。
② 《肃邸尚托病解围》，《民立报》1910年11月17日，第2页。
③ 《追纪第四次请愿代表谒见庆邸详情》，《申报》1910年12月30日，第1张第4、5版。

饬催宪政编查馆迅速编订阁制,及改订筹备宪政清单,以副人民之望"。①

溥伦和善耆致力于调和民众与清廷之间的对立情绪,同时面对来自两方面的压力,结果是日渐为难,时人注意到,"现在北京两方面为难者,一肃王,一伦贝子。一不忍逐代表而请假,一无法对议员而欲辞职"。②

综上,少壮亲贵在第三次国会请愿前后的主要行踪清晰可见。宣统二年七月中枢调整后,少壮亲贵对朝政影响力显著提升,在随后发生的第三次国会请愿中,少壮亲贵普遍支持速开国会,他们接见请愿代表,相互商讨对策并多次劝说载沣,对载沣下定缩短国会年限决心起到重要作用。在载沣看来,国会应当作为筹备立宪的结果,而各项筹备事宜难以立即完成,加之朝中保守派反对速开国会,因而他赞成缩短年限但不赞成即开国会。清廷宣布国会年限缩短三年后,一部分立宪派人士仍不满意,载沣以谨慎决策为由不准再行更改,其他各少壮亲贵反应不一,也没能改变清廷决定。总之,少壮亲贵促使清廷缩短了国会年限但没有达到即开国会的目的,其急进主张能够影响朝局却不能完全掌控朝局。

第三节　新制旧人:皇族内阁出台前后的少壮亲贵

设立责任内阁是清末立宪的重要一环。早在丙午官制改革期间,袁世凯、端方、载泽等人即有设立责任内阁的动议,后因朝中反对者太多而罢议。但责任内阁毕竟是立宪国的应有之义,于是宣统改元后,一直有臣工奏请设立责任内阁,载沣亦有设立之意,并责成各王大臣认真筹划,③但彼时仅限于建言和筹划层面,并无实质性进展。

宣统二年夏,日俄协约与日韩合并极大地刺激了中国朝野上下,时人指

---

① 《四次国会请愿了矣》,《申报》1911年1月4日,第1张第4版。
② 傅德华编:《于右任辛亥文集》,上海:复旦大学出版社,1986年,第78页。
③ 《监国催订新内阁制》,《大公报》1910年2月22日,第4版。

斥军机大臣卸责误国，极力吁请改军机旧制为责任内阁新制。① 亲贵之中，载涛首以责任内阁为请，在随后的第三次国会请愿期间，"凡请开议院者，皆以设责任内阁为急务"。② 宣统二年十月初三日，清廷宣布宣统五年开设国会，同时明确"预即组织内阁"，终于将设立责任内阁明确提上立宪日程。自此开始至宣统三年四月初十日皇族内阁登场是清廷系统筹备责任内阁的一段时期，清王朝中枢行政体制从形式上实现了从君主专制到责任内阁制的转型；然而却是新制不足，旧人犹在，立而不破，新旧杂糅，皇族内阁使时人对清廷立宪彻底失望。少壮亲贵参与了责任内阁制的谋划，也是皇族内阁的主要成员，本节探讨皇族内阁出台前后少壮亲贵的政治主张与实践。

一、载沣、溥伦与枢院纷争

  清代没有完全意义上的宰相，内阁大学士徒有宰相之名而无宰相之实，实际的行政中枢是军机处。但严格就官制而言，军机大臣仍是皇帝的政治顾问班子，无权直接向各部院发号施令，军机大臣从内阁和六部大员中选拔担任，属于临时性的"差使"。清末十年，"三权分立""官府分治"已是大势所趋，清廷于新政伊始设立督办政务处（后改为会议政务处），以军机大臣总领其事，内阁大学士和各部院尚书充任参预政务大臣，颇类似立宪国的总理大臣与国务大臣，隐然已有将行政权与君权分离之意图。光绪三十二年官制改革后，军机大臣一般不得再兼任各部院官长，有从"差使"转向"职缺"的趋势。③ 载沣摄政后令军机大臣副署谕旨，加之清廷谋划责任内阁伊始即有意以军机处作为班底，于是时人迫不及待地以军机处比附立宪国的责任内阁："各国之内阁，即各国之政府，若吾国之军机处，非吾国之政府乎，虽名不同，语其实则无以异，则吾国向来以军机处为政府。"④ 然而，军机处毕竟不是

---

① 《论责任内阁贵得重臣》，《奋兴》1910 年第 3 卷第 24 期。
② 《宪政编查馆会议政务处会奏拟定内阁官制并办事暂行章程折》，故宫博物院明清档案部编：《清末筹备立宪档案史料》上册，第 559 页。
③ 刘体智：《异辞录》卷 4，第 235—236 页。
④ 《新内阁之人物》，章开沅、罗福惠、严昌洪主编：《辛亥革命史资料新编》第 5 卷，第 209—210 页。

严格意义上的"政府",它不能向行政各部院直接发号施令,必须请旨办事,因此也不负行政责任。

宪法、国会、责任内阁系清廷立宪的三个关键环节,宣统二年十月初三日上谕后,国会年限已确定下来,翌日清廷任命溥伦和载泽为编纂宪法大臣负责宪法事宜,与此同时,责任内阁制也进入实质筹划阶段。军机处行政府之权却不负政府之责,这一旧制在当时责任政府理念日益普及的情况下显得愈发不合时宜,而且时任军机大臣奕劻、那桐名声极差,他二人在国会请愿期间的所作所为早已引起公愤,于是旧军机在新内阁产生之前应如何定位便成为时人关注的焦点。彼时军机处已经被确定为新内阁的班底,是继续沿用旧制不负责任,抑或是从即刻起明定行政责任向责任内阁过渡,朝野各派对此看法各异,这直接导致了后来资政院与军机大臣的纷争。

宣统二年九月初一日,资政院第一次常年会召开。资政院在清廷的制度设计中系上下议院基础,由钦选、民选两部分议员构成,开院后民选议员掌握了会场的主导权。议员们以国民代表自居,参政热情高涨,通过了大量议案,但这些议案并无对应行政机关执行。清廷立宪采用的是德日的二元制君主立宪制,按清廷制定的《资政院官制草案》,资政院的定位是舆论汇总之地,"通国之欲言于政府者移而归诸资政院,化散为整,化嚣为静,又限制该院只有建言之权而无强政府施行之力,使资政院当舆论之冲,政府得安行其政策,而民气疏达亦不致横决难收"。① 而立宪派议员更向往英国式的议会君主制,他们以资政院比附议会君主制下的国会,以决议机关自居,不满于决议机关之下没有执行机关的现状,遂将军机处和各部院视作"责任政府":"大抵法治国有两个机关,一议决,一执行,军机大臣、各部院行政大臣是执行的机关,资政院是议决的机关。"② 议员易宗夔在资政院会议上直言:"军机大臣首座我们认他当作立宪国之内阁总理大臣。"③

诚然,资政院议员的自我定位与现行制度并不相符,但资政院为舆论汇

---

① 《资政院官制草案》,上海商务印书馆编译所编纂:《大清新法令1901—1911》第1卷,第693页。
② 《资政院第一次常年会第十四号议场速记录》,李启成点校:《资政院议场会议速记录:晚清预备国会论辩实录》,第151页。
③ 《资政院第一次常年会第十五号议场速记录》,李启成点校:《资政院议场会议速记录:晚清预备国会论辩实录》,第162页。

总之地，清廷及其内外臣工对待资政院的态度直接关系民心向背，代表了清廷是否真的有诚意"庶政公诸舆论"。军机大臣奕劻、那桐仅将资政院视作普通衙门，认为军机处无须理会资政院要求，并认为议员过于嚣张；议员们对尸位素餐的庆那二人早已不满，更愤怒于军机大臣蔑视资政院。枢、院双方互相不满，频起纷争，摄政王载沣作为最高裁决者，溥伦作为资政院总裁在双方纷争时扮演了重要角色。

宣统二年十月初七日，资政院上奏湖南公债案，认定湖南巡抚杨文鼎未经该省谘议局同意而发行公债，侵夺了谘议局权限，违背法律，奏请将原案交该省谘议局讨论并处分杨文鼎。清廷的回复上谕中仅以"该抚未先交谘议局决议，系属疏漏，既经部议，奉旨允准，着仍遵前旨办理"了事。① 资政院议员对这样的处理结果极其不满，认为这是包庇违法，违反立宪原则，② 实际上也是对清廷轻视资政院地位表达不满；但议员们不能质疑摄政王和上谕，遂将矛头指向副署上谕的军机大臣们，要求军机大臣到院接受议员质问，军机大臣不来资政院即不再开议。当天溥伦并不在场，会场由副议长沈家本主持，会后议员汪荣宝将资政院情形详告溥伦，"贝子拟于明晨入内候进止"。③

资政院与军机大臣的纷争将溥伦置于两难境地。

一方面溥伦是资政院总裁，军机大臣无视资政院作为国会基础的地位，屡以行政命令敷衍代议机关，显然违背了立宪国三权分立的基本精神。溥伦自担任资政院总裁以来，原本对这一机关在立宪中发挥的作用有极高的期待，而军机大臣不以为然，仍将资政院视作普通行政衙门，这使得溥伦与各议员一样对军机大臣心怀愤怒。军机大臣的恶劣态度屡屡引起议员公愤，造成资政院会场多次风潮，溥伦数度难以维持会场秩序，因而将军机大臣视作导致资政院难以正常运作的重要因素。他抱怨："枢府观察资政院之眼光根本的谬误，彼以为资政院乃衙门，吾辈乃堂官。吾辈负有弹压之职务。殊不知所谓议长者原是议员中之一人，不过为议员之长而已，本是一体，所议之事亦是从众，取决初不得违众独异。以吾思之，吾辈今日之职务，惟在沟通皇上与

---

① 中国第一历史档案馆编：《光绪宣统两朝上谕档》第36册，第383页。
② 见侯宜杰《二十世纪初中国政治改革风潮——清末立宪运动史》，第361页。
③ 韩策、崔学森整理，王晓秋审订：《汪荣宝日记》，第212页。

国民之间，使其联为一气，如此无猜忌之心，而后可以图存。"又言："该院议员与吾感情甚好，惟枢府始终不明资政院为何物，实在困难。"①

另一方面，溥伦又是皇室亲贵，他维持资政院秩序无非是希望沟通清廷与立宪派，让议员感知到朝廷的立宪诚意，避免造成朝廷与民意的对立；但是，以"三杰（罗杰、易宗夔、雷奋）"为代表的激进派议员屡将会场气氛引向激愤，其不少言行实际上已超出资政院议员职能范围，对朝廷制定的现行制度缺乏尊重，甚至有过议员直斥朝廷上谕的举动。②溥伦对激进议员的过激要求亦相当不满，汪荣宝日记披露，溥伦因"议场情形近于乱暴，要求过分，难于维持，慨然有辞职之志"。③

十月初九日，溥伦到军机处就资政院议员要求质问一事与各军机大臣磋商办法。据报载，为了缓和资政院议员的激烈情绪，溥伦支持议员所请，要求军机大臣重视资政院决议并到院接受质问，声言："朝廷举办新政，预备立宪，特设资政院为将来议院之基础，乃每次表决之案，政府不能通过又不能解释不能通过之理由，无怪各议员有此举动。公等如能到院答辩甚善，否则请旨解散该院，溥伦亦将上奏辞职。似此不痛不痒，外贻人笑内失民心，上负朝廷下惭清议，溥伦虽愚决不为也。"军机大臣中毓朗表示自愿到院接受质问，那桐反对，徐世昌认为要请旨再定，奕劻反斥："他们不遵朝旨，这样胡闹还了得？"溥伦对奕劻这种轻蔑的态度极其气愤，以辞去总裁解散资政院相威胁，声称："此是资政院胡闹，不是他们胡闹，要没有这资政院岂不干净？我看还是请公等请旨解散他们为上策，我也不愿干了。公等大才必有以处此。"最后让军机大臣自愿选择到院抑或请旨解散资政院。④另据报载，奕劻还在这天的商谈中直斥溥伦对议员太过放任。⑤军机大臣的不配合使得溥伦颇为愤懑，于是称病不出，萌生乞退之意。议员易宗夔等得知后前往谒见，表达各议员慰留之意，溥伦向他们说明了自己的态度：

---

① 《伦贝子不以资政院看做衙门》，《广益丛报·纪闻》1910年第255期，第3页。
② "湘人黎尚文演说初七日上谕之缺点，仍主停议说，陶镕复起和之，力诋年来朝廷举动，以为好民之所恶，恶民之所好。"见韩策、崔学森整理，王晓秋审订《汪荣宝日记》，第213页。
③ 韩策、崔学森整理，王晓秋审订：《汪荣宝日记》，第211页。
④ 《枢府连日会议纪详》，《申报》1910年11月17日，第1张第3、4版。
⑤ 《专电》，《时报》1910年11月11日，第2版。

有此意思，无此事实。所以尚不曾见诸事实者，实以无词为可为辞职之理由。盖辞职之理由必须对于朝廷或枢府或院中各员任一方失其信用，而后为振振有词。今监国待我恩厚，遇事每见嘉许，我即辞职或不蒙听从，则不得谓朝廷不信用我。枢府动措诚有不满人意之处，然实无破坏资政院之心，□于我所陈纳，亦颇所采，则不得谓政府不信用我。至于议员中其钦选议员者，多吾诸昆戚友，否亦素相闻知之人；民选中于我感情亦不甚恶，今诸君之来即其证据，故不得谓议员不信用我。此三方面皆见信用，则我辞职为无辞。顾所以辞职者，实以自受事以来，颇有一至大之决心，谓中国之弊在君民隔阂，此院既立，我欲绍介我百姓于我皇上，即绍介我皇上于我百姓，庶上下相通，庶务可理。今目击一切情形，自知才力不足胜此，故颇有辞职之心也。①

这一轮枢院纷争的后果是首席军机大臣奕劻和资政院溥伦都有意乞退，作为最高仲裁者的载沣并不希望双方持续对立，据报载，初十日"资政院总裁贝子溥伦拟请辞职，摄政王派人挽留，以维大局"。"庆邸力请监国开去军机大臣之缺，监国必须面请太后懿旨始可。"②随后，载沣复召溥伦至三所亲加温谕，"伦贝子当即奏以各议员之争辩系为维持大局起见，并非抵抗谕旨，亦并非与政府为难，且在内阁未成立前，军机大臣即系将来之总理大臣，代君主担负责任。今各军机一闻质问仍施以激烈手段，恐宪政终无成立之日等语"。载沣赞同溥伦之言，安慰称朝廷对于枢臣自有办法，资政院照常议事，劝他"切勿存退志"。③

十九日，资政院再起风潮。当日资政院具奏云南盐斤加价与广西学堂招生两议案，上谕回复将前者交督办盐政大臣察核具奏，后者交民政部察核具奏。④议员们对此极其愤怒，在他们看来，资政院奏请之事准驳与否全在朝廷，与行政大臣无关；而上谕将资政院具奏案交两行政衙门察核，这完全是蔑视

---

① 《京师近信》，《时报》1910年11月20日，第2版。
② 《专电》，《时报》1910年11月12日，第2版。
③ 《监国温慰伦贝子》，《大公报》1910年11月13日，第4版；《北京之是是非非》，《民立报》1910年11月21日，第3页；《专电》，《民立报》1910年11月14日，第2页。
④ 中国第一历史档案馆编：《光绪宣统两朝上谕档》第36册，第413页。

资政院地位，蹂躏资政院章程的行为，议员们因此更加迁怒于拟旨的军机大臣。① 恰又有军机大臣答复资政院议员质问对各部各省行政是否负责的来函到院，② 明确表示：

> 前来查现在新官制之内阁未经设立，军机大臣权限实非各国内阁国务大臣，详绎咨送说帖语意，以采用副署制度必当如各国之内阁，惟查光绪三十四年军机署名之制实本乾隆年间旧制，与日本内阁副署用意不符，根本既殊，说帖所谓是完全负责任抑不完全负责任之处无从答复，将来新官制之内阁设立，此种问题届时自可解决。③

这一火上浇油的答复彻底激怒了议员，资政院当场表决通过弹劾军机大臣案，并指派六名议员负责草拟折稿，择日上奏。军机大臣得知资政院弹劾风潮后商议应对办法，徐世昌主张解散资政院，毓朗反对解散，认为这会激成大变，奕劻的态度是置之不理。④

载沣一直不愿看到资政院与枢臣为敌，枢院持续纷争使他对双方都十分不满。他认为，值朝局如此危急之际，资政院议员和军机大臣竟只顾泄私愤，完全是不顾大局的举动，于是"各打五十大板"，一面告诫军机大臣："现在时势危急，朝廷固决意实行宪政以图补救，惟如此屡起冲突，恐救亡之不暇反足以召亡。尔等务须妥筹和平调剂之法是为至要"；一面认为资政院已经混乱失序，对溥伦言："观近日各议员与枢臣之纠葛，虽各枢臣亦有不是，惟各议员亦多有不合之处，其于争议时每不容反对者发言，且遇事喧嚷，紊乱秩序，

---

① 《资政院弹劾军机之大波澜》，《国风报·中国纪事》1910年第1卷第30期，第1—2页。
② 枢院纷争发生后，有资政院议员致书质问军机大臣的行政责任问题："本院恭承明诏为上下议院之基础，议院则必有对待之机关负执行之责任，议院则必有独立之权限为法律之构成。本员为此遵章质问，现在只军机大臣采用副署制度断非署名敷尾而已，必当如各国之内阁国务大臣负完全之责任。请问军机大臣对于各部行政、各省行政是完全责任抑不完全责任？"见《军机大臣对于各部行政各省行政是否完全负责等事》，中国第一历史档案馆、海峡两岸出版交流中心：《清宫辛亥革命档案汇编》第57册，北京：九州出版社，2011年，第1—2页。
③ 中国第一历史档案馆编：《光绪宣统两朝上谕档》第36册，第413—414页。
④ 《专电》，《民立报》1910年11月24日，第2页。

恐各国议院亦无此种举动。俟闭院后，须另筹取缔办法，以肃院规。"①

弹劾军机案通过后，溥伦立即赴军机处力劝各大臣到院接受质问，以期消除枢院隔阂，避免弹劾风潮加剧，但奕劻等人拒不答应，甚至表示宁愿见义和团也不愿见资政院议员。②其他各少壮亲贵也认为清廷对滇桂两案的处理有不妥之处，理解议员们的言行，载洵表示："资政院裁可事件，皇上不以为然，否之可也，本不应再交行政官核议。"载泽表示："此事不合院章，不能尽咎议员之相闹。"他们不愿因此得罪民意，遂定一和解办法，以督办盐政大臣载泽和民政部尚书善耆从速上奏覆折，支持资政院对滇桂两案的处理意见，并请另降谕旨将滇桂两案依资政院决议办理，"隐然微示收回成命之意，并以见朝廷前此交该两衙门具奏者不过咨询之意，并非有意蹂躏院章"。③这一方案得到载沣同意，遂于二十四日发布上谕，滇桂两案依资政院议，④表明朝廷尊重资政院决议，冀议员放弃弹劾。

上谕发布后，资政院议员内部出现分歧，一派主张弹劾目的既已达到可以取消弹劾案，一派主张取消奏文而不取消议题，一派主张修改议题促成责任内阁。持第一种主张的多是政府议员，后两者皆属民选议员，"于是多数所在民党议员遂占优势"，主题定为弹劾军机，明定责任，促成责任内阁。⑤其时军机大臣不负行政责任是现行制度使然，资政院议员从法律上立论，要求军机大臣担负行政责任是难以成立的，激进派议员雷奋提议不必拘泥于现行制度，主张从政治上控诉军机大臣罪恶以促成责任内阁，力言："弹劾军机，即为促成内阁之一手段，攻击军机之机会既多，则内阁成立之机会亦多。弹劾军机之眼光，实不在军机而在内阁，现在无妨多攻击之，故劝诸君不必但为法律的解剖，须以政治的眼光观察。"⑥

资政院议员在原弹劾理由于法理上难以成立的情况下仍坚持"以政治的眼光"弹劾，不可谓不激进，然而其举动在当时反而赢得舆论的普遍支持。

---

① 《资政院要闻拾录》，《申报》1910年12月10日，第1张第3版。
② 《专电》，《时报》1910年11月25日，第2版。
③ 《资政院弹劾军机之大波澜》，《国风报·中国纪事》1910年第1卷第30期，第1—2页。
④ 中国第一历史档案馆编：《光绪宣统两朝上谕档》第36册，第419页。
⑤ 《资政院弹劾军机之大波澜》，《国风报·中国纪事》1910年第1卷第30期，第1—2页。
⑥ 《中国大事记》，《东方杂志》1910年第7卷第12期。

舆论并非鼓励议员们对抗现行体制，而更多源于对军机大臣奕劻、那桐的愤恨。时论以为："比年中，枢垣虽间有更迭一二大臣，而领袖之庆那如故，则实权仍在彼二人掌中。纵有开敏急进之人厕身其间，而政策卒为彼二人所龃龉，其志而谲者则又窥彼二人意旨，务以苟合取容，偷一时之安。故枢臣中号有四五大臣，然其实则庆那二人而已。"① 其时英国驻华公使朱尔典亦认为，弹劾军机风潮之所以愈演愈烈，皆是由于人们对以奕劻为首的军机班子极度不满，他在信函中分析了时局：

> 作为帝国最高权力机关的军机处，很少像目前这样系由一群腐败无能的人组成。庆亲王年事已高，身体又差，根本不能精勤问政，只不过徒有虚名而已；那桐则是一个逢迎拍马、油嘴滑舌的满清贵族，其所作所为完全经不住深究；毓朗亲王尽管忠厚诚实、不工心计，但毕竟只具中人之资，涉世不深，缺乏经验；军机处中的汉人大臣徐世昌历任省级大员，为人廉洁正直，但却无法与张之洞、袁世凯和近年来出任内阁成员的其他汉族官员相提并论。因此，资政院所攻击的不仅是一种无法追随时代进步潮流发展的政治体制，而且是一个由那些没有影响、不受敬重的人物组成的班子。②

可见奕劻等人的腐朽无能才是资政院与舆论攻击的重点，在他们看来，国内外局势日益紧迫，而昏庸腐败之庆那长期占据要津，不能救亡只会误国，必扳倒之而后快，因而便不必顾忌现行法律和制度上成立与否了。

十一月初九日，资政院通过了弹劾军机大臣折稿，十七日溥伦将资政院弹劾军机折上奏，折称，军机大臣"受禄则惟恐其或后，受责则惟恐其独先，不特立宪国大臣不应出此，揆诸古人致身之义，亦有未安。其咎一也"。"每有设施，动多隔膜，以致前后矛盾，内外参差，纷纭散漫，不可究诘，徒有参预国务之名，毫无辅弼行政之实。其咎二也。"奏请清廷重申十月初三谕旨，从速组织责任内阁，"并于内阁未经成立以前，明降谕旨，将军机大臣必

---

① 《论资政院参劾枢臣之壮举》，《时报》1910年11月24日，第1版。
② 《朱尔典致格雷爵士函》，章开沅、罗福惠、严昌洪主编：《辛亥革命史资料新编》第8卷，第48—49页。

应担负责任之处宣示天下"。①

载沣和溥伦对资政院日益偏离朝廷预设的轨道十分担忧，对枢院争执的态度开始有所变化。资政院弹劾折上之前，载沣仍打算调和，"拟降一和平解释谕旨，以全资政院、军机处之体面"。②随后，载沣交旨到会议政务处，预备召开御前会议讨论资政院弹劾案，"旨中有审慎图维，庶可宣布天下之语"。③十七日折上后，载沣对资政院议员毫不让步、不顾大局，并且干预朝廷用人的做法十分不满。其时军机大臣以资政院弹劾向载沣提请全体辞职，这次他站在了军机大臣一边，称："汝等为对付资政院弹劾起见全体请辞，殊不知此事资政院议员因不识未颁宪法以前军机大臣尚无应负责任，故误会而有此奏，然既有此原因，汝等即当声请宣示此制，不应辞职，且是否尽心辅弼自有朝廷深知，何必求人之见谅？"④遂于当日发布两道朱谕，一道慰留军机大臣，另一道针对资政院：

> 资政院奏大臣责任不明难资辅弼折，朕已览悉。朕维设官制禄及黜陟百司之权为朝廷大权，载在先朝钦定宪法大纲，是军机大臣负责任与不负责任暨设立责任内阁事宜，朝廷自有权衡，非该院总裁等所得擅预，所请着毋庸议。⑤

十九日，载沣召见溥伦，当面谕以"资政院为代表舆论机关，军机处为商办重大事件，皆为国民之所属望，岂应如此冲突？即两造谁有不是，不妨从宽处说合，此后汝须详为剖解，勿令激成解散辞职种种风潮"。⑥此前军机大臣轻视资政院地位，溥伦对他们颇为怨愤，极力在摄政王面前维护资政院和议员；但溥伦的初衷旨在让军机大臣尊重资政院和民意，并不支持议员们

---

① 溥伦等：《奏为据实沥陈大臣责任不明难资辅弼事》，中国第一历史档案馆藏：宫中朱批奏折，档号：04-01-02-0112-006。
② 《专电·电二》，《申报》1910年12月14日，第1张第3版。
③ 《专电》，《时报》1910年12月13日，第2版。
④ 《监国训谕枢臣之述闻》，《大公报》1910年12月20日，第4版。
⑤ 《设立责任内阁朝廷自有权衡非资政院所得擅预谕》，故宫博物院明清档案部编：《清末筹备立宪档案史料》上册，第547页。
⑥ 《监国面谕伦贝子纪闻》，《大公报》1910年12月22日，第4版。

一味与军机大臣作对。随着激进派议员屡屡将会场决议引向失控,尤其是在朝廷和各亲贵尽力调和、军机大臣违法已经解决的情况下议员们仍坚持弹劾不肯和解,溥伦逐渐与议员们产生分歧,表示:"资政院自开院以来不知几经冲突,各议员虽均具热心,惟于秩序尚多未能遵守,以致时有扰乱之现象,且于议案亦多偏执己见。"①据报载,资政院议员将弹劾军机折呈递溥伦审阅时,溥伦"有意因循,期作罢论",议员们因之大不满意,甚至计划具呈质问溥伦的真实态度。②时人注意到溥伦代奏弹劾案是不得已而为之:"闻当日某枢相曾有深咎伦议长之言,某邸并不以为然,以该议长对于此案亦极碍难,若不代奏势必受议员等之讥刺,其不得已之苦心我等亦须原谅。"③

载沣以朱谕形式拒驳了弹劾案引起全国上下一片哗然,因朱谕系摄政王直接下发,并无军机大臣署名,议员便不得反对。议员们本来就心怀怒火,而朱谕驳回无异于封口,议员们更加愤怒,指斥奕劻以辞职要挟朝廷,决计发起第二次弹劾,专劾奕劻。④后由于议员内部意见不一,主题改为军机失职,速设责任内阁。⑤

载沣得知资政院决定二次弹劾的消息后,立即召见奕劻,认为前次以朱谕驳斥资政院的办法多有不妥,并有深咎奕劻之意。⑥随后,载沣召见溥伦,以"同室操戈,非国家之幸福",命溥伦设法维持资政院秩序,声称:"现在时势艰危,朝廷锐意立宪,凡可以俯顺民情之处无不一秉大公、曲从舆论,惟丁兹危局,中央政府之措置往往不能见谅于局外,要知天下事知之匪艰,行之维艰,各议员目击时局,徒逞一时意气,于大局有何裨益?卿为议长,凡各议员言论过于激烈者当有以裁制之,总期上下一致,协力同心,共赞要政,勿令朝廷为难,是为至要。"溥伦认为资政院议员热心国事本是国家之福,议会与政府冲突各国皆有,朝廷对资政院与军机大臣的争执应宽容对待,但同

---

① 《伦贝子拟修改资政院章》,《大公报》1911年1月4日,第3版。
② 《议员不满意于伦议长》,《大公报》1910年12月10日,第4版。
③ 《枢臣对于伦贝子之无怨》,《大公报》1910年12月21日,第5版。
④ 《伦贝子调停议之无效》,《大公报》1910年12月23日,第5版。
⑤ 相关内容见侯宜杰《二十世纪初中国政治改革风潮——清末立宪运动史》,第369页。
⑥ 《庆邸曾被申饬之述闻》,《大公报》1910年12月23日,第5版。

时表示"议长本有维持议场秩序之责，只以材识短浅不足以洽众望"。①

二十三日，资政院通过了旨在速设责任内阁的第二次弹劾奏稿，还未及上奏，翌日清廷即发布一道上谕，饬令宪政编查馆从速拟定内阁官制。②溥伦认为，既然朝廷已经下令从速拟定内阁官制，那么资政院便没有必要再奏请速设责任内阁，当晚将奏折追回。二十五日，他在资政院会议上询问各议员能否取消二次弹劾："前天议决的请速设责任内阁上奏案本拟今天上奏的，因为昨日奉了上谕，已饬宪政编查馆赶紧编订内阁官制具奏，既然有这个上谕，就与这个奏折内所说的不符，所以昨晚又将此奏折撤回。现在咨询本院，这个上奏案是否应当取消。"③议员们意见不一，赞成取消的意见占多数，结果是取消了奏案。

此后的形势对资政院日益不利。先是奕劻以弹劾案再次辞职，载沣发布一道长谕慰留，称赞奕劻"老成谋国，为先朝倚任，历数十年，勋勤懋著，中外周知。庚子之役，维持大局，转危为安，厥功尤伟"；"两朝开济，备历艰辛，荩画宏谋，洵属有功宗社。现虽年逾七旬，仍复精神矍铄，擘画要政，夙夜兢兢，职任一无旷误"等语。④随后，京师大学堂监督刘廷琛参劾资政院议员"私通各日报馆，不分良莠，结党成群，欲助长势力以为推翻政府地步"，"始而藐视执政，既而指斥乘舆，奔走权门，把持舆论，近且公倡邪说，轻更国制"。⑤外界舆论对资政院议员取消弹劾奏案感到失望，甚至有报刊予以嘲讽。⑥被议员们弹劾的奕劻得到朝廷表彰，而议员们自己却变为众矢之的，这使他们极其恼怒，于是表决决定继续弹劾。

三十日，溥伦将资政院二次弹劾折上奏，折称在责任内阁成立之前，以不负责任的军机大臣掌控朝政极其危险，而资政院没有对应的执行机关则宪

---

① 《资政院议长召见述闻》，《申报》1910年12月30日，第1张第4版。
② 中国第一历史档案馆编：《光绪宣统两朝上谕档》第36册，第490页。
③ 《资政院第一次常年会第三十号议场速记录》，李启成点校：《资政院议场会议速记录：晚清预备国会论辩实录》，第441页。
④ 中国第一历史档案馆编：《光绪宣统两朝上谕档》第36册，第491页。
⑤ 《刘廷琛参劾资政院》，《国风报·中国纪事》1910年第1卷第32期，第2—3页。
⑥ 见侯宜杰《二十世纪初中国政治改革风潮——清末立宪运动史》，第370页。

政纯属空谈；军机大臣难资辅弼，须从速设立责任内阁。① 载沣览奏后，最终采取模棱两可的态度，对资政院参劾军机折不予批准亦不拒驳，而是留中不发。② 此时距离资政院第一次常年会闭会已经时日无多，载沣将奏折留中显然是有意拖延，以期不了了之。溥伦将弹劾折上奏后奕劻面斥他不能压制议员，其他各军机大臣也对溥伦多有怨谤，溥伦不愿再因资政院之故与军机大臣结怨，旋于十二月初二日请假五天以图规避。③

十二月十一日资政院第一次常年会闭会。这次会议期间，议员与枢臣的持续纷争令总裁溥伦大失所望，至闭会时他已没有了筹备开院时的热情，颇有辞职之意，载沣劝慰他勿存退志，"务须详筹明年开院时种种维持之方始为正当办法"。④ 溥伦总结枢院纷争的原因在于资政院院章不完善，地位和权利不明确，为防止纠葛，应尽快在法律上明确资政院与军机处的关系，声称："资政院为上议院基础，与政府立于对待之地位，如行政大臣违背宪法，本院自应据实弹劾，若本院举止失当，政府亦应奏请解散，未便稍有偏私，总期相维相系，免致畸重畸轻，庶于立宪前途方有裨益。"⑤ 军机大臣认为修订资政院章程应交宪政编查馆和会议政务处办理，溥伦坚决反对，坚持要由资政院核定一切，并表示："本院为议院最高机关，不应受各衙门之节制，且所宜修订者不过议场之秩序及议事之节略，其各项重要章制均无庸更改，若必由宪政馆等处严加缔制，则本大臣决不再当总裁之任。"⑥

综上可见，少壮亲贵（载沣和溥伦）、资政院议员与军机大臣（奕劻和那桐）在对资政院地位的理解上存在偏差：议员们将资政院视作议会君主制下的国会，军机大臣恒以行政衙门视之，以致双方纷争频起。载沣和溥伦重视资政院地位又不希望议员行为超越其职能范围，基本上以清廷制度设定的"舆论汇总机关""议会基础"来看待资政院。

---

① 溥伦等：《奏为沥陈军机大臣失职不胜辅弼之任事》，中国第一历史档案馆藏：宫中朱批奏折，档号：04-01-01-1107-035。
② 《专电》，《民立报》1911年1月4日，第2页。
③ 《伦议长亦规避矣》，《大公报》1911年1月5日，第4、5版。
④ 《伦贝子之欲罢不能》，《大公报》1911年1月18日，第4版。
⑤ 《资政院之与政府》，《大公报》1911年1月16日，第3版。
⑥ 《伦贝子持重资政院之改章》，《大公报》1911年1月22日，第4版。

枢院纷争起因在于军机大臣轻视资政院地位，溥伦极力维护资政院和议员，与军机大臣多有争执；载沣不愿双方纷争，居中调和，并在滇桂两案处理中向资政院议员让步。随着激进派议员屡将会场引向失控以及议员们不顾调停执意弹劾军机大臣，溥伦与议员逐渐产生分歧；载沣也对议员们"不顾大局"的做法日趋不满，因此在弹劾军机案中未答应他们的要求。

若单从制度层面看，资政院议员的诸多要求并不在其职权范围内，摄政王载沣拒驳弹劾案亦属有法可据。然而，彼时舆论并不以制度准否为导向，弹劾军机在当时得到舆论普遍支持，其意已不仅限于维护资政院的法律地位，而是将矛头直指位高权重又腐朽无能的奕劻、那桐，议员吴赐龄直言："今不趁责任内阁未设之时弹劾二三大臣使其去位，一旦内阁成立，总理复为此辈所得，则中国必亡可断言矣。"① 可见，在议员看来如果庆那柄政，即使责任内阁成立也无济于事，故必欲去之而后快，如此则载沣仍笃守军机大臣不负责任旧制无异于包庇非人，与民心作对。连续弹劾军机无效后，时人对立宪前途更加担忧，时论称："自资政院弹劾军机折上及四次代表解散后，名为立宪，暗行专制。"② 清廷立宪诚意愈发让人怀疑，"假立宪"的评价屡屡见于时论。对清廷而言，现行体制与人心所向至此已经成为不可调和的矛盾。

二、临时会风波与溥伦去位

进入宣统三年，清王朝的周边形势更加恶化：

在北部，中俄正就修订《伊犁条约》展开交涉，俄人以中国政府和各级地方官毫不注意双方于1881年签订的《伊犁条约》细则并有意违背原文为由，要求扩大在华特权，威胁如中国不满足俄方要求，"则俄国之兵队，即将调赴华"。与此同时，俄国故意制造边境紧张局势，在中国东北边境设立军事哨所，向中国西北边境增兵，进行赤裸裸的军事威胁。清外务部虽然明白"中国并非不守条约，不过俄人时欲扩张原议而已"，但面对俄国的恐吓束手无策。

---

① 《资政院廿八会议记》，《民立报》1911年1月2日，第3页。
② 《吴郁生卷土重来》，《民立报》1911年1月13日，第2页。

在南部的中缅交界地带，英国悍然出兵占领中国云南片马地带，"声言高黎贡山以西为彼国领土，并令派赖、茨竹、片马各彝寨迎降，于片马遍筑地营地道为久远计，又在浪速一带恣意侵掠"。清廷惧与英人交兵，派外务部与之交涉，英人声称所占地区皆其领土，"外务部与之辩论数次，未得要领"。①

国事日亟，全国上下民情汹汹，人们既激愤于列强紧逼，国将不国，又对束手无策的外务部感到愤怒。其时资政院第一次常年会刚刚结束，议员们不满当国势如此危迫之际资政院却无事可做，决定援引资政院章程第三十二条"资政院临时会，于常年会期以外，遇有紧要事件，由行政各衙门或总裁、副总裁之协议，或议员过半数之陈请，均得奏明，恭候特旨召集遵行"②之规定，召开临时会，讨论外交问题，以筹救亡之策。议员们联名致函资政院总裁溥伦，要求他按照院章奏请朝廷允准召开临时会，函云：

> 时局日迫，风云屡变，资政院闭会才月余耳，而楚歌四面，其危险已至于斯。俄人之无理要求，外部含糊应允已矣，固莫可如何矣，而修订中俄商约一事实关系西北大局，稍形推让则屏藩尽失。况英法各国之相因而至者，后患将不堪设想耶。窃以为今日之事，竭数人之力以谋之，不如合全国之力以谋之。一则使国民悉外交之曲折，一则使外人知吾国之尚有民气。至于借款筑路，凡一切为异时抵御之计者，无不宜详加会议，以救危亡。我议长大人热心毅力，素所钦佩，当此危急存亡之秋，谅不至稍有避忌，如能按照院章第三十二条，与副总裁协议奏请开临时会，此议员等之所昕夕祷祝者也。③

溥伦对议员要求开临时会的态度是"非显表同情却未极端反对"。④第一次常年会期间议员与枢臣的持续争执已令溥伦头痛不已，闭会后他本希望通过完善院章，明确权责，以免再开会时又起冲突，而议员们此时要求召开临时会

---

① 《中国大事记》，《东方杂志》1911年第8卷第1期。
② 《资政院会奏续拟院章并将前奏各章改订折（附清单）》，故宫博物院明清档案部编：《清末筹备立宪档案史料》下册，第634页。
③ 《资政院临时会此其时矣》，《申报》1911年3月21日，第1张第6版。
④ 《论资政院总裁之更动》，《大公报》1911年3月24日，第4版。

无疑给他出了一道难题。时论注意到溥伦的为难处境:"伦议长不坚请监国准开临时会,则恐议员灰心;坚请则又恐议员多事,故伦议长左右为人难。"①

军机大臣奕劻、那桐分别为外务部总理大臣和会办大臣,外交事务向来由他二人把持,对英俄的外交困境再一次将占据要津又无所作为的庆那推向舆论的风口浪尖,其时适逢有御史参劾奕劻贻误宪政与外交;②溥伦料定此时召开临时会又难免与他们发生冲突,于是授意某有势力的议员以外交事件不在资政院讨论范围之内为托词,劝诸议员不要干预。不料其事泄露,溥伦受到外界极大非议,后来"见时局万分危迫,自念以宗室之关系,握舆论之机关,不忍再行漠视。与副议长沈子敦磋商,拟照院章第三十二条,以总裁、副总裁之协议,奏请召集临时会,以定救亡大计"。③

随后,溥伦往见奕劻磋商,以外交棘手,拟召集议员特开临时会筹议办法,奕劻极其不以为然,声称:"国家时局正值危迫紧急之秋,朝廷应议之要政甚多,实无暇及此,应暂从缓办。"④溥伦并不同意奕劻的说辞,遂将此事面奏载沣,表示"资政院临时会外间期望甚迫,似难大拂舆情"。载沣认为:"庆那两相屡次言关系外交事件,宜严守秘密,断不能付之议会,致滋纷扰。汝可与两相熟商,若以为可行即从速入奏。"⑤

按照三权分立原则及资政院章程,既然有议长协议又有多数议员奏请,则临时会之准驳全在朝廷,无须征询行政大臣意见;载沣命溥伦与奕劻、那桐商议更多是顾及他二人主持外交且与议员互相结怨,唯恐枢院再起纷争。载沣虽然在溥伦面奏时没有明确表示反对,但在时人看来"监国亦以外交事件关系秘密,恐各省士绅参预干涉反致激起风潮,故此事已作罢论"。⑥溥伦随后与各枢臣商议对待办法,奕劻对议员干政十分不耐烦,坚决反对开临时会,声言:"又招惹他们多生事端,决不赞成。"⑦身为外务部会办大臣,那桐

---

① 《时评·其二》,《申报》1911年2月23日,第1张第6版。
② 《专电》,《时报》1911年3月17日,第2版。
③ 《资政院真开临时会耶》,《申报》1911年3月16日,第1张第6版。
④ 《临时会又生阻力》,《大公报》1911年3月13日,第5版。
⑤ 《伦贝子调出资政院之由来》,《申报》1911年3月24日,第1张第4版。
⑥ 《资政院临时会无望矣》,《申报》1911年3月22日,第1张第6版。
⑦ 《专电》,《时报》1911年3月17日,第2版。

担心临时会攻击外务部交涉失败，于己不利，亦竭力阻挠。①徐世昌和毓朗也反对开临时会，以外交政策正在吃紧之时，若议员再来任意纷扰，必将动摇大局。②枢臣以外的各行政王大臣亦担心资政院开会又要与他们为难，对临时会一事多持反对意见，其中以外交界各大员反对最力，他们甚至反斥："各议员不俟召集，群聚京师，非徒与定章不合，且亦近于要挟"，乃运动军机大臣请旨将议员驱逐出京。③

溥伦见朝中多数意见均不主张开临时会，遂不再积极争取。然而彼时舆论要求召开临时会的呼声很高，溥伦作为资政院总裁，掌握最高舆论机关又不能无视议员之请，于是只能向诸议员无奈表示："如有多数议员要求我出奏请旨，我便碰一回看。"④一边是议员极力请求，一边是朝中大员坚决反对，溥伦身处民意与廷意之间，"当此上下相争之际，欲偏袒政府既恐为众论所不容，欲见好议员亦恐为廷臣所忌嫉，进退失据，左右两难"，诿卸规避之心愈加强烈。⑤

宣统三年二月二十二日，清廷发布上谕，以世续、李家驹充任资政院正副总裁，将溥伦调任农工商部尚书，沈家本回法部本任供职。⑥溥伦之去位，既与他不能压制议员、得罪枢臣有关，又是他长期两面为难屡请诿卸的结果。

一方面，资政院议员自奏请速开国会和弹劾军机始便与枢臣结怨，枢臣将议员频繁纷扰归因于总裁溥伦不能压制，对他的所作所为甚不满意。据朱尔典信函披露："那桐认为，资政院议员跋扈嚣张的原因很大程度上得归咎于该院总裁溥伦的软弱无能，应当把他撤职或任命一位精明强干的副手助他一臂之力。"⑦时论亦认为："政府之撤伦议长也，其意固不自今日始矣，特自今日而发见耳。去年议员之诘责政府，政府固亦恨议长之不能压制也，而今复以开会请，在政府视之，固谓议长徇议员之意而与己为难也，得不甚恶之乎？恶之弥甚，乃欲撤而去之，此伦议长之所以补授农部尚书也。"⑧

---

① 《资政院临时会此其时矣》，《申报》1911年3月21日，第1张第6版。
② 《资政院临时会之阻力》，《大公报》1911年3月19日，第4版。
③ 《外交界反对临时会》，《大公报》1911年3月21日，第4、5版。
④ 《资政院临时会此其时矣》，《申报》1911年3月21日，第1张第6版。
⑤ 《再论资政院总裁之更动》，《大公报》1911年3月27日，第3版。
⑥ 中国第一历史档案馆编：《光绪宣统两朝上谕档》第37册，第37页。
⑦ 《朱尔典致格雷爵士函》，章开沅、罗福惠、严昌洪主编：《辛亥革命史资料新编》第8卷，第48—49页。
⑧ 《今日中国之忧患在外势乎在国民乎》，《申报》1911年3月27日，第1张第3版。

另一方面，资政院议员与枢臣的持续纷争让溥伦两面为难，他虽曾有意居中调和，然其政见在双方皆不受待见；他本希望资政院能成为沟通朝廷和民意的渠道，但开院后的种种纷争和失序令他大失所望，遂萌生辞意。其时有诸多迹象表明溥伦去位系属"自愿"。议员汪荣宝得知溥伦调任的消息后"殊出意外"，随即前往溥伦处致贺，并称"今而后喜可知也"。① 汪荣宝素与溥伦往来密切，身为资政院议员的汪并未因溥伦去位而惋惜，反而前去致贺，认为"可喜"，可见至少在溥伦周边的人看来，离开议长之位对他来说是件好事。另据《大公报》载，溥伦对朝廷将他调离资政院十分乐意，曾向载泽言道："予蒙朝廷开去资政院差，实为生平极大幸事。予虽不欲见好于枢老，然实无法对待夫议员，预料本年资政院开院若值新内阁成立，其冲突情形必较上年为更甚。此刻若不请退，迨至彼时断难以一身当两面之冲。"②

溥伦去位对枢臣和溥伦个人而言未尝不是一个"双赢"结果：在枢臣看来，老成持重的世续显然要比年少躁进的溥伦更能压制议员，减少议员对行政的干扰；溥伦亦得以摆脱两面为难境地，况且在此之前他已充任纂拟宪法大臣，新职又是农工商部尚书，足见清廷对他的重视，无须恋栈于徒滋纷扰的资政院总裁之位。在清廷内部这只是一次正常的人事变动，但引得外界舆情一片哗然。

其一，资政院系清廷明定的国会基础，各立宪国国会议长或由议员互选产生，或由大法官充任，清廷特旨简充资政院总裁并限定资格的做法已属立宪国之特例；溥伦主持资政院"事事力持大体，俨然欲尽其总裁之天职，且与民选议员感情亦颇不恶"，在这种情况下清廷仍毫不顾及议员意愿将溥伦调离，实与君主专制之下"朝长甲部，暮易乙院，今日京僚，明日外吏"的旧官制无异，背离了立宪精神。且世续乃内阁大学士兼会议政务处大臣，清廷以一行政大臣为国会议长，完全违背了立宪国的基本原则，极大地挫伤了民众的立宪热情，时论以为"对于宪政初基代表民意之新机关而亦呈此现象，吾于是叹伪立宪国之万不足与有为也"。③ 资政院议员屡屡与军机大臣抗争，

---

① 韩策、崔学森整理，王晓秋审订：《汪荣宝日记》，第252页。
② 《伦贝子之如愿以偿》，《大公报》1911年3月28日，第4版。
③ 《论资政院总裁之更动》，《大公报》1911年3月24日，第4版。

无非是希望其民意机关的地位得到应有的尊重，然而清廷不顾议员们的意愿，任意安插老臣担任总裁，是仍将资政院作为一般衙门看待；溥伦目睹了资政院议员的"无序"，亦没有了此前那股"为民请命""据理力争"的热情。

其二，彼时资政院议员正因国势危迫要求召集临时会，清廷除去一个在议员看来尚属差强人意的议长溥伦，而代之以顽固老髦的世续，这显然是出于限制资政院势力膨胀考虑，欲以世续压制舆情，迫使议员放弃临时会请求。① 清廷立宪明确标榜"庶政公诸舆论"，然而何为"庶政"？至少通过临时会风波来看，外交事务显然不在清廷所谓"庶政"范围之内。清王朝从君主专制到君主立宪转型的过程是一个政治参与逐渐扩大的过程，资政院议员为救亡图存希冀通过临时会对外交危机建言献策，而溥伦去位在时人看来已昭示清廷不肯扩大政治参与，时人难免愈加怀疑清廷是否诚心立宪。

既不肯让议员参与，则主管外交的奕劻、那桐又如何？时论称："虽然伦沈之去、世李之来皆为被动者，吾所深恶者则为主动之庆那也。庆那之在今日实为万矢共集之的也。试问握军机之大权者何人，则曰庆那；试问握外务部之大权者何人，则亦曰庆那；又试问比年来使我国事之丛脞与外交之失败至于此极者何人，亦曰庆那！"② 作为摄政王的载沣在国势危急之际依然依靠腐朽之庆那，不肯让议员参与，结果只能是丧失民心，即如《大公报》所言："于四面楚歌之际尚有此从容余暇以易置资政院总裁，是则政府所引为切己之患者仅在舆论之一方面，若夫满洲蒙古新疆滇桂之阽危，他人所代抱杞忧者，政府视之直如行所无事而已，则国会将来之效果尚何望哉，尚何望哉。"③

溥伦去位可以说是宣统年间清廷人事嬗递的一次"反动"。载沣摄政后重用少壮亲贵掌握权柄，从清除袁党，削弱奕劻，到世续、吴郁生出枢，清廷用人总体呈现"去老用新"的趋势。然而，及至此时，清廷慑于民意干政竟然一反常态，在最高民意机关"去新用老"，可见最高统治者载沣对权力结构缺乏预见性，在新老用人之间进退维谷。其时外界普遍希望朝廷能推陈出新，振作有为，而这种带有"反动"色彩的人事安排进一步加剧了人心的离散。

---

① 《中政府更动之外论》，《申报》1911年3月24日，第1张第6版。
② 《论资政院更调正副总裁事》，《时报》1911年3月24日，第1版。
③ 《再论资政院总裁之更动》，《大公报》1911年3月27日，第3版。

三、少壮亲贵与皇族内阁的出台

如上述及，第三次国会请愿期间在立宪派和各省督抚的推动之下，清廷将设立责任内阁提上日程。宣统二年十月初三日清廷发布上谕，将国会年限缩短至宣统五年召开，并宣布"先将官制厘订，提前颁布试办，预即组织内阁。"① 后由于资政院议员弹劾军机大臣责任不明，清廷于十一月二十四日再发布一道上谕责成宪政编查馆迅速拟订内阁官制。② 这两道上谕并未明确设立责任内阁的具体年限，直至十二月十七日宪政编查馆将修订后的逐年筹备立宪事宜清单上奏，明定于宣统三年颁布内阁官制，设立责任内阁。③

关于宣统朝责任内阁问题的研究，过往相关研究多集中在考辨皇族内阁成员身份上，④ 近年来皇族内阁出台的经过引起学界重视，相关研究注意到皇室内部围绕内阁展开的权力争斗。⑤ 梳理史料可见，在清廷筹划责任内阁制过程中固然存在少壮派与奕劻派的争斗，但对总理大臣一职，双方并非积极争夺，不论是奕劻还是载泽、毓朗均曾力辞不就。此外，内阁暂行章程设定之协理大臣与责任内阁行政统一之本意相违背，为何最终能获得通过？笔者以为，仅以争权夺利概之似难未完，关于内阁官制与总协理安排的内情尚有待考证，本小节试以少壮亲贵中心略作梳理。

（一）从"宪政归宿"到"救亡亟图"：少壮亲贵对责任内阁的态度

总体而言，少壮亲贵普遍支持设立责任内阁，且多在清廷正式下令组织

---

① 中国第一历史档案馆编：《光绪宣统两朝上谕档》第 36 册，第 377 页。
② 中国第一历史档案馆编：《光绪宣统两朝上谕档》第 36 册，第 490 页。
③ 《宪政编查馆大臣奕劻等拟呈修正宪政逐年筹备事宜折（附清单）》，故宫博物院明清档案部编：《清末筹备立宪档案史料》上册，第 90 页。
④ 代表性的研究有刘广志：《"皇族内阁"考辨》，《开封教育学院学报》1983 年第 2 期；杜家骥：《清末"皇族内阁"小议》，《历史教学》1989 年第 6 期；董丛林：《"皇族内阁"人员成分问题辨析》，《历史教学》2006 年第 9 期。
⑤ 李细珠《论清末预备立宪时期的责任内阁制——侧重清廷高层政治权力运作的探讨》一文考察了皇族内阁出台的前因后果，注意到以载沣为首的少壮亲贵与奕劻派围绕责任内阁进行的明争暗斗，认为奕劻派在斗争中占据优势。彭剑《"皇族内阁"与皇室内争》一文考察了皇族内阁出台前后，皇室内部政争对内阁制度文本及辛亥年阁制运行产生的影响。

责任内阁之前已开始提倡。其中载泽提倡责任内阁制最早，1905—1906年间他率领考察团出洋考察政治，对立宪国的责任内阁制有过切实体认；归国后他奉命参与厘定新官制，与袁世凯、端方等人提倡改军机处和旧内阁为责任内阁，声称"昔日汤武革命，虽孔孟不以为非，中国历代惟未曾责任内阁，故千年来不能有长治久安之国"①，因力度过大，有碍皇权，而被慈禧太后否决。②载沣摄政之后曾一度表现出改革姿态，将此前被否决的责任内阁制重新提到立宪的重要位置，谓枢臣："组织新内阁一事，屡议无成，且多有以暂从缓定为词者，惟予近阅汪大燮、于式枚、李家驹等所奏考查英德日三国之宪政制度，均以新内阁为宪政之归宿，且一切规则甚属周详。应俟恭办奉安大差后，即行按期筹议，及早成立，以促宪政之进行。"③载沣还以新内阁制与现行制度迥异，告诫枢臣在修订之时无须牵引旧章，④并令其修订阁制不可仅专重日本一国，还应参仿英德阁制，以期完全。⑤不过，此时责任内阁制在载沣看来仅系"宪政之归宿"，属于"远期规划"，因而只是责成臣工参酌各国阁制详细筹订，未作实质性部署。

宣统二年日俄协约后，清王朝面临的外患更加严重，强国图存的呼声日益高涨；在诸少壮亲贵看来，欲求国家之富强必先求行政之统一，欲统一行政必须尽快设立责任内阁，于是责任内阁制得以由"远期规划"转变为危机中的"救亡亟图"。载涛考察归国后有感于中国行政混乱，行政大臣相互掣肘推诿，首以责任内阁制为请。随后，毓朗入枢后力持急进主义，于责任内阁一事极力提倡。据报载，毓朗曾向宪政编查馆提调李家驹咨询设立责任内阁问题，"自言现查内政外交同处繁困之时，非有新内阁不足以专责成而定国是，惟学问浅薄，于此项规制未遑研究，贵提调应随时详细演讲，其中义意以匡不逮"。⑥

国会请愿运动期间，责任内阁作为立宪政体之下与国会相对应的行政机

---

① 《泽公责任内阁之伟论》，《大同报（上海）》1907年第8卷第12期，第33页。
② 《更革京朝官制大概情形》，《东方杂志·宪政初纲》1906年第3卷增刊。
③ 《摄政王对于新内阁之提议》，《大公报》1909年9月26日，第5版。
④ 《新内阁与旧内阁之分》，《大公报》1910年1月2日，第4版。
⑤ 《监国催订新内阁制》，《大公报》1910年2月22日，第4版。
⑥ 《朗贝勒李侍郎之新内阁谈》，《大公报》1910年9月2日，第4版。

关日益受到时人重视，立宪派请愿速开国会的同时提出应设立责任内阁；各省督抚为中央行政不统一所累，亦纷纷上折奏请设立责任内阁。毓朗命人将军机处、宪政编查馆和会议政务处所存内外臣工提议有关新内阁制之议案、条陈奏折以及已经调查之各国内阁制成例，一律检查汇册进呈，以备审核决定。① 其时政务处已将责任内阁问题提上议程，有"某相国"认为责任内阁可以设立，但政务处、军机处不可裁撤，此说显然有违行政统一宗旨，毓朗坚决反对，声称："国是要题不可私断，既有责任内阁即不能再有多数同一性质之衙门。"②

由于载涛与毓朗的极力推动，清廷中央各王公大臣对设立责任内阁一事已基本不存异议，时论注意到："责任新内阁提议数载，迄今始得解决，其原因虽由于朗贝勒之极力主张，亦实系涛贝勒从旁鼓动之力。缘涛贝勒自归国后，迭次与枢臣提议，以我国各政纷歧，皆因责任不专、权限不定所致，非实行组织新内阁断难冀收成效。"③

与此同时，溥伦亦主张速设责任内阁，他向载沣建言："责任内阁为统一行政机关，关系甚重，亟宜速简国务大臣组织一切，未便日久延缓。"④ 载洵在出洋考察后认识到，中国不仅海陆军力落后于列强，行政、立法等事亦极度混乱，在载沣召见时"极力主张从速组织阁会，措词极为痛切"，声言"再迟一二年后，恐吾国将无以自存"。⑤

清廷宣布国会年限缩短三年后，大部分立宪派人士并不满足，甚至有不少时论质疑清廷立宪的诚意；民政部尚书善耆深处舆论要冲，在他看来，国会年限既已难再改变，责任内阁制便是现阶段安抚民心的关键，遂向载沣建议明降谕旨，速设责任内阁。⑥ 资政院第一次常年会期间，议员们与军机大臣纷争频起，各行政大臣在会议组织责任内阁办法时多认为民气嚣张，责任难以担负，仍旧互相推诿，唯载洵和溥伦"极力主张从速组织，并沥陈近日资

---

① 《新内阁之动机》，《申报》1910年9月6日，第1张第4版。
② 《政务处之责任内阁谈》，《申报》1910年10月28日，第1张第3版。
③ 《责任新内阁议决之述闻》，《大公报》1910年9月30日，第4版。
④ 《伦贝子亦重速立责任内阁》，《大公报》1910年10月12日，第4版。
⑤ 《国会缩短年限之余谈》，《申报》1910年11月14日，第1张第3、4版。
⑥ 《肃邸关于新内阁之奏请》，《大公报》1910年12月11日，第4版。

政院各议员纷纷质问，均因政府不负责任所致"，但奕劻始终不赞一词。①随后载洵又往谒奕劻，力言责任内阁不可不速设，奕劻以事关重大且缺乏总理人选，坚持从缓筹办，载洵向他解释："总理大臣之职任即等于军机领袖，况责任内阁之制度，各部大臣皆担重任，总理大臣不过总其大成，似较领袖军机清闲。"奕劻闻后十分欣喜，遂在载沣面前支持速设责任内阁。②

由上可见，少壮亲贵积极提倡责任内阁制，起初是作为"宪政归宿"的远期规划，后随着国势危迫，责任内阁制被视作"救亡亟图"。少壮亲贵提倡责任内阁制，既旨在改变旧军机体制下行政混乱、臣工推诿的弊端，又有表明立宪诚意、安抚人心的意图。因此，清廷能否将新阁制筹划妥当，内阁成员能否用人得当，不仅影响到立宪进程，更关乎人心向背，而后者无疑是风雨飘摇中的清王朝能否延续国祚的关键。

（二）"定制"与"试办"：内阁官制与暂行章程的出台

丙午年官制改革中，慈禧太后否决责任内阁制的一大原因就是担心内阁权力太重，缺乏制衡，有侵夺君权、架空君主的风险。及至庚戌年底清廷将设立责任内阁提上日程，此时已有资政院制约行政，又有军谘处掌握兵权，同时清廷还在筹划设立弼德院作为最高顾问机关；从制度上看，摄政王载沣已无须过度担心内阁对君权的威胁。③在国会年限缩短后，载沣严催宪政编查馆迅速将阁制拟定完备，极欲在国会召开之前先行组织责任内阁，以此表明内阁对君主负责而非对国会负责。

宣统元年五月，考察宪政大臣李家驹等归国后仿照日本内阁官制拟定了一份中国内阁官制草案平议书进呈载沣，载沣对此极其重视，览后交枢臣讨论。④彼时清廷只将责任内阁制作为立宪的远期规划，一向办事因循的军机大臣对此屡议无成，不过载沣及各军机大臣对这一草案并没有太多反对意见，

---

① 《组织内阁纂拟宪法谈》，《申报》1910年11月23日，第1张第4版。
② 《庆内阁将要出现》，《民立报》1910年11月26日，第2页；《庆邸总不失政界领袖》，《申报》1910年11月25日，第1张第4版。
③ 《宪政编查馆会议政务处奏拟定内阁官制并办事暂行章程折》，故宫博物院明清档案部编：《清末筹备立宪档案史料》上册，第559页。
④ 《监国亲签新官制草案》，《申报》1910年7月1日，第1张第3版。

基本确定将其作为未来设立责任内阁制的蓝本。

宣统二年十月初三日清廷发布"预即组织内阁"上谕后，宪政编查馆以李家驹进呈的内阁官制草案为底本拟定新内阁制①，一个多月后便有报道称新内阁官制草案已经拟定完毕，"其内容系设总理大臣一员，副大臣二员，国务大臣十员，所有陆海军、财政、交通、内务、民政、实业、学、外务等部及旗制处等衙门大臣皆予以国务大臣之兼任，参预阁务，以裨宪政"。②彼时宪政编查馆直属于军机处，宪政馆厘定的草案更多地体现了军机大臣的意图。草案上呈后，载沣极为慎重，与各军机大臣讨论多次，指出数条阙疑之处，军机大臣多不能答；随后载沣召宪政编查馆李家驹、宝熙两提调详细询问，仍有未明晰之处。《大公报》称载沣之"阙疑"系因官制草案"责任与权限多有偏重"。③具体而言，他不满这一草案是因为其中明文规定一切大事由总理大臣决定，各部大臣有事奏对必须由总理大臣带领，总理大臣自行组织内阁，"直成总理一人天下之局"；然而草案对内阁的责任却规定甚少，强调权力而忽视责任显然有违朝廷设立责任内阁之初衷，并且当时资政院议员正因责任问题与军机大臣纷争不断，载沣看到这一草案后非常不悦，怒斥诸臣直抄日本阁制成文，④交下继续修订，并斥责主管厘定官制事务的首席军机大臣奕劻"仅知有权利而不肯负责任"。⑤

十一月二十四日，清廷发布上谕饬令宪政编查馆速将内阁官制详慎纂拟具奏。⑥三十日，资政院第二次弹劾军机大臣折上奏，强烈要求速设责任内阁。载沣虽将奏折留中不发，但这是出于尽快结束枢院纷争考虑，并非他不支持速设责任内阁。载沣在资政院折上后即面询奕劻内阁官制修订情况，并告知

---

① "宪政编查馆现在赶办官制甚忙，京官官制大概不外以李柳溪侍郎所著之行政纲目为底本。"见《新官制将来记》，《时报》1910年12月11日，第2版。
② 《将来之国务大臣》，《大公报》1910年12月22日，第2张第1版。另据《时报》披露，宪政馆制定的官制草案中只有总理一人，并无协理或副大臣名目（见《空中之内阁经营》，《时报》1911年3月1日，第2版）。笔者考察当时主要报刊的相关报道，多数声称有协理或副大臣，且清廷此时已经在商讨副大臣人选，故本书拟不采纳《时报》说法。
③ 《监国详询阁制大纲之解释》，《大公报》1910年12月20日，第4版。
④ 《空中之内阁经营》，《时报》1911年3月1日，第2版。
⑤ 《庆邸恐欲罢不能》，《大公报》1910年12月13日，第5版。
⑥ 中国第一历史档案馆编：《光绪宣统两朝上谕档》第36册，第490页。

以"资政院请速设新内阁之折词意恳切,应速编成以孚民望"。①

十二月中旬,宪政编查馆将内阁官制修订完毕,送至军机处复核。②军机大臣览后甚不满意,认为"宪政编查馆纂拟新内阁制度多类各国",对草案大加核改。③不久,军机大臣将核改后的内阁官制草案进呈,据报载,载沣对这一稿草案仍然十分不满,"探其原因系为从中各项组织多牵混旧内阁制及军机处制,权限重而责任轻,且多预为推诿地步",载沣对其条款逐一批驳,并面饬枢臣"从速妥订办法,勿稍偏倚,亦勿再迟延"。④草案中的内阁设副总理大臣一项最令载沣不满,"以总理之下若再添设副大臣,其办事之掣肘仍复如旧,倘或意见不合,势必动辄龃龉,殊觉转滋不便",与旧军机无异。⑤各枢臣认为副总理虽不合各国公例,但中国初办阁制,各政繁难,不得不略为变通;载沣表示副大臣可暂时试设三年以为权宜之计,待至三年以后阁制就绪,权责划清,必须裁撤,以符立宪国通例。⑥

宣统三年伊始,载沣与各军机大臣商定,责任内阁不能再拖延,务必于当年三月成立。⑦时间表既已确定,一切制度草案更须从速妥定,据报载,载沣与奕劻商议,"阁制为行政之总括机关,关系重要,所有应行特创之新制及裁并各署之方法均责成该邸统筹,一切详细参核拟定草案呈候钦裁,勿得推诿,致滋遗误"。⑧

此后一个多月由于清廷内部对阁制政见不一,相互龃龉,内阁官制再度难产。

一是军机大臣奕劻、那桐与宪政编查馆馆员意见不合。与宪政馆馆员相比,奕劻等人宪政知识不足但政治阅历丰富,他们在意的不是怎样组织内阁更符合宪政,而是更关注内阁成立后如何安置原有官员。时论注意到:"军机

---

① 《摄政王注重新内阁》,《顺天时报》1911年1月14日,第7版。
② 《专电》,《时报》1911年1月14日,第2版。
③ 《专电》,《时报》1911年1月15日,第2版。
④ 《新内阁制碰钉子》,《民立报》1911年2月4日,第2页;《新内阁制又被驳回》,《大公报》1911年1月25日,第4版。
⑤ 《监国主张新内阁不设副大臣》,《大公报》1911年2月15日,第5版。
⑥ 《副大臣有只设三年之耗》,《大公报》1911年2月12日,第4版。
⑦ 《议准新内阁成立之确期》,《大公报》1911年2月4日,第5版。
⑧ 《庆邸有核订阁制之特权》,《大公报》1911年2月5日,第5版。

大臣并不知内阁制度应该如何组织,惟知现在军机处、旧内阁、宪政馆所不欲去之人及所不能去之人为之预筹位置,位置或不相当又必授意起草员为之另立名目,多列等级,以致起草者异常困难。"①一次,宪政馆将内阁官制改订后交军机处复核,奕劻等仍不满意,复交宪政馆继续改订,宪政馆官员颇为不愿,决意请军机大臣自行更改。②

军机大臣内部关于将来内阁的组织办法也存在分歧,奕劻、那桐主张内阁属员尽用军机处旧人,毓朗和徐世昌认为用更具宪政见识的宪政编查馆馆员比较合适。③时论将其视作军机大臣中的新旧两党,"旧党势力较新党为大,将来阁制之告成恐难得美备结果也"。④

二是摄政王载沣与首席军机大臣奕劻的理念分歧,时论注意到:"现新内阁之纷争大致分为新旧两派,监国主张新制,庆邸主张旧制。"二人宗旨不同,以致奕劻在奏对时并无甚建言,唯以敷衍了事。⑤其时军机大臣奕劻等人以朝廷内部意见不一为由,拟将责任内阁暂缓成立,载沣坚决反对:"以阁制为振兴各政之机关,无论如何断难从缓。现仍严行催促,且亲自核查一切,拟无庸兼顾官制,必须在春夏之间将新内阁成立。"⑥他对奕劻、那桐墨守成规又敷衍塞责的做法极不满意,乃令载泽、溥伦两少壮亲贵参与修订阁制事宜,⑦并且当面申斥奕劻办事因循推诿,奕劻无奈与人抱怨称:"我非不尽心筹划,但凡事仍须请旨裁夺,今日受倚畀者皆少年英锐,吾谋不用,非我之咎也。"⑧

新旧两派纷争严重阻碍了责任内阁制进程,新派主张设立完全内阁以符宪政固有其道理,但制度改革并非仅限于制度一端,更牵涉到诸臣的切身利益,旧派关注的原有人员安置问题亦不可忽视;而当时载沣已下令必须在当年春夏之交成立责任内阁,最终枢臣提出一折中方案,拟在成立完全内阁之前先行试办"过渡内阁",修订完全内阁官制的同时制定一份内阁官制暂行章

---

① 《痴望新内阁者醒来》,《申报》1911年3月17日,第1张第5版。
② 《专电》,《时报》1911年2月11日,第2版。
③ 《宪政馆与军机处之暗潮》,《大公报》1911年3月17日,第6版。
④ 《监国拟亲自核订阁制》,《大公报》1911年3月17日,第6版。
⑤ 《庆邸果不参预阁制乎》,《大公报》1911年3月18日,第6版。
⑥ 《监国不满意新内阁之缓立》,《大公报》1911年3月19日,第4版。
⑦ 《伦泽两大臣参预阁制》,《大公报》1911年3月19日,第4版。
⑧ 《老庆之推诿精神》,《民立报》1911年4月5日,第2页。

程,"过渡内阁"按照暂行章程办理。

二月二十三日,枢臣命宪政编查馆提调宝熙等负责拟定暂行章程,"闻军机处、宪政编查馆红员全有位置,并有总理大臣一名,副一名或二名之说"。①外间传闻此议系汪荣宝、宝熙等人为迎合奕劻意愿而炮制,②实际上汪荣宝反对暂行阁制,当他得知内阁暂行官制一事后,前往善耆处力陈其非,并为善耆拟定一说帖说明此制流弊。③据时论披露,暂行官制内不仅有两名副总理大臣,还有副大臣上行走一人,④四名军机大臣摇身一变全部成为内阁大臣,舆论对此一片哗然,《民立报》径直揭露所谓暂行阁制就是为了安置军机大臣。⑤

各少壮亲贵对暂行阁制多持反对态度。载沣认为,"内阁官制草案中有过渡内阁副大臣见习,不及设阁、改军机处为秘书厅等条款,按照旧例固不适合。比较各国立宪通例,亦颇不合。发表后恐招物议,且贻笑柄"。饬令宪政馆再详查各立宪国官制,斟酌改订。⑥载涛反对最为激烈,他得知新内阁设副大臣及行走,"以为非牛非马,极力反对",⑦并在载沣面前力言暂行阁制不伦不类,恐为各国耻笑,"请严定责任权限,以免混淆推诿"。⑧他还专赴庆王府就内阁权责问题质询奕劻,奕劻仅敷衍几句,载涛极其不满,与其争辩良久,几至冲突。⑨毓朗虽为军机大臣,在阁制问题上并不与庆那一道,他认为:"过渡内阁名称,既不雅驯,又失立宪国设立内阁之意,将来此议如果实行,必为中外通人所讪笑。若派吾任过渡内阁,决计力辞云。"⑩毓朗不出任"过渡内阁"恰好为奕劻等人位置旧人减轻了一大压力,如此便无须设立副大臣上行走了。善耆认为,"内阁暂行章程与内阁官制之精神,似有未尽符合之处,惟此系施行之始,不得不稍示权宜,将来有无窒碍,应再随时酌议修正,以臻

---

① 《专电》,《时报》1911年3月25日,第2版。
② 《暂行阁制有拟取消之耗》,《大公报》1911年4月10日,第4版。
③ 韩策、崔学森整理,王晓秋审订:《汪荣宝日记》,第253页。
④ 《五花八门之新内阁》,《申报》1911年4月7日,第1张第4版。
⑤ 《北京紧要通信》,《民立报》1911年4月17日,第3页。
⑥ 《日纸之内阁官制谈》,《民立报》1911年4月27日,第3页。
⑦ 《专电》,《时报》1911年4月4日,第2版。
⑧ 《专电·电一》,《申报》1911年4月20日,第1张第3版。
⑨ 《日纸之内阁官制谈》,《民立报》1911年4月27日,第3页。
⑩ 《朗贝勒不肯作渡船老大》,《申报》1911年4月9日,第1张第4版。

完善"。① 载泽面奏载沣:"以暂行阁制责任未定,权限弗专,流弊之多不可胜道,非仅贻笑于外人,且亦大失乎民望。"② 唯溥伦认为暂行阁制"亦因新旧更替之时,便于推行起见",大体可行。③

内阁官制暂行章程系奕劻等人为卸责而炮制,各政务大臣多不赞成,故阁制不得不继续拖延,未能在原定发表日期(宣统三年三月初三日)之前入奏。奕劻不便强为,遂改令各部院另呈说帖再行核定。④ 其时各部院说帖仍多反对,各省督抚亦电争不应设副大臣或协理,继续争执下去只能让责任内阁更遥遥无期。随后,政务处会议上各政务大臣拟定了一个折中办法,即暂行内阁可以设立副大臣或协理,但不能有署名权。⑤ 奕劻仍不满足,认为副大臣没有署名权,总理责任太重,决计辞退。此时载沣已拟定由奕劻担任第一任内阁总理大臣,奕劻要求副大臣署名显然是在为自己日后考虑,他不愿独自承担行政责任,仍是一种旧军机思维。奕劻以辞退相威胁,毓朗不得不又提出转圜方案,建议副大臣是否署名奏请摄政王裁夺。⑥ 受史料所限,载沣当时何种态度难以考证,不过从后来发表的内阁官制暂行章程来看,载沣应当同意了副大臣署名。内阁官制方面,据《时报》报道,宪政编查馆将内阁官制草案上奏后,载沣又亲自改动数条,饬政务处继续讨论,⑦ 二十八日,政务处会议全体议决。⑧

四月初二日,载沣召集政务处王大臣开御前会议讨论内阁官制和暂行章程问题。⑨ 会上,载沣遍询各王大臣对于阁制有无异议,除载泽、溥伦和荫昌外,其他各大臣均无异议,"探悉其原因,盖各王大臣有实系毫无宪政知识,并不谙习各国阁制者,有自揣与各枢臣势力不敌,纵或争辩亦必无效者,有

---

① 善耆:《呈内阁章程与内阁官制精神未尽符合应酌议修正说帖》,中国第一历史档案馆藏:宫中朱批奏折,档号:04-01-02-0014-009。
② 《暂行阁制有拟取销之耗》,《大公报》1911年4月10日,第4版。
③ 溥伦:《呈内阁及弼德院等官制草案说帖》,中国第一历史档案馆藏:宫中朱批奏折,档号:04-01-02-0014-008。
④ 《暂行阁制有拟取销之耗》,《大公报》1911年4月10日,第4版。
⑤ 《专电》,《民立报》1911年4月26日,第1页。
⑥ 《专电》,《民立报》1911年4月27日,第1页。
⑦ 《专电》,《时报》1911年4月27日,第2版。
⑧ 《专电》,《时报》1911年4月28日,第2版。
⑨ 北京市档案馆编:《那桐日记:1890—1925》,第687页。

迎合某枢老意旨不肯与之相反者，各具种种心理，故不得不公同认可了却此项问题"。① 御前会议对暂行阁制做了修改："原稿总理大臣有发阁令之权，闻已删去。又原议各部大臣非会同总理，不得一人独对，此亦层已删去（当作"此层亦已删去"——引者注）。故虽名内阁，而性质实与现有之军机无异。"多数王大臣赞成。② 载泽起初反对暂行阁制主要是对经费问题和某些关于权限的规定持有异议，御前会议删改这些条款后，载泽转而赞成暂行章程，"声称在此议院未开、筹备宪政未完之时，决须用此暂行阁制为正当办法，否则轻举躁进，必致诸多贻误"。③ 这样一来，清廷内部就阁制问题基本达成共识：同时拟定责任内阁官制和内阁官制暂行章程，在办理完全责任内阁之前先按照暂行章程试办"过渡内阁"。

四月初六日，宪政馆将修订完毕的内阁官制和暂行章程草案具奏，④ 其中暂行章程草案内有"过渡"字样，载沣认为"过渡二字在阁制上极不美观，不独贻外间口实，且易启各国讪笑"，遂将章程中的"过渡"字样一律删去。初十日，清廷发布上谕公布了内阁官制和暂行章程。

通观阁制出台的过程，始终存在以奕劻为首的旧派与以载沣为首的新派的争执。奕劻派主缓进，载沣派主速设；奕劻派强调内阁权力，载沣派强调内阁责任；奕劻派关注责任内阁成立后原有人员的安置问题，载沣派看重建立新内阁制对宪政的意义。两派争执既源于治国理念的分歧，又有对新内阁建立后权责问题的博弈，暂行章程及试办"过渡内阁"实际是新旧双方妥协的产物。

（三）从"新老更替"到"不动为安"：总协理大臣的选定

清廷筹划责任内阁伊始即拟以军机处为班底，并且时人已将军机处视作"政府"，因而在政务处会商内阁总协理人选时不出意外地将目标首先锁定在四名军机大臣身上，拟推举首席军机大臣奕劻为总理大臣，毓朗和徐世昌副之。⑤ 后据《民立报》载，这一方案经政务处王大臣数次决议后有所改动，"总

---

① 《各政务大臣未争议阁制之原因》，《大公报》1911年5月6日，第2张第1版。
② 《御前会议之结果如是》，《申报》1911年5月7日，第1张第5版。
③ 《泽公赞成暂行阁制》，《大公报》1911年5月4日，第2张第1版。
④ 韩策、崔学森整理，王晓秋审订：《汪荣宝日记》，第263页。
⑤ 《专电》，《民立报》1910年10月31日，第2页。

理大臣仍请庆亲王任之,朗贝勒为副总理大臣,那桐为外相任外务部尚书,外务部裁去尚书一人"。①

其时奕劻因年老力衰又受到舆论指摘,早有辞退之意,筹划责任内阁期间已多次向摄政王载沣奏请开缺;被政务处各王大臣推为总理大臣人选后,他表示不愿担负此项重任,乃力推毓朗。②晚清自奕䜣入赞枢机始,作为行政中枢的军机处大部分时期由宗室王公担任领班大臣,在时人眼中,首席军机大臣与内阁总理大臣相当,于是当清廷会商总理人选之时,不论摄政王载沣、政务处各王大臣抑或是外界舆论,几乎都存一定见,即内阁总理大臣肯定要由宗室王公担任。奕劻既已固辞不就,在廷臣看来可担任这一职位的只有溥伦、毓朗、载泽三亲贵,遂拟从这三人中推定一人。

其时溥伦已经因为资政院弹劾军机风潮与奕劻、那桐产生矛盾,且以资政院总裁身份将来有望担任国会议长,在三人中首先"出局"。毓朗既是亲贵又是军机大臣,当入枢之时即被舆论视为奕劻的接班人,奕劻辞位后由毓朗担任行政首脑,大体符合政治运作的基本规则,但对于总理一职,毓朗"一味却辞"。③虽然载沣当初简拔毓朗入枢或有预备接替奕劻之意,但彼时清廷尚未明定设立责任内阁的期限;及至此时清廷具体筹划责任内阁,酝酿总理人选,距毓朗入枢不过半年,历练有限,其时奕劻力推毓朗,载沣认为:"毓朗虽敏锐有为,然求进之心太速,恐多贻误,且于政治阅历尚浅,非再经验三五年断难倚任。"④

总理大臣一职,载沣倾向由载泽担任。时人认为,主要理由有三:"(一)现在王公中最明白者断推泽尚,此外有新智识者或年少气盛,或无此资格。(二)为宫廷近况,惟泽公可以调和,所惧者惟洵涛之反对耳。(三)内阁总理为对于国会而设,最紧要者为国用。现在度支部为泽一人经划,将来冀无龃龉。"⑤隆裕太后与载泽为姻亲,亦支持载泽担任总理大臣。⑥载洵、载涛因

---

① 《会设内阁追记》,《民立报》1910年11月9日,第2页。
② 《庆邸仍有内阁总理之望》,《申报》1910年11月13日,第1张第4版。
③ 《内阁总理无非亲贵》,《申报》1910年12月11日,第1张第4版。
④ 《庆邸仍有内阁总理之望》,《申报》1910年11月13日,第1张第4版。
⑤ 《会设内阁追记》,《民立报》1910年11月9日,第2页。
⑥ 《总理大臣之角逐》,《时报》1910年12月9日,第2版。

载泽主持财政时固持撙节主义，反对海军预算，制约了他们的扩军计划，因而反对载泽出任总理大臣。① 不过，既有载沣、隆裕两位最高统治者支持，且载泽本人起初亦有自愿承认之意，载洵和载涛的反对没有影响大局。在时人看来奕劻退休，载泽出任总理大臣几成定局。

《丽泽随笔》分析时局称：

> 监国现拟总理改派泽公，其种种原因可历数之。（一）王公中惟泽公品概刚方。（二）庆王力保。（三）内阁为对待国会之地，惟泽公素持缓急之序，为之可以资其主持。现度支部财政紊乱，无可清理，颇难与国会议员浃洽，故泽公力辞度支部务。②

英国驻华公使朱尔典在致格雷爵士的信函中披露：

> 据目前从当地报刊上搜集到的情报，责任内阁将于明年年初（阴历）设立，载泽可能被提名为总理大臣，协理大臣则可能由毓（朗）亲王出任。据报道，庆亲王奕劻由于年事已高，谢绝出任内阁总理大臣职务。③

美国《华盛顿邮报》报道：

> 据认为，令人尊敬、掌握着现任皇帝背后的实权、涉嫌卷入义和团事件的庆亲王即将退休，载泽将出任总理大臣。在这方面，人们将会想到，载贝勒曾是1905—1906年出洋考察宪政大臣之一，在此之前，在这个城市曾有人试图谋杀他。他在炸弹爆炸中受轻伤，但是，当其家人要求他辞掉考察差事时，他回答说，如果他的死能够为中国带来立宪政府，他将心甘情愿地去死。④

---

① 《海陆军之神圣权》，《民立报》1910年12月1日，第4页。
② 《拟立内阁》，《丽泽随笔》1910年第1卷第17期。
③ 《朱尔典致格雷爵士函》，章开沅、罗福惠、严昌洪主编：《辛亥革命史资料新编》第8卷，第35页。
④ 《中国向前迈进》，胡绳武主编：《清末立宪运动史料丛刊·外文资料》，第381—382页。

从以上各家所记不难看出,载泽出任新内阁的总理大臣几乎是板上钉钉的事了。

宣统年间,满汉矛盾已极其敏感,清廷只在亲贵中选任总理大臣的做法证明革命党所言非虚。戴季陶指陈,无论年迈之奕劻抑或新进之少壮亲贵出任内阁总理都是皇族专政:

> 夫庆邸为今日政府中皇族之代表,故朝政皆握于其手。苟庆退休或幸而死,皇族中继之兴起者岂止一庆邸也哉?朗贝勒无论矣,肃邸虽为可儿,然亦以今日当政之亲贵中无多奥援,且未据政治上之好位置耳。苟肃邸而为军机领袖大臣,亦未见即非第二庆邸也。泽公为人,即以反对预算一事观之,已可见其肺腑。此外若伦贝子,若洵贝勒,若涛贝勒,皆诸公子之世故尚浅者耳。苟再阅数年,资格渐深,阅历渐透,则其专横压制之手段,必有驾庆、朗而上之者。故皇族之人物可不必具论,惟有吾民自养成势力以抵抗之而已。世界各立宪国,无论君主民主,即专制如日本,亦未有举全国朝政而胥握于皇族之手者。此不特尊民权,亦以保皇族之幸福耳。而独吾国之皇族,偏欲专政以自取祸,谓之何哉?①

另有时论认为,亲贵中无人能胜任总理大臣一职:"庆邸耄老也";毓朗"素虽负名,自入军机,已奄奄无气";载泽"办理财政,所用晏安澜、张允言颇被讥议。虽言者未必尽宜,而泽公之暮气不振亦可概见";善耆、载洵、载涛三人,"肃邸虽为报界十分称扬,合涛洵先后推服,此乃提倡新学。新学家投其气味,各利用之,故致如此。若确确实实予以内阁之任,恐三人亦不能也"。②在他们看来,不论谁担任总理大臣,只表明各亲贵地位的升降,难以真有作为。

就在时人皆以为载泽即将出任内阁总理大臣之时,载泽的意愿却发生了转变。据报载,载泽邀集宪政馆馆员数人至其府邸咨询总理大臣责任和权限,"合诸现在时势种种棘手情形,泽公聆之颇深危惧,拟将来若果简充斯席决计

---

① 《哭庚戌》,唐文权、桑兵编:《戴季陶集》,武汉:华中师范大学出版社,1990年,第242页。
② 《得人难》,《丽泽随笔》1911年第2卷第2期。

不欲承认"。① 盛宣怀的一席劝告更坚定了载泽的辞意,盛云:"东西各国第一次之责任内阁最易推倒,必经推倒后,第二次责任内阁出现始能巩固不摇。故第一次之总理大臣必无良结果,第二次总理大臣必据于安稳之地位。公不如以危险者让人,而静候其安稳之地位以自处。"载泽深韪其言,决定不出任首任总理大臣,转而等待出任第二任总理大臣。② 其时载沣为新内阁成立选任总理大臣之事召见载泽,"泽公极力谦辞,推崇庆邸。嗣又商定办法,如庆邸实系不愿,则即以泽公充当"。③ 载沣犹以为载泽是内阁总理首选,于随后再次召见劝其充任内阁总理,载泽以"素未参预军机处,于国家大政恐多贻误"为由,坚决请辞,载沣遂允。④

载泽辞后,一度有载涛出任总理大臣的传闻,据报载,"闻某邸宴会时,涛驾初至,座中即相耳语谓新大臣来了。前数日,涛派颇主张今日以军国民主义立国,非有军事上知识者不可持内阁"。但这只是时人鼓噪,按官场的一般规则,简授要职不仅要看官员的政见、能力,还需考虑其资历。与异姓满汉大臣相比,亲贵登上高位固然要容易得多,但对于行政首脑之位,没有足够的资历显然难以服众。载泽既辞,则亲贵中能当此任者只剩奕劻;此时,清廷内部就厘定内阁官制已达成一共识,即在组织"完全内阁"之前先组织一个"暂行内阁"以为新旧过渡之法。既然已定为过渡办法,载沣决定"不动为安",拟内阁总理大臣仍由首席军机大臣奕劻担任,"以其辈老资深,监国严惮,而军机数人均与同进退。今内里局面,万难尽易旧人、专用新派,造一绝大波澜"。⑤ 此外,载沣选择奕劻也是考虑到他在皇族中年长位尊,欲借他以约束年少躁进的载洵、载涛。⑥ 政务处各王大臣亦赞成。奕劻仍力辞不就,随后载沣命毓朗、那桐、徐世昌三军机前往庆王府商请,"谓王不允则阁制终不发布"。⑦

---

① 《泽公亦有不任总理大臣之耗》,《大公报》1911 年 1 月 19 日,第 4 版。
② 《泽公怕人推倒他》,《民立报》1911 年 4 月 15 日,第 2 页。
③ 《监国特召泽公之述闻》,《大公报》1911 年 3 月 7 日,第 5 版。
④ 《专电》,《时报》1911 年 3 月 30 日,第 2 版。
⑤ 《新内阁史》,《时报》1911 年 5 月 18 日,第 2 版。
⑥ 《牛鬼蛇神之新内阁》,《民立报》1911 年 4 月 5 日,第 3 页。
⑦ 《专电》,《民立报》1911 年 4 月 3 日,第 2 页。

载沣既已决定"不动",则协理大臣须在朗、那、徐三军机中选择两人。徐世昌系军机大臣中唯一的汉人,为象征性地平衡满汉起见,确定占据协理中的一席。当政务处初议总协理人选时,诸臣多举毓朗出任协理,但毓朗认为总协理中不能同时有两亲贵,坚决请辞,那桐遂得入阁。① 时论注意到:"朗虽亲贵,而资望尚浅,以任总理则太骤,以任协理则太裹。且协理之额只有一人或二人,使朗为协理则那不能去,其势必去徐,徐去而总协理无一汉人,殊非所以昭示大公也。"② 至宣统三年三月,时论已经注意到:"新内阁总理决为庆邸,协理决为那、徐二相,已成公然之事实。"③ 毓朗不能入阁,载沣只得将他调回军谘大臣原任。其时军谘处正筹划改为军谘府,荫昌向载沣建言,认为毓朗与载涛同为军谘大臣而无正副之分,于统一事权之义不合,载沣亦知此意,"惟以军权重要,未便参用他人,故决意属之涛邸。至朗邸,则实因一时猝出军机,无法位置,不得不藉该府为暂行立足之地,一俟他项重要缺出,即调其补授"。④

奕劻久握政柄,势力盘根错节,不少内外大员皆仰其鼻息,载沣为求稳起见,以原军机大臣担任新内阁的总协理大臣,朝中新旧各派势力对这一人员安排大体上都能接受。这对行政中枢由专制到立宪平稳过渡,防止因新旧制度更替而产生更大的权力纷争不无益处。《凌霄一士随笔》即认为"其时之朝局,固只能产生此种内阁也"。⑤ 然而,外界得知载沣仍意属庆那后极其不满,以军机大臣摇身一变成为新内阁的总协理,无异于新瓶装旧酒,毫无勠力革新之意;且庆那二人素负误国之名,舆论不能不担忧立宪前途,指出:"庆那之误国,久已为世所唾骂,倘复以之掌握内阁,则他日之政策将不言而可知。"⑥

(四)皇族内阁登场后的舆论及应对

宣统三年四月初十日,清廷正式公布内阁官制和内阁办事暂行章程,内

---

① 《内阁发表内幕》,《时报》1911年5月15日,第2版。
② 《内阁翻新记》,《时报》1911年5月17日,第2版。
③ 《庆泽暗潮记》,《盛京时报》1911年4月19日,第2版。
④ 《朗贝勒与军谘府之将来》,《申报》1911年5月30日,第1张第5版。
⑤ 《庆内阁》,徐凌霄、徐一士:《凌霄一士随笔》,第517页。
⑥ 《论内阁之前途》,《时报》1911年4月2日,第2版。

阁官制共计十九条，采用立宪国家通例，由总理大臣和各部大臣组成内阁，关于各国务大臣权限、责任、奏对、署名等都有明确规定；暂行章程有十四条，增加了协理大臣一员或二员，内阁官制中有关总理大臣的相关规定同样适用于协理大臣，并对新官制施行之前各衙门奏对、值日，军机处、政务处裁并，各衙门与内阁关系等做了更细致的规定。①

总体而言，内阁官制已经属于完全的责任内阁制，而暂行章程中增加了协理显然不符合清廷设责任内阁统一行政之本意，有位置旧军机之嫌。同时，清廷发布一道上谕说明朝廷既设立内阁官制又要先按照暂行章程试办"过渡内阁"的用意：

> 上年降旨饬将官制厘订，提前颁布试办，并即组织内阁，旋经宪政编查馆奏拟修正筹备事宜清单，经朕定为宣统三年颁布内阁官制，设立内阁，所以统一政治，确定方针，用符立宪政体。兹据宪政编查馆、会议政务处会奏，遵拟内阁官制十九条，采取各国君主立宪之制，参酌现在时势之宜，审慎规定，尚属周妥。又因阁制甫经创办，必须以渐而进，作为筹画试行，并拟内阁办事暂行章程十四条，权宜损益，均属可行，曾经召见会议政务处王大臣等面加垂询，意见佥同。着将内阁官制颁布，遵照此项钦定阁制设立内阁，并即照办事暂行章程先行试办。②

同日，清廷还正式任命了新内阁的总协理大臣和各部大臣，以奕劻为总理大臣，那桐、徐世昌为协理大臣；梁敦彦授为外务大臣，善耆授为民政大臣，载泽授为度支大臣，唐景崇授为学务大臣，荫昌授为陆军大臣，载洵授为海军大臣，绍昌授为司法大臣，溥伦授为农工商大臣，盛宣怀授为邮传大臣，寿耆授为理藩大臣。③ 总协理大臣全部来自原军机大臣，只有毓朗未入阁；

---

① 《宪政编查馆会议政务处会奏拟定内阁官制并办事暂行章程折》，故宫博物院明清档案部编：《清末筹备立宪档案史料》上册，第558—566页。
② 《颁布内阁官制暨内阁办事暂行章程谕》，故宫博物院明清档案部编：《清末筹备立宪档案史料》上册，第565页。
③ 《授奕劻为内阁总理大臣那桐徐世昌为协理大臣谕》《任命各部大臣谕》，故宫博物院明清档案部编：《清末筹备立宪档案史料》上册，第566页。

十一名各部大臣除外务大臣梁敦彦外，皆为原来各部尚书，体现了载沣"不动为安"的考虑。

从制度层面讲，新阁制明定了各国务大臣的政治权责，有助于杜绝各大员遇事推诿的旧习，较之于旧军机制度有明显进步；新阁制明确了内阁总理大臣的政府首脑地位，将行政权从君上大权中剥离，皇帝不再直接管理行政事务，亦符合君主立宪制的基本原则。然而，新制不足，旧人犹在；载沣同意试办暂行阁制、变法而不变人无非是为了新旧制度平稳过渡，但彼时危机中的舆情早已日趋急进，人们普遍希求变而不是求稳，因而对这样的阁制和人员安排极度愤怒、失望。

其一，时人对清廷的渐进方针极其不满。

清廷中虽有少壮亲贵力持急进主义，但以奕劻为首的元老派对清廷决策依然有重要影响，急进政见往往受阻于老成持重，最后形成渐进决策，较提倡之始已大打折扣，更难以满足时人对清廷立宪的期待。起初朝野请求速开国会，清廷仅将国会年限缩短三年在时人看来已是渐进，外界只得期待责任内阁；而责任内阁千呼万唤始出来，竟犹须先行试办"过渡内阁"，清廷立宪一再缩水，外界势必怀疑清廷有无勤力革新之决心。时论称："朝廷对于今日之国势，凡办一事，凡革一政，均须有坚毅奋断之决心，使其制度永久不得变更，以消金壬潜图破坏之念，则行之为有效矣。今内阁官制所关于宪政前途者至巨，倘于此成立之时先自祝其短折，明诏天下曰此筹划试行也、此暂行也、此先行试办也……夫观念不确，人人存有偶然尝试之思，其于政治上之影响为何如，其于政治上之效果为何若？"① 各省谘议局联合会上折称："朝廷不组织内阁则已，既已组织内阁，须具内阁之真相，似不可有暂行试办之制度。盖试办者，必成绩之良否不可知，姑为筹画试行以定进止。设内阁以定政治之方针，保行政之统一，但当期成绩之优良，决无可暂行尝试之理。"②

其二，庆那占据新内阁总协理要职激起公愤。

奕劻、那桐长期占据军机要津，时人多认为他二人治国无方却贪鄙有余，对立宪事宜一向消极保守，难以肩负起革新重任；并且二人在资政院第

---

① 《四月初十日上谕恭注》，《时报》1911年5月12日，第1版。
② 《中国大事记》，《东方杂志》1911年第8卷第5期，第7—10页。

一次常年会期间与议员发生了激烈冲突，所作所为尽是专制积习，早已成为舆论的众矢之的。值此撤旧军机立新内阁之际，外间期待行政首脑能够更新换代，而结果竟是四军机中被视作进步者的毓朗出局，庆那犹在，舆论对此一片声讨。时论认为，"若朗贝勒至出军机也，则显以见朗之势力不如庆那；朗本进取者也，庆那本保守者也，一出军机，一留内阁，又以见进取党之势力不如保守党"。① 时论对奕劻治国无方、年老力衰、政见守旧却仍占据要职极为不满：

> 庆王非曾受资政院之屡次弹劾者乎？资政院之劾之也，非特劾其不负责任，实劾其有忝职位。庆王受朝廷重恩，十余年来握大权，而坐令国家削弱至此，束手莫能筹救，庆王之负我圣主甚矣。内阁总理大臣对于国会而负责任，然庆王去年之视资政院议员如寇仇，今日而居内阁总理之地位，不知其能虚心容纳议员否也。内阁总理当汲引同主义之阁僚，则必先示之以政策，不知庆王今日能定政策否也。内阁为行政之府，筹划国政既定，同时即须执行之，以庆王之精神魄力，又不知能贯注否也。②

其三，重满抑汉、皇族集权令人大失所望。

清末民族主义思潮兴盛，革命党宣传革命排满，人心思变，满汉矛盾一触即发。立宪本是清廷敉平内乱、收拾人心的救命稻草，但新内阁的十三名国务大臣中满九汉四，且汉大臣徐世昌为协理，外务大臣梁敦彦之上尚有奕劻总理外务部事务，均无全权。客观地说，内阁中载泽、载洵、善耆、溥伦、荫昌均属于急进改革派，政治水准并不差，政坛口碑尚可；但内阁满汉大臣比例、权力悬殊，在关键时刻触动了满汉矛盾的敏感神经，印证革命党所言非虚，《民立报》称："今内阁成立矣，其国务大臣中汉人仅居四，设使有革党举以诘政府，吾不识彼梦梦者将何以对答也。有羊城之大革命而新内阁始成立，是内阁者，一革命产儿也，然以一满汉极不平等之内阁，而欲压倒革命

---

① 《读设立内阁上谕感言》，《时报》1911年5月10日，第1版。
② 《论今日之新内阁》，章开沅、罗福惠、严昌洪主编：《辛亥革命史资料新编》第5卷，第242—243页。

党，吾恐黄花岗下之孤魂个个皆为伯有矣。"①

九名满大臣中，皇族占七人，其中宗室王公占据五人（奕劻、善耆、载泽、载洵、溥伦）、闲散宗室一人（寿耆）、觉罗一人（绍昌），异姓大臣只有那桐、荫昌二人，因此这一内阁被时人讥为"皇族内阁"或"亲贵内阁"。皇族集权完全违背了君主立宪的基本原则，彼时朝野普遍要求扩大政治参与，清廷标榜"庶政公诸舆论"却仍不改家族政治做派，变本加厉推行"家天下"，无疑加剧了绅民的离心倾向，使得爱新觉罗家族的政权陷入极端孤立。

皇族内阁也影响到时人对少壮亲贵的评价。原本时人将少壮亲贵视作朝中的趋新改革力量，期待少壮亲贵能够取代元老派，给朝局带来一些改变。而皇族内阁出台后，时人对皇族集权的不满盖过了对亲贵内部新旧分化的观察，在外界看来，少壮派抑或元老派掌权只代表亲贵内部的权势消长，并无革新意义，即使少壮派载泽、载涛出任总理大臣也不能被舆论接受："无论庆与涛泽，而要皆不出乎亲贵。""今涛贝勒虽方英年，曾游历欧美，其所怀抱政治的见解，必有异于老耄无能之辈；泽公亦富于学识政闻，其足以有为，固为再造国家不可少之人物。而当此内忧外患纷纷来袭，而吾人民希望运转此大政之机关者，仅限于皇族一方面，不然，虽挟有房杜姚宋之政才，而无世爵之余荫，终无由藉是以展其抱负，抑亦未免令天下英雄气短矣。"②

皇族内阁出台后，外界一片反对。五月十四日，各省谘议局联合会上折，宣称亲贵出任总理与立宪精神不符，要求另简大员组织完全内阁。③处在舆论风口浪尖的亲贵们连开会议商讨应对办法，载涛认为，"各国宪法对于内阁总理之规定并无不准皇族明文，惟近日汉人中不乏经世之才，似宜不分畛域予以政权。将来总理亦不宜专用皇族主任，以失人心"。④载洵认为，皇族内阁不符合立宪政体，但在新旧过渡阶段不得不如此办理，建议"将暂用皇族理由宣示天下，俾共晓然于朝廷之用意，并无畛域之见存。若任人民陈请频频，概置不理，愈滋人民疑虑，恐不足折服人心"。⑤载泽、毓朗等

---

① 《革党与内阁》，《民立报》1911 年 5 月 12 日，第 4 页。
② 《闻内阁更迭消息感言》，《申报》1911 年 6 月 9 日，第 1 张第 3、4 版。
③ 《中国大事记》，《东方杂志》1911 年第 8 卷第 5 期。
④ 《皇族内阁会议情形》，《申报》1911 年 6 月 28 日，第 1 张第 4 版。
⑤ 《到底是谁不相谅》，《民立报》1911 年 7 月 4 日，第 2 页。

人默然无策。载沣并无意令奕劻久任内阁，原拟待至数月之后新官制办理完毕即允许其退休；①彼时舆论汹汹，作为摄政王的载沣本应当开诚布公，向天下解释朝廷暂用皇族之用意，然而他竟将谘议局联合会折留中不发，这进一步加深了外界对清廷的猜忌。不久，山东巡抚孙宝琦电奏亲贵不宜任内阁，载沣以其"所奏不为无见，惟朝廷别有苦心，且措辞亦有未当"，传旨严行申斥。②

其时奕劻因联合会抵制皇族内阁，向载沣请求辞职，六月初七日载沣召集各少壮亲贵及那、徐两协理商议奕劻去留问题，若此时同意奕劻辞职并组织完全内阁仍不失为一次挽救民心的机会，然而各亲贵大臣认为，"阁制初颁，内外官制尚未实行，诸事应须仰赖老成，庶可辅宪政之进行"，仍坚持新官制办理完毕后再准奕劻辞职。③另据报载，在总理大臣已难以更改的情况下，为应对联合会的反对，载沣与庆、洵、涛、泽、朗诸亲贵商议拟将两协理尽用汉大臣以资调和。④此议未及实行，六月初九日，各省谘议局议员再次上折奏陈"皇族组织内阁不合君主立宪公例，失臣民立宪之希望"，仍请解散皇族内阁，另简大员组织。议员们唯恐奕劻组阁后皇族内阁成为定制，且彼时外间已有传言第二任总理仍将为皇族，因而他们急切希望清廷能将所谓暂时不得不使用皇族组阁的苦衷晓谕天下。⑤然而，折上后奕劻等人仍建议将奏折留中不发，载涛反对留中，谓："留中无以服其心。"某国务大臣建议"引宪法大纲，以大义责之，并使知其干涉用人有侵犯君上大权之罪，使彼辈无可置词之处"。此议获得奕劻支持。⑥翌日，清廷发布上谕：

> 黜陟百司系君上大权，载在先朝《钦定宪法大纲》，并注明议员不得干预。值兹预备立宪之时，凡我君民上下何得稍出乎大纲范围之外。乃

---

① 中国第一历史档案馆编：《光绪宣统两朝上谕档》第37册，第95页。
② 《专电》，《民立报》1911年6月19日，第2页；《专电》，《时报》1911年6月18日，第2版。
③ 《监国召议庆邸之去留》，《申报》1911年7月19日，第1张第4版。
④ 《内阁融合满汉之手续》，《申报》1911年7月4日，第1张第4版。
⑤ 《各省谘议局议长议员袁金铠等为皇族内阁不合立宪公例请另组责任内阁呈》，故宫博物院明清档案部编：《清末筹备立宪档案史料》上册，第577—579页。
⑥ 《专电》，《民立报》1911年7月7日，第2页。

该议员等一再陈请,议论渐近嚣张,若不亟为申明,日久恐滋流弊。朝廷用人,审时度势,一秉大公,尔臣民等均当懔遵《钦定宪法大纲》,不得率行干请,以符君主立宪之本旨。①

清廷不仅不肯向天下开诚布公,反而以君上大权压制民意;皇族内阁已将亲贵推至舆论的风口浪尖,而此后清廷对待民意的种种操作最终使爱新觉罗皇室沦为孤家寡人。

四、新阁制下的亲贵纷争

少壮亲贵主张速设责任内阁,既旨在革除旧制弊端,统一行政,又有彰显进取姿态、挽救民心的考量。但结果是,皇族内阁的出台大失人心,时人对清廷立宪绝望至极,而统一行政不仅没能实现反而进一步分裂。旧军机时代行政不统一尚且有制度因素,而新阁制确立后行政仍不能统一则主要是因为亲贵内部的纷争。据报载,新阁制颁布后,"争权暗潮甚激烈,庆王渐为监国不悦;伦贝子因出资政院事,泽公因部务用人事,朗贝勒因组织政党事,亦与庆邸不合;涛洵两邸持急进主义,亦为庆邸不悦;朗伦两贝勒以各欲组织政党,亦颇不睦"。②

暂行阁制发表之初,外界即担心当轴者"各挟一暂行试办之观念而无稳固永久始终其事之心","人人皆存偶然尝试之思",③不能真正按照责任内阁制基本原则办事。外界担心之事果然发生了,皇族内阁中的诸少壮亲贵虽赞成奕劻出任内阁总理大臣,但这并非因为认可奕劻办理宪政的能力,而是在新旧过渡之际的临时性安排。少壮亲贵多急进趋新,与政见保守的奕劻在诸多问题上素来有分歧:新阁制确立,奕劻当上了总理大臣,理应总揽全部政务,

---

① 《着议员不得干预君权》,中国第一历史档案馆、海峡两岸出版交流中心:《清宫辛亥革命档案汇编》第62册,第148页。
② 《亲贵之暗斗》,《南风报·本国大事记》1911年第4期。
③ 《四月初十日上谕恭注》,《时报》1911年5月12日,第1版。

但少壮亲贵以其系"过渡总理"仍不肯将本部处事务悉交奕劻定夺，反而力图排除奕劻对本部处事务的干预。其时军谘大臣载涛、毓朗，海军大臣载洵，陆军大臣荫昌组成军权一派，度支大臣载泽、农工商大臣溥伦、邮传大臣盛宣怀构成财权一派，两派分别以载涛和载泽为首，与总理大臣奕劻分庭抗礼。时人注意到，"以后政府当为三头政治：（一）内阁，（二）军谘府，（三）度支部是也"；"今日阁权乃反小于军机"。①

按内阁官制规定，"关系军机军令事件，除特旨交阁议外，由陆军大臣、海军大臣自行具奏，承旨办理后报告于内阁总理大臣"。暂行章程则进一步规定，在试办暂行阁制期间，陆军大臣、海军大臣自行具折奏事，无须送交内阁。②这无疑将内阁总理大臣排除在军权之外。表面上看，这样安排是效法德国，以皇帝（彼时为摄政王）担任陆海军大元帅，陆海军大臣直接对皇帝负责，实际是载涛一派与奕劻纷争的结果。时人注意到："此次阁制所规定军事行政立于阁制之外，不受总理大臣之约束，说者谓其制实本于德国，然而庆与涛朗既分党，则涛朗之不甘受庆所管辖，安知不借此以为抵制之计也。"③

在筹划内阁官制期间，奕劻曾提议将陆海军权统归入内阁总理大臣权限内，荫昌极力反对，坚称陆海军之全权应直接统属于大元帅。④据报载，荫昌为此还向摄政王载沣呈递说帖，"力争内阁总理大臣不应操军权，免致分歧掣肘"。⑤荫昌还联合载洵一同向载沣建言："中国现值整顿全国陆海军备之时，总理大臣须具有军事上知识方可负完全责任，否则将来诸多窒碍。"⑥言下之意，奕劻不具备军事素质，不应插手陆海军事务。彼时载洵、荫昌分别为海、陆军部尚书，新内阁成立后即将转变为国务大臣，他们担心将来被奕劻管辖，因而在争取军权独立上相当积极，其背后则是载涛、毓朗主管的军谘府。最终，新内阁官制和暂行章程都把总理大臣排除在军事之外，一切海陆军事宜

---

① 《新内阁史》，《时报》1911年5月18日，第2版。
② 《宪政编查馆会议政务处会奏拟定内阁官制并办事暂行章程折》，故宫博物院明清档案部编：《清末筹备立宪档案史料》上册，第561、564页。
③ 《论新内阁之将来》，《时报》1911年5月25日，第2版。
④ 《北京之是是非非》，《民立报》1911年5月6日，第3页。
⑤ 《专电·电一》，《申报》1911年5月8日，第1张第3版。
⑥ 《新内阁不负军事上之责任》，《盛京时报》1911年5月18日，第2版。

悉由军谘府直接上奏君主，无须内阁经手。此前奕劻担任首席军机大臣时，尚且曾经总理练兵处事务、总理陆军部事务，内阁成立后竟致不能参预军事事宜，因而颇形郁郁。① 奕劻认为，军事事宜悉由军谘府奉发上谕大失内阁脸面，曾向载涛要求上谕仍改由内阁奉发，"即记名武员，亦须在阁存记"，载涛极力反对，指责内阁"事事不负责任而事事偏要揽权"，"不求实际，专事虚文"，对内阁极不满意。②

六月十五日，奕劻照立宪国行政首脑通例演说自己的施政纲领，以整理财政和振兴实业为当务之急，并言及交通、教育等事，唯独没有提及军事问题。③ 在载涛、载洵等人看来，整顿军制、扩张军备乃是救亡图存的要政，此次内阁发表政纲竟仍一字不提军事问题，这让载涛一派大为恼火。在内阁会议上，载洵声称："海陆军为立国要图，政策中并未声明扩张军备办法，实为缺点。"荫昌认为："总理大臣所定政纲从财政、实业两方面入手，固为切要之办法，然无兵力以盾其后，则两者必至徒托空言。现今各国莫不注意实业，然海陆军备问题，扩张不遗余力，以列强军备如此完全，尚日事战备，恐旦暮将有军事者然，矧积弱如吾国对于国防问题一无准备，及今不图，将来何以自立。此事应请总理大臣注意。"奕劻则认为："中国财政困难已极，吾辈所行政策须视财力所能胜者而为之。今日罄中国之财力不能大举海陆军，故此政策不列扩张军备。"事后载涛遣毓朗前往奕劻处质问，奕劻答谓："吾国内阁总理与各国情形不同，今陆海军既有军谘府主持，自毋庸内阁参预。"④ 可见，其所谓财政困难只是借口，实际是抱怨内阁无权插手军事。国势危迫之际，诸亲贵仍不顾大局，相互赌气、相互拆台，时人对此极其不满，《申报》评论称："盖以政治上占最重要之军事部分，而偏划出之于阁制范围之外，庆邸之不主张充实军备为巩固国防计，非无此政识也，实负气也。吾不知以运转全国之枢轴而一任二三亲贵争权之用，其犹有转弱为强之希望乎？"⑤

载涛一派之军事独立尚且可以暂行章程为借口，而载泽把持财权不使总

---

① 《北京紧要通信》，《民立报》1911年5月25日，第3页。
② 《涛邸不满意于新内阁》，《申报》1911年7月9日，第1张第4版。
③ 《中国大事记》，《东方杂志》1911年第8卷第6期。
④ 《庆内阁演说不及军备之争执》，《申报》1911年7月18日，第1张第3、4版。
⑤ 《内阁政纲不注重军备之评论》，《申报》1911年7月21日，第1张第2、3版。

理大臣参与则全然违背了新阁制。按照新阁制规定，总理大臣对除军事外的一切行政事务负全部责任，各项政务均须由总理大臣与各部大臣会同署名办理，但度支大臣载泽及其政治盟友邮传大臣盛宣怀"每逢本部上奏之件，辄即拟旨进呈，恭候俞允照行"，以致时人调侃谓："内阁不过给人家做一个唱戏的木人儿，说话的人倒在木人儿喉咙底下，而且更有种种掣肘。"① 即如借外债一事，以往与列强交涉相关事项均由外务部牵头负责，新内阁成立后载泽主持的度支部包揽了借外债的全部事宜，丝毫不与外务部商量；奕劻为内阁总理大臣兼管外务部事务，对载泽的做法十分不满，却又无可奈何。② 又如清廷为整顿盐务起见，将原督办盐政处改为盐政院，以原督办盐政大臣载泽继续担任盐政大臣，载泽将盐政院新制厘定完毕准备自行入奏，内阁总协理大臣对此颇有意见，"以盐务非军事可比，改订新制须先由内阁会议通过方能入奏"，载泽则坚称盐政大臣有随时变通盐制之权，可以无须内阁干预。③

新内阁成立后，本应是内阁总理大臣奕劻总揽全部政务，一切政令悉由内阁议定施行，用符行政统一之义；而在实际运行中，度支大臣载泽往往自行其是，加上他与载沣和隆裕太后的特殊关系，又是朝野公认的下一届总理大臣最有力人选，其权势甚至超过总理大臣奕劻。时人注意到："近日朝局握有大权而能左右政界者名为庆邸，而实则泽公远出其上。""近日，各部院大臣隐变为泽公势力优胜之势，其中为肃邸一二人不与相合则移而之他即其表见也；至于外省各疆臣为庆党者，皆已朝不保夕，如陈筱石、松寿、孙宝琦等不久即须开缺，此乃近时朝局之一大变。""泽公为度相，权倾一时，闻近来朝廷用人不在庆，而在泽。"④ 载泽的强势为其力避保守势力干扰、推行革新理念提供了便利，但破坏了内阁制度，时人多谓各国司法独立而中国是财政独立。⑤

如前述及，载泽原本有望出任内阁总理大臣，后因畏惧风险而暂时放弃，

---

① 《政界秘密黑暗史（其四）》，《时报》1911年6月9日，第2版。
② 《北京紧要通信》，《民立报》1911年5月25日，第3页。
③ 《内阁对于盐法院制之争议》，《大公报》1911年9月15日，第5版。
④ 《京朝势力消长谈》，《民立报》1911年8月30日，第2页；《北京政界之逐鹿者》，《时报》1911年9月8日，第2版。
⑤ 沃丘仲子：《近现代名人小传》下册，第201页。

转而等待时机成熟后再出任第二任总理。新内阁成立后，载泽深知奕劻年老力衰，势难久任总理大臣，遂着手准备取而代之。据报载，载泽"极力联络洵涛两邸，恳求太福晋从中主持。又内阁总理必须与政党联为一气方能久于其任，遂罗致陈宝琛，托其在宪友会及辛亥俱乐部等处极力揄扬，并酌送津贴以为牢笼之计。犹恐中国地方广大，与人民气息不能相通也，组织一《忠言报》，鼓吹泽公实心为民之美德，使民党知崇拜之趋向，闻订定开办费系二十万金。故现时在京据要差者，皆为泽公笼中物。而各省自藩司以下，亦皆为泽公所移植，但泽公得此势力所费不下数十百万"。① 载泽还积极延揽立宪派名流张謇、郑孝胥等人为其鼓噪声势，熟谙政情者皆认为第二任内阁总理大臣必属载泽。②

载泽自出洋考察政治开始进入政坛中心，后相继奏请立宪，参与编纂新官制，担任度支部尚书，至宣统改元后炙手可热，其政坛口碑一直不错。清廷筹划责任内阁期间，外间舆论普遍希望载泽能取代奕劻位置，进而一改中枢因循保守的积习，为朝局带来新变化。然而，皇族内阁登场后，时人对皇族集权的抨击迅速盖过了对中枢保守的不满，包括载泽在内的整个亲贵集团都处于舆论的风口浪尖。由于朝野反对皇族集权的呼声日益高涨，载泽担心成为众矢之的，遂不再明表继任总理大臣的意愿。据报载，奕劻因身体原因连日未能入值，各大员拟推载泽接任，载泽极力推辞，表示："亲贵内阁为外间所反对，庆邸若果告退，岂可再以亲贵继任！且此后外交内政日益繁难，庆邸既不能有所作为，我何人斯辄敢膺此艰巨？"③ 奕劻屡向载沣请辞，并力保载泽："年少学富，办事认真，曾游外洋，素有阅历，近日亲贵中实不可多得。臣若退位，请即授以总理之缺，必能式孚众望。"表面上看奕劻是在让贤，其实他不过是要把这一烫手山芋转给载泽。载泽得知后甚为恐慌，"以总理一缺，外间已有皇族不宜充任之议，且己年轻资浅，列于皇族，居然当之不疑，势必为万矢之的"，不仅不敢再争当总理，反而唯恐避之不及，甚至连

---

① 《泽公大手笔》，《民立报》1911年9月13日，第2页。
② 《载泽谋组阁》，徐凌霄、徐一士：《凌霄一士随笔》，第635页。
③ 《泽公仍不愿继任内阁总理》，《大公报》1911年8月8日，第4版。

续请假以图规避，及至听闻朝廷暂不准奕劻辞职才销假到部。①

此外，载涛派与载泽派之间亦有矛盾。载涛等人提倡扩张军备，亟须朝廷提供足够的财力支持，而主管全国财政的载泽力持撙节国用和财政集权两大主义，既要求各部院削减糜费，节约开支，又禁止各部院私借外债，财权统归度支部。双方围绕军费问题一度闹得不可开交。其时度支部以整顿币制和振兴东三省实业的名义向英法德美四国银行团借了一笔巨款，载涛、载洵"以现在时局阽危，非振兴军事不足以言立国，度支部此次借债，不以军事为前提，而仅用之于币制实业两端"，对载泽颇有意见。②载泽整理全国财政，编制预算，要各部院核减财政预算经费，载涛对此极其不满，乃力请摄政王载沣从中主持，声称："各部院预算案度支部均须一再核减，此为撙节国帑起见，固应尔尔。惟军谘府及海陆军两部所订预算皆系核实之数，如该部咨请核减即不敷用，百弊将因之丛生，贻误军机实匪浅鲜。"③

陆军方面，陆军大臣荫昌与载泽政见不同，在内阁议事时常有龃龉，载泽竟因此一度暂停拨发近畿陆军军饷达两个月之久，陆军部迭次催饷，载泽均以无款应之。有大员劝荫昌与载泽周旋和解，荫昌不以为然，表示："此非入我个人私囊者，我何事周旋？且此款为预算案所规定，度部自应照拨。"陆军部无款发饷，只得向大清银行借款三万，利息三分，度支部又表示决不承认利息。④海军方面，兴复海军花费甚巨，而清廷财政支绌，难以支撑如此大的开销。宣统三年五月间，海军大臣载洵在德日两国订购船舰的还款之期已届，而海军部无款偿还，各省摊认的协筹之款又多未到位，载洵甚为焦急，乃向度支部商借。载泽不借，"始则告穷，继则辩驳"，载洵辩称："此款非入我私囊，实欲保持国家信用，故不得已而有将伯之呼，何必如此作难耶？"二人不欢而散。⑤其后，载洵还要求仿照币制改革和铁路国有办法大借外债，载

---

① 《庆泽势力消长记》，《民立报》1911年10月11日，第2页。
② 《北京紧要通信》，《民立报》1911年5月25日，第3页。
③ 《军事预算不容核减》，《大公报》1911年9月1日，第2张第1版。
④ 《中国富强之迷梦》，《时报》1911年6月12日，第2版。
⑤ 《洵泽阋墙之声》，《民立报》1911年6月24日，第3页；《购舰经费竟无着落》，《申报》1911年6月24日，第1张第5版。

泽极力反对，二人之间一度意见甚深。①

由上可见，新阁制不仅没能实现行政统一，反而使行政更加分裂，其主要原因即是亲贵集团的内部纷争。少壮亲贵提倡从速设立责任内阁，而新阁制成立后又多抱有暂行尝试的心理，并不认真对待。奕劻名为内阁总理，实以载涛、载泽等人把持兵、财两权而无责可负，以致尝与人抱怨："某某两亲贵，一则牵制军权，一则把持财政，均于暗中极力排挤，本邸有名无实，将何以担负责任？"②从这个意义上讲，少壮亲贵可谓是"立法毁法"。

小　结

从宣统二年夏载涛归国到宣统三年春皇族内阁登场，这不到一年的时间可谓宣统政局的转折期，其间一直贯穿着急进与保守、少壮亲贵与元老派的纷争。清廷立宪是"危机中的变革"，危机中的人心普遍希望从速变革，清廷之中，少壮派之急进主义与元老派之保守主义相碰撞，互不能战胜对方；作为最高决策者的载沣并非一个强力的独裁者，他总以谨慎为名试图寻找到一个老少双方都能接受的方案，最常用的手段便是"中和"，于是"急进"与"保守"往往碰撞出"渐进"的决策。"渐进"从表面上看是答应了臣民的要求，但程度又难以满足人心。

日俄协约后，国势危迫，全国上下普遍希望清廷能奋起振作。载涛归国后倡言改革，将顽固保守的世续、吴郁生逐出军机，在外界看来朝局将迎来转机；而奕劻、那桐仍在军机，时人对这种冷热互用、新旧并存的局面有所忧虑。第三次国会请愿运动中，少壮亲贵的支持让外界一度看到国会有速开之望，而政务处仍有大佬反对缩短国会年限，最终清廷只将国会年限缩短三年，这显然不能让臣民满意；及至再请，清廷以强硬态度对待，更让绅民大

---

① 《专电·电三》，《申报》1911 年 6 月 25 日，第 1 张第 5 版。
② 《庆邸拟退之心理》，《盛京时报》1911 年 6 月 12 日，第 2 版。

失所望。即开国会既已无望，宪法又须"钦定"，责任内阁便成为时人对清廷立宪的唯一指望。起初，资政院议员因行政责任问题与军机大臣发生争执，载沣、溥伦企图居中调和，但应对举措失当，在朝野看来有压制舆论、袒护军机之嫌。在随后筹划责任内阁过程中，少壮亲贵主张速设责任内阁，奕劻等人关注旧员安置问题一度主张从缓，最后出台了一个不伦不类的暂行阁制和皇族内阁，外界一片哗然；朝野要求清廷撤销皇族内阁，办理完全内阁，清廷未及时纠正，亦不开诚布公解释用意，反而以君上大权压制，时人对清廷立宪彻底失望。

清廷一再"渐进"，于其自身而言未尝不是进步，毕竟清廷在这一期间缩短了国会年限，设立了责任内阁，较原定九年预备立宪计划显然是提速了。然而，对外间舆论而言，清廷一再"渐进"即意味着朝廷屡屡不能满足他们的期望；时人期待清廷能一步到位，而清廷只迈出半步，决策一再缩水，久而久之，难免令人怀疑清廷的立宪诚意。于少壮亲贵而言，原本外界以其急进趋新，对他们有所期待；随着清廷决策一再令人失望，即使少壮亲贵与元老保守势力仍有分歧纷争，但在时人看来已无新旧意义，完全是个人权势的消长。

总之，这一时期少壮亲贵能够将保守的清廷推向"渐进"，但仅仅"渐进"又难以满足朝野对清廷立宪的期待，一再"渐进"的结果是终失人心。清廷固然要考虑决策的可行性，若完全按照急进的民意推行立宪，既有现实困难，又不符合"大权统于朝廷"的本意，然彼时民族主义、民主思潮风起云涌，人心思变，失去人心对清廷而言无疑是致命的。

第四章 从干路国有到清帝逊位

从宣统三年四月清廷推出干路国有政策，到十二月清帝颁布逊位诏书，这是清王朝走向全面危机直至覆亡的时期。宣统政局这半年多的时间内迅速逆转：清廷从推行干路国有时强硬对待民意，到武昌起义后对内外要求几乎无所不从，终至"顺应"民意宣布逊位；此前被少壮亲贵们视为威胁而遭到罢黜的袁世凯重获重用，旋即被当作消除革命、维系清廷乃至保护皇室身家性命的救命稻草。在这一时期，少壮亲贵酿成政治危机，应对危机时又举措失当，终至局面不可收拾；随着清王朝一步步走向崩溃，载沣摄政以来的亲贵柄政问题被朝野视作酿成危机的一大弊政，亲贵集团则成了时人眼中危机的始作俑者。为了挽回人心，清廷将亲贵清除出权力中枢，"实行立宪"，但无奈"人心所向，天命可知"，依然无力阻止民意与之决裂。少壮亲贵们从万众瞩目的"政坛新秀"最终成为断送祖宗基业的"不肖子孙"。

第一节 善政变暴政：载沣、载泽与干路国有风潮

皇族内阁出台后，清廷已尽失人心，危如累卵之际又贸然推行干路国有政策，将商办的粤汉、川汉铁路收归国有，引发湘、鄂、川、粤诸省保路风潮，清廷应对失当，致使绅民与之决裂。《清史稿》有谓："辛亥革命，乱机久

伏，特以铁路国有为发端耳。"①作为辛亥革命的导火索，有关保路运动的研究已经相当丰富，早年研究者多以绅民为中心探讨从绅商抗争到人民起义的基本史实，近年来研究者越来越多地探究清廷推行干路国有与应对保路风潮的正当与失当之处，②并形成了一些新的共识。总体而言，研究者多认为清廷推行干路国有从政策上看并不错，但在实施过程中存在各种各样的失误。

关于清廷推行干路国有和应对保路风潮仍有进一步探究的余地。虽然清廷对干路国有和保路风潮的处理意见均以朝廷名义发出，但彼时清廷内部并非铁板一块，诸王大臣并非"一致对民"，朝廷最终决策系不同政见、不同派别之间相互商议、争执与妥协的结果；有关清廷出台决策的来龙去脉、各种政见及其间重要人物对朝廷决策的影响、诸王大臣之间的分歧与妥协等等，均有必要进一步细化研究。少壮亲贵中，载沣作为最高决策者，载泽作为干路国有政策的主要参与者和盛宣怀的政治后台，在保路风潮中扮演了关键角色，本节拟对此做一番探讨。③

一、少壮亲贵与盛宣怀的关系——以载泽、载洵为例

盛宣怀系引发保路风潮进而导致天下大乱的"罪魁祸首"，他办理铁路国有事宜一意孤行，颇受时人指摘，但彼时他仅是邮传大臣，并不代表清廷的最高意志，因而有必要首先探讨宣统年间清廷重用、信任盛宣怀的原因。盛以办洋务起家，曾是李鸿章手下的得力干将，光绪朝末年袁世凯柄政后逐渐

---

① 赵尔巽等：《清史稿·列传二五八·瑞澂》卷471，第12814页。
② 代表性的研究有陈廷湘《1911年清政府处理铁路国有事件的失误与失败——以四川为中心的保路运动历史再思》，《四川大学学报（哲学社会科学版）》2007年第1期；陈晓东：《清政府铁路"干路国有政策"再评价》，《史学月刊》2008年第3期；孙自俭：《晚清干路国有政策再认识——以政府决策为中心》，《兰州学刊》2010年第8期；苏全有：《论清末的干路国有政策》，《中国国家博物馆刊》2011年第1期；马勇：《正当与失当：清末铁路干线国有化政策再检讨》，《史林》2012年第3期；葛风涛：《清末保路风潮何以激化》，《史学月刊》2014年第7期。
③ 据笔者管见所及，专门探讨载沣与保路风潮的论著仅有李学峰《载沣与清朝末年的铁路政策》（《史学月刊》2014年第8期）一文；关于载泽与保路风潮尚未见专门研究，可见拙文《"路事"与"乱事"：载泽与辛亥年干路国有风潮》（《四川师范大学学报［社会科学版］》2018年第3期）。

失势赋闲。进入宣统朝，盛的仕途迎来转机，宣统二年七月清廷谕令其回邮传部侍郎任上，数月后升任邮传部尚书，皇族内阁出台后继续担任邮传大臣，一时炙手可热。

盛宣怀能在宣统朝重新崛起主要由于载泽的信任，载泽力主重用盛宣怀则主要看中其出众的理财能力。盛是一个精明的商人，办理路矿、电报、银行、航运等实业颇有成绩，不仅为清廷及南北洋创收颇丰，自己更是获利千万，成为当时首屈一指的富豪。清代最后几年，各项改革全面提速，推行新官制，改革币制，清厘财政，振兴实业，整顿陆军，兴复海军……无不需要以丰厚的财力做保障，而清廷财政捉襟见肘；其时载泽主管度支部，对朝廷财政状况有较深刻清晰的体认，各部院无不向度支部伸手要钱，载泽囿于穷困的财力不得不推行撙节政策，尽量削减各衙门开支，避免糜费。这势必引起各部院的不满，也不利于清廷立宪的推进，尤其制约了载洵、载涛等人雄心勃勃的扩军计划。载泽认识到，欲解决财政困境仅靠"节流"显然不够，充裕国库更需要"开源"，于是盛宣怀作为当时官商两界公认的理财好手正能投其所需。时人恽宝惠认为，"载泽亦看出这种情况，认为盛宣怀是筹款好手，遂彼此互相利用"。①

载泽在光绪朝末年担任度支部尚书后即向朝廷建议起用盛宣怀。光绪三十三年，江浙绅商反对苏杭甬铁路借款，一度使清廷极为棘手，载泽立即向慈禧太后面保盛宣怀办理此事，声称："盛宣怀熟悉路事，令与英使直接磋商或可就吾范围，且铁路、电报、招商各事急应整顿，请加恩将盛宣怀起用，予以邮传部尚书之缺，必能日有起色。"② 载泽颇赏识盛宣怀办理实业的本事，在他看来，值此开支激增而国库奇绌之际，盛出众的理财能力无疑对朝廷有重要帮助。慈禧太后听取了载泽的建议，召盛宣怀进京参与办理浙省铁路事宜，事毕授之以邮传部右侍郎。不过，彼时正值庆袁一派炙手可热，他们显然不希望盛宣怀分割其邮政、交通、电报等方面的既得利益，两天后即以赴

---

① 恽宝惠：《清末贵族之明争暗斗》，中国人民政治协商会议全国委员会文史资料研究委员会：《晚清宫廷生活见闻》，第66页。
② 《泽公力保盛宫保》，《大公报》1908年1月6日，第3版。

上海办理商约为由将盛排挤出京。① 盛宣怀在京的短暂时日内得以与载泽建立起频繁的直接联系。其时载泽正着手改革币制，拟仿照西方惯例铸造七钱二分银元，然而枢臣张之洞、袁世凯、鹿传霖皆主铸一两银元，唯有盛宣怀赞成载泽之见，二人遂得以密切往来。盛归沪后，二人常有书信联系，盛宣怀提出诸多币制改革建议，颇受载泽认可。②

载沣摄政后，少壮亲贵掌握了国家大权，载泽更是"势要冠亲贵"，不少内外大员竞相攀附以求进用。盛宣怀向来以长袖善舞著称，加之遏制其权势的袁世凯已经被罢黜，他自然不会错过向上攀登的机会，用金钱运动亲贵对这位家缠万贯的富豪来说根本不是什么难事。宣统二年七月，清廷起用盛宣怀为邮传部侍郎，这一调整即与载泽有关，据《凌霄一士随笔》载，"载泽长度支部时，在政府中独树一帜，以集中财权为务，犹载涛之集中军权也。盛宣怀希进用，厚结载泽，志在邮部。载泽以邮部为富有收入之机关，为扩张势力计，遂言于载沣，召用宣怀，授邮部侍郎"。③ 由此可见，宣统朝少壮亲贵柄政后，载泽起用盛宣怀已不只是着眼于财政困境，还有引用私人、扩充己派权势的意图。

不仅如此，在载泽的建议之下，清廷任命盛宣怀帮办度支部币制事宜；④ 在币制改革中，载泽相当信任、支持盛宣怀，二人通力合作，币制事宜颇有成效。⑤ 数月之后度支部新官制即将实行，载泽甚至一度表示不再继续担任督办币制大臣，愿意让位给盛宣怀。⑥ 宣统二年底，清廷筹划设立责任内阁，载泽一度有望担任总理大臣，据报传闻，载泽曾保举盛宣怀继其度支部尚书之任。⑦ 后因载泽放弃总理之争而作罢。载泽对盛宣怀的信任由此可见一斑，在时人看来，盛俨然已经是载泽的党羽。

邮传部为全国交通总汇之处，朝廷利权之所在，然而自陈璧、徐世昌到唐

---

① 夏东元编著：《盛宣怀年谱长编》下册，上海：上海交通大学出版社，2004年，第880—881页。
② 北京大学历史系近代史教研室整理：《盛宣怀未刊信稿》，北京：中华书局，1960年，第94—95页。
③ 《争财神》，徐凌霄、徐一士：《凌霄一士随笔》，第633—634页。
④ 中国第一历史档案馆编：《光绪宣统两朝上谕档》第36册，第255页。
⑤ 详见易惠莉《盛宣怀与辛亥革命时期之政治（1909—1911）》，《近代中国》第12辑，上海：上海社会科学院出版社，2011年，第82—151页。
⑥ 《将来之督办币制大臣》，《大公报》1910年12月13日，第5版。
⑦ 《泽公何亦萌退志耶》，《申报》1911年2月14日，第1张第3版。

绍仪，连续三任邮传部尚书皆为奕劻、袁世凯一派人物，载泽极欲染指该部，并不满足于仅将己派亲信盛宣怀安插在侍郎之位，更想要拿下尚书一职。时任邮传部尚书唐绍仪在本部中大量起用广东籍同乡担任要职，形成一派"粤党"，载泽对此极其不满，遂计划扳倒唐。① 他首先嗾使其姻亲瑞澂弹劾唐绍仪，指称："唐绍仪不过为盛宣怀一翻译，并无才具之可言，历办外交无不着着失败，经手款项徒以冒滥为能。"② 显然是在扬盛贬唐。接着，度支部在财政上对邮传部百般掣肘，唐自知难敌载泽，遂自请辞职。③ 盛宣怀见有机可乘，乃向载泽行贿六十万金，企图夺取尚书一席。④ 其时邮传部另一名侍郎沈云沛亦有希望晋升尚书，他在唐绍仪上任之前曾有过署理邮传部尚书的经历，论资历当在盛宣怀之上，"宣怀捷足先登，兼有载泽之助，云沛仅恃奕劻，遂相形见绌"。在载泽的提携之下，盛宣怀得以晋升邮传部尚书，沈云沛仅调吏部侍郎，"吏部昔称六曹之长，而此时已成闲署，且行将裁撤矣。云沛由绚烂而平淡，觉鸡肋之寡味，未几即乞休。宣怀如愿以偿，意气发抒，遂贯彻其主张"。⑤

盛宣怀出任邮传部尚书时已年近七十，身体时常抱恙，他如此费尽心机地攀附权贵并非仅为混个更高一级的尚书，然后像其他老髦大员一样浑噩无为，混天度日；相反，他仍想要在任上有所作为。《愚斋存稿》中有盛宣怀"行述"一节记叙了他执掌邮传部后的主要举措：

> 计受事数月，若收回邮政，接收驿站，规划官建各路，展拓川藏电线，厘定全国规制，靡不灿然毕举，逐件施行。又加币制改革，细极毫芒，振需追求，急于星火。余若度支部四国银行借款、川粤汉铁路借款，商订合同，尤为繁重。府君向以勇猛精进任事，当百端填委，一一应之以整暇，虽不遑寝处，而未尝言劳。⑥

---

① 《盛杏荪办洋务》，胡思敬：《国闻备乘》卷1，第15—16页。
② 《鄂督连参唐尚书之严厉》，《申报》1910年9月22日，第1张第5版。
③ 沃丘仲子：《近现代名人小传》下册，第201页。
④ 《盛尚书诱骗泽公》，胡思敬：《国闻备乘》卷4，第85—86页。
⑤ 《交通系》，徐凌霄、徐一士：《凌霄一士随笔》，第634—635页。
⑥ 盛宣怀：《愚斋存稿·行述》，沈云龙主编：《近代中国史料丛刊续编》第13辑，台北：文海出版社，1975年，第55页。

可见，盛宣怀的做派并不同于一般老髦官员，他希冀有为，善于理财又主张中央集权，无怪乎载泽将他作为左膀右臂。时人刘垣认为："载泽利用盛宣怀以反衰，可说赏识非虚。宣怀的能力，的确可以打倒唐绍仪、梁士诒而有余。假如他币制及铁路借款完全成立而不生枝节，亦许可以暂时延长清廷政权之生命。"① 盛宣怀既得邮传部尚书又有载泽为靠山，在朝中话语权大大增加；责任内阁出台后，盛、泽二人分据交通、财政要津，办事擅专，动辄单独请旨办理，不以总协理大臣为然，为后来应对保路风潮一意孤行埋下隐患。

盛宣怀富可敌国又长袖善舞，少壮亲贵中爱财、求财之人难免被其金钱所俘获，他们虽不像前辈奕劻那样贪婪无度，但也时常拜倒在金钱之下。盛在官场上有求于亲贵，在钱财的问题上却是一些亲贵有求于盛。据胡思敬记载，"载泽知宣怀多财善贾，因出宿储合成百万，托其存商生息。宣怀极赞萍冶矿局之利，给以股票一张"。② 可见，载泽起用盛宣怀不仅因其政见相合、理财出众，同时也接受了盛的好处，时人刘体智的《异辞录》亦注意到载泽与盛宣怀的金钱往来：

> 泽公用武进盛尚书，有贝之财与无贝之才兼收而并蓄。武进谙于财政，为是时第一流人物，有王者起，必来取法，钧衡重任，当之无愧。然泽公拥有汉冶萍股票，其暗号曰"如春"，谓帝泽如春也。虽不敢遽定为贿，抑无人能断其非贿矣。③

除载泽外，载洵与盛宣怀交往亦比较密切。与载泽的不同之处在于，载洵主持的海军部是个花费巨大的衙门，其个人行事又经常贪大图全，不喜撙节，因而更看重盛宣怀的钱财。宣统二年六月，日俄协约签订，清廷危机加深。其时载洵拟赴美考察海军，尚在上海未得进用的盛宣怀闻讯后立即致函载洵，大谈自己对国际形势的看法，认为："鄙见宜速筹外交良策，看来只有

---

① 刘垣：《张謇传记》，沈云龙主编：《近代中国史料丛刊续编》第 13 辑，第 174—175 页。
② 《盛尚书诱骗泽公》，胡思敬：《国闻备乘》卷 4，第 85—86 页。
③ 刘体智：《异辞录》卷 4，第 230 页。

美德两国尚在局外，隐抱不平……殿下此次赴美，自宜设法与美廷妥议牵制日俄之策，匡时救国，在此一着。"并声言自己病情已经逐渐痊愈，能够进京面奏一切。① 言下之意，请求载洵在朝中为他多多美言。

载洵出洋考察期间对西洋风物颇有好感，归国后建造了一座西式楼房，拟作为接待德国太子访问之所。该楼共需花费十万余金，但在将要建成之时尚欠款四五成，一时难以筹措，载洵乃直接致函盛宣怀求助，表示："平夙引为知己者唯宫保阁下耳，拟请暂为假贷，俾于接待德储时不致误事。唯平生从未向人启齿，窃恐一经揭露，亦甚难堪，如蒙慨诺，即祈密函缄致，纫感无既。俟有充余，再行缴纳。"② 二人书信往来之间，颇有权钱交易之嫌。载洵还因本部一名医官薪水太少，请盛宣怀在油水丰富的邮传部为其谋一差事，③ 俨然已经将盛视作钱袋子。

总之，载泽重用盛宣怀始于政见相合，欣赏其理财能力，继则有扩充己派势力的意图，其间亦不乏金钱贿赂。载洵与盛宣怀来往主要是权钱交易。

二、出台干路国有政策及筹划收路办法

清末新政时期，清廷为振兴实业起见，鼓励民间资本参与铁路建设，于是全国各地掀起一股商办铁路热潮，清廷"不分干支，比量民力，一纸呈请，辄行批准商办"。然而，建设铁路花费甚巨，民间资本实际上无力承担，且各商办铁路公司管理混乱，技术落后，腐败丛生，效率极为低下，全然违背了清廷加快铁路建设的初衷。不仅如此，一些商办铁路公司为吸收民间资本，强行在本省摊派租股，进一步加重了民众负担。至宣统朝，商办铁路不仅未见成效反而成为一大弊政，于是将铁路收归国有的议论甚嚣尘上，载泽和盛宣怀均是铁路国有的力推者。

---

① 盛宣怀：《愚斋存稿》卷76，沈云龙主编：《近代中国史料丛刊续编》第13辑，第6页。
② 陈旭麓等主编：《辛亥革命前后——盛宣怀档案资料选辑之一》，上海：上海人民出版社，1979年，第76页。
③ 王尔敏、陈善伟编：《近代名人手札真迹——盛宣怀珍藏书牍初编》第6册，香港：香港中文大学出版社，1987年，第2762页。

宣统元年，载泽向时任暂署邮传部尚书李殿林提出铁路国有建议："目下全国铁路修筑费用甚大，皆从外国借得，然利权未至大损。若订借款条约，则期满而不能还清，该铁路将非我所有；若从他国借款收回，则与割肉补疮无异，最终对我不利，且遇干戈之事，国家无专有铁路之权，亦难免不利，故铁路当全归国有。"并要求度、邮两部部员将各省的省债发行额、铁路回收额、省债清偿年限及省债利息等做详细调查。①

盛宣怀亦赞成将铁路收归国有，与载泽的不同之处在于，盛更倾向于借用外债来加速铁路建设。据报载，盛宣怀曾向载沣提议："粤汉铁路收回三年之久，而迄今一无成效，热心路事、保护利权、忠君爱国者固如是乎？当此国家百度待举之时，不但不知赞成，反固执己见，鼓动风潮，此等无意识之举动殊不可取。并闻其中常有暗受他人指使，苟为彼辈所云，恐再迟三十年，款亦不足，路亦不能兴办。"载沣闻后"大为动容"。②主政邮传部后，盛宣怀立即着手将铁路收归国有，并就收回商办的粤汉、川汉铁路借款事宜与英法美德四国银行团进行谈判。此外，朱尔典信函中还提及"庆亲王、那桐和徐世昌三人，曾在今年 4 月当着盛宣怀面前向外国使节郑重保证，盛氏乃王朝之重臣，负责解决铁路问题"③，可见盛宣怀的收路举动已经得到最高决策层的认可。

关于清廷出台铁路干线国有政策的基本史实已经十分清楚：宣统三年四月初七日，给事中石长信上折建议将全国铁路分为干路和枝路，干路国有，枝路商办。④载沣览奏，认为石长信所陈办法"不为无见"，饬令邮传部按照所奏各节妥筹议奏。⑤十一日，邮传部上折赞成石长信方案，清廷随即发布上谕，"昭示天下，干路均归国有，定为政策。所有宣统三年以前各省分设公司集股商办之干路，延误已久，应即由国家收回，赶紧兴筑。除枝路仍准商民量力酌行外，其从前批准干路各案一律取销"。该上谕认为商办的粤汉、川汉铁路流弊甚多，"数年以来，粤则收股及半造路无多，川则倒账甚巨参追无着，

---

① 《铁路国有计划》，李少军编译：《武昌起义前后在华日本人见闻集》，第 200 页。
② 《盛宣怀主张借债之奏对如是》，《申报》1910 年 8 月 24 日，第 1 张第 4 版。
③ 《朱尔典爵士致格雷爵士函》，章开沅、罗福惠、严昌洪主编：《辛亥革命史资料新编》第 8 卷，第 110 页。
④ 《石长信奏请干路收归国有原折》，《申报》1911 年 6 月 9 日，第 1 张第 4 版。
⑤ 中国第一历史档案馆编：《光绪宣统两朝上谕档》第 37 册，第 83 页。

湘鄂则开局多年徒资坐耗。竭万民之膏脂，或以虚糜，或以侵蚀，恐旷时愈久，民累愈深。上下交受其害，贻误何堪设想"。责成载泽的度支部和盛宣怀的邮传部筹划将川汉、粤汉铁路收归国有的详细办法。①

从石长信上折提出干路国有到清廷发布收路上谕仅仅用了四天时间，"大有迅雷不及掩耳之概，各界闻之，群相骇异"。②清廷的决策看似颇为盲目，实际上在石长信上折的前一天，载泽在与盛宣怀的信函中已有言道："石折明日是否呈递，当祈密告。"③第二天便有了石长信奏请干路国有的举动，由此可见载泽与盛宣怀谋划干路国有已久，石长信上折亦是由于他二人的授意。恰在这短短四日之内，四月初十、十一两日清廷公布了责任内阁成员名单，总协理大臣奕劻、那桐、徐世昌正忙于"请辞"，无暇干预路事；及至总协理大臣就职，载沣已经通过了干路国有案，总协理大臣无从商讨，只得勉强在收路上谕上署名。可见干路国有政策系载泽、盛宣怀等少数人经过一番谋划后迅速促动朝廷形成定议，考虑到载泽派与奕劻派之间的明争暗斗，载泽、盛宣怀在总协理"请辞"之时迫不及待地促成干路国有政策，显然是在有意排除奕劻等人的干扰。时论注意到："十一日邮传部奏请全国干事（当作"干路"——引者注）收归官办，取消从前批准商办之案时，新内阁发表之第二日也。闻盛尚书以此种问题按照内阁官制系应阁议之件，但一经阁议恐生他种阻力，故乘总协理辞职未就之时先行入奏，以便川粤汉路及开海路两项借款交涉早日了结。"④

此外，清廷迅速发布收路上谕与载沣的支持密不可分，载沣自摄政伊始便将中央集权作为治国理政的一大宗旨，干路国有政策显然符合他中央集权的目的，盛宣怀在致瑞澂的电报中言及对于铁路国有一事，"上意甚坚"。⑤

收路上谕发布后，时论发现，"邮传大臣盛宣怀此次取消商办铁路，其事多由于泽公之暗中赞助，内阁总协理大臣并不与闻，故封折入奏之期适在总协理大臣辞职未定之日"，总协理大臣就职后，对泽、盛二人无视阁臣意见便

---

① 中国第一历史档案馆编：《光绪宣统两朝上谕档》第37册，第92—93页。
② 《铁道国有风潮未已》，《申报》1911年5月22日，第1张第4版。
③ 王尔敏、陈善伟编：《近代名人手札真迹——盛宣怀珍藏书牍初编》第6册，第2784页。
④ 《干路收归国有之主力》，《申报》1911年5月18日，第1张第4版。
⑤ 盛宣怀：《愚斋存稿》卷77，沈云龙主编：《近代中国史料丛刊续编》第13辑，第8页。

促成朝廷收路决策的做法极为不满，其时盛宣怀将拟定完毕的收回商办铁路办法草案交内阁讨论，"某协理"冷嘲谓："宫保为熟娴路政专员，所定办法谅能合宜，惟果能保全治安不至激成意外风潮，则各国务大臣又何不愿赞成之有？"① 他们并不反对干路国有政策，而是认为泽、盛二人在未经各国务大臣充分讨论、详细筹划的情况下贸然推动朝廷形成定议多有不妥，若办理不善必将招致风潮，即如某国务大臣声称："干路收归国有固属正当办法，然须斟酌妥善方不负商民经营之苦心。今遽出此最激烈之手段，诚恐将来众情愤激，必难免风潮之迭生。"②

至于总理大臣奕劻的态度，据朱尔典信函披露："传说总理大臣庆亲王并未充分支持政府的政策，他与美国公使的一次面谈，更给人加深这个印象。本月2日，邮传部李侍郎代表载泽亲王与盛宣怀（邮传部大臣）来看我。他告诉我说，载泽亲王与盛氏是目前铁路政策的主要负责人，而庆亲王因为嫉妒载泽亲王势力的增长，一开始便对这个政策抱勉强同意的态度。"③ 可见，干路国有政策是在载泽、盛宣怀极力促动，载沣支持下推出的，而且出台伊始即与载泽、奕劻两派之间的纷争密不可分。由于载泽在内阁中较为强势并且获得载沣支持，又是政界公认的下一届内阁总理大臣的最有力人选，奕劻等人对干路国有一事并未激烈反对，但他们又不满意泽、盛二人刚愎自用的做派，故只得消极对待。

载泽、盛宣怀奉旨后随即着手筹划收路办法。四月十二日，载泽、盛宣怀致电川、鄂、湘、粤四省督抚，要求对四省商办铁路的基本情况进行一次"摸底"，因拟定收回川汉、粤汉铁路详细办法尚需时日，要求四省督抚知会各铁路公司无须停工，原有司员亦无须变动，"并请迅速遴派大员，前往该公司查明商办已成之路，及已造未完之路各若干？已用股款各若干？现存材料及银两各若干？迅即电复。一面册咨，以凭旨办理"。④ 四月二十日，清廷起用端方充任督办粤汉、川汉铁路大臣，饬其迅速前往会同川、鄂、湘、粤四

---

① 《阁臣不满意于盛宣怀》，《大公报》1911年5月20日，第5版。
② 《政界对于取销商路之不满意》，《大公报》1911年5月15日，第4版。
③ 《朱尔典爵士致格雷爵士函》，章开沅、罗福惠、严昌洪主编：《辛亥革命史资料新编》第8卷，第55页。
④ 国史馆史料处编：《辛亥年四川保路运动史料汇编》上册，台北：国史馆，1981年，第174页。

省督抚妥筹办理铁路事宜。① 据时论披露，起用端方即是盛宣怀与载泽鼓动的结果："日前特奉谕旨，起用端方为督办川粤汉铁路大臣，为外间始料之所不及。刻闻此事之发生系由盛宣怀以川粤汉等路收归官办，则各该省人民势必群起反抗，然一味压制又恐激成极大风潮，甚为危虑，故早与泽公设法鼓动，请即简派督办大臣筹划一切以分其责。"② 有了督办铁路大臣分担责任，收回商办铁路具体办法的拟定工作又已交泽、盛的亲信幕僚郑孝胥等人负责③，载泽与盛宣怀的主要精力遂放在筹款上。

如前述及，盛宣怀主张借外债收路，而载泽对此并不认可。盛主政邮传部不久，便以宣统元年时任督办铁路大臣张之洞与英法美德四国银行团签订的湖广铁路借款合同草案为底本，与四国银行团就收回商办的川汉、粤汉铁路借款问题展开谈判，载泽得知后立即反对，"谓前订草合同损失利权甚巨，即使定约亦须设法酌加改订，断不能据草约即作为正约等情"。④ 作为度支大臣，载泽担心大量借用外债会导致清廷丧失财政自主权，重蹈埃及被列强监督财政进而亡国的覆辙，故对借用外债向来慎重。

盛宣怀则是一个精明的商人，他在与四国银行团的反复讨价还价中已经尽最大可能修改了原合同中有害中国利权的条款，盛本人对此十分得意，声称："磋商数月，会晤将及二十次，辩论不止数万言，于原约稍可力争者，舌敝唇焦，使得挽回数事，实已无可再争。"⑤ 如此，载泽逐渐认同盛宣怀借债收路的主张，据报载，在借款一事上载泽对盛言道："我年轻更事不多，阅历甚少，阁下才识胜我十倍。"⑥ 另据时人记载，载泽转变态度还与他收受了盛宣怀的好处有关："英、法、德、美四国借款与中国，是南皮张之洞督两湖时交涉，端方曾会与其事，此盛宣怀为端方谋起复之原也。及至盛宣怀长邮传，载泽长度支，重提旧事，载泽尼之，盛宣怀以回扣分之，载泽遂无异议。"⑦ 另有时

---

① 中国第一历史档案馆编：《光绪宣统两朝上谕档》第37册，第102页。
② 《铁路督办系由盛宫保鼓动》，《大公报》1911年5月21日，第3版。
③ 中国历史博物馆编，劳祖德整理：《郑孝胥日记》第3册，北京：中华书局，1993年，第1322页。
④ 《四国借款有暂缓签押之耗》，《大公报》1911年1月25日，第2张第1版。
⑤ 盛宣怀：《愚斋存稿》卷17，沈云龙主编：《近代中国史料丛刊续编》第13辑，第7页。
⑥ 《日下要闻录》，《民立报》1911年7月16日，第2页。
⑦ 戴执礼编：《四川保路运动史料汇纂》上册，《"中央研究院"近代史研究所史料丛刊》（23），1994年，第537页。

人谓："先是宣怀及载泽等拟借英、法、德、美四国款千万磅，载泽犹豫未决，宣怀诱以甘言，借约遂成立。"①

其时各省绅民对盛宣怀欲举借外债收路的做法有不少反对声音和抵制行动，盛对此极其恼怒，乃与载泽商议"通电各督抚，如再有人开会抵制即遵旨以违制论"，载泽恐因此产生激变，婉言劝阻。② 不久，盛宣怀就借款一事与四国银行团谈判完毕，会同载泽及总协理大臣将川汉、粤汉铁路借款合同草案上奏，折中详细说明了新订草案较宣统元年张之洞草案的几处修订，表明盛宣怀已竭力挽回利权，以图打消载沣对借款的顾虑。③ 四月二十二日，载沣览奏后下令"依议"，④ 随后邮传大臣盛宣怀正式与四国银行团签订借款合同，共借款六百万英镑，年息五厘，以两湖地区盐厘收入为抵押。⑤

干路国有政策出台后，护理四川总督王人文立即致电载泽和盛宣怀，认为川省因商办铁路而发行的各种租股已经给民众带来极大的经济负担，建议度支、邮传两部将租股"请旨停免"。⑥ 四月二十四日，载沣下令"自降旨之日起，所有川湘两省租股一律停止，其宣统三年四月以前已收之款，着邮传部、督办铁路大臣会同该省督抚详细查明，妥拟办法奏闻"。并强调朝廷将干路收归国有的宗旨："固以统一路权，亦藉以稍纾民困。"⑦ 盛宣怀以收还各省租股花费巨大为由，拟续借大宗外款，载泽则不以为然，认为须谨慎借款，二人为此磋商多次，后因爆发保路风潮而作罢。⑧

至此可见，干路国有既旨在加快全国铁路建设，又有望解决川民的租股负担，在当时不失为一项于国于民均有益处的"善政"；至于筹款问题，载泽虽一度不主张借用外债，但囿于财政奇绌，借用外债亦是当时回收干路较为可行的方案，而且盛宣怀在谈判中已经竭力挽回利权，至此在政策层面上并

---

① 《铁路国有案》，巴蜀书社编：《清代野史》第8辑，成都：巴蜀书社，1987年，第1页。
② 《专电·电八》，《申报》1911年5月14日，第1张第4版。
③ 盛宣怀：《愚斋存稿》卷17，沈云龙主编：《近代中国史料丛刊续编》第13辑，第5—8页。
④ 中国第一历史档案馆编：《光绪宣统两朝上谕档》第37册，第104页。
⑤ 中国史学会：《中国近代史资料丛刊·辛亥革命（四）》，上海：上海人民出版社，1957年，第393—403页。
⑥ 陈旭麓等主编：《辛亥革命前后——盛宣怀档案资料选辑之一》，第97页。
⑦ 中国第一历史档案馆编：《光绪宣统两朝上谕档》第37册，第105页。
⑧ 《盛宣怀又拟借用外债之续闻》，《大公报》1911年6月20日，第4版。

无失当之处。

然而，干路国有、借用外债这样关系国计民生的大事仅仅局限在载泽、盛宣怀、载沣等几人组成的小圈子中筹划进行，不但未交资政院和各省谘议局商讨，甚至由于亲贵纷争，载泽等人有意排除奕劻等阁臣的参与，全然违背了立宪原则。泽、盛包揽借款收路事宜固然彰显了载泽一派"志于有为"的决心，然而一旦出现差池，他们便会成为舆论的众矢之的，须承担全部过错，即使其政策有合理之处，也会因时人对他们的批评指责而被掩盖。更严重的是，皇族内阁登场后清廷已民心尽失，危如累卵之际，载泽、盛宣怀刚愎自用，置资政院与内阁意见于不顾，一旦举措失当，其"专制"行为难免被时人放大，恰好印证了时人对清廷"假立宪"的指责。可以说，载泽与盛宣怀包揽借款收路事宜为干路国有政策的失败，乃至保路风潮演变成人民起义埋下了祸根。

湘、鄂、川、粤四省商办铁路的实际情况各不相同，收路上谕发布后各省绅民的反应也不一致。

四川商办铁路成效最差，数年间才铺轨不过三十来里；其资本来源以向民众强行摊派的各种租股为主，这些租股名为股份，实与苛捐杂税无异，如此缓慢的修路进度，民众根本无从指望从中获利，对租股一项早已怨声载道；加之川省铁路公司内部管理混乱，管理人员竟将闲置的三百万元修路资金放在上海钱庄从事资本投机活动，结果倒亏了一大笔。因此，收路上谕发布之初四川绅民多持欢迎态度，希冀朝廷能取消租股，发还路款，弥补因商办铁路公司管理不善而造成的资产损失。①

湖南、湖北、广东商办铁路状况较川省为优，三省绅商并不甘心将路权上交国有，干路国有显然有与民争利之嫌。两湖地区士绅阶层对地方政务有相当大的影响力，他们实业救国的热情相当高涨，当宣统元年督办铁路大臣张之洞企图借款收路之时便掀起了声势浩大的拒债废约运动，载泽和载沣对

---

① 例如四川绅商邓孝可声称："今政府此举，就吾川人言之，尚不无小利。故就愚见所及，吾川必欲争川路商办，甚无味也。以交通便利言，则国有自较速；以股息之利言，则商办亦难期。况吾川路公司成立性质，记者始终认为交通利益而来，非为谋路股利息而来者，故曰听国有便。"见国史馆史料处编《辛亥年四川保路运动史料汇编》上册，第178页。

此一度表示同情或支持，①致使此后两年间清廷的铁路政策一直在商办与国有之间徘徊。两湖士绅收到干路国有上谕，又获悉邮传大臣盛宣怀欲以外债来收路并将两湖地区的盐厘作为抵押，其时外间又纷纷传闻盛宣怀以借款回扣愚弄载泽才促成干路国有，②绅民反对情绪极其高涨，遂重拾拒债废约运动期间的做法。

四月十五日，湖南率先发生保路风潮，其时《国风报》记述了湘省保路风潮爆发时的情形：

> 湖南绅商学界自奉干路收归国有之明谕，人心大为愤激，各团体特于十五日刊发传单，谓湘省粤汉干路为全省命脉所关，将来借债修筑，湘人财产性命均操于外人之手，若不极力争回，后患何堪设想。特请各界于十六日在教育总会开全体大会。是日到会者一万余人，一致要求恪遵宣统二年上谕，完全商办，实力进行，并决定十八日由各团体呈请湘抚电奏收回成命；如不得请，将来或外人或督办到湘强事修筑，定即集全力抵抗，无论酿成如何巨案，在所不顾。③

风潮发生后，湖南巡抚杨文鼎将湘省情形电告负责收路的督办铁路大臣端方："干路国有，商民愤恨未平，颇思骚动，乞速商邮部宣示办法，并恳请速来主持。"端方随即将情形面奏载沣，载沣令他与载泽从速筹议对策，以免激变。④在载沣看来，"朝廷此次将全国干路改归国有，实因商民集款艰难，路工难以告成，一为恤民艰，一为速筑路也"，湘省绅民不理解朝廷用意，须认真晓谕，"故谕盛、端两大臣慎重办理，向民妥劝，以重责成而收实效"。⑤同时饬诫杨文鼎："湘省民情浮动，易滋事端，着该抚严行禁止，剀切晓谕，不

---

① "英、美、法、德四国连次照催，速结借款事宜，政府均以此事万难挽回，即拟从速议结，以便开工。泽公、徐尚书则以此项交涉，对于四省之舆论主权，亦宜兼顾。""摄政王阅京外各报，谓湘鄂两省人士，不遗余力，踊跃集股，其急公好义，深可嘉尚。朝廷宜速为维持，以滋鼓励。"见中国史学会《中国近代史资料丛刊·辛亥革命（四）》，第 547、548 页。
② 中国史学会：《中国近代史资料丛刊·辛亥革命（四）》，第 333 页。
③ 《湘省反对干路国有风潮记》，《国风报·中国纪事》1911 年第 2 卷第 9 期，第 6 页。
④ 《专电·电八》，《申报》1911 年 5 月 22 日，第 1 张第 3 版。
⑤ 《监国关念川湘反对铁路》，《顺天时报》1911 年 6 月 4 日，第 7 版。

准刊单传布，聚众演说。倘有匪徒从中煽惑，扰害治安，意在作乱，准如所拟，照乱党办法，格杀勿论。责成该抚认真防范，消患未萌，毋稍姑息。设有疏虞，酿成重案，定惟该抚是问。"①

其时湘省民情激愤，杨文鼎迫于舆情压力将湖南省谘议局要求自办铁路的意见代奏，深处京城的载沣对地方民意并不了解，坚持认为干路国有是于民有利的善政，认为："朝廷为减轻小民担负起见改定政策，仍不使少有亏损，在百姓当乐从之不暇，岂有反抗之理？该省谘议局不免误会，所呈各节，语多失实。"在载沣看来，杨文鼎未能将朝廷体恤民艰的用意详尽地向民众解释以消除误会，反而率行代奏谘议局要求，对其"传旨申饬"。② 干路国有虽有其利民之处，但这样关系民生的决定清廷事先并未做充分的宣传说明，日日言立宪却又不将其交于资政院和谘议局知晓，仅由几名亲贵大臣商定便遽行下令收路，当时外间又传闻盛宣怀拿了洋人的好处并欲乘干路国有之机聚敛私财③，各省绅民之心难免惶惑。

继湖南之后，湖北和广东相继发生风潮，连起初平静的四川绅民也开始浮动，川省谘议局呈护理川督王人文请向朝廷代奏，请将干路国有案交资政院和谘议局决议再行收路。王人文与川省士绅关系较为融洽，对绅民所请甚表同情，遂将川省谘议局意见上奏，并建议朝廷暂缓收路以慰人心。然而载沣对王人文代奏极其不满，在他看来四川商办铁路进展远不如湖南，并且有租股和倒亏问题，实行干路国有对四川最为有利，断无反对之理，乃传旨申饬王人文不明大局，随意代奏。④ 彼时民心已经浮动，载沣不但未能向民众开诚布公以消除惶惑，反而严厉申饬代奏绅民意愿的督抚，显然于化解风潮毫无益处。更严重的是，五月初五日，端方和盛宣怀向王人文发出川路收归国有办法的"歌电"，明告四川绅商不要指望朝廷会补偿川路公司的倒账，其他虚糜款项亦须待至将来铁路赢利后再行弥补，条件极为苛刻。⑤ 虽然"歌电"只是阐明初步意向，非最终办法，但四川绅商闻知后仍异常激愤，如此一来，

---

① 《宣统政纪》卷53，《清实录》第60册，第948页。
② 中国第一历史档案馆编：《光绪宣统两朝上谕档》第37册，第117页。
③ 中国史学会：《中国近代史资料丛刊·辛亥革命（五）》，第464页。
④ 戴执礼编：《四川保路运动史料汇纂》上册，第612—615页。
⑤ 详见盛宣怀《愚斋存稿》卷77，沈云龙主编：《近代中国史料丛刊续编》第13辑，第24—26页。

原本平静的四川也掀起保路风潮。

筹款事宜完毕后，载泽一度对路事热情有所减退，据报载，"泽以路务本非度支部权限内所应干预，前此之会同筹议者，只以关系借款问题，不得不与闻。今款既借定，决计此后无论关涉路政何项实践，概不参以议论"。[①] 眼见各省保路风潮愈演愈烈，载沣对筹划此政的载泽和盛宣怀颇为不满，乃传见二人面加申饬，称："干路收归国有之政策，尔等始言并无冲突，今事已至此，若不从速维持，关系匪浅，应即责成尔等妥筹善后办法，倘有疏虞，惟尔等是问。"命他二人赶即妥筹收路办法。[②] 五月十七日，载泽致电王人文要求清查川路账目[③]，王人文两日后回复称，川省绅民因为端、盛"歌电"已经群情激愤，铁路公司方面坚持要由股东大会与邮传部商定接收川省铁路详细办法，否则不得查账。[④] 早在清廷发布干路国有上谕之时即已下令接收铁路详细办法由度支部和邮传部负责筹划，干路国有事关全国路政，载泽、盛宣怀等人不会仅因四川一省铁路公司要求便开启铁路公司与邮传部协商接收办法的先例，否则一旦其他省份效仿便全然违背了朝廷铁路中央集权的用意，因而对此不予理会，坚持由度支部和邮传部筹议办法。

各省保路风潮既起，清廷又一再坚称干路国有政策既定，绝无反汗之理，取消国有、回归商办已不可能；绅商拒债保路固然有其反帝爱国情结，实际上此时他们最关心的仍是经济利益问题，因而清廷能否拿出合乎绅民利益期待的收路办法便成为能否消解保路风潮的关键。五月十八日，张謇在召见时向载沣建议"四川铁路收归国有，须宽恤民隐"。载沣命他与载泽商议，随后载泽约见他与盛宣怀商议四川铁路国有办法，张謇的《啬翁自订年谱》中对当日情形有较详细记述：

> 盛以调查川人用于铁道工款中为川绅所亏者三百万，政府不应受此亏数，应以实用者给还川人。余曰："输出者川之人民，亏挪者川之绅士，

---

① 《泽公不愿闻路事》，《大公报》1911年6月6日，第2张第1版。
② 《泽盛两大臣曾被申饬之述闻》，《大公报》1911年6月20日，第4版。
③ 国史馆史料处编：《辛亥年四川保路运动史料汇编》上册，第260页。
④ 戴执礼编：《四川保路运动史料汇纂》上册，第582—583页。

当然一面查追绅士，一面允给川人。"盛主在给数中扣出。泽公复问余，余曰："如所言未尝非理，但甲商与乙商言，当如是。政府与人民有涵覆之义，且收民路归国有，政策也；政策以达为主，不当与人民屑屑计利。且闻川人争路款，顶戴先帝谕旨，势汹汹而意未悖，尤须审慎。"泽公无言。①

盛氏在收路问题上坚持其讨价还价的商人做派，显然不如张謇有政治远见。此时川省虽有保路风潮，但尚属和平行动，载泽若能采纳张謇建议以宽恤待之，仍有挽回的可能，然而载泽并未采纳，张謇的友人刘垣批评载泽："此辈亲贵，根本不知民情及政体，他已在盛宣怀包围之中，先入为主，大概除张謇之外，更无人曾向载泽进言也。"②实际上以清廷穷困的财力，度支部也难以拿出足够款项支持张謇的建议，并且载泽理财素来以撙节为宗旨，能省则省，显然也不会同意以朝廷本已奇绌的财政去补偿商办铁路公司由于自身经营不善而造成的亏损。载泽固然偏信了盛宣怀一面之词，其实由于他本人一贯秉持撙节理念，不乏存有"花小钱办大事"、敷衍绅民、能省则省的侥幸心态，盛宣怀精于算计的商人做派不过是迎合了载泽"撙节国用""限制糜费"的一贯主张。

五月二十一日，载泽、盛宣怀和端方三人联衔将度支、邮传两部所拟定的川粤汉干路收回详细办法上奏，该折首先对湘、鄂、川、粤四省商办铁路的建设进度、花费情况、资金来源等做了详细说明，继而以"四省情形各有不同、受弊轻重亦异"为由对四省商办铁路采取了不同的收回方案：

粤路全系商股，因路工迟滞，糜费太甚，票价不及五成。现每股从优先行发还六成，其余亏耗之四成并准格外体恤，发给国家无利股票。路成获利之日，准在本路余利项下分十年摊给。湘路商股，照本发还。其余米捐、租股等款，准其发给国家保利股票。鄂路商股，并准一律照本发还，其因路动用赈粜捐款，准照湖南米捐办理。川路宜昌实用工料

---

① 张謇著，文明国编：《张謇自述》，合肥：安徽文艺出版社，2014年，第60页。
② 刘垣：《张謇传记》，沈云龙主编：《近代中国史料丛刊续编》第13辑，第173页。

之款四百数十万两，准给国家保利股票。其现存七百余万两，愿否入股或归本省兴办实业，仍听其便。

最后再次强调对四省采取区别对待的原因：

> 臣等盱衡时局，博采众论，似已仁至义尽，大约以商股与公捐不同，实用与虚糜又不同，故不得不稍示区别，或还现款，或给保利股票，或给无利股票，分作三项办法而终不使其资本亏折丝毫，以副朝廷德意。①

折上后，泽、盛、端三大臣同获载沣召对，"监国语甚决断，以公司虚耗，国家亦允加恩分摊还本，可谓仁至义尽"。② 当日，清廷发布上谕，以载泽等人所奏办法"筹划尚属妥协"，饬令督办粤汉、川汉铁路大臣端方按照该办法与四省督抚会同办理收路事宜。③

干路国有不仅是一项经济行为更是一项政治举措，载泽在筹划收路办法时本已得到张謇"不当与人民屑屑计利"的建议，但他仍纠结于经济利益，信用盛宣怀斤斤计较的主张。该办法详分为归还现款、给保利股票、给无利股票三种，又区分公捐与商股、实用与虚糜，于四省各异的铁路情形而言固然有其合理之处，然而彼时清廷的主要任务应当是安抚绅民情绪以便顺利收回铁路，而不应过分关注绅民得到的经济补偿与其付出是否等价。载泽在收路办法上与绅民计较经济得失尚且与他执掌全国财政、不愿糜费有关，而作为摄政王的载沣览奏后竟依然如此，甚至以为仅以保利或无利国家股票补偿绅民损失便已经是仁至义尽了，二人在干路国有问题上显然都缺少长远的政治眼光，这充分暴露了少壮亲贵政治阅历的不足。

---

① 《遵旨筹划川粤汉干路收回详细办法》，中国第一历史档案馆、海峡两岸出版交流中心：《清宫辛亥革命档案汇编》第62册，第26—44页。
② 盛宣怀：《愚斋存稿》卷78，沈云龙主编：《近代中国史料丛刊续编》第13辑，第5页。
③ 中国第一历史档案馆编：《光绪宣统两朝上谕档》第37册，第135页。

三、强收川路与应对风潮

川省绅民本希望通过干路国有收回路款,而这一厢情愿的乐观情绪因端、盛发来的"歌电"而转为激愤;不久盛宣怀与四国银行签订借款合同的消息传到四川,绅民怒不可遏,纷纷指责盛氏名为收路,实为卖路。五月二十一日,清廷公布了收路办法,川省绅民收回路款的愿望彻底落空;更严重的是,收路办法对四省进行区别对待,湘、鄂、粤三省的还股方案均比川省丰厚,这虽然与四川商办铁路办理情形有关,但在当地绅民看来,如此厚此薄彼的还股办法是赤裸裸地歧视川人,川路风潮因此急剧高涨。其时,川汉铁路公司发动各界绅民组织起四川保路同志会,由谘议局正副议长蒲殿俊、罗纶担任正副会长,各州县也陆续建立起保路组织。

川路风潮本因收路办法而起,名为保路,实为保款,但单纯的保款口号不但难以鼓动更多群众参与,甚至会暴露川路公司自身的腐败问题。川省绅商虽愤激于朝廷与川人斤斤计较经济利益得失,不过中国的读书人向来有"耻于言利"的传统,况且与盛宣怀这样精明的商人争辩经济得失,以川省商办铁路的实际情形也难以占理,于是盛宣怀与洋人签订的借款合同便成为绅民保路的主要攻击对象。其时群情激愤,川绅罗纶等人对借款合同逐条签注批驳,[①] 盛宣怀借款被诠释为出卖主权而遭到猛烈抨击。于是川路风潮由保款发展为保路乃至保国权,同志会以"破约保路"为宗旨,"破约者,即请求政府向四国交涉,破此不利之合同也。保路者,即保有此路,无论国有民有,总不以失之外人为归也"。[②] 保路同志会的建立使川省的保路运动由零散的和平请愿发展为有计划的抵制行动,同志会成员通过报章杂志宣传"破约保路",痛斥盛宣怀卖国误国,川省绅民的爱国热情和愤怒情绪被迅速点燃。

干路国有政策出台后,盛宣怀便对时论的相关报道评论感到愤怒,要求民政大臣善耆禁止各报刊载此事,善耆未允。收路办法公布后,已沦为舆论

---

① 戴执礼编:《四川保路运动史料汇纂》中册,第638—643页。
② 宓汝成:《近代中国铁路史资料》下册,沈云龙主编:《近代中国史料丛刊续编》第40辑,台北:文海出版社,1977年,第1274页。

众矢之的的盛宣怀又与载泽及那桐、徐世昌两协理商议："近来京外报纸登载关于此项政策，率皆近于煽惑，民政部漫无觉察，殊属不合，应奏请饬令该部从严取缔，以免扰乱大局。"那桐认为此事无须请旨，遂由内阁咨会民政部办理。① 善耆对盛这种做法颇为厌恶，认为："杏生管邮传部，前言将通饬各省邮局，不为传递报纸，此举甚佳，何不实行？我不能管此事。"② 川省绅民对借款合同的抨击引起了载沣的关注，载沣乃召见载泽商议，要求"铁道借款用途必须周详审慎，无贻国民口实"。③ 五月二十五日，载泽运作幕僚郑孝胥觐见载沣，郑氏详陈"借款造路为变法之本"，"摄政王屡颔，甚悦，约二十分钟乃退"。④ 当川人痛斥借款合同之时，郑孝胥的一席话使载沣更加坚信借款收路决策的正确性，这无疑对清廷处理川路风潮有重要影响。

其时护理川督王人文同情绅民的保路举动，他不仅反对执行邮传部强行收路的决定，而且屡次向清廷代奏绅民意见，这在一定程度上助长了川路风潮的高涨。在王人文看来，"民气过激，恐至危及国本，推原祸始，厥在借款合同"。遂于五月二十三日上折弹劾盛宣怀，奏请先治其欺君误国之罪，然后向四国银行团提请修改合同，"冀纾民愤，以定人心"。载沣览奏后，留中未发。六月初二日，王人文再次上折力陈借款合同损害国权，认为盛宣怀蔑视资政院和公司律一意孤行，"蔑法媚外，误国殃民"，请严治其罪。⑤ 虽然载沣性格一向优柔寡断，不过在涉及中央集权的问题上他的态度向来坚决，对待干路国有一事亦不例外。他并不认为盛宣怀借款收路不妥，反而认定王人文一再渎请是在纵容川人抗争，乃谕称："铁路国有政策，早经宣示，借款合同，系有旨谕令签押，决无反汗之理。该护督一再渎奏，殊为不合！着仍懔遵叠次谕旨办理；倘或别滋事端，定惟该护督是问。"⑥

王人文以封疆大吏之身份，在朝廷申饬的情况下依然敢于为川人请愿，并且敢于弹劾炙手可热的盛宣怀，其举动益使川省绅民坚信破约保路是有希

---

① 戴执礼编：《四川保路运动史料汇纂》中册，第735页。
② 《日下要闻录》，《民立报》1911年7月16日，第2页。
③ 《监国召询泽公四大政》，《申报》1911年7月7日，第1张第4版。
④ 中国历史博物馆编，劳祖德整理：《郑孝胥日记》第3册，第1326—1327页。
⑤ 中国史学会：《中国近代史资料丛刊·辛亥革命（四）》，第415页。
⑥ 《宣统政纪》卷56，《清实录》第60册，第1013页。

望实现的,川路风潮由是更加高涨。

载泽主张强力弹压保路风潮,对王人文纵容"川事糜烂"的行为极其不满。其时王以藩司护理四川总督未得实授,清廷任命川滇边务大臣赵尔丰为四川总督,赵系当时有名的悍吏,清廷这一任命显示了对待川路风潮的强硬立场;后因赵尔丰尚有政务未毕,暂缓赴任,仍以王人文代理。眼见王人文无意压制川人行动,载泽遂将希望寄托在赵尔丰身上,六月初七日,载泽与盛宣怀致电赵尔丰,详陈川省商办铁路情形,希望赵"迅赴川任,镇抚群情,剀切劝导,但使人民共知国有政策并非与民争利,收路办法又于民有百利而无一害"。① 十七日,赵尔丰回电表示:"日内即拟起程,到川后查度情形,相机劝导。当此时局艰难,万不可使民气再乱。"②

闰六月初三日,端方电致载泽和盛宣怀汇报川路风潮情形,称:"川人对于路事,确定于初十日开会,所刊《蜀报》暨各种传单嚣张狂恣,无可理喻。近又纷电李姚琴(即后文的李稷勋——引者注),有速将外间存款数百万汇回成都,免为邮部所夺等语。并派人分赴湘、粤,极力鼓煽。"端方还向泽、盛控诉王人文"违道干誉,专主附和,不加裁抑,颇有幸灾乐祸、藉实其前言不谬之意"。建议设法阻止川路公司召开股东大会,并尽快拿办首要人物。③ 载泽和盛宣怀甚为恐慌,翌日将此事商诸总协理大臣,建议内阁速发电旨阻止股东大会,奕劻等人认为应待赵尔丰到任后再发。然彼时川路股东大会已定于初十日召开而赵尔丰到任之期未定,泽、盛二人对此颇为焦虑,遂电致四川藩司尹良探明赵尔丰何日可到,迅速电复,并密告尹良,如赵不能赶在股东大会之前到任,即与王人文"平心办事,刚柔互用,总以设法解散为是"。④

眼见川路风潮愈演愈烈,载泽对督办铁路大臣端方也极为不满,他在信函中有谓:"惟闻午桥(即端方——引者注)在武昌行辕每日请客,不甚关心路事,大有醉翁之意,奈何,奈何。"其所谓"醉翁之意",实指端方欲谋求

---

① 盛宣怀:《愚斋存稿》卷78,沈云龙主编:《近代中国史料丛刊续编》第13辑,第10页。
② 戴执礼编:《四川保路运动史料汇纂》中册,第766页。
③ 盛宣怀:《愚斋存稿》卷78,沈云龙主编:《近代中国史料丛刊续编》第13辑,第27—28页。
④ 国史馆史料处编:《辛亥年四川保路运动史料汇编》上册,第362页。

湖广总督之位，而彼时的湖广总督瑞澂乃是载泽姻亲。初五日，瑞澂函致载泽，"痛言陶斋（即端方——引者注）举动谬妄，于路事毫无布置云云"，载泽对其委任梁鼎芬等人为铁路总办亦早有不满。作为一名"谊属宗支，休戚与国"的亲贵，载泽对国事的热情显然要比端方这样的异姓大臣高，在他看来，川事糜烂之际端方的所作所为是不负责任的表现，在当日致盛宣怀的信函中申明了自己的政见：

> 伏念此次借款造路，稍有不慎，既无以对朝廷，更无以对拒款之百姓。泽管财政，尤不能不格外关心。前日林炳章说帖诚不为无见，曾肯代拟奏折，未知脱稿否。鄙意此折必须呈递，严为限制，陶斋见罪与否在所不计，如或奏奉谕旨后仍无效果，则彼时当用野蛮手段矣。①

闰六月初六日，清廷电饬赵尔丰赶即前往川督任上，务必于初十日股东会议召开之前抵达，"届开会日期，多派员弁，实力弹压。除股东会例得准开外，如有藉他项名目，聚众开会情事，立即严行禁止，设法解散，免致滋生事端。倘敢抗违，即将倡首数人严拿惩办，以销患于未萌。该署督务即遵旨，迅速赴任，毋稍延缓，并将对待办法预为妥慎筹划"。②初八日赵尔丰抵达成都，初九日正式接印上任。清廷欲以"悍吏"赵尔丰强力推进干路国有，然而赵到任后立即与朝廷意愿相悖，他有感于川省民意愤激，认识到川路风潮不可强行压制，主张采用安抚策略，不但未强力干涉川路公司股东大会，还向清廷建议俯顺舆情，暂缓办理，但清廷仍不为所动。

连续两任川督的建议均无法阻止清廷收路的决心，与此同时，盛宣怀又强要留用已被川路公司辞退的宜昌分公司经理李稷勋，这彻底激怒了川省舆情，七月初一日，成都全城爆发了大规模的罢课、罢市行动，米价飞涨，各街居民沿街供奉光绪皇帝牌位，写有"庶政公诸舆论，川路准归商办"字样。③此时绅民虽采取和平方式争路，但愤怒情绪已逼近极点，清廷若能俯顺

---

① 王尔敏、陈善伟编：《近代名人手札真迹——盛宣怀珍藏书牍初编》第 6 册，第 2834—2837 页。
② 《宣统政纪》卷 57，《清实录》第 60 册，第 1018 页。
③ 戴执礼编：《四川保路运动史料汇纂》中册，第 889—892 页。

舆情，做些许让步，仍有可能将保路风潮控制在和平范围内，而一旦再次激怒川人，即将激化矛盾，酿成流血冲突。

然而，载沣、载泽未意识到民愤已经到了即将激化的危险关头，并不打算延缓干路国有计划。载沣接到赵尔丰关于川省保路情形的汇报后首先考虑的是"此次该省激动情形，有无匪徒从中煽惑"，并下令"严行弹压，毋任再滋事端。所有各领事馆、教堂及重要局库，务须尽力保护，不得稍有疏虞"。① 不过载沣此时严旨弹压针对的是煽惑的"匪徒"而非保路的绅民，其时盛宣怀主张立即调兵镇压保路运动，载沣并不认可，声称："川人亦朝廷赤子，只宜善言劝导，如果系为路政争执，宁可朝廷稍受委曲，断无与百姓为敌之理。且路归国有政策系出自盛宣怀，已经滋怨，贻误大局，若再用强硬手段，以致激成祸端，试问该大臣能当此重咎否？"② 可见载沣此时已经对盛宣怀颇为不满，另据时论报道："川民抗争罢市，阁臣相顾错愕，监国颇咎盛（宣怀）主张借债收路，坐失人心，致有今日。"③ 七月初六日，载沣发布了一道语气相对和缓的上谕：

> 铁路收归国有系为减轻小民担负起见，叠经降旨宣布，乃川民仍多误会，相率要求，其词虽激，其愚可悯，朝廷亦何忍重负吾民？着邮传部、督办粤汉川汉铁路大臣将路款龃龉纠葛妥速清理，明示办法，以释群疑。赵尔丰身任疆圻，保卫治安，是其专责。务当仰体朝廷爱民之隐，剀切开导，设法解散，俾各安心静候，照常营业。④

载泽坚持认为闹事的只是部分"莠民"，多数川民不支持保路，主张强力弹压保路运动。七月初六日上谕，载沣命载泽列衔署名，载泽以载沣未能对川路风潮采取强硬举措颇感愤懑，乃向盛宣怀抱怨称："今早居摄（指载沣——引者注）又令邮部拟办法电致季帅（即川督赵尔丰——引者注），今忽

---

① 《宣统政纪》卷58，《清实录》第60册，第1038页。
② 《川路风潮危迫之现状》，《大公报》1911年9月11日，第4、5版。
③ 戴执礼编：《四川保路运动史料》，北京：科学出版社，1959年，第299页。
④ 《宣统政纪》卷58，《清实录》第60册，第1040页。

加入度支部殊觉刺目……鄙意不愿列衔决非不负责任，总以为此等办法甚不满意也，将来如用强硬手段泽决不推辞。"①其时湘、鄂、粤三省风潮在地方督抚的强力弹压之下已逐渐归于平静，这益使载泽相信高压政策才能平定风潮，而川省局势的恶化正是由于两任川督的纵容。②为了争取载沣的强硬态度，载泽于初九日专门上了一道说帖，要求严饬赵尔丰，强力弹压保路运动：

> 铁路国有政策，中外同钦，朝廷断无反汗之理。四川莠民抗拒谕旨，实为国法所不容，全赖政府主持于内，地方官弹压于外，乃能相安无事。今川督电奏沿街搭棚供奉德宗万寿牌，藉图煽惑，此等举动实近于义和团。川督不但不能禁止，转有不敢禁止之意，实属糊涂谬妄。试问强盗头顶万岁牌到处行劫便不敢拿办乎？此事在川民为亵渎先朝，在川督为戏侮监国，情节万分可恶，无如川督柔懦无能，政府又不负责任，且有幸灾乐祸者盘踞于中，势不至酿成大患不止。监国若不极力主持，大局不堪设想。拟请严旨切责赵尔丰，以期消患未萌，勿听政府之恐吓，要知习风不可长，莠民不足畏，是在监国纲断，毅力主持，无惑人言至要。③

可见载泽的态度要比载沣强硬得多，他上此说帖提醒载沣勿为人言所动，显然是担心载沣举棋不定。说帖上奏后，载泽仍心里没底，唯恐载沣不能听取他的建议，在当日致盛宣怀的信函中言道："今早业将说帖呈阅，究竟采纳与否不可得知，殊觉闷损，惟向来召见内阁在先，外起在后。今忽改后见内阁，意似酌留写字工夫亦未可知。"④

川省局势日益糜烂进一步加深了内阁中载泽派与奕劻派的矛盾。起初奕劻等人便不主张遽行铁路国有政策，但拗不过载泽等人一意孤行；保路风潮发生后，在奕劻等人看来此系载泽派一手造成，正是打击其权势的绝好时机，

---

① 王尔敏、陈善伟编：《近代名人手札真迹——盛宣怀珍藏书牍初编》第6册，第2853—2854页。
② 其时端方致电载泽、盛宣怀有谓："前者湖南反对铁路国有，经湖广总督瑞澂电致湖南巡抚杨文鼎，禁止刊刻传单，开会聚会，登时解散。今则群情帖然，收路在即。"（见戴执礼编《四川保路运动史料》，第285页）载泽极表赞同，并拟将端方意见密告载沣。（见盛宣怀《愚斋存稿》卷80，第16页）
③ 王尔敏、陈善伟编：《近代名人手札真迹——盛宣怀珍藏书牍初编》第6册，第2851—2852页。
④ 王尔敏、陈善伟编：《近代名人手札真迹——盛宣怀珍藏书牍初编》第6册，第2856页。

因此并未极力干预，而是隔岸观火，任由载泽等人行事，坐看其如何收拾，载泽说帖中提及的"盘踞于中，势不至酿成大患不止"的"幸灾乐祸者"即意指奕劻。时论注意到，"某公（指载泽——引者注）在政府中意气颇盛，大有旁若无人之势，庆邸本甚不满意，川路风潮初起，庆邸即谓对于川人终须和平，否必决裂。某公信用盛宣怀、郑孝胥之言，主张强硬，遂致酿不可收拾之局。警电到阁，庆邸曾叹曰：'吾早料及此，奈诸公不听耳。'"① 又有谓："庆则更事已多，固灼知此政策一行，必酿成非常之大变，特知之而不欲遽发之，必俟其溃败决裂之后，束手相顾，靡所为计，则两公之名誉与眷俱为之扫地以尽，自不敢复为觊觎政地之谋，而以己之地位势力乃巩固而不可稍撼。"②

川路风潮激化后，奕劻等人主张善待民意，采用和缓办法办理。载泽和盛宣怀，"他们也深知在此危机时期，去迎合地方民意，不但可能停止国营铁路建设，而且还可能导致清帝国的瓦解，因为四川、湖南、广东和其他省份皆已借机进行反清活动"。于是泽、盛派遣邮传部侍郎李经芳去见英国公使朱尔典，希望朱尔典能帮忙游说奕劻，"以强烈的言词劝告他不要采取那种可能暴露中国弱点而导致中国灭亡的政策路线"，并建议朱尔典"应当表示要积极干涉，借此作威吓，才能使这位'糊涂'的老官僚有所醒悟"。③

其时总协理大臣奕劻、那桐、徐世昌主持阁务，他们反对载泽的强力弹压主张，并且不将四川来电交载泽查看，在奕劻等人的建议下，载沣发布了几道语气和缓的上谕。载泽对此极为不满，在他看来，总协理大臣此时主张缓和只能令川事更加难以收拾。载泽向盛宣怀抱怨："近日政府所拟谕旨，一次比一次松懈，不知是何居心，或者有意酿乱亦未可知。"并直斥总协理大臣："邸座（指奕劻——引者注）开口第一句即出人意外，可见不足以有为，大势去矣，可胜憾哭。那、徐二人私心充斥，想更无办法，亦不足与谋。"④ 由于总协理大臣主张和缓办理，载泽一度未能争取到朝廷的强硬举措，颇有怨言，

---

① 《川乱声中之朝局》，《民立报》1911年10月1日，第2页。
② 《川乱危言》，《民立报》1911年9月22日，第1页。
③ 《朱尔典爵士致格雷爵士函》，章开沅、罗福惠、严昌洪主编：《辛亥革命史资料新编》第8卷，第55页。
④ 王尔敏、陈善伟编：《近代名人手札真迹——盛宣怀珍藏书牍初编》第6册，第2852、2836页。

竟致拒绝参与内阁商议。据报载,"川省抗路风潮现已连电到京,昨内阁总理邀集泽盛两大臣在内阁密议,熟商正当办法,泽公对于此事声辩:'本大臣虽曾参预借款,然并未干涉路事,现川省所纠葛者为路事,非为借款。其中应如何筹办之处,本大臣不负责任,故亦不便与议。'言讫竟自行退出,各王大臣亦随即散班"。①川事糜烂已危及国本,奕劻、载泽两代亲贵不仅不能通力协作,反而互相诿过、倾轧、拆台,致使清廷决策首鼠两端,难以形成对待川事的统一意见,朝局日趋失控。

在宣统朝政坛上,奕劻和载泽是老少亲贵的代表人物。奕劻虽老髦保守,无意开拓,但政治阅历丰富,处事谨慎;载泽虽趋新求变,进取意识较强,但阅历不足,行事近乎操切。在速开国会、设立责任内阁、强军富国等诸多问题上,民众普遍希望朝廷能够锐意进取,彼时朝廷"有为"才能顺应民意,因而少壮派更受舆论青睐,奕劻则以其立场保守屡被舆论攻击。川路风潮激化后,舆论希望的是朝廷能够退却,此时"无为"或"少为"才能顺应民意,于是"一味进取"的载泽逐渐为时人诟病,奕劻的"老成持重"受到舆论认可。其时有时论将川事糜烂归咎于载泽与奕劻的纷争:"泽之欲取庆而代之也,非一日矣。庆虽昏髦贪婪为天下所不与,而凭借既坚,根底深厚,非可以旦夕倾之者。故非有非常之大政策足以震动海内外之心目者,必不足以收战胜之效果,此盛之所以伺间乘机而得行其大借外款之计划者也。泽年少而勇于任事,顾艰难险阻曾未少尝。盛虽阅历较深而垂暮年华正当戒得之候,徒知目前有什伯之大利,而不晤将来有邱山之巨害,所谓攫金于市,但见金不见人者,两公之为矣。"②对于奕劻则有谓:"庆内阁自此次川乱后,舆望增进,足见政界情事之无常。然平心而论,此次若非总协理之力主和平,则川事将不可问矣。"③足见老少两亲贵的政坛口碑由于川路风潮而发生了反转。

---

① 《泽公不负路事责任》,《大公报》1911年9月8日,第4版。
② 《川乱危言》,《民立报》1911年9月22日,第1页。
③ 《阁部现形记》,《时报》1911年10月11日,第2版。

四、激起民变与镇压保路

七月初一日罢市罢课事件发生后，虽然清廷未采纳载泽的强力镇压主张，但彼时川人的怒火已经被激进派带有煽动性的宣传鼓动起来，所争已非只在收路办法一端，清廷仅以"剀切晓谕""明示办法"之类的上谕难以平复川省民愤，"川人已定宗旨，不能俯准商办，即实行停纳钱粮、捐杂以为对待"。① 继成都之后，四川其他州县相继发生罢课、罢市、抗捐等活动，一些地区甚至发生暴力事件。

眼见局势日趋失控，川督赵尔丰、成都将军玉昆屡向清廷上折痛陈川省的危险情势，建议将干路国有一事交资政院商讨，资政院议决之前铁路暂归商办，并要求惩办盛宣怀，如此才能安抚民心，消解风潮。不过载沣并不打算就此收手，坚持"干路收为国有，早经降旨允行，决无反汗之理"，并斥责赵、玉"殊属不知朝廷维持全国路政之深意"，仍令赵尔丰迅速解散保路组织，切实弹压暴力行为，不得再使风潮蔓延，否则将治其罪。② 至于已成为众矢之的的盛宣怀，载沣对其虽有不满但尚不打算严惩，据报载，"监国于初九日午后特在本邸传见民政大臣桂春及邮传大臣盛宣怀，情形甚急，随即交出一折着盛阅看，阅未竟，盛面有惭色，该折内容系川省人士为铁路借款事参劾盛之丧权误国，有违先皇谕旨。监国见盛踧踖状况，略加训慰"。③

局势的恶化使主持收路事宜的载泽、盛宣怀、端方三大臣极为恐慌。七月初六日，端方致电泽、盛，痛斥赵尔丰举措乖方，纵容川乱，一旦酿成暴动，以赵之手段势难戡平，建议朝廷派重臣入川查办，请泽、盛二人从中维持。翌日，盛复电极表赞同，称载泽此时正准备上呈说帖力劝载沣，端方电奏到京后即交于载泽密奏监国。初九日，载泽面见载沣，因端方电奏没能及时到京，载泽未得将该奏进呈，只提及派员入川查办问题，载泽"又切实

---

① 戴执礼编：《四川保路运动史料汇纂》中册，第964页。
② 《宣统政纪》卷58，《清实录》第60册，第1044页。
③ 《监国传见桂盛两大臣之述闻》，《大公报》1911年9月6日，第3版。

面奏",载沣"遂稍动容"。① 随后,载泽得见端方奏折,认为"端方来电抄送电参赵尔丰原稿,语语痛切,有关大局,朝廷断不能不为主持。又有请明降谕旨特派重臣赴川查办之语,与昨日面陈办法不谋而合,应请独断,及早发挥"。②

至于所派入川查办之大员,盛宣怀曾向载泽提议或可派遣端方前往,"仍以路为名,到彼再将事实揭晓"。但端方以为川省风潮因路政而起,自己是办理路政之人应当回避。③ 载泽亦不赞同派端方入川查办,建议起用岑春煊。岑系彼时少有的政治能人,素以善于用兵平乱著称,又曾署理四川总督,在川民中有较高的威望,清廷若起用岑春煊办理川事极有可能缓解川民与朝廷的对立情绪。载泽将此意禀报载沣后,载沣竟陷入为难,以岑春煊系奕劻政敌,二人交恶已久,若此时起用岑恐怕会伤及奕劻颜面,有意派遣瑞澂入川。载泽认为"瑞澂前往,亦必能济事,但瑞澂身体多病不定,能耐此蜀道艰难否?万一半途患病,不利遄行,亦恐有误事机,不可不虑"。④

载沣采纳了载泽部分建议,同意派员入川查办,但不打算起用岑春煊,"某中堂"建议派前任邮传部尚书唐绍仪前往,载沣不以为然,认为唐"为人轻率,虽有杰才,然办理此事终恐不洽舆论"。⑤ 七月十三日,清廷发布上谕,简派端方赴川查办路事,理由是"以其系原参之人,必不致有回护隐饰情事,且川鄂交界,路途并不甚远,再近实无可派之大员"。⑥ 其时端方早已因强行收路得罪川省绅民,以端入川必定再度激化风潮,这显然是个极其错误的决定。

载泽等人对这一任命极为不安,盛宣怀怀疑此系总协理大臣从中作梗,以致载泽的建议没能被载沣全部接纳,是"取法乎上,仅得乎中"。⑦ 端方极不愿担当此任,乃致电载泽,求其在载沣面前设法挽回,另简其他大员入

---

① 戴执礼编:《四川保路运动史料汇纂》中册,第997—998页。
② 王尔敏、陈善伟编:《近代名人手札真迹——盛宣怀珍藏书牍初编》第6册,第2858页。
③ 戴执礼编:《四川保路运动史料汇纂》中册,第998页。
④ 王尔敏、陈善伟编:《近代名人手札真迹——盛宣怀珍藏书牍初编》第6册,第2858页。
⑤ 《监国不重用唐绍仪》,《大公报》1911年9月11日,第3版。
⑥ 《宣统政纪》卷58,《清实录》第60册,第1044页。
⑦ 盛宣怀:《愚斋存稿》卷81,沈云龙主编:《近代中国史料丛刊续编》第13辑,第2页。

川；如不能获允，则奏请朝廷先饬赵尔丰严厉弹压，而后准许他带鄂省军队入川并有权随时调遣川省各军。该电末谓："初十日寄谕季帅，词稍严厉，窃揣非荫弟（即载泽——引者注）之力不及此，仍恳始终维持。"①端方把全部希望都寄托在载泽身上，在他看来只有载泽才能说服摄政王收回成命，有关载泽将端方意图转达给载沣的具体情形，囿于史料有限难得其详，据载泽事后的信函披露："陶斋赴川为不宜，人所共知，前于独对时反复痛陈，未置可否，更不知政地有何措施，殊为闷损。"可见在载泽看来，以端方入川绝对是下下策，他在载沣面前已经力争过多次，但并没能使载沣收回成命，以致感叹"大好河山如此断送甚为可惜"。②最终，清廷不允端方推诿卸责，仍令其赴川查办，准许其调动川省各军。③

清廷以端方入川激起了绅民更激烈的反抗，其间有人散布《自保商权书》，号召川人停止输捐、纳税、协饷，激进派已经有意与清廷决裂。总协理大臣以川事危急，向载沣提议电饬赵尔丰来京面商办法，载沣反对，"以川省风潮正赖赵尔丰随时镇压，若遽召来京，既恐迁延时日，且虑滋生他变，此举殊于路事无益，着不准行"。④赵尔丰迫于压力，最终改变方针，于十五日诱捕了保路同志会领袖蒲殿俊、罗纶等人，川民得知后怒不可遏，数千人涌向总督署要求放人，赵尔丰下令卫兵射杀群众数十人，激起民变，保路同志会组织川省各地发动起义并有革命党人参与其中，川路风潮最终在清廷的高压之下，从绅民和平请愿演变为武力反抗清廷的斗争。载沣认为赵尔丰查拿首要人物的办法尚属妥恰，但川民的武装暴动还是在他意料之外，据报载："川督赵尔丰昨有急电到京，称川民数千人，于十五日围困督署（此一层），情形紧急，各属匪党（此又一层）又乘势暴动。用兵不敷分布，大局异常危险。监国呈毕，叹曰：不图盛宣怀误国至此。"⑤其时赵尔丰以川省兵力不足向朝廷求助，载沣下令"瑞澂就近遴派得力统将酌带营队，迅即开拔赴川，暂归赵尔丰节制调遣。当此事势急迫，该署督务当督饬兵队相机分别剿办，一

---

① 戴执礼编：《四川保路运动史料汇纂》中册，第999—1000页。
② 王尔敏、陈善伟编：《近代名人手札真迹——盛宣怀珍藏书牍初编》第6册，第2860页。
③ 《宣统政纪》卷58，《清实录》第60册，第1043、1046页。
④ 《奏请赵尔丰来京不准》，《大公报》1911年9月7日，第5版。
⑤ 中国史学会：《中国近代史资料丛刊·辛亥革命（四）》，第409页。

面出示解散胁从，以安人心。一面严饬省外州县妥慎防范，悉心安抚，免致勾结为患"。① 十六日载沣召见总协理大臣，"着即赶速设法解散风潮，否则诚恐牵动大局，益至不可收拾。且此亦系中央政府应负之责，未便尽委诸赵尔丰、端方。务尽五日之内拟定切实办法，不得延缓"。② 十七日，载泽面见载沣，认为铁路国有系朝廷既定政策，川民竭力反抗，始则罢课罢市，继则抗捐拒租，如今竟致谋求自立，必须严厉镇压。③

七月十九日，载沣召集总协理大臣及各国务大臣在勤政殿商议应对川事办法，载沣阐明了对川省保路风潮的看法：

> 铁路国有定为政策，借款办路实出万不获矣。湘粤两省士绅初虽误会，今已帖然，不料川人始终反抗，聚众要挟，不听劝导。观近日种种情形，如成都士民之围扰督署，来京代表之滋闹王府，殊属不成事体。若再事姑容，效尤将伊胡底？且借款筑路之议创自故相张某，朝廷对于国势民力审慎再三，迁延至今始经定议。该省绅民岂毫无闻见，奈何不谅朝廷苦心，但凭一二不肖士绅之怂恿，恃众呈蛮，目无法纪。该省大吏不能善为开导，尚有附和渎奏者，真不解事。卿等速电川督，一俟督办端方到时，会同妥为解散。并访拿首要，请旨办理。④

总协理大臣对绅民的暴动仍不欲操切行事，载泽则认为："祸乱已至如此，若再优容，后果何堪设想？"徐世昌认为川事虽不能再优容，然没有谋逆确实证据不可轻言杀戮。⑤ 当日拟旨时采取折中办法，分别"路事"与"乱事"，于"乱事"中又分别剿平匪乱与解散胁从，谕旨草案由阁臣拟定完毕后进呈，

---

① 《宣统政纪》卷59，《清实录》第60册，第1050页。
② 《监国勒限办理川路风潮》，《大公报》1911年9月12日，第3、4版。
③ 《川乱中之京师》，《时报》1911年9月22日，第2版。
④ 《川路枪声记（五）》，《时报》1911年9月18日，第2版。
⑤ 《川路滴滴血》，《申报》1911年9月22日，第1张第4版。

载沣又做了些许修改,意在避免言辞过于激烈①,二十日正式发布。②过往研究者多认为载沣在川省暴乱发生后采取强硬态度对待,③不过从二十日谕旨措辞看来,载沣并没有完全采纳朝中较为强硬的载泽一派的建议,总协理大臣的和缓主张对朝廷决策有较大影响。时论注意到:"二十日之上谕,乃参合两派意见而成之者。故一句一开,一句一阖,既曰分别剿办,又曰妥筹安抚;既曰及时扑灭,又曰销毁名册,一概不究。"④

在中国传统政治伦理中,朝廷和皇帝必须是一贯正确的,一旦政策有失往往首先要诿过臣下。川路风潮发生后,盛宣怀早已成为舆论的众矢之的,而暴动的发生使载沣认识到有必要与盛宣怀划清界限。在他看来,朝廷的干路国有政策没错,只因盛宣怀办理不力才酿成风潮,其时已有御史弹劾盛宣怀误国,载沣若再听信泽、盛一派的强硬主张显然不合时宜,他认为:"此事本由盛宣怀酿成,如再操之过急,乱更难解,奈何欲以意气糜烂大局耶?速电各该督抚,妥为劝谕,俾待后命云。"⑤对盛宣怀失去信任应是载沣不愿采纳

---

① "二十日宣布川路乱事之谕旨,阁臣恭拟草案时其中应行宽严并用之处,措词煞费踌躇,经总协理研究多时始能得体。迨草案呈进后,复由监国添改多语,始行颁布。闻旨内'不得稍有株连,免致地方糜烂,如有为逆党强迫列名会簿者,即将各册全行销毁,一概不究'等语,又'端方带队入川后,务须申明纪律'句下'严加约束,不准骚扰'八字均为原拟草案所无有,经监国指饬增入者。"见《川乱谕旨曾经监国参改》,《大公报》1911年9月16日,第4版。
② 七月二十日上谕全文:"谕内阁,自铁路干路收归国有,凡从前商股民股均经饬部妥定办法,明白宣示。既已减轻民累,不令亏损民财,朝廷体恤闾阎,实至仁至义尽。乃川人未明此意,开会演说,藉端争执。始不过无知愚氓群相附和,继则罢市罢课,迹近嚣张。屡经电饬赵尔丰弹压解散,并饬邮传部将路款轇轕妥速清理,明示办法,以释群疑,原冀早就牧平,各安生业,迄不忍加罪吾民。不料抗粮抗捐之议相继而起,惟恐有匪徒从中煽诱,别滋事端,特派端方前往查办。仅准酌带兵勇两队,俾免惊疑。旬日以来,该省突有人散布自保商权书,意图独立,并有约期起事之举。经赵尔丰先期侦悉,将首要擒获。本月十五日,竟有数千人凶扑督署,肆行烧杀,并毙弁兵,似此目无法纪,显系逆党勾结为乱,于路事已不相涉,万难再予姑容。已电饬赵尔丰相机分别剿办,该署督迅即懔遵前次电旨,严饬新旧各军。将倡乱匪徒及时扑灭,勿任蔓延。其被胁绅民均系无辜,尤当妥筹安抚,不得稍有株连,免致地方糜烂。如有为逆党强迫列名会簿者,即将该名册全行销毁,一概不究。端方带队入川,务须申明纪律,严加约束,不准骚扰,并沿途晓谕居民,宣布德意,俾皆晓然朝廷不得已而用兵,纯系为除莠安良起见,以定众志而遏乱萌。至该省商民一切路股,仍着邮传部督办会办铁路大臣遵旨妥速办理。经此次申谕之后,该省绅民等勿再轻信浮言,徒滋扰乱,应即照常开市开课,各安本分,用副朕谆谆诰诫之至意。"见《宣统政纪》卷59,《清实录》第60册,第1054—1055页。
③ 例如,李学峰《载沣与清朝末年的铁路政策》(《史学月刊》2014年第8期)一文指出:"此时,载沣已无退路,只有硬着头皮,强硬到底。"
④ 《川乱中之京师》,《时报》1911年9月22日,第2版。
⑤ 《监国恻隐之心》,《民立报》1911年9月16日,第3页。

载泽强硬建议的一个原因。

此时川省局势发展早已脱离清廷掌控，载沣一纸"温谕"根本无济于事，翌日即有报告称成都已被保路军民围困，电报中断，清廷只能寄望于武力镇压。然而勉强受命入川的端方逡巡不前，坚称自己的职责是督办铁路事务，不宜参与弹压，并且曾参劾过赵尔丰，入川后恐多误会，仍寄希望于朝廷能更换大员。① 载泽早就认为派端方入川不可取，"午帅畏川如虎，其行程延缓，事所必然"②；端方既畏葸不前，载泽遂极力运作岑春煊出山。

此时有意保荐岑春煊的不止泽、盛，还有鄂督瑞澂和东督赵尔巽。载泽、盛宣怀认为"须有外省督抚之电奏，而后监国能允起用岑春煊"，遂联络瑞、赵二督共同吁请。③ 据盛宣怀致赵尔巽的电文披露："泽公接莘帅（即瑞澂——引者注）函，请改派西林（即岑春煊——引者注），似与尊见相合，其声威素著，或可闻风先解，其行亦必神速，如公以为然，可否电商莘帅，会同电奏？"同日，盛在致瑞澂的电文中又谓："次帅（即赵尔巽——引者注）来电亦商改派，事已急切，公可否电商云帅（即岑春煊——引者注），会同电奏？逊敷（即载泽——引者注）必为内应，弟以将此意电复次帅矣。"④ 由此可见泽、盛、赵、瑞四人为推动岑春煊出山，以盛宣怀为中心相互联络，制定了内以载泽面劝载沣，外以瑞澂、赵尔巽两督联合电请的计划。

二十一日，载泽函致盛宣怀称："明日进呈宪法条文，本拟请起，惟与伦贝子同见，不便开谈，拟于事毕留后刻许工夫痛切一言，采纳与否，付之天命而已。"二十二日，载泽独对，再次向载沣力荐岑春煊，但载沣"未置可否，意似有为难"，载泽对载沣在如此紧要的时刻竟依然犹豫不决颇感失望，在当晚致盛宣怀的信函中认为："大约仍归无效，此则关乎天心国运，非人力所能为矣。"⑤ 不过，由于有了瑞、赵两督联合电请，结果并非载泽想象的那般糟糕，据报载："瑞督来电，力请另简重臣，帮同办理；赵督亦请起用岑春煊，

---

① 陈旭麓等主编：《辛亥革命前后——盛宣怀档案资料选辑之一》，第148页。
② 王尔敏、陈善伟编：《近代名人手札真迹——盛宣怀珍藏书牍初编》第6册，第2862页。
③ 《岑春煊受命记》，《民立报》1911年9月23日，第2页。
④ 盛宣怀：《愚斋存稿》卷82，沈云龙主编：《近代中国史料丛刊续编》第13辑，第13页。
⑤ 王尔敏、陈善伟编：《近代名人手札真迹——盛宣怀珍藏书牍初编》第6册，第2864页。

并力陈岑在广西剿匪之事迹，监国大为动容。"① 盛宣怀甚至乐观地向岑表示："莘帅、次帅电商改派，上公（指载泽——引者注）仍请派公。事棘，当局似难再执私嫌。"② 二十三日，廷议商讨改派岑春煊事，"监国对于川乱极为焦灼，满冀从速解散，端方、赵尔丰均系川民之所反对，恐增恶感，故另派威望素著之大员前往相助为理，以期得力"。③ 奕劻见载沣心意已决，遂请假以图规避署名。当日，清廷发布上谕，派岑春煊前往四川与赵尔丰共同办理剿抚事宜，命其即日由上海乘轮起程，不得延迟。④

清廷起用岑春煊使载泽喜出望外，他认为，"云帅明日即行，可谓迅速之至，此去必能有效，但希稍迟数日耳""西林此番入蜀，必立于不败之地"，载泽还函告盛宣怀"于晤西林时切实筹商，期有把握"，并要求邮传部电告岑春煊川省匪患严重，"从前感情未必足恃也"，言下之意，希望岑春煊能严厉弹压。⑤ 端方以朝廷已起用岑春煊，遂电告载泽有意辞去查办之差。二十四日，载泽将端方辞意密陈于载沣，载沣准其所请，下令将端方节制军队全部交岑春煊指挥，以便划一事权。载泽还因岑此次入川，仅奉命与川督共同办理剿抚事宜而无正式名号，建议授予岑钦差大臣以示隆重，不过载沣当时对此并未表态，载泽在信函中向盛宣怀抱怨这是总协理大臣从中作梗："起用西林，只令会同办理剿抚，既无兵权又无名分，倘亦别有用意，不欲其成功耶？"⑥

川路风潮激化后，载泽日益受到朝臣和舆论的攻讦，甚至已经引起了载沣的不满。⑦ 载泽将平定川事、挽回声誉的全部希望都寄托在岑春煊身上，他在载沣面前保证岑二十五日即可起程，"一往直前，较之逗留不进者，奚啻天渊"，载沣嘉许；然而岑受命后并没有回电汇报起程日期，反而在成都围困之时奏请调粤省军队入川解围，这使载泽一度极为尴尬。其时朝中反对者多

---

① 《岑春煊受命记》，《民立报》1911 年 9 月 23 日，第 2 页。
② 陈旭麓等主编：《辛亥革命前后——盛宣怀档案资料选辑之一》，第 150 页。
③ 《岑西林将继任川督》，《大公报》1911 年 9 月 19 日，第 4 版。
④ 中国第一历史档案馆编：《光绪宣统两朝上谕档》第 37 册，第 226 页。
⑤ 王尔敏、陈善伟编：《近代名人手札真迹——盛宣怀珍藏书牍初编》第 6 册，第 2868、2880 页。
⑥ 王尔敏、陈善伟编：《近代名人手札真迹——盛宣怀珍藏书牍初编》第 6 册，第 2877 页。
⑦ "监国近来对于川省乱事极为注意，连日召见阁臣密筹办法。昨二十五日复行召见，密议此事，详情虽不能悉，只闻曾谓阁臣云：'此次川乱虽由于王人文、赵尔丰办事之不善，然追原祸始，载泽、盛宣怀实皆不能辞责。'"见《监国不满意泽盛两大臣》，《大公报》1911 年 9 月 20 日，第 3 版。

谓"端在鄂迟延，尚与瑞商征调。沪有何事？并以调粤军，何能济急？临敌易帅，辗转担延，成都危矣"，指责载泽应对无方。① 为促使岑春煊迅速起行，载泽向载沣建议，岑入川后立即授以四川总督，② 载沣应允。③

载泽力保岑春煊，原本希望借助岑在川省的声望及强力手段迅速平定乱事，并震慑其他省的反抗活动，即其所谓"各省之观坐待隙而动，固意中事，惟愿川事早了，则诸怪自绝"。④ 然而令载泽失望的是，岑春煊竟依然如王人文、赵尔丰一样采取安抚政策，主张和平办理。二十六日，岑春煊在上海发表《告蜀中父老子弟文》，劝绅民各安本业，朝廷不会妄开杀戮，表示将会为川人请命。载泽、盛宣怀有意将"路事"与"乱事"区别开来，欲以岑负责平乱而不令其参与路事，但岑坚称川路风潮因收路不公而起，必须先使还股办法不负川民，才能将仍不听命者视作乱民剿办。⑤ 载沣遂下令"凡川省路务事宜，均准该大臣参酌办理，并嘱与端方和衷筹划，毋得稍存意见，以期成效早收"。⑥

七月二十七日，岑春煊向清廷电奏处理川路风潮的"标本兼治"之策，建议清廷释放保路士绅，以现款发还川人股本，国家补偿铁路亏损，朝廷下诏罪己。岑春煊认识到川省乱事全因收路而起，从路事下手方为治本之策；况且即使武力镇压，彼时端方和岑春煊尚在途中，先以此安抚民心仍可能防止动乱扩大。⑦ 岑春煊的政见无疑是清醒的，清廷若能采纳仍有可能缓解局面。然而，载泽此时一味迷信武力镇压，对岑的政见极不满意，在致盛宣怀的信函中言道："岑电读悉，所谓每下愈况，罪己二字尤属不伦，一念沽名，遂不觉措词失当，私心之为害大矣哉！"自己极力保荐之人竟与自己唱反调，载泽对此极度失望，感叹"鄙人所保非人，真堪罪己也"。⑧ 载沣亦认为朝廷引咎罪己之策极不可取，载沣、载泽只能先将镇压的希望寄托在端方身上，命端

---

① 戴执礼编：《四川保路运动史料汇纂》下册，第1562页。
② 王尔敏、陈善伟编：《近代名人手札真迹——盛宣怀珍藏书牍初编》第6册，第2885页。
③ 戴执礼编：《四川保路运动史料汇纂》下册，第1562页。
④ 王尔敏、陈善伟编：《近代名人手札真迹——盛宣怀珍藏书牍初编》第6册，第2879页。
⑤ 岑春煊：《乐斋漫笔》，第36页。
⑥ 《特准岑督干预路事》，《大公报》1911年9月30日，第3版。
⑦ 盛宣怀：《愚斋存稿》卷84，沈云龙主编：《近代中国史料丛刊续编》第13辑，第4—6页。
⑧ 王尔敏、陈善伟编：《近代名人手札真迹——盛宣怀珍藏书牍初编》第6册，第2888页。

"一面赶程,一面听命"。①

岑春煊见朝廷无意采纳自己的政见,颇不愿前往,七月二十八日,赵尔丰电告成都解围,岑遂以川事渐有好转为由请辞。随后,清廷就是否有必要仍派岑春煊入川进行磋商,奕劻原本就反对起用岑,认为"岑既力辞,若始终强其前往,事与心违,措置必不尽善,似不如准如所请"。②岑春煊系载泽极力保荐,若甫经任命便准其辞职,再次临阵换帅,无疑会让载泽受到更多攻讦。另一方面,在他看来,成都之围虽解,但川乱仍在发酵,应当继续强力弹压,遂向载沣建言:"现在叠奉谕旨,饬令分别良莠,剿抚兼施,此不过暂救目前,以防大局之糜烂。惟是乱民固宜分别剿抚,而肇事罪魁亦当候乱事平定按律严惩,以昭平允而符立宪国制体。"③载沣听取了载泽的建议,翌日发布上谕,仍令岑春煊迅速入川弹压;其所奏还股办法,"尚得要领,与朝廷前次谕旨,亦相符合,其中详细条目,着邮传部速议具奏"。④

这一上谕对岑春煊所奏还股办法采取模糊对待,表面上看朝廷有意允准,然而又要交邮传部议复,实际上不过是为催促岑春煊立即起行而采取的缓兵之计。八月八日,岑春煊行抵湖北,当日邮传部否定了岑的还股办法并获得载沣批准,鄂督瑞澂劝岑改变主张,但岑坚持商股必须发还十成现银,并且不能惩办保路首要人物。⑤载泽得知岑春煊仍坚持发还现银、不惩首要极为恼怒,表示:"川匪如此大弄,当与路事何干?岑云阶力主不办首要,真为谬妄。销假之日如蒙召对,自当痛切言之。"⑥本来被载泽寄予强力弹压希望的岑春煊至此已完全成为强力弹压的障碍,载泽转而阻止岑入川。岑自知与强硬派大臣意旨不合,遂于十一日上折以"感受风热,触动旧症"为由请辞,载沣允准。⑦岑春煊既辞,清廷失去了安抚川民的最后机会,数日之后,武昌起义爆发,川省保路起义成为全国革命洪流中的一股。清廷因其处理保路

---

① 戴执礼编:《四川保路运动史料汇纂》下册,第 1608—1609 页。
② 《岑三滞武昌记》,《民立报》1911 年 10 月 12 日,第 3 页。
③ 《泽公奏陈对于川乱之政见》,《大公报》1911 年 9 月 23 日,第 3 版。
④ 《宣统政纪》卷 59,《清实录》第 60 册,第 1062 页。
⑤ 中国史学会:《中国近代史资料丛刊·辛亥革命(四)》,第 496 页。
⑥ 王尔敏、陈善伟编:《近代名人手札真迹——盛宣怀珍藏书牍初编》第 6 册,第 2815 页。
⑦ 戴执礼编:《四川保路运动史料汇纂》下册,第 1599 页。

风潮举措失当，彻底激怒民心，绅民与之决裂，随后在辛亥革命中被迅速抛弃。

综上，少壮亲贵载泽和载沣对干路国有及保路风潮的影响清晰可辨。干路国有政策系载泽和盛宣怀一手谋划，得到载沣支持；制定收路办法时载泽偏信盛宣怀，与绅民斤斤计较，导致保路风潮；风潮发生后，总协理大臣主张和缓办理，载泽一派主张强硬对待，载沣虽坚持干路国有政策不可改变，但又未完全采纳载泽的强硬主张；对于主持川事之人选，载泽和载沣始终在端方、赵尔丰和岑春煊之间摇摆不定，既用人又不信人，既不信人又不得不用，举措乖张，终致大局糜烂。干路国有本是利国利民的"善政"，却由于清廷内部纷争、主事者缺乏政治远见、用人举棋不定等因导致民众与清廷彻底决裂，至此，朝局已经完全脱离清廷的掌控。

第二节　从剿到抚：武昌起义后的应对

清廷在干路国有问题上的种种做法已经彻底激起民愤，濒临决裂之际又派鄂军入川镇压保路风潮，湖北兵力空虚，正好给了当地革命党起事的机会。宣统三年八月十九日，武昌起义爆发，各省云集响应，十二月二十五日清帝逊位，共和大业告成。

辛亥革命是革命党不断起义，革命力量持续积累引起的质变，是近代民族主义和民主思潮发展的必然趋势；从清廷角度看，辛亥革命则是一次突发事件，其间清廷举措乖方，应对失当，未能化解统治危机，终至覆灭。自载沣摄政至皇族内阁登场，宣统朝三年间亲贵专政的种种情形在辛亥革命期间被舆论放大，甚至被视作导致时人对清廷离心离德的直接原因，少壮亲贵最终背负着断送祖宗基业的名声与清王朝一道被时代抛弃。

学界对亲贵群体或个人在辛亥革命期间的政见与活动已有所关注，[①]个体研究主要关注奕劻，其他人物鲜有专论；群体研究主要围绕亲贵与清廷灭亡的关系展开论述，讨论宣统朝乃至清末十年亲贵无能、专权、纷争等内容，武昌起义发生至清帝逊位期间亲贵集团的政见与活动仍有进一步细致考察的空间。至于亲贵中的少壮派，不少论者仍停留在"宗社党"印象中，实际上宗社党仅在清帝逊位前二十多天才成立，未见多少实际行动，且只有溥伟、善耆两少壮亲贵参与（一说还有载泽），显然不能代表历史全貌。辛亥革命期间，清廷大致经历了"剿""抚""和""退"几个阶段，本节探讨"剿""抚"，第三节探讨"和""退"。

一、军事部署与起用袁世凯

宣统三年八月十九日，武昌新军发动起义，湖广总督瑞澂弃城而逃。二十日早晨，军谘府接到武昌起事消息，其时军谘大臣载涛已赴滦州校阅秋操，另一军谘大臣毓朗留守京师。毓朗得知武昌事后，因载涛不在京城，自己不敢拿主意，对下属言称："这是内阁的事，我们不用管，还是让内阁去办吧"，"我们还是听候王爷的意见"。军谘府一向与内阁争执军权，而在此事关调用军队之时毓朗竟全推给内阁办理，军谘府各员对此十分骇异。[②]内阁方面，协理大臣那桐最先得知武昌消息："新军变乱，踞城戕官，鄂督避往汉口，提督张彪被害（此信不确）。"当时内阁已经散值，那桐随即往见徐世昌，随后二人又同见奕劻。当日内阁召集毓朗、盛宣怀、荫昌等人集议鄂事。[③]按当时

[①] 代表性的研究有张玉芬《清末统治集团内部纷争与清帝退位》，《辽宁师范大学学报（社会科学版）》1993年第1期；李喜霞：《满族皇室分裂与宣统退位诏书》，《宁夏社会科学》2011年第5期；何瑜、黄煦明：《满族亲贵与清帝退位》，黄兴涛、朱浒主编：《清帝逊位与民国肇建》上卷，北京：社会科学文献出版社，2016年；王春林：《爱国与保身：辛亥革命期间的亲贵捐输》，《清史研究》2012年第1期；孙燕京、周增光：《辛壬之际旗籍权贵集团的政治心态》，《历史研究》2012年第5期；周增光：《奕劻与清帝逊位》，《清史研究》2013年第2期；马平安：《奕劻在辛亥鼎革之际的努力与抉择》，《史学月刊》2016年第5期。

[②] 冯耿光：《荫昌督师南下与南北议和》，中国人民政治协商会议全国委员会文史资料研究委员会编：《辛亥革命回忆录》第6册，北京：文史资料出版社，1982年，第348—349页。

[③] 北京市档案馆编：《那桐日记：1890—1925》，第700页。

外间传闻，奕劻因与载泽有隙，得知瑞澂逃跑之初"甚为快意，以为看载泽如何办"。①《顺天时报》刊载了当日内阁会议制定的"平叛"办法：

> 四川匪乱益致猖獗，日久未靖，复接此耗，痛恨何堪。现因驻扎武昌之新军已与革党联络，狂焰益炽，不能不用镇压匪党。迅电饬荆州将军调驻防旗兵往剿，又电饬长江水师提督程允和与南洋舰队协力严防长江一带，如有民船开行长江者（除洋籍船外）严行验查，防止匪党之潜入。又对于驻扎长江一带之炮兵，一律戒严，而湘省新军因上年酿变，余焰未尽，恐复通气，亦饬湘抚严防。两江总督张人骏、江北提督刘光才亦均戒备，以维大局。鄂督瑞澂虽失武昌，暂驻汉口，俟江南及河南归德两镇常备军到后，即与岑官保协力剿捕。②

当日，内阁将革命党武昌起事相关电报呈交载沣阅看，载沣意识到"时事日亟"。③

二十一日，载沣召集总协理大臣以及载洵、毓朗开特别会议，商讨鄂省事件；其时载泽正在假中，载沣以情势紧急，催其销假参与商讨。④ 在此之前，瑞澂电奏到京，称武昌已经失陷，请求速派军队援鄂。清廷上下十分惊恐，载泽等人"憛然主剿，以为武昌一隅，大兵一到，指日可平"。⑤ 清廷当日发布上谕进行军事部署："着军谘府陆军部迅派陆军两镇陆续开拔，赴鄂剿办；一面由海军部加派兵轮，饬萨镇冰督率前进，并饬程允和率长江水师即日赴援。陆军大臣荫昌着督兵迅速前往，所有湖北各军及赴援军队均归节制调遣。"⑥ 清廷集议时，初拟派吴禄贞南下督师，嗣以吴禄贞威望尚浅，遂改派荫昌。⑦ 荫昌虽为陆军大臣又有在德国军事学校学习的经历，但实际上主要履

---

① 马叙伦：《马叙伦自述》，北京：中国大百科全书出版社，2012 年，第 237 页。
② 《鄂省兵乱之内阁会议》，《顺天时报》1911 年 10 月 13 日，第 7 版。
③ 载沣：《醇亲王载沣日记》，第 413 页。
④ 中国史学会：《中国近代史资料丛刊·辛亥革命（五）》。第 179 页。
⑤ 张国淦编著：《辛亥革命史料》，上海：龙门联合书局，1958 年，第 269 页。
⑥ 中国第一历史档案馆编：《光绪宣统两朝上谕档》第 37 册，第 244 页。
⑦ 中国史学会：《中国近代史资料丛刊·辛亥革命（五）》，第 181 页。

历多在外交方面，缺乏足够的带兵经验，彼时京中没有统领军队的合适人选，派荫昌南下实系慌乱中的无奈之举。

对于弃城而逃的湖广总督瑞澂，奕劻主张从严惩办；而载泽与瑞澂为姻亲，遇事素来相互袒护，载泽乃为此事运动隆裕太后，经其周旋，对瑞澂从宽处理，即行革职，但仍令其暂署湖广总督，并协助镇压起义事宜，戴罪图功，几乎没有受到惩处。① 载泽当日还约见了亲信郑孝胥，咨询翌日召对应陈之对策，郑提出四点建议："一，以兵舰速攻武昌；二，保护京汉铁路；三，前敌权宜归一；四，河南速饬戒严。"载泽甚以为然。②

正在滦州会操的载涛于二十日陆续接到武昌和北京等处电报，二十一日清晨译电完毕，随即做出部署："电命保定陆军步兵第二十二标马继增率全标，并机关枪十二架，南下分防铁路沿线，至汉口刘家庙为止。又电命开封宝抚台，派陆军步兵第五十二标统带张锡元，带机关枪一队（九架）赴汉口，于武胜关及驻马店两处，留兵分防车站"，午后"命第一混成协全协及第四镇全镇，整备待命"，但未向部将透露武昌事变消息，下午四时许乘专列匆忙返京。③ 当天夜间，载涛抵京，立即面见载沣密议对付鄂事办法。载涛意识到形势之严峻，声言："不图党患猝发至于此极，加之陆军附匪，尤为可虑，现武昌尚可徐图收复，若他处再有牵动，大局何堪设想。"④

二十二日，载沣召见总协理大臣及载涛、载泽、毓朗、荫昌。是日荫昌南下请训，载沣谓以"现在党患猝发，朝廷非常焦虑。汝为元戎，责任綦重，此去务当设法剿平，克复省城，是为至要"。⑤ 当天起义军相继攻克汉口、汉阳，清廷形势愈发危急。武汉三镇全部失陷给京城造成极大恐慌，其时京中

---

① 冯耿光：《荫昌督师南下与南北议和》，中国人民政治协商会议全国委员会文史资料研究委员会编：《辛亥革命回忆录》第 6 册，第 352 页。
② 中国历史博物馆编，劳祖德整理：《郑孝胥日记》第 3 册，第 1349 页。
③ 丁士源：《梅楞章京笔记》，北京：中华书局，2007 年，第 311—312 页。
④ 《贤王忧国之热泪》，《大公报》1911 年 10 月 17 日，第 4 版。
⑤ 《补志监国对于荫午帅之训谕》，《大公报》1911 年 10 月 17 日，第 4 版。

各种传言纷起，颇有天下大乱、大厦将倾之势。①清廷当即发布上谕，将提督张彪即行革职，谕令瑞澂迅速进兵收复省城，并命度支部迅速筹拨饷项。②毓朗自请带兵赴鄂平乱，载沣认为："此次鄂乱系属兵匪勾结，且省城已陷，势甚猖狂，非跳梁小鬼可比。"未批准毓朗前往，令其在京参与筹划相关事宜。③

荫昌当天下午南下赴鄂，其时清廷可调用的兵力并不多，且大部分已经开赴滦州会操，别处又无兵可调，只得停止秋操从滦州调兵。清廷初拟拨给荫昌两镇陆军赴鄂，二十三日发布编配三军上谕，仅以陆军第四镇暨混成第三协、第十一协编为第一军交荫昌指挥，另编第二、第三两军分别由冯国璋和载涛督率，一听候调遣，一负责京师保卫。④载涛认为，自己所辖的禁卫军（已编入第三军）已是一支精锐部队，可以一战，于是向载沣奏请亲率禁卫军"赴鄂助剿，以壮声威"。奕劻反对，认为："事虽紧急，尚非十分危迫，且已派有各军足敷剿办。若贵郡王统军前往御敌，居民必致益生疑虑，转恐有碍治安。"载沣亦以为然，遂制止载涛。⑤

以荫昌之军事能力，时人对他能否担负起镇压重任甚表怀疑，而一旦出师不利，贻误战机，局面将愈发不可收拾。时任军谘府官员冯耿光在回忆录中言道："在座的人看到这种情形，觉得一位掌握全国兵马的陆军大臣作出这样的行动，未免荒唐儿戏。我看到当时的情况，认为他这样轻率，担当湖北督师的重任，恐怕要贻误前线军机的。"⑥前线形势严峻，荫昌督师又不令人

---

① 例如恽毓鼎日记谓："一日谣言甚多，传某某处皆兵变失守矣，或系伪电，或出讹传，均无其事。外城吴厅丞（筱孙）张皇失措，勒停唱戏，讥察行人，而无识无胆之京官，挈眷出都。邮传大臣复欲停止京津火车，一时人心摇惑，市面大扰，银行、钱店纷纷兑取银洋，周转不灵，遂致接踵闭门，钞票竟成废纸，甚至大清银行钞票亦不收用，是无国家矣。米价飞涨至每石银十二两，若非巡警得力，则剽劫横行，辇下不乱而自乱矣。"见史晓风整理《恽毓鼎澄斋日记》，第552页。又如徐兆玮日记所载当日情形："今日下午警信最多，铸禹（即潘鸿鼎——引者注）亦云闻失地无算，黄河南岸山洞已被堵塞。予回馆，闻有云长沙失守者，有云安庆失守者，有云桂林失守者，纷纷不一，均似确有其事。"见徐兆玮著，李向东、包岐峰、苏醒标点：《徐兆玮日记》，合肥：黄山书社，2013年，第1208页。
② 中国第一历史档案馆编：《光绪宣统两朝上谕档》第37册，第244页。
③ 《朗贝勒请赴前敌》，《大公报》1911年10月16日，第3版。
④ 《着将所派赴鄂之兵即行编配成军》，中国第一历史档案馆、海峡两岸出版交流中心：《清宫辛亥革命档案汇编》第64册，第224页。
⑤ 《庆邸劝阻涛贝勒统军赴鄂》，《大公报》1911年10月17日，第4版。
⑥ 冯耿光：《荫昌督师南下与南北议和》，中国人民政治协商会议全国委员会文史资料研究委员会编：《辛亥革命回忆录》第6册，第351页。

放心，朝中大员普遍认为只有袁世凯能收拾局面，袁的政治盟友奕劻、那桐、徐世昌遂极力运作其出山。

二十三日，载沣召见总协理大臣及载涛、毓朗、载泽、溥伦、桂春、乌珍、林绍年，①当日发布上谕："湖广总督着袁世凯补授，并督办剿抚事宜。四川总督着岑春煊补授，并督办剿抚事宜。均着迅即赴任，毋庸来京陛见。"②有关清廷起用袁世凯的具体情形，过往相关研究已经探讨得比较充分，在此不再赘述，值得注意的是少壮亲贵的态度。

首先将有关摄政王载沣态度的几则史料罗列如下：

载涛回忆："到了武昌首义，革命爆发，那、徐协谋，推动奕劻，趁着载沣仓皇失措之时，极力主张起用袁世凯。袁在彰德，包藏野心，待时而动。冯国璋、段祺瑞是袁的嫡系心腹大将，亦认为'非宫保再出，不能挽救危局'。载沣本不愿意将这个大对头请出，以威胁自己的政治生命，但他素性懦弱，没有独作主张的能力，亦没有对抗他们的勇气，只有任听摆布，忍泪屈从。"③

溥伟回忆："数日后，忽起用袁世凯督师。复谒醇邸，叩其因，醇邸以袁四有将才，且名望亦好，故命他去。余曰：'袁世凯鹰视狼顾，久蓄谋逆，故景月汀（即景星，与溥伟同为禁烟大臣——引者注）谓其为仲达第二，初被放逐，天下快之，奈何引虎自卫？'醇王默然良久，始嚅嚅曰：'庆王、那桐再三力保，或者可用……都是他们的人，我何曾有爪牙心腹！'"④

华世奎告张国淦："乃于二十三日，由庆邸提议起用袁，那、徐附和之，摄政不语。片刻，庆言：'此种非常局面，本人年老，绝对不能承当，袁有气魄，北洋军队，都是他一手编练，若令其赴鄂剿办，必操胜算，

---

① 《上谕》，《申报》1911年10月16日，第1张第2版。
② 《着袁世凯及岑春煊分别补授湖广总督及四川总督迅即赴任督办剿抚》，中国第一历史档案馆、海峡两岸出版交流中心：《清宫辛亥革命档案汇编》第64册，第222页。
③ 载涛：《载沣与袁世凯的矛盾》，中国人民政治协商会议全国委员会文史资料研究委员会编：《晚清宫廷生活见闻》，第81—82页。
④ 《溥伟〈逊国御前会议日记〉》，《社会科学战线》1982年第3期。

否则畏葸迁延，不堪设想，且东交民巷亦盛传非袁不能收拾，故本人如此主张。'泽公等初颇反对，鉴于大势如此，后亦不甚坚持，摄政言：'你能担保没有别的问题吗？'庆言：'这个是不消说的。'摄政蹙眉言：'你们既这样主张，姑且照你们的办。'又对庆等说：'但是你们不能卸责。'于是发表袁湖广总督。"①

由以上三则史料不难发现，载沣对起用袁世凯有所顾虑，但彼时湖北情势日益严峻，朝中总协理大臣极力保荐，奕劻甚至以自己不能承当向载沣施压，载沣束手无策，只能勉强同意。实际上，自袁世凯被罢黜之后，每当清廷内政外交面临困境之时，起用袁的呼声便甚嚣尘上。奕劻等人乃至不少少壮派亲贵多次力保起用袁世凯，载沣最终都未同意。②这并非因为他反对起用袁世凯的态度坚决，而主要是迫于隆裕太后的阻力。③二十三日会议上载沣勉强同意起用袁，随后又将廷臣意见商于隆裕太后，后者虽不情愿，但虑及情势已经如此严峻，诸臣又别无他法，只好姑且答应。④

载泽的态度有明显的转变过程。徐世昌和冯耿光均称载泽起初反对起用

---

① 张国淦编著：《辛亥革命史料》，第108页。
② 例如那桐："那相国由北洋回京后，屡在摄政王前痛陈现时外交之迫切断非今日办理外交诸人所能胜任，并力保开缺回籍之袁世凯，前在北洋即外部任内所办外交各事悉合机宜，此时亟宜起用以维危局，并谓无前日之袁世凯，必无今日之北洋云云。"见《袁世凯不愿出山之意见》，《广益丛报·纪闻》1909年第214期，第3—4页。张之洞："张相国病势见重之时，摄政王亲到相府问候，面谕保重身体，善为调养，相国谓外交失败，内政失实，枢府从此多事，人才于今缺乏，极言袁世凯之才为当今各大臣之冠，故力举以自代。"见《张相易箦记略》，《广益丛报·纪闻》1909年第217期，第2—3页。载涛、毓朗等："自涛贝勒回国即向监国前力请起用项城，朗军机、锡制军继之均极力保荐，此次荫尚书自德归来，于引见时即首请起用项城，以故近来京中纷纷传说项城必不日起用。"见《袁项城确将起用》，《申报》1910年9月9日，第1张第4版。载洵、载涛等："洵、涛、朗、徐、唐五人会议，同赴摄政王府力请起用项城。"见《专电》，《民立报》1910年11月18日，第2页。邹嘉来："外部邹紫东尚书现因办理英俄交涉未能得手，外间颇滋物议，因之大为灰心，日前特赴三所面恳乞休，并举袁世凯堪以接替。"见《邹尚书奏保袁项城》，《大公报》1911年3月27日，第4版，等等。
③ "庆邸、那相力保袁项城堪胜外务大臣之任，监国谕俟隆裕太后允后始可颁旨。然闻袁决计不作出山之想。"见《专电》，《民立报》1911年6月15日，第2页。"北京电，政府现正在与袁世凯协商复职，袁要求将太后一切反对之举消除，惟太后目下仍反对起用袁。"见《袁世凯再起说》，《民立报》1911年5月26日，第2页。
④ 冯耿光：《荫昌督师南下与南北议和》，中国人民政治协商会议全国委员会文史资料研究委员会编：《辛亥革命回忆录》第6册，第353页。

袁世凯，但又拿不出实际办法，只能勉强同意。① 载泽系当初劝说载沣罢黜袁世凯的主谋之一，又长期与奕劻争权，反对起用袁应是情理之中。不过据刘体智的《异辞录》披露：

> 镇国公载泽与庆邸过于寿皇殿之院下。泽曰："侄意，须项城一出。"庆曰："屡言之而王不听，奈何？"泽曰："侄请独对。"力争之。出曰："王许我矣，命勿告政府。殆欲出自己意，以示惠也。"未几，王果召庆入，下诏起用袁世凯。②

按刘体智所记，载泽不仅赞成起用袁世凯，而且是促使载沣下定决心的关键人物，与徐世昌等人的说法大相径庭。从马叙伦的笔记中或可为以上两种迥异的说法寻求到合理解释，在其所著《石屋余渖》中有谓："奕劻主召袁世凯，虑载泽为梗，郑孝胥调停其间，则以由载泽奏保袁世凯，而奕劻奏保岑春煊为交换条件。"③ 尚秉和的《辛壬春秋》亦认为同时起用袁、岑系载泽和奕劻达成的交易，略谓："初，四川之乱庆内阁欲起用袁世凯，而载泽则主起岑春煊，后泽虽争胜，庆内阁尼之，春煊仍无实权，已移病去矣。至是诏授岑春煊为四川总督，袁世凯为湖广总督。清之亡由于朝端事权不一。"④ 由此可见，载泽以支持起用袁世凯换取奕劻支持起用岑春煊，庆、泽二人这一交易对清廷起用袁、岑有重要影响。

至于载涛的态度，从《申报》的两则报道中可以窥其梗概："袁世凯督鄂系庆、涛、徐力保，请监国向皇太后面求始下是命。"⑤ "闻袁项城此次起用原因，实缘涛贝勒奉电回京时向监国力请，以军谘大臣恭代大元帅赴汉亲征，以励军心，监国以其无战事阅历，不允所请。次日召见，涛又坚请照行，监国仍不许，即转询各王大臣，有何意见，各王大臣以武汉事机愈急，实非声

---

① 见张国淦编著《辛亥革命史料》，第 269 页；冯耿光：《荫昌督师南下与南北议和》，中国人民政治协商会议全国委员会文史资料研究委员会编：《辛亥革命回忆录》第 6 册，第 353 页。
② 刘体智：《异辞录》卷 4，第 239 页。
③ 马叙伦：《马叙伦自述》，第 237 页。
④ 尚秉和：《辛壬春秋》，北京：中国书店，2010 年，第 52 页。
⑤ 《专电》，《申报》1911 年 10 月 17 日，第 1 张第 3 版。

望凤著之大员必不能胜此任，遂合词力保袁世凯。"① 可见载涛应是在自请南下未允后保荐袁世凯出山。

当日参加集议的还有毓朗，据其弟毓盈所著《述德笔记》载："一日余兄自内廷归，阅邸抄，始悉有旨召袁君世凯、岑君春煊，时侗将军（即溥侗——引者注）在客座，笑曰：'公非甫自内庭归耶？亭午余即知之，此时已交申矣，公犹未知之耶？'"② 溥伦和载洵未参与二十三日会议，而据《大公报》载，起用袁世凯上谕发布后，他二人与总协理大臣及载泽、载涛、毓朗一同致电袁世凯，劝其应诏出山，挽救大局。③

据此可知，少壮亲贵中多数支持清廷起用袁世凯，他们的态度无疑对清廷决策有重要影响。明表反对者只有恭亲王溥伟，不过他并不在清廷最核心决策层，未被载沣召见参与廷议，仅在起用袁世凯上谕发布后往见载沣表达不满，没有什么实质性影响。④

清廷任命袁世凯为湖广总督，其时鄂省军队几乎全部起义，袁世凯实际上无师可督。载涛和毓朗很快认识到这一问题，以川鄂两省情势急迫，袁、岑二人既经起用，须授以兵权方能切实镇压，载沣与总协理大臣亦以为然。⑤ 清廷当即发布上谕："袁世凯现简授湖广总督，所有该省军队暨各路援军均归该督节制调遣，荫昌、萨镇冰所带水陆各军并着袁世凯会同调遣。"⑥ 该上谕让袁世凯节制各路援军，实际上援军究竟能来多少、何时能到鄂皆是未知，清廷能倚仗的只有荫昌的第一军和萨镇冰的海军，而这些军队又须袁世凯与荫昌、萨镇冰会同办理，一军多帅，事权不一，行军所忌。⑦ 这样的条件也难以满足袁世凯的权力欲望，袁不愿此时出山，找了个"旧患足疾，迄今尚未大愈"的理由请辞。⑧ 这使得各亲贵极为焦虑。

二十七日，载涛、毓朗、溥伦、载泽四亲贵联名致电袁世凯，详陈朝廷

---

① 《京师之鄂乱谈》，《申报》1911年10月24日，第1张第5、6版。
② 毓盈：《述德笔记》卷7，第10页。
③ 《盈廷电速袁项城》，《大公报》1911年10月17日，第3、4版。
④ 《溥伟〈逊国御前会议日记〉》，《社会科学战线》1982年第3期。
⑤ 《袁岑兵权由涛朗所特请》，《大公报》1911年10月18日，第3版。
⑥ 中国第一历史档案馆编：《光绪宣统两朝上谕档》第37册，第245页。
⑦ 中国史学会：《中国近代史资料丛刊·辛亥革命（五）》，第426页。
⑧ 《新授湖广总督谢恩并力陈病状折》，骆宝善、刘路生主编：《袁世凯全集》第19卷，第7页。

对于湖北军事的筹划，并劝袁尽早起行。① 载沣则托冯国璋劝驾，袁世凯在回复冯国璋的信中透露其"为难之处"，声称："鄂省全变，各路援军极少。兄纵前往，无兵节制，赤手空拳，用何剿抚？至北去各军，均归荫帅统辖，兄仅有会同调遣之权，执事自应禀承荫帅办理一切。"② 言下之意，抱怨自己实际上没有军队可以节制，并且不愿做荫昌的副手。有关冯国璋向载沣转述袁世凯心思的具体情形，囿于史料有限难得其详，翌日（二十八日）清廷即满足了袁世凯的要求，谕令将长江一带水陆各军均归其节制调遣。③ 袁世凯对此较为满意，遂致电内阁，举荐起用王士珍、冯国璋、段芝贵、张锡銮等人，命他们到彰德筹商部署对付鄂事办法，准备出山。④

八月二十七日，湖北清军瑞澂、张彪所部在汉口刘家庙附近与革命军开战，清军败退滠口，刘家庙车站失守，萨镇冰所率海军未予有效协助。然而，瑞澂在给载泽的电报中谎称："大胜，毙匪三千，夺炮六尊。兵费紧急，请速拨银百万两，交德华银行电汇。"⑤ 荫昌率军行抵信阳后便停止不前，向清廷请求等到混成第四镇到后再向鄂进军，清廷竟然同意了荫昌所请。⑥

二十八日，盛宣怀接到汉口方面来电，得知交战实情极为焦虑，于次日为载泽拟定了三条面奏节略，要他务必转陈载沣。一是说明进兵迟速与大局的关系，二是要求荫昌立刻进兵武昌，三是催袁世凯迅速南下。为催促袁世凯尽快南下，盛宣怀提出"嗣该督抵汉，应将新军及湘、豫各省援军悉归节制，以一事权"。⑦ 三十日，载泽面见载沣，将节略上陈。同日清廷电寄袁世凯："现在军情紧急，该督务一面召集巡防军队，并饬所调各员迅速前往；一面赶即料理，先行起程，以便就近妥筹调度，早靖匪氛"，⑧ 未提"以一事权"。不过，同一天总协理大臣劝驾袁世凯的电报中提及："监国摄政王甚为廑念，

---

① 《四大臣公电袁项城》，《大公报》1911年10月21日，第3版。
② 《复军谘冯国璋函稿》，骆宝善、刘路生主编：《袁世凯全集》第19卷，第11—12页。
③ 中国第一历史档案馆编：《光绪宣统两朝上谕档》第37册，第257页。
④ 《致内阁请代奏电》，骆宝善、刘路生主编：《袁世凯全集》第19卷，第7页。
⑤ 陈旭麓等主编：《辛亥革命前后——盛宣怀档案资料选辑之一》，第212—213页。
⑥ 世界书局编：《涓滴成洪流：清宫国民革命史料汇编》第3册，台北：世界书局股份有限公司，2011年，第154页。
⑦ 陈旭麓等主编：《辛亥革命前后——盛宣怀档案资料选辑之一》，第215—217页。
⑧ 世界书局编：《涓滴成洪流：清宫国民革命史料汇编》第3册，第161—162页。

授意命促阁下迅速启程，俟到前敌，即将荫大臣撤回，所有派出之水陆各军，均暂归阁下节制，并暂不由府部遥制，以重事权。一俟电奏启程有驻节处，即降谕旨。"①可见此时载沣已经有授予袁世凯全权的意向，而为何当日的谕旨却未提"以一事权"？据朱尔典的信函透露："袁世凯的儿子向我保证，他的父亲一定不会到武昌去，除非摄政王让他直接统率一支远征军。他认为摄政王只是利用他父亲的名望，借以维持北洋军的忠诚，但不会给他实际权力，去镇压暴动。"②对比朱尔典信函中透露的袁世凯的态度与内阁电文中透露的载沣的态度不难发现，载沣授予袁世凯全权的前提是他迅速起程，到前线后才能节制各军，而袁世凯则想要掌控全权后再起程南下。

九月初四日前后，湖北的革命形势已经发展到宜昌、黄州等地，荆州亦陷入革命军围困之中，与此同时湖南、陕西、江西革命党人相继起义。清廷大军迟迟未到，与革命军交战的清军则屡战屡败，革命形势迅猛发展，载沣深恐军心涣散，对遣荫昌南下颇生悔意，感叹："倘难速奏捷音，匪势更张，山河将弃于吾辈之手。"③初四日他召集总协理大臣及载涛、毓朗、载泽商讨对付革命军蔓延、派兵镇压及筹备军饷办法。④那、徐、涛、朗四人皆认为应当授予袁世凯全权，载沣亦表示："袁世凯世受国恩，且荷蒙先皇太后之优遇，此出必大有可靠。现值事机紧迫，非特予全权不克图功。"⑤

初六日，清廷发布上谕："湖广总督袁世凯，授为钦差大臣，所有赴援之海陆各军并长江水师暨此次派出各项军队均归该大臣节制调遣，其应会同邻省督抚者随时会同筹办。凡关于该省剿抚事宜由袁世凯相机因应，妥速办理。军情瞬息万变，此次湖北军务，军谘府、陆军部不为遥制，以一事权而期迅奏成功。"同时令发布一道上谕将荫昌调回，其所辖第一军暂交冯国璋统领。⑥至此，清廷最终授予袁世凯军事全权。据报载，该谕旨拟定之初只

---

① 《内阁致新授湖广总督袁世凯电》，中国第一历史档案馆、海峡两岸出版交流中心编：《清宫辛亥革命档案汇编》第78册，第339页。
② 《朱尔典爵士致坎贝尔爵士函》，章开沅、罗福惠、严昌洪主编：《辛亥革命史资料新编》第8卷，第99页。
③ 《京师之鄂乱谈》，《申报》1911年10月31日，第1张第5版。
④ 《召见亲贵大臣密议要政》，《大公报》1911年10月28日，第4版。
⑤ 《袁督特权之赞成者》，《大公报》1911年10月31日，第3版；《政府对于袁慰帅之信任》，《大公报》1911年10月31日，第3版。
⑥ 中国第一历史档案馆编：《光绪宣统两朝上谕档》第37册，第271页。

注明陆军部不为遥制，载涛为显示朝廷对袁世凯的信任，主动要求将军谘府列入。①

袁世凯既得军事全权，九月初九日由彰德起行南下，初十日抵达湖北前线。②载沣、载泽、载涛、毓朗等亲贵将武力镇压革命的希望寄托在袁世凯身上，然而彼时湖南、陕西、江西等省相继宣布独立，全国性的革命风潮即将形成，武昌一地的军事行动已经不能左右全局。

二、"实行立宪，与民更始"

辛亥革命迅速发展，尤其是各地立宪派纷纷倒向革命党，其关键原因是清廷已彻底失去人心。近则强推干路国有，拒绝听取民意；中则出台皇族内阁，大搞亲贵集权；远则自预备立宪以来国会、宪法、内阁等立宪举措一再令人失望。在立宪派人士看来，宣统朝三年间清廷的种种做法是假立宪、真专制，朝廷始终不肯与臣民相待以诚，加之其时革命党人的排满宣传，他们难免产生"非我族类，其心必异"的认知，终至与清廷彻底决裂。时论有谓：

> 革命未起之时，北京政府已觉秩序不稳，有岌岌不可终日之势，各省人民要求速开国会，不以资政院为满足，殆与法国革命前法人不满意于普通院同一态度。北京政府此事过于慎重，坚持筹备之说，此原无可訾议，惟民心之向背、民情之缓急亦当亮（当作"量"——引者注）酌。且立宪与人民相见以诚，尤不得有欺诈掩饰之迹，俾人民有所疑虑，画虎类狗真北京政府之谓矣。总之，改革之真精神始终未入禁城以内。③

随着大局日益糜烂，清廷终于有所醒悟，意识到各省纷纷倒向革命与立宪以来种种敷衍、搪塞甚至违背民心的操作密切相关，于是在武力镇压起义

---

① 《袁督特权之赞成者》，《大公报》1911年10月31日，第3版。
② 《致内阁代奏电》，骆宝善、刘路生主编：《袁世凯全集》第19卷，第33页。
③ 《太晤士报之中国革命论》，《时报》1911年12月12日，第1版。

的同时急切地推出一些"实行立宪"举措,以图挽回人心。少壮亲贵们试图推动朝廷从速变革,做出一副与民更始的姿态;不过,随着时人对宣统朝政,特别是亲贵用事的抨击,他们迅速沦为众矢之的,成为朝廷"实行立宪"的"牺牲品"。

武昌起义爆发之初,各少壮亲贵主要精力放在"剿"上,一味迷信武力镇压;其时总理大臣与尚在彰德的袁世凯频繁沟通意见,袁世凯以为"在此潮流转变之下,民心思动,已非一朝,不是单靠兵力所能平定",主张剿抚兼施。奕劻等人亦以为然,遂在载沣面前旁敲侧击,反对一味主剿。载沣只知形势危急,认为重点应放在军事镇压上,不过对于总协理大臣的剿抚兼施建议依然表示愿意听取,载泽等少壮亲贵亦不反对,于是在八月二十三日颁布起用袁世凯、岑春煊上谕时注明命他们办理"剿抚事宜"。①

二十五日,江苏巡抚程德全上折奏请解散亲贵内阁,惩办酿乱祸首,提前宣布宪法。这一办法向民意做了较大让步,正中朝野对清廷的关切,若当此革命尚未蔓延全国之时推行下去,或可为挽回人心的最后希望。然而,此时清廷各亲贵依然认为首先应当进行强力的武力弹压,并未打算在政治上做太多让步,据华世奎透露各亲贵对程德全折的态度:"摄政王不置可否,庆邸自知才力不足,屡屡乞休,今日得此电奏,总协理一同恳求罢斥,泽、洵、涛三人不以为然,泽尤强硬,言荫昌大军已到汉口,指日可平。"华为此叹息:"误国全在载泽一人。"② 载泽不但错估了局势,而且高估了荫昌,实际上荫昌彼时根本未到汉口,抵信阳后便畏葸不前。

二十六日,御史赵炳麟致电载泽,认为:"鄂变如不早定,恐他省响应,更难收拾。现闻萨、荫各军陆续南下,亟宜多派可恃兵队,逐节堵塞出路。麟观此时尚可招抚,倘能明降谕旨,开诚布公,剀切劝谕,用大元帅命令,派陆军中夙有声望者驰往宣布意旨,俾知朝廷无株连之心,党羽可期解散。"并请载泽将此意向载沣陈说。③二十八日,载沣召见载泽,④清廷当日发布一道

---

① 张国淦编著:《辛亥革命史料》,第269页。
② 张国淦编著:《辛亥革命史料》,第273页。
③ 陈旭麓等主编:《辛亥革命前后——盛宣怀档案资料选辑之一》,第209页。
④ 《宫门抄》,《申报》1911年10月20日,第1张第2版。

旨在安抚人心的上谕,承诺:"迫于不得已之被胁兵民,类皆情有可原,不能不网开一面。其有为匪所逼、身被裹胁者,如早自拔来归,无论兵民均准予以自新,不咎既往。倘有杀贼立功、擒缚匪党以献者,并加以不次之赏;如搜获逆党名册,立即销毁,毋得稍事株连。"同时命令荫昌等人沿途宣布朝廷"德意",向军民剀切晓谕,毋使听信各路谣言。①这道上谕与赵炳麟致载泽信函的意旨基本相同,据此不难推断,载泽应当听取了赵的建议并将此意转陈载沣,载沣亦表同意。

可见,武昌起义发生后,载沣、载泽等人接受了奕劻、赵炳麟等人的建议,由一味主剿转变为剿抚兼施。不过此时以军事镇压为重点,并且所谓"安抚"主要是对已经陷入乱局的湖北、四川两地,他们没有接受程德全提出的解散皇族内阁、速开国会等建议,尚无"实行立宪"的意愿。随着革命风潮的蔓延,清廷不仅要试图挽回独立各省人心,更要维持住尚未独立各省绅民的情绪,后者逐渐成为清廷"安抚"的重点;军事既已交袁世凯全权办理,安抚人心逐渐超过军事镇压,成为清廷朝堂之上的主要议题。

安抚人心首先从惩办"祸首"开始。九月初一日,资政院第二次常年会召开。资政院代表各省民意,议员们能来参加常年会表明他们依然认同清王朝,各亲贵自是不敢怠慢,其时有某亲贵向载沣建言称:"现外间乱事甚炽,非赶即设法收集民心不足以资挽救,资政院为舆论机关,即民心好恶之所表现,本年各议员所提议各案极为重要,断不可敷衍搪塞,毫不介意,否则民心益至涣散,大局将不堪设想。"载沣极表赞同。②时人多以为,各省变乱肇始于川路风潮,盛宣怀作为干路国有政策的主推者实为造成各省乱事的罪魁祸首,有资政院议员声言:"盛大臣倡铁路国有,解散民心,革党乘机煽乱,变乱如兹,罪尤不可诛","非将盛大臣明正典刑,无以服人心而平乱事"。③九月初五日,资政院上折纠参盛宣怀为"祸乱之源""误国首恶",要求严惩盛宣怀。④

---

① 《着陆军大臣荫昌等宣布朝廷之意晓谕川鄂军民毋信谣言》,中国第一历史档案馆、海峡两岸出版交流中心编:《清宫辛亥革命档案汇编》第65册,第118—119页。
② 《而今方知重视资政院矣》,《大公报》1911年10月29日,第4版。
③ 陈旭麓等主编:《辛亥革命前后——盛宣怀档案资料选辑之一》,第175页。
④ 《宣统政纪》卷62,《清实录》第60册,第1135—1136页。

在一个月前的保路风潮中，弹劾盛宣怀误国者亦不少，载沣均置之不理；及至此时资政院再弹劾，载沣不敢怠慢，乃下令将盛即行革职，永不叙用。又下令"内阁总理大臣庆亲王奕劻，协理大臣大学士那桐、徐世昌于盛宣怀蒙混具奏时率行署名，亦有不合，着交该衙门议处"。①时论认为："政府此举非专为敷衍外间耳目，且深恐资政院引作口实，续上弹章，请更亲贵内阁，故预行议处，以为拒绝之先声。因政府对于亲贵内阁刻实无遽行更动之意。"②

载泽是盛宣怀的政治靠山，又是干路国有政策的主要力推者，当他得知盛宣怀被革职的消息后立即向其致函，称：

> 足下奇冤，主者并非不知，无如丛怨已深，群力排挤，主者亦无可如何。盖本来积弱，为众所挟持，复藉乱事多方恐吓，遂不免苟且迁就。而国体已辱，主权尽失，虽有忠言，亦不能用。即如足下处分，革职可也，何必加以"永不叙用"字样。此辈用心之所在盖所知矣。承嘱小心处事，爱我良深，当铭肺腑。惟某处欲罢不能之地，加以顽劣性成，明哲保身之计不定做得到否。鸿沟画界，前曾密陈，默审时局，亦恐将来作不到也。昨闻浙江失守，山西亦不靖，四方响应，大局已有瓦解之势。而当道者仍复私心用事，是真无肺肠者矣。③

从载泽的信函中不难发现以下几点信息：其一，他认为朝廷对盛处分得过重；其二，信中所谓"主者"即是载沣，载泽认为载沣迫于各方压力，不得已而罢斥盛，其压力既有来自资政院的民意，又有总协理大臣的恐吓；其三，所谓"当道者"即指奕劻等人，载泽至此仍在抱怨总协理大臣怀有私心，故意和他作对。载泽是盛宣怀的政治盟友和后台，盛既遭罢斥，无疑会殃及他本人。载泽虽然在信中对朝廷处分表示了不满，不过他在盛遭到资政院弹劾时并未予以保护。据汪荣宝九月初六日的日记透露："饭后诣叙斋贝子（即溥伦——引者注），知昨日隐邸（即载泽——引者注）自请入对，于罢斥盛氏

---

① 中国第一历史档案馆编：《光绪宣统两朝上谕档》第37册，第266—267页。
② 《亲贵内阁将റ以议处了之》，《大公报》1911年10月31日，第3版。
③ 王尔敏、陈善伟编：《近代名人手札真迹——盛宣怀珍藏书牍初编》第6册，第2891—2895页。

之旨赞助甚力，具见大臣谋国之公。"① 据此可知，载泽既赞成惩处盛宣怀，又不满朝廷处分过重。其时瑞澂已经在前线战败逃遁，盛宣怀又被视作乱事祸首，两大心腹相继"出事"使载泽在朝中处境极为尴尬，他迫于情势不得已同意惩办盛宣怀，但又担心奕劻等人存有私心，乘机打击己派势力。

惩办"祸首"只是安抚人心的治标之策，立宪流于空言才是清廷失去人心的根源。宪法、国会和责任内阁乃是清廷立宪最关键环节，也是朝野关注的焦点议题。然而，在宪法方面，载沣于宣统二年十月撇开资政院和宪政编查馆，将纂拟宪法之事交于载泽、溥伦两亲贵办理，至武昌起义时仍未颁布宪法；国会方面，清廷两次拒绝绅民请愿，最终只将国会年限缩短三年，令祈盼速开国会的立宪派人士大失所望；责任内阁方面，清廷经过数月筹划最终仅炮制出一个试办暂行内阁，不仅未能建立起完全责任内阁制，而且以皇族担任要员。钦定宪法、缓开国会、皇族内阁导致绅民与清廷分道扬镳，也颇为清廷中明了时局者所诟病，清皇室陷入极端孤立的境地。

武昌起义发生后，资政院议员及不少内外文武大员纷纷指责清廷三年以来的种种做法违背立宪宗旨，从内部向清廷施压。议员罗杰称："朝廷有此假立宪，则人民信任政府之心日薄，致有今日之乱，故治本以速定宪法、速开国会为惟一之良法。"② 新军军官中有革命思想者已经不听清廷指挥，甚至密谋起事。其时清廷命令集中在滦州的新军各返原防，等待编调南下作战，第二十镇统制张绍曾拒绝受命，按兵不动。清廷以他在陆军贵胄学堂的学生载洵前去疏通，张绍曾严词拒绝。③ 滦州位处京畿，张绍曾手握重兵又随时有反侧之险，清廷愈发惶惧不安。

随着革命风潮在全国范围内蔓延，宣布脱离清廷独立的省份越来越多，清王朝分崩离析之势已现。九月初五日，资政院上折从宪法、国会与责任内阁三方面提出挽回人心的"治本之策"："迅速组织完全责任内阁，以一事权而明责任"；"明年提前召集国会，共筹大局，俾人心有所维系"；"饬下纂拟宪法

---

① 韩策、崔学森整理，王晓秋审订:《汪荣宝日记》，第310页。
② 《资政院纪事》，《大公报》1911年10月27日，第2张第2版。
③ 鹿钟麟:《滦州起义的前前后后》，中国人民政治协商会议全国委员会文史资料研究委员会编:《辛亥革命回忆录》第6册，第167页。

大臣，将所拟宪法初稿即交臣院会议，广集王公士庶，悉心讨论"。①完全责任内阁、速开国会、协赞宪法，此前朝野极力陈请而皆被清廷以各种理由回绝，至此分崩离析之际，摄政王载沣所关注者唯有如何能保住爱新觉罗家族的皇位，已不可能如从前一样强调朝廷的各种"为难之处"，不得不重视资政院的各项要求，随后他带领总协理大臣及载洵、载涛、载泽、溥伦、毓朗面见隆裕太后，奏对达一小时之久。各亲贵提议将奕劻的内阁总理大臣和载涛的军谘大臣另简大员担任（总理大臣辞职即意味着内阁重组，其他各国务大臣亦须辞职），并拟将宪法大臣溥伦和载泽负责编定的宪法条文交资政院协同纂拟。②

九月初六日，新军军官张绍曾、蓝天蔚等人发动"滦州兵谏"，催迫清廷切实立宪。张绍曾等人直言武昌起义是清廷假立宪所致，徒恃武力镇压不能从根本上解决问题，要求清廷建立英国式的君主立宪制度，并提出十二条政纲，要求清廷二十四点钟内立即颁布谕旨，明白宣示。③与此同时，张绍曾等人还向各省通电，宣称南中各省起义全由政治不良所致，声明自己业已向朝廷提出十二条政纲，要求各省督抚将军、陆军各镇统制等"共匡大局，遥相声援"。④

清廷当夜获悉滦州消息，载涛、毓朗以及徐世昌、良弼立即前往那桐住处商议应对办法。然而，清廷并未按照张绍曾要求的时间予以答复。初七日，张绍曾又致电载涛：

> 昨电及奏，实为扶危定倾、稳固人心起见。现在时局危迫，各省日有警耗。朝廷如能俯允所请，早一日明白宣布，即能早一日收拾人心，尚可使大一统帝国完全无缺，匪特军心早定已也。绍曾等北望朝阙，忱

---

① 《资政院总裁世续等奏请本标兼治以救危局折》，故宫博物院明清档案部编：《清末筹备立宪档案史料》上册，第363—365页。
② 《各亲贵入觐皇太后志闻》，《大公报》1911年10月30日，第3版。
③ 《张绍曾等奏请立宪折及拟定政纲十二条》，杜春和编选：《辛亥滦州兵谏函电选》，近代史资料编辑部编：《近代史资料》总91号，北京：中国社会科学出版社，1997年，第67—69页。
④ 《张绍曾等通电》，杜春和编选：《辛亥滦州兵谏函电选》，近代史资料编辑部编：《近代史资料》总91号，第51—52页。

心如焚，并非敢一再冒昧渎请，实以事机万分紧急，逾迟逾难收效。敬恳俯谅下情，代为奏明，共襄宸断，不胜惶恐待命之至！①

载涛在复函中称：

> 宣统三年九月初七日，陈书记长来，接阅统制等条陈各节，爱国热忱溢于言表，当即面奏大元帅，颇蒙嘉悦。因事关宪政，复走商内阁，始悉资政院连日提议各款，与该统制等所陈意见大致相同，已经议决多条，次第具奏。国家实行立宪，锐志维新，促进人民之幸福，当可达吾辈之希望也。涛忝列军界，表率军人，自应谨遵敕谕，严守秩序。军界幸甚！大局幸甚！涛当与我军人共勉之。资政院初六日议决条件，吴统制面述。②

据此可知，载涛于初七日接到张绍曾奏折，随即转交载沣，又与内阁商议多次。徐世昌九月初七日的日记中有"夜，涛贝勒、李季皋来谈公事，夜深始去"③一语，可与载涛信函互证。不过，以彼时清廷处境而言，载沣应当难以真心"嘉悦"，据报载，张绍曾折到京后载沣特开秘密会议，"并闻监国与各王大臣等亦均非常惶恐"。④

九月初八日，张绍曾等急切地电询资政院，为何初六日上奏的十二条政纲朝廷迟迟不明白宣布，要求资政院提案质问政府从速解决，并表示"绍曾等不敏，谨荷戈执戟以为后援"。⑤实际是联合资政院向清廷施压。当日资政院连上三折，分别要求清廷"速开党禁，以示宽大而固人心"；"颁布明诏，将宪法交臣院协赞，以维人心而靖祸乱"；"内阁应实负责任，不任懿亲，恳请明

---

① 《张绍曾致载涛电》，杜春和编选：《辛亥滦州兵谏函电选》，近代史资料编辑部编：《近代史资料》总91号，第54页。
② 《载涛函》，杜春和编选：《辛亥滦州兵谏函电选》，近代史资料编辑部编：《近代史资料》总91号，第71页。
③ 北京政协文史和学习委员会编：《读辛亥前后的徐世昌日记》，北京：北京出版社，2011年，第64页。
④ 《张统制电奏之惊人》，《大公报》1911年11月3日，第4版。
⑤ 《张绍曾致资政院电》，杜春和编选：《辛亥滦州兵谏函电选》，近代史资料编辑部编：《近代史资料》总91号，第55页。

降谕旨，另简贤能组织联责内阁，以顺民心而固国本"。①三折无一例外地为挽回人心起见，要求清廷认真改良，切实立宪。其时外国公使会见那桐时称："贵国此次革命事起，欧美各国无不注意，然早已料及。盖此乱之构成，实因政治之不良，现非从速改良政治不可，否则武昌乱事纵然可平，将来党患必更剧烈。"并要求那桐将此意转达给载沣。②身为总理大臣的奕劻也向载沣力言必须解散亲贵内阁，谓："此种政体为近来立宪各国所不容，现内外臣工及资政院既已极力反对，革党亦以为口实，朝廷务必批准，以顺舆情而弭党乱。"载沣赞同。③与此同时，山西、云南相继独立，京师震动，载沣意识到"时事孔亟之至"。④

翌日，清廷发布多道上谕，全盘接受了资政院的要求，速开党禁方面，"所有戊戌以来，因政变获咎，与先后因犯政治革命嫌疑惧罪逃匿，以及此次乱事被胁自拔来归者，悉皆赦其既往，俾齿齐民。嗣后大清帝国臣民，苟不越法律范围，均享国家保护之权利。非据法律不得擅以嫌疑逮捕"。协赞宪法方面，"着溥伦等敬遵钦定宪法大纲，迅将宪法条文拟齐，交资政院详慎审议，候朕钦定颁布"。责任内阁方面，"一俟事机稍定，简贤得人，即令组织完全内阁，不再以亲贵充国务大臣。并将内阁办事暂行章程撤销，以符宪政而立国本"。清廷上谕一再声明要"实行宪政""咸与维新""与民更始"，以期挽回人心。为表明诚意，载沣还以宣统皇帝的名义下诏罪己，声称："誓与我国军民维新更始，实行宪政。凡法制之损益，利病之兴革，皆博采舆论，定其从违。以前旧制旧法有不合于宪法者，悉皆除罢。化除旗汉，屡奉先朝谕旨，务即实行。"⑤

载沣希冀以答应资政院的全部要求换取绅民对清王朝的认同，他在当天的日记中记述道："资政院条陈三件，均奉旨允行，降宪法，交资政院审议，

---

① 《资政院总裁世续等请速开党禁以收拾人心折》《资政院总裁世续等请明诏将宪法交院协赞折》《资政院总裁世续等奏请罢亲贵另组责任内阁折》，故宫博物院明清档案部编：《清末筹备立宪档案史料》上册，第92—95、596—597页。
② 《某公使对于阁臣之忠告》，《大公报》1911年11月2日，第4版。
③ 《庆邸力陈亲贵内阁之失当》，《大公报》1911年11月2日，第4版。
④ 载沣：《醇亲王载沣日记》，第415页。
⑤ 中国第一历史档案馆编：《光绪宣统两朝上谕档》第37册，第278—281页。

不用亲贵为国务大臣，赦免党人。共谕三道，并降罪己，期可挽回时局，以安人心之诏。"① 另据时论披露，"监国钤章时业已泣不可仰，盖现在时势万分紧迫，不得不如此办理，以冀挽回，不知我民对之当具何感情。"②

其时京城谣言甚多，有传闻称民政大臣桂春将强制勒令内城汉人迁往外城，禁卫军将对京城汉人采取强硬对待，致使京中人心惶惧。③ 载沣为表明朝廷并无种族成见，于初九日下令将桂春从民政大臣任上调离，以汉大臣赵秉钧署理民政大臣，负责京城治安事宜。④ 据日本外交公使电文中披露，赵秉钧受命后立即晋谒载沣面奏京师治安情况，并索要现银七十万两，"摄政王无精打采，头脑似已完全混乱，毫无定见，只憮然答称：关于经费开支问题希与泽公商谈，现度支部余款仅二十万两，如此数目，实恐无法筹措。诸事均望适宜斟酌；其他难题，可尽与袁世凯磋商等等，似已全然无心过问政事"。赵秉钧还向日使透露，以载沣目前的状况而言，朝野上下根本无从指望他来拯救危局，亲贵中只有载涛尚可与谋。⑤ 可见此时载沣受困于棘手的情势，全无摄政之初"志欲有为"的热情，已经有了逃避的意向。

初十日，载沣召集各亲贵王公集议，告诫各亲贵："近来大局紧迫，朝廷已成孤立，现决计允准军民之请，不以皇族充当国务大臣，尔皇族各王公与朝廷休戚相关，不得私行出京，急谋逃遁，如有政见，尽可随时进言，以资襄赞。"⑥ 十一日，总协理大臣奕劻等、皇族国务大臣载泽等、异姓国务大臣邹嘉来等分三起奏请辞职。总协理大臣与异姓国务大臣辞职的理由均是为政失职，难资辅弼，在奏折中援引的是清廷下诏罪己、实行立宪的上谕；而载泽、载洵、溥伦、善耆合折援引的则是清廷承诺不再以亲贵担任国务大臣的上谕，针对时人抨击的皇族内阁而上，宣称：

---

① 载沣：《醇亲王载沣日记》，第415页。
② 《监国之含泪钤章》，《大公报》1911年11月3日，第2张第1版。
③ 韩策、崔学森整理，王晓秋审订：《汪荣宝日记》，第310页。
④ 《宣统政纪》卷62，《清实录》第60册，第1156页。
⑤ 《伊集院驻清公使致内田外务大臣电》，邹念之编译：《日本外交文书选译——关于辛亥革命》，北京：中国社会科学出版社，1980年，第56—57页。
⑥ 《监国对于皇族之宣言》，《大公报》1911年11月4日，第4版。

> 伏念臣等忝属宗支，仰蒙简畀，奉职无状，辜负圣恩。现当国步艰难，四海望治，朝廷实行宪政以答舆情，采立宪各国通例，不以亲贵任国务。伏读明诏，钦幸同深。窃维目前大局危迫，非迅速组织完全内阁，不足以定国是而济时艰。臣等均属懿亲，未便久充国务要职。合无仰恳天恩，俯鉴下忱，准将臣等即日开去国务大臣，另简贤能分任要职。庶国家收得人之效，而臣等亦免陨越之虞，实于立宪前途不无裨益。①

当皇族内阁出台之初，舆论批评的主要理由是皇族不能担任内阁总理大臣，彼时奕劻是舆论抨击的焦点，而至下台之时，各少壮亲贵成为皇族内阁过失的主要承担者。舆论倒阁的理由从皇族不宜担任总理大臣发展为皇族不宜担任国务大臣，可见时人对整个亲贵群体已不再信任。

折上后，载沣以事关重大，往见隆裕太后，面陈一切立宪事宜，隆裕太后允准。②随即发布上谕，同意总协理大臣和各国务大臣辞职，任命袁世凯为内阁总理大臣，令其"即行来京组织完全内阁，迅即筹划改良政治一切事宜"，到京前原总协理及国务大臣照常办事。③据《大公报》披露，各亲贵辞去国务大臣在初十日即已秘密议定，载涛虽不在国务大臣之列，但对此也极力赞成，并于十一日向载沣奏请开去军谘大臣，亦得允准。④另一军谘大臣毓朗则在十天之后请辞。⑤据毓朗向日使透露，清廷任命袁世凯为总理系奕劻、那桐、徐世昌举荐，载涛亦表同意。而载涛之所以同意，是由于奕劻、载涛、载泽三人之间的矛盾至此时达到极点，载涛甚至担心被载泽所害，"当此时刻，如能引袁世凯入主中枢，或可缓和其间矛盾，至少可能暂时维持小康状态"。毓朗对这样的现状极为失望，认为自己留在京城毫无意义，打算漫游日本以图规避。⑥据此可知，各少壮亲贵当政权濒临倾覆之时非但没能团结应对，反

---

① 《国务大臣载泽等奏请开去职务另简贤能以符宪政折》，故宫博物院明清档案部编：《清末筹备立宪档案史料》上册，第599—600页。
② 载沣：《醇亲王载沣日记》，第416页。
③ 中国第一历史档案馆编：《光绪宣统两朝上谕档》第37册，第285页。
④ 《涛贝勒之不安于其位》，《大公报》1911年11月5日，第4版。
⑤ 《宣统政纪》卷64，《清实录》第60册，第1185页。
⑥ 《伊集院驻清公使致内田外务大臣电》，邹念之编译：《日本外交文书选译——关于辛亥革命》，第58页。

而矛盾加剧。十一日各谕旨发布后,载沣命奕劻等人前往资政院宣布朝廷政策,向各议员保证此次改组内阁、实行立宪种种办法,朝廷决不会敷衍反悔,"外间无论何项请求,只图能不颠覆我皇室,毫无不可允行"。①

张绍曾等对清廷以上举动仍不满意,于十二日电请将宪法交议院制定,清廷随即应允,谕令"所有大清帝国宪法,着即交资政院起草,奏请裁夺施行,用示朝廷好恶同民、大公无私之至意"。②当日,宪法大臣载泽、溥伦前往资政院转述滦州军队要求,说明宪法起草始末以及今后办法,其时资政院已拟定好宪法信条十九条,议员建议将十九条于翌日奏陈,载泽、溥伦应允。③十三日,资政院将《宪法重大信条十九条》上奏,并请清廷宣示太庙。清廷随即发布上谕予以批准,表示:"择期宣誓太庙,将重要信条立即颁布,刊刻誊黄,宣示天下。"④十九信条通过,清朝皇帝成为"虚君",溥伟闻后感叹:"大势去矣。"⑤当代法学研究者多认为十九信条是清代颁布的唯一一部正式宪法,意味着清廷从日式的二元君主制转变为英式的虚君立宪制,但时人并非如是认为,严复在致莫理循的信函中透露:"所谓宪法的十九项条款在我看来根本不是宪法。它不过将专制政权从皇帝转移到未来的国会或现在的议会。这种事绝不会持久、稳固,因而不是进步的。"⑥

十四日,清廷再发上谕宣示朝廷"实心与民更始,不忍再以兵力从事之意",以近乎哀求的语气表明朝廷已经允诺所有政治改革条件,臣民勿要再图"种族革命"。⑦无奈民心已去,清廷的苦苦哀求不仅难以挽回人心,而且暴露了自身的虚弱,时人注意到:"朝廷之所以号召天下、震慑群庶者,威信而已。今朝廷失信之事已更仆难数,此诏一出,更示天下以弱。现在兵官尚可迫胁,何人不敢迫胁乎?威严尽失,何以立国?"⑧

---

① 《监国之悲慨语》,《大公报》1911年11月5日,第4版。
② 中国第一历史档案馆编:《光绪宣统两朝上谕档》第37册,第287页。
③ 韩策、崔学森整理,王晓秋审订:《汪荣宝日记》,第312页。
④ 中国第一历史档案馆编:《光绪宣统两朝上谕档》第37册,第288页。
⑤ 《溥伟〈逊国御前会议日记〉》,《社会科学战线》1982年第3期。
⑥ 《严复来函》,[澳]骆惠敏编,刘桂梁等译:《清末民初政情内幕——〈泰晤士报〉驻北京记者袁世凯政治顾问乔·厄·莫里循书信集》上册,上海:知识出版社,1986年,第784页。
⑦ 中国第一历史档案馆编:《光绪宣统两朝上谕档》第37册,第289—290页。
⑧ 王锡彤:《抑斋自述》,开封:河南大学出版社,2001年,第174页。

通观清廷试图"挽回人心"的历程,从起初诸少壮亲贵同意"剿抚兼施","沿途宣布朝廷德意",到载沣、载泽"挥泪"惩办盛宣怀,再到全体亲贵辞职,建立英式的虚君立宪政体,不难发现,除摄政王载沣之外的各少壮亲贵从安抚民心的推动者逐渐沦为清廷安抚民心的牺牲品。随着皇族内阁的解散和"十九信条"的颁布,宣统朝亲贵用事的局面至此终结。

由少壮亲贵的处境可见,辛亥革命爆发后,清皇室与朝野其他政治势力的权势对比迅速此消彼长,失去人心的清皇室变得极端孤立,在各派势力不断施压紧逼之下步步退却,无奈放弃亲贵柄政的"祖宗之法",只求能保住家族的皇位。晚清自奕䜣领袖军机始,清皇室一直在试图加强皇权,至宣统朝亲贵用事达到顶峰。清廷持续加强皇权,无疑是为了保住爱新觉罗家族的皇位,但在清季君主立宪思潮已经勃兴的情况下,皇族集权日益为人诟病,丧失民心,反而动摇了皇位。亲贵下台标志着清廷加强皇权的努力彻底破产,为保住皇位只能放弃皇室权力,清王朝的"家天下"政治至此已经难以维持。

三、祈盼袁世凯进京

武昌起义爆发后,南中各省纷纷与清廷彻底决裂,即便清廷做出让步"实行立宪",各省依然不为所动;与此同时,革命党人的反满宣传又给各省起事赋予了浓厚的民族主义色彩,清王朝统治更无法被接受,分崩离析已是大势所趋。十九信条颁布后的第二天(九月十四日)上海、贵州宣告独立,十五日苏州、浙江独立,十七日广西独立,十八日镇江、安徽独立,十九日福建独立;加之张绍曾、吴禄贞等人在京畿地区密谋起事,清王朝倾覆在即。时人恽毓鼎将大局糜烂全部归咎于少壮亲贵:"闻南昌失守,巡抚冯汝骙不知下落。安庆继陷,巡抚朱家宝遁去。云南宣告独立,广东当不久矣。大江以南割据之势已成。总之,兵权一失,倒持刀柄以授人,虽有善者,亦无如之何已。中央集权,其祸如此!泽为首恶,洵、涛、朗次之,何面目以对九庙之灵乎?"[①]

---

① 史晓风整理:《恽毓鼎澄斋日记》,第557页。

其时京城人心惶惧，谣言四起，不少达官显贵纷纷出逃避难，奕劻早已将所藏珍宝兑换成金条，准备出逃时携带，载洵、载涛将妻儿送到京城郊外的山中躲避。① 众亲贵还竞向银行票号提取现银，转存至外国银行，甚至有人倒贴钱以求外国银行收纳。传闻奕劻转存了二百四十万，载洵、载涛也达到百万。②

九月十四日，隆裕太后召载沣垂询各省起义详情以及京中各报所载各种传闻是否属实，告以"若京外大小臣工条陈消弭乱事办法，如果可行，勿论如何尽可允行，以期早息惊扰而固皇基"，并要求载沣与近支王公贝勒等妥议办法，据报载，"监国退出时尚满面泪痕，并闻慈宫垂询各事亦痛哭不止"。③ 十七日，隆裕太后又召见载沣、阁臣以及诸亲贵，边流泪边斥责他们："汝等执政不及三年，使大局阽危若此，举朝直无一忠臣。予决与宗社共存亡，不离一步也。"④ 由此可见清皇室面对局势失控的惶惧与无奈。此时清廷能指望的只有新任总理大臣袁世凯了，虽然载沣摄政之初便对袁世凯存有戒心，担心他尾大不掉威胁皇权，因此将其罢黜，而时至政权将倾之际，却只能寄希望于他能像当年曾国藩一样保住清廷。其时朝野上下以及列强几乎一致认定唯有袁世凯有能力收拾局面，各亲贵亦多如是认为，据报载，"近来各省乱耗相继而起，风声所播，人心震惊。日前有亲贵集议此事，佥谓是皆仰赖袁大臣组织完全内阁，速开国会，当可定大乱而扶危局，故此时企盼袁之来京，犹若大旱之望云霓云"。⑤

九月十一日清廷任命袁世凯为内阁总理大臣后，载沣曾写一亲笔信交由内阁派人送至袁世凯处，催促他迅速来京赴任。⑥ 十三日，袁世凯致内阁的电报称："世凯俟祺瑞等抵鄂后，即行赶程进京，勉力组织完全内阁。惟须奏调唐绍仪、梁鼎芬、伍廷芳、梁敦彦、瞿鸿禨等到京，俾资襄理一切。朝廷是

---

① 《朱尔典爵士致坎贝尔爵士函》，章开沅、罗福惠、严昌洪主编：《辛亥革命史资料新编》第8卷，第100页。
② 史晓风整理：《恽毓鼎澄斋日记》，第558页。
③ 《皇太后垂询乱事》，《大公报》1911年11月8日，第4版。
④ 史晓风整理：《恽毓鼎澄斋日记》，第559页。
⑤ 《亲贵倚望袁宫保之一斑》，《大公报》1911年11月10日，第2张第2版。
⑥ 《监国函致袁总理纪闻》，《大公报》1911年11月8日，第4版。

否俞允之处,即乞代奏施行。"① 据此可知,袁世凯此时已经表示愿意出任内阁总理大臣。然而,清廷当天颁布了资政院拟定的十九信条,这又引起了袁世凯的顾虑。原因在于,其内阁总理大臣之位是摄政王代表皇帝直接简授的,而十九信条中的第八条规定:"总理大臣由国会公举,皇帝任命。"② 袁世凯因自己的总理大臣之位并非由议会公举,担心日后给其反对者留下口实,③ 遂于九月十四日致电内阁称:"内阁总理,任极重大,恳请收回成命。"④ 清廷随即发布上谕极力劝慰,申明:"现因时局阽危,群情偟扰,非实行改良政治无以弭乱源而维邦本,故俯从臣民之请,另行组织内阁,与民更始。该大臣久历中外,诚信素孚,且世受国恩,秉性忠亮,必能竭诚赞助,力顾大局,故特授为内阁总理大臣。该大臣务宜追念先朝倚畀之隆,体念时事艰危之极,勉为其难,毋再固辞,并着迅速来京任事。"⑤ 除明谕劝谕外,据报载,各亲贵还联名致电袁世凯,力劝其迅速来京赴任,"其电中语极痛切,闻有国之存亡系公一身,想公受先朝之顾命,断不忍坐视宗社之颠覆等语"。⑥

十七日,袁世凯向内阁明确说明了自己进京赴任的"为难之处",略谓:"现在和战之局未定,即入京后,亦无补于时局。现无论才能是否胜任,且新颁重大信条第八条,总理大臣系属公举,而世凯以钦简忝颜赴任,是信条已全失信用,益难昭信于全国。"⑦ 同时资政院致电袁世凯,敦劝他应诏组织内阁,袁在复电中声称:"若认组织内阁之命,公等所拟之信条即首先失其信用。"⑧ 袁世凯担心十九信条出台后自己的总理之位名不正言不顺而不愿赴任,实际上亦是在要求清廷为他"正名",表明他的权位来自民意,自己出山乃是民心所向。彼时清皇室在革命风潮中已经沦为众矢之的,袁世凯此举显然是在为日后铺路。为敦促袁世凯尽快来京就任,资政院于九月十八日依照十九

---

① 《致内阁请代奏电》,骆宝善、刘路生主编:《袁世凯全集》第19卷,第37页。
② 《择期颁布君主立宪重要信条谕》,故宫博物院明清档案部编:《清末筹备立宪档案史料》上册,第103页。
③ 《袁项城果又辞职耶》,《大公报》1911年11月8日,第4版。
④ 《致内阁请代奏电》,骆宝善、刘路生主编:《袁世凯全集》第19卷,第38页。
⑤ 中国第一历史档案馆编:《光绪宣统两朝上谕档》第37册,第290页。
⑥ 《亲贵联电袁总理》,《大公报》1911年11月9日,第2张第1版。
⑦ 《致内阁请代奏电》,骆宝善、刘路生主编:《袁世凯全集》第19卷,第43页。
⑧ 《复资政院敦劝应诏组织内阁电》,骆宝善、刘路生主编:《袁世凯全集》第19卷,第44页。

信条公举他为内阁总理大臣,随后载沣发布上谕进行任命。① 如此一来,袁世凯便成为虚君立宪制度之下名正言顺的民选总理。载沣以袁被资政院公举为总理,奕劻又已辞职,总理大臣为中央行政首脑,不能久悬,再三敦促袁世凯尽快来京。② 袁世凯随即奏报一二日内立即启程北上赴任,载沣"甚慰"。③

正当资政院选举袁世凯为总理大臣前夕,善耆召集诸少壮亲贵前往溥伟府邸秘密集议对待办法,时人丁士源在《梅楞章京笔记》中详细记述了亲贵集议情形:

> 十六日晚,肃邸灼知种种阴谋,请蒙古亲王那彦图、公爵博迭苏两御前大臣,涛贝勒军谘大臣,朗贝勒军谘大臣,洵贝勒海军大臣,润贝子陆军贵族学校校长,伦贝子资政院总裁,公载泽度支部大臣,同至禁烟大臣恭亲王溥伟府中,而对众曰:"今日邀诸君至此,余欲命丁士源报告八月二十二日起至今日止,前方并京中各要点。……"恭王曰:"应不赞成袁任总理大臣。"众皆鼓掌。丁曰:"请注意汉口前线陆军,对革命党皆怒目而视,忠勇奋发,不可一世。袁既运动总理,不如请袁来任总理大臣。庶几全线陆军,仍由陆军大臣、军谘大臣指挥。君等须知,总理大臣既由资政院选出,资政院如明知袁氏有通党人之意,必有弹劾,并另选总理大臣。"恭邸曰:"如斯余甚赞成。"那邸曰:"君等可赞成丁氏之语,予为外蒙一亲王,由余一人投反对票何如?"丁氏曰:"如此极善。惟必须各位切实注意,万勿将来复行赞成袁氏。"时已十一时,众皆曰:"可。吾等行矣。"④

丁士源参与了当日密议,所记内容应大体可信。肃亲王善耆与恭亲王溥伟素来对袁世凯心存疑忌,在清廷打算起用袁之初即持反对意见,此时勉强赞成袁任总理,是看到资政院能够对内阁形成牵制。宣统年间,善耆和溥伟长期并不处在最核心决策圈,载沣对他二人的倚任明显不如载泽、载涛等人,

---

① 中国第一历史档案馆编:《光绪宣统两朝上谕档》第 37 册,第 294 页。
② 《监国敦促袁总理晋京》,《大公报》1911 年 11 月 12 日,第 3 版。
③ 《宣统政纪》卷 64,《清实录》第 60 册,第 1181 页。
④ 丁士源:《梅楞章京笔记》,第 332—333 页。

是彼时亲贵中的"失意者"。在他二人看来，朝局是在载泽、载涛等人的掌控下才变得难以收拾，自己未参与核心决策因而不必对现状负责，他们对朝廷如此轻易地将大权全部交于袁世凯极不甘心，颇有"壮志未酬"之势。善耆和溥伟不愿就此放弃，依然幻想自己的政见能够使朝廷摆脱危局。不过，载沣、隆裕太后以及朝野上下既已认定袁世凯，善耆和溥伟亦无法阻止，只能严密关切。据其时日本外交官透露："一部分皇族，对汉人之暴戾极为痛恨，似已下决心进行报复，故对袁世凯一派之一举一动亦始终以猜疑目光密切关注，未尝稍懈。"①

载泽、载涛等人则不然，他们掌控了宣统朝的各项大权，参与了朝廷重大决策的筹划与施行，对皇室的现实困境有切实体认，至此已经感到束手无策，只能把国运寄托在袁世凯身上。其中消极悲观者如溥伦，甚至已经不指望袁世凯真能够力挽狂澜，他在与汪荣宝等议员的交谈中无奈表示："君等未尝负大清，大清实负君等耳。"②

九月二十二日，诸亲贵齐见载沣，面奏："现时朝廷实行立宪，与民更始，各省军民莫不欢忻异常，大局决可无碍。惟资政院之会奏事件，外间甚不谓然，而议员等亦有解散之意。当此内外警变之际，朝廷亟应设法维持，是为要着。"诸亲贵联衔建议，在袁世凯到京后应当立即组织临时国会，待各项秩序恢复后即开正式国会以期挽回人心，载沣同意。③二十四日，清廷发布召集国会上谕，宣称："自武昌事起，各省纷扰，大局汲汲，实为全国存亡所关。朝廷胞与为怀，不设成心，亟应征集国民意见，共谋扶危定倾之策。着各督抚传谕各该省士绅，每省迅速公举素有名望、通晓政治、富于经验、足为全省代表者三五人，克期来京，公同会议，以定国是而奠民生。"④

同日，袁世凯到京，载沣差人前往慰问，并赠肴席给他接风洗尘。⑤据报载，载沣自简授袁世凯为总理大臣以来迭次与各亲贵商议袁到京后准备垂询

---

① 《伊集院驻清公使致内田外务大臣电》，邹念之编译：《日本外交文书选译——关于辛亥革命》，第66页。
② 韩策、崔学森整理，王晓秋审订：《汪荣宝日记》，第319页。
③ 《亲贵联请速开临时国会》，《大公报》1911年11月14日，第3版。
④ 《谕内阁着各省迅速公举代表克期来京共议国是》，中国第一历史档案馆、海峡两岸出版交流中心：《清宫辛亥革命档案汇编》第68册，第207页。
⑤ 载沣：《醇亲王载沣日记》，第419页。

的各项要政，内容主要有：第一，武昌的革命军究竟持何种宗旨，能否接受朝廷招抚。第二，当前南中各省纷纷响应武昌起义，应如何应对。第三，如何保卫京师，保护皇室。第四，如何应对财政困境，如何与列强交涉。① 有关各亲贵在袁世凯到京后的政见主旨，可从朱尔典的电报中略见端倪："现在，满族人的唯一希望，在于袁世凯和资政院能够使各省相信：与其出现许多没有任何联系的政治实体，不如保留满清王朝作为名义上的首领。"②

二十五日，袁世凯具折谢恩，随即得载沣召见，二人"晤谈刻许"。③ 时论透露了当日召对情形：

> 先询腿疾刻下痊愈否，袁奏较前稍好。嗣垂问近日汉口党人情形及弭乱之方，袁内阁奏对曰："此次乱党起于鄂，其宗旨在改革政治，故由武昌一呼而各省响应。前经朝廷下诏罪己，责任内阁开除党禁，召集国会，实行与民更始，故汉口党人颇识大体，已首先宣言停战。迨朝廷复下诏实行种种爱民事件，该党人欢腾异常，已有悔祸之意。若朝廷体恤民意，立即召集国会，实行宪法，不惟武汉一隅立可告靖，即各省变乱亦将同时归于消弭。故臣之愚见，欲速弭此巨乱，惟须立即召集国会。"监国韪之，更奏请云："汉口官军惨杀商民一案，臣查实系冯国璋、铁忠、丁士源等为之，现时舆论沸腾，若不将冯、铁、丁等解京，科以重罪，恐不足折服民心。并恳皇太后速颁内帑，赔偿汉口商民之所失，以收人心。再者汉口事宜已有转机，勿须用兵云。"复经监国温慰良久始退。④

据日本公使透露，袁世凯进京后，"宫中府中俱呈现几分活跃气氛"，"袁世凯在宫中曾极力奏辞总理大臣之任，摄政王并未听许……可知清廷已将万

---

① 《监国预备询问各政》，《大公报》1911年11月16日，第3版。
② 《朱尔典爵士致格雷爵士电》，胡滨译：《英国蓝皮书有关辛亥革命资料选译》上册，北京：中华书局，1984年，第54页。
③ 载沣：《醇亲王载沣日记》，第419页。
④ 《袁项城召见时之奏对》，《大公报》1911年11月16日，第3版。

事委于袁氏双肩，指望借袁氏效力以维持清廷命脉"。① 另据报载，载沣召见时向袁世凯保证，朝廷绝无任何成见，声言："今资政院既公举汝为总理，嗣后全国之安危、朝廷之安危均在汝一身，汝其便宜行事，以期转危为安，朝廷绝无何项阻碍之处。"② 可见载沣已经把清王朝的命运全部寄托在袁世凯身上。

袁世凯退后随即邀请奕劻、善耆、载洵、载涛、溥伦、载泽等到私第密会，征询各亲贵对此次乱事有何政见，以便筹划应对办法，各亲贵表示并无特殊要求，全以朝廷意见为准，承诺不会给袁内阁制造障碍。③ 其时外间传闻少壮亲贵有意与袁世凯争权，各亲贵声称此说纯属有意离间，破坏大局；为此，他们拟具折声明绝无此事，并面告袁世凯勿生疑虑，请其安心筹划，以救危局。④

九月二十六日，袁世凯组阁，以梁敦彦为外务大臣，赵秉钧为民政大臣，严修为度支大臣，唐景崇为学务大臣，王士珍为陆军大臣，萨镇冰为海军大臣，沈家本为司法大臣，张謇为农工商大臣，杨士琦署邮传大臣，达寿为理藩大臣。⑤ 国务大臣中，除达寿为满人，其他均为汉人，并且大部分为袁派人物。二十七日，袁世凯带领各国务大臣觐见载沣，载沣谓以"目今时局危迫万分，卿等可帮同袁总理依君主立宪规例实心去做，庶冀挽回国运，保全大局"。⑥

袁世凯内阁既已上台，各亲贵随即交权，老亲贵奕劻以其资历另被简授弼德院院长，各少壮亲贵则未能获取任何新职位，离开了清廷权力中心。此后少壮亲贵仍试图以其他方式影响朝政，但其影响力已不可同日而语。

---

① 《伊集院驻清公使致内田外务大臣电》，邹念之编译：《日本外交文书选译——关于辛亥革命》，第65—66页。
② 《监国之倚重袁项城》，《大公报》1911年11月19日，第3版。
③ 《袁总理议征各亲贵之意见》，《大公报》1911年11月19日，第3版。
④ 《亲贵日内之封奏》，《大公报》1911年11月23日，第4版。
⑤ 《宣统政纪》卷64，《清实录》第60册，第1190页。
⑥ 《袁世凯新内阁之人物》，《时报》1911年11月25日，第2版。

第三节　从和到退：少壮亲贵与清帝逊位

辛亥革命爆发后，清皇室在弹压不力、安抚无效的情况下将国运托付于袁世凯，清王朝自此进入袁内阁时期。时人张国淦在其所著《辛亥革命史料》中载有徐世昌的一段话：

> 以项城之才略经历，自属过人，其对于时局，言剿改而言抚，言抚进而言和，纯出于项城之主持。汉口、汉阳以兵力威胁南方，攻占以后，决定不再进兵，只清理河淮南北一带，以巩固北方，即南京亦不派重兵往援。所有谕旨，均从宣布德意着笔，而资政院迎合民意，亦供项城之利用，经此酝酿，乃促成南北议和之局。①

袁世凯进京组阁后，在其操控之下，清廷与起义各省开始进入议和阶段。少壮亲贵既已交权，接着又受到袁内阁持续限制、削弱，无法直接参与议和事宜，对朝局影响力较柄政时期显然要小得多，不过依然是朝中不可忽视的一派势力。在此期间，亲贵集团内部就和战问题出现分歧，主和王公唯袁内阁是赖，逐渐认清大势，只求保全皇室安全；主战王公则对袁世凯保持着较强的戒备心理，仍试图为保住祖宗基业做最后一搏。诸亲贵通过各种方式影响南北和谈进程，并直接参与了清廷内部关于逊位议题的商讨，本节梳理这些内容。

一、少壮亲贵被限制削弱与摄政王退位

袁世凯进京组阁后，清廷中央形成隆裕太后、袁世凯内阁与亲贵王公三方势力格局。隆裕太后与亲贵王公同为清皇室，他们都想要借助袁世凯挽救

---

① 张国淦编著：《辛亥革命史料》，第269页。

清王朝的命运。亲贵王公中，奕劻是袁世凯的政治盟友，几乎对袁内阁言听计从；摄政王载沣因局势危急，以自己的能力难以收拾，亦将袁世凯视作救命稻草；其他各少壮亲贵大多既指望袁世凯能保住清王朝，又不愿朝廷唯袁内阁马首是瞻，对朝政仍有自己的主见。各少壮亲贵交卸权力后，仍时常聚集在载泽或载涛府邸开秘密会议，商议保全皇室办法，主要参与者有载涛、善耆、载泽、毓朗、溥伦、载振、载扶等人，奕劻担心各少壮亲贵有不轨举动，偶尔会加入会议以监视纠正。① 少壮亲贵们虽然承诺不给内阁制造障碍，而他们对朝局走向的严密关切实际上已经给袁内阁造成干扰，时论注意到："近日袁内阁对于乱事问题极为碍难，有暂时不得不以兵力从事之意。兹探其原因，在前数日曾由各亲贵数人致函于袁，据称公此次毅然来京，朝野均皆希望公能平反乱事，辅佐朝廷，敝等亦甚望和局早定，惟无论如何必须仍在君主立宪范围以内，倘或有颠覆皇室之处，则敝等均绝不赞成。"②

作为最高统治者，隆裕太后对宣统朝三年以来亲贵柄政的效果极不满意，时至此时她已不信任亲贵王公（尤其是少壮亲贵）的政见，而是更愿意把国运托付给袁世凯。其时法国驻华武官高拉尔德透露："根据袁的一位顾问曼德将军对我秘密的透露，袁同太后的一次会见大概决定了总理的忠贞。隆裕太后似乎表露出她对三个王公（摄政王和他的两个兄弟）的三头政治不再信任而把她所有的期望寄托在袁的能力和忠诚上，她对袁是盲目服从的。"③ 可见，袁世凯组阁后少壮亲贵在皇室中的处境极为尴尬，隆裕太后、载沣和奕劻都依赖袁世凯，因而不希望少壮亲贵过度干预朝政，免致袁世凯疑忌。在这种情况下，袁世凯为全权行事起见，首先便要限制、削弱少壮亲贵的影响力。

辛亥革命激化了满汉民族矛盾，不少起事省份都发生了不同程度的旗民冲突。彼时北京虽未发生冲突，但由于时常传来南中各省旗人被杀的消息，北京气氛也相当紧张，这影响到袁世凯的处境。时人注意到："自到达北京以

---

① 《各亲贵尚开密议》，《大公报》1911年11月24日，第2张第1版。
② 《各亲贵要求袁内阁》，《大公报》1911年11月24日，第2张第1版。
③ 《革命起义；11月27日至12月1日的形势》，章开沅、罗福惠、严昌洪主编：《辛亥革命史资料新编》第7卷，第380页。

来，袁遭到了召请他来相助的皇室的猜疑和持续不断的仇恨，据说这种仇恨甚至发展到危及他生命安全的境地。如果说一些年轻的亲王好像还顺从于他，众多的满洲人却丝毫未减对他的敌意。"① 其时各少壮亲贵经常秘密集会，外间纷传他们在密谋暴动，这使袁世凯极为不安。袁甫经上任，各国外交团便照会称，如果发生仇杀，各国将以兵力干涉。袁世凯担心各亲贵嗾使京城满人暴动，于是将列强照会转呈载沣，并要他命令各亲贵无论何时断不可有不规则举动。② 载沣"深虑伊等有不规则之举动，且恐见疑于袁内阁，已于日前谕饬禁止，并谓如有何项保卫皇室政见，无妨特开正式会议，或就商于袁内阁，不得再开秘密会议，致起外间疑虑"。③ 奕劻也担心少壮亲贵的活动会引起袁世凯的猜忌，贻误大局，乃向他保证亲贵绝无暴动计划，"并谓亲贵中现在多未在京，岂能会集？况国家大计皆赖我宫保主持，皇族虽愚，决不致有此无意识之举动，请勿听信谣言"。④

十月初二日，袁世凯面见载沣，奏请改革官员奏事入对办法：除召见国务大臣外，其余官员召见一律停止；总理大臣不必每日入对；除国务大臣有权具奏外，其他各衙门奏事必须由内阁代递，关于皇室事务的宗人府、内务府等衙门可以自行具奏，但仍须知会内阁，并且不能涉及国务。⑤ 这一办法将行政大权全部转移到内阁，皇帝（当时为摄政王）几乎不能直接过问政务，成为"虚君"，原来聚集在载沣周围的少壮亲贵们也难以再倚仗载沣信任来干预朝政，清皇室对国政的影响力遭到极大削弱。

过往研究者多认为，袁世凯组阁后力推新奏事入对办法是为了实现自己的政治野心。实际上，当时清廷已经确立了虚君立宪政体，减少皇室干预、以内阁独揽行政乃是其中应有之义。载沣当即应允，在第二天的日记中写道："由今日起，按照完全责任内阁办事章程办事……无代召见事，以符君主立宪政体。"⑥ 另据报载，载沣在此前一天召见袁世凯时表示："现在国家危急存亡，

---

① 《革命起义；11月17日至12月26日的形势》，章开沅、罗福惠、严昌洪主编：《辛亥革命史资料新编》第7卷，第375页。
② 《袁内阁请缔禁各亲贵暴动》，《大公报》1911年11月23日，第4版。
③ 《监国谕阻亲贵密议》，《大公报》1911年11月25日，第3版。
④ 《庆邸声明亲贵无密议事》，《大公报》1911年12月1日，第3版。
⑤ 《面奏奏事人对暂行停止事项》，骆宝善、刘路生主编：《袁世凯全集》第19卷，第66页。
⑥ 载沣：《醇亲王载沣日记》，第420页。

千钧一发，本王心绪纷乱，毫无主见，一切大政皆赖总理大臣裁决，本王无不允纳，惟望俯念先朝厚恩，竭力辅助。"① 据此可见，载沣对改革奏事入对办法应当是支持的，既旨在对外显示清廷已实行立宪，也由于他本人精力、能力不济，对国政渐生厌倦情绪，全部托付给袁世凯以展现对他的充分信任。袁世凯的行为引起了部分少壮亲贵的警觉，他们反对新奏事办法，时论注意到，"曾有某某等数人入三所请询监国，某贝勒则谓此项新章朝廷大权已经抛弃无遗，言际颇极愤怒"。载沣以其不明大局，妄行干预，对他们进行了严厉申饬。② 各亲贵为新奏事办法屡次秘密集议，均被载沣和奕劻阻止，以致他们对载沣多有怨谤。③

清廷颁布宪法十九信条时曾表示要择期宣誓太庙，随后典礼院将宣誓日期定在十月初六日。誓庙前三天，宗人府将誓文发予各亲贵要求他们陪祀，溥伟不愿参加，声称："此古今未有之大耻也！伟实无颜诣太庙。若有处分，听之而已。"④ 十月初六日，载沣率众亲贵大臣前往太庙，以宣统皇帝的名义向清皇室列祖列宗宣誓宪法十九信条，表示"当与内外臣工、军民人等普同遵守，子孙万世，罔敢或渝"。⑤ 事后，载沣向袁世凯承诺，嗣后各项政务都会谨遵十九信条办理，办理皇室事务也不会逾越十九信条所规定的权限范围，保证对内阁行事无不允从，劝袁不必心存顾忌。⑥

初七日，清军攻占汉阳，可军事上的胜利已经难以阻挡全局的崩溃，载沣对此根本高兴不起来，他在第二天的日记中有谓："官军昨日申刻克复汉阳。奉谕一道。时事虽盼渐有转机，不意匪氛逾亟，时事更行危迫。"⑦ 他为此特别召见袁世凯，认为："朝廷因政治腐败，已允该党所请，宣示太庙，绝无反汗，而该党仍不熄战，徒以兵民惨受实祸，要皆我国命运大不幸。"言毕，唏嘘不已。⑧

---

① 《监国倚赖袁宫保之重》，《大公报》1911年11月24日，第2张第1版。
② 《各亲贵反对内阁新章》，《大公报》1911年11月27日，第5版。
③ 《庆邸拟请缔制亲贵》，《大公报》1911年12月2日，第5版。
④ 《溥伟〈逊国御前会议日记〉》，《社会科学战线》1982年第3期。
⑤ 《宣统政纪》卷65，《清实录》第60册，第1207页。
⑥ 《谕饬遵照信条办事》，《大公报》1911年12月4日，第2张第1版。
⑦ 载沣：《醇亲王载沣日记》，第421页。
⑧ 《监国因战胜之悲感》，《顺天时报》1911年12月1日，第7版。

太庙宣誓加剧了少壮亲贵内部的分裂。在溥伟、善耆等强硬派王公看来，载沣在对待革命党及处理与袁内阁关系时表现得过于软弱，不仅没能挽救危机反而使皇室尊严扫地，对载沣的不满情绪日益增长。时论称："誓庙十九信条，各亲贵多反对，咸归怨于摄政王，内讧甚烈。"①他们之所以持强硬态度，是因为没有认识到局势的严峻性，其时汪荣宝注意到善耆对时局的看法："诣偶邸（即善耆），论近日大局，邸颇持乐观之说，以为东南各省之纷扰殆同儿戏，倘中央政府立定脚跟，各省自然瓦解，并力劝余镇定，毋自惊扰。"②其时外间传闻，不满摄政王和新内阁的王公们暗中结成一派，欲怂恿隆裕太后垂帘听政，把政体改回二元君主立宪制。③

十月初八日，载沣召集各近支王公开御前会议，当天本拟讨论实行立宪后皇族的安置问题，诸亲贵入议时"某贝子"等四人不满朝廷一味退让安抚，以为汉口攻陷后民军已经疲敝，与朝廷议和实际上是在等待援兵，建议清廷乘其疲敝之时派大军直逼武昌；他们还要载沣转告袁内阁，要求由皇族亲率禁卫军开往前线助战。载沣认为，"其所陈办法显违朝廷不愿用兵之旨，不惟使皇帝失信于人民，且陷本王于不义之地"，对这几名亲贵大加申斥。④袁世凯得知后也反对皇族率禁卫军亲征，认为"前敌各军足敷与战，若任皇族亲征，必致全国人民又生口实"，要求载沣务必制止亲贵。⑤

彼时袁内阁正准备与民军议和，溥伟、善耆等强硬派王公甚不以为然，乃推举代表前去质问袁世凯："从前洪、杨革命，十三省都沦陷，而胡林翼、曾国藩都能讨平，现在南方革命党，并无多大实力，黎元洪、程德全都是政府官吏，公然叛逆，若不讨伐，成何体统？"袁答："你要我讨伐黎元洪、程德全，我可以办到的。你要我讨伐张謇、汤寿潜、汤化龙、谭延闿等，我是办不到的；他们都是老百姓的代表啊。假如你们不满意，我只有向太后辞

---

① 《中国革命消息》，《时报》1911年12月7日，第1版。
② 韩策、崔学森整理，王晓秋审订：《汪荣宝日记》，第317页。
③ 《皇室结合党派之传闻》，《大公报》1911年11月26日，第4版。
④ 《皇族御前会议之概略》，《大公报》1911年12月1日，第3版；《监国申斥贝子之原因》，《大公报》1911年12月8日，第2张第1版。
⑤ 《袁内阁力阻皇族亲赴前敌》，《大公报》1911年12月2日，第4版。

职。"① 虽然少壮亲贵中的强硬派请战无果，但其不安分举动仍引起袁世凯的警觉，遂受到袁的密切监视和限制，据日人川岛浪速披露："袁入北京，更进一步监视王公，使他们完全不接触政治……肃亲王抱有一片回天之希望，但警察力量已被剥夺，离开了政权，而所有之权力落于袁一人之手，不仅赤手空拳没有任何力量，而且袁深恐满人等出而反抗，准备倾尽兵力、警力监视之。毒辣之极的赵秉钧派出众多密探，围绕在王及予等身边，或假冒革命党名义邮寄暗杀信，因而始终未作任何尝试。盖其势所不能也。"②

其时禁卫军名义上是皇帝（摄政王）的亲军，实际依然由专司训练大臣载涛统领，宗室出身的禁卫军协统良弼是个主战派，而且禁卫军以满人为主，对各省革命活动的仇视情绪极强，袁世凯担心少壮亲贵会指使禁卫军做出过分举动，遂决定限制直至消除少壮亲贵对禁卫军的影响。

清廷起用袁世凯之时已授予他军事全权，唯有禁卫军不归其节制。袁世凯进京之初即要求节制禁卫军，强硬派亲贵群起反对，声称无论如何禁卫军不能交给非皇族管领，袁世凯不愿招惹亲贵，一度将此事搁置。③ 亲贵请战事件发生后，袁世凯感觉到了威胁，乃运动载沣对禁卫军强加约束，载沣亦认为有必要，遂转告良弼："禁军之设原属于本监国代表皇帝管领，此外无论何人不得有调遣之权，应即交谕该军各将士，嗣后凡立于该军之调动，非有本监国钤章手谕不能奉准。"④ 主管禁卫军的载涛并非强硬派，他与载沣相似，已经把全部希望寄托在袁世凯身上，与袁派人物关系尚可。十月初六日，载涛奏请将第三军（禁卫军包含其中）名目取消，将原第三军中除了第一镇（即禁卫军）以及几个驻扎在外城的几个营外，其余全部归袁世凯节制。⑤ 十月十二日，清廷以徐世昌担任训练禁卫军大臣。表面看这似乎是袁世凯对禁卫军权的攘夺，而据徐世昌日记记述，在此前一日载涛曾往见徐世昌，晤谈内容虽未记载，不过第二天清廷便发布谕旨："贝勒载涛等奏请添派训练大臣一

---

① 刘垣：《张謇传记》，沈云龙主编：《近代中国史料丛刊续编》第 13 辑，第 192 页。
② 川岛浪速：《肃亲王》，章开沅、罗福惠、严昌洪主编：《辛亥革命史资料新编》第 2 卷，第 378 页。
③ 《袁总理已停止续请节制禁卫军》，《大公报》1911 年 11 月 25 日，第 2 张第 1 版。
④ 《缔制禁卫军之调遣权》，《大公报》1911 年 12 月 2 日，第 3 版。
⑤ 《宣统政纪》卷 65，《清实录》第 60 册，第 1210 页。

折,着添派徐世昌充专司训练禁卫军大臣。"①载涛奏请添派训练大臣,并且在上折前后专门往谒徐世昌,据此可以推断,授徐世昌管理禁卫军事务应当是得到了载涛的支持。

十月十九日,清廷解除了载涛专司训练禁卫军大臣的差使,将禁卫军训练处改为司令处,以冯国璋为总统官。②李剑农在《中国近百年政治史》中述及载涛解职的原因谓:

> (袁世凯——引者注)一面以大义讽令载涛率领禁卫军实行出征;但是载涛是一个少年贵胄,没有一点军事的实际知识,听到此处彼处革命军的行动,早已落胆,哪有亲征的勇气;袁早看出他的弱点,故意以出征难他。结果载涛自请解除管辖禁卫军的职权,袁即调用冯国璋为禁卫军总统官。③

陶菊隐的《北洋军阀统治时期史话》与李著持论大体相似:

> 他(指袁世凯——引者注)向清政府建议,皇族大臣应当出征南方以为各军的表率。这样,就使胆小如鼠的载涛自请解除军职,袁立刻推荐他的老朋友徐世昌继任军谘府大臣,并从汉口调回冯国璋来接替禁卫军军统。④

李、陶二人均将袁世凯描述成志在揽权的野心家,载涛解职是袁削弱皇室、攫取军事全权的结果,但笔者以为,此种说法并不可信。如前述及,其时王公亲贵中的强硬派早已有皇族亲率禁卫军南下作战的意向,根本无须袁世凯的怂恿;相反,袁世凯是明确表示反对皇族出征的,正是由于他与载沣、奕劻对亲贵的严格约束才使得强硬王公请战未果;况且此时清廷与民军刚刚

---

① 中国第一历史档案馆编:《光绪宣统两朝上谕档》第37册,第323页。
② 《宣统政纪》卷65,《清实录》第60册,第1226页。
③ 李剑农:《中国近百年政治史》,上海:复旦大学出版社,2001年,第281页。
④ 陶菊隐:《北洋军阀统治时期史话》第1册,北京:生活·读书·新知三联书店,1957年,第86页。

达成停战协议，双方进入议和阶段①，此系袁世凯一手操办，袁氏防范强硬王公的不安举动尚且不暇，怂恿他们南下作战的说法显然站不住脚。再者，取代载涛管理禁卫军的冯国璋虽然是袁派人物，但他长期在军谘府任职，与载涛、良弼等人关系密切，保皇立场明确，系当时为数不多的深受清皇室信任的汉人武将。②除少数强硬王公外，以冯国璋接替载涛执掌禁卫军是各方均可以接受的一个决定，对外能够显示皇室彻底交权，实行立宪；对袁世凯而言，这是清皇室对他做出的重大让步，袁世凯不仅获得了军事全权而且削减了来自主战王公和禁卫军的威胁；对皇室与禁卫军而言，冯国璋与他们关系较好且保皇立场鲜明，是汉将中少有的能令其满意的人选。时论披露了冯国璋能够取代载涛执掌禁卫军的内情：

> 冯国璋既放热河都统，忽又简充禁卫军总统官，外间均不识其由来。坐经探闻此事实由涛贝勒自行力请，闻该贝勒近因外间疑虑其主张排汉者甚多，且种种谣传均系由禁卫军而起，遂力请于袁内阁数次，始经决定。盖既经交卸军权，则疑虑自可尽息。至冯国璋之继充总统官，亦系涛所保荐，盖因禁卫军之成立，以冯力为居多，以继充必为该军所欢迎承认云。③

据此可知，载涛解职并非仅因袁世凯打压削弱亲贵，实际上也与载涛主动放权避嫌有关。

十月十六日，载沣辞去监国摄政王之位，隆裕太后批准，命其以醇亲王退归藩邸，不再预政，一切用人行政均责成内阁总理大臣与国务大臣办理；同时授世续、徐世昌为太保，借以沟通隆裕太后与内阁。隆裕太后懿旨还告诫各王公亲贵："现在四方多难，国步阽危，诸王公等，谊同休戚，各宜体念时艰，恪遵家法，束身自爱，罔越范围。"④载沣退位主要出于清民议和考虑，

---

① 《朱尔典爵士致格雷爵士函》，胡滨译：《英国蓝皮书有关辛亥革命资料选译》上册，第96页。
② 张国淦编著：《辛亥革命史料》，第104页。
③ 《涛贝勒之辞让兵权》，《大公报》1911年12月12日，第4版。
④ 中国第一历史档案馆编：《光绪宣统两朝上谕档》第37册，第330—331页。

当时民军方面代表伍廷芳等人首先电请载沣退位,①清廷为彰显实行立宪,结束亲贵政治,化除满汉成见,亦需要载沣退位。时人发现,清民双方若要和解,载沣必须首先退位。②对清末政情内幕颇为了解的莫理循当清民双方议和伊始即在信函中透露了清廷内部的考量:

> 目前情况就是这样。无论哪一种方案都要求摄政王退位。邮传大臣唐绍仪现在尚未任职。他现在担任政府(姑且这样称呼)和革命党之间的调解人。他和国民党主要人员的关系甚为密切。他的方案为:摄政王应发布诏书宣告退位,并且指定一名汉人,最好是过去曾任内阁阁员的徐世昌担任皇帝的监护人,或任命一个有汉人参加的摄政会议,两个诏书应以皇太后的名义发布。然后通过这个会议确定人民的意志。③

由于摄政王退位事关重大,宣布消息又来得十分突然,此事在政坛上引起不小的波澜。虽然隆裕太后懿旨试图说明这是朝廷为实现完全立宪而采取的一项举措,然而外间舆论并不以为然,纷纷猜疑其中用意。《大公报》记述了其时外界关于载沣退位的各种传闻:

> 十六日忽奉懿旨,宣布监国退位,一时政界舆论均极骇愕,不识其是何原因。兹据各种传说述记如下:一云此事虽近垂帘,然与前次各皇族之运动纯不相关,盖因用人行政特权仍在内阁,慈宫并无实权之故。一云此系为监国所最希望者,纯为监国之所主张。一云既已实行君主立宪,而君主之下复有监国摄政之名义与世界立宪政体不符,故有此举(此说近是)。又一说谓因武昌和议出于革军所要求者。未知孰是。④

---

① 见《伍廷芳等电请摄政王逊位原稿》,《大同报(上海)》1911年第16卷第17期,第32页。
② 《革命起义:11月17日至12月1日的形势》,章开沅、罗福惠、严昌洪主编:《辛亥革命史资料新编》第7卷,第379—380页。
③ 《致达·狄·布拉姆函》,[澳]骆惠敏编,刘桂梁等译:《清末民初政情内幕——〈泰晤士报〉驻北京记者袁世凯政治顾问乔·厄·莫里循书信集》上册,第801页。
④ 《监国逊位之原因种种》,《大公报》1911年12月8日,第4版。

另据《顺天时报》披露：

> 监国摄政王逊位已奉懿旨允准，外间传言内容系因自武汉停战，由驻汉英领事介绍两方面议和，革军黎元洪等首先要求摄政王逊位，然后会同皇族及各国务大臣开秘密会议，摄政王得悉，故泣求皇太后允准。又闻近来政府因国帑空虚、市面困窘已达极点，故拟向法国借款。法国因本国政府以刻下官革两军相持不下、各省纷纷借债一事应拒绝之故，欲取消此议。监国闻之异常惶恐，故先乞休云。又宫中现有暗潮，袁内阁遂施运动，致摄政王退位。外间又云，此次辞职甚为秘密，涛贝勒等均不知云。①

在众多传闻中，朝野最担心的是宫廷内部争权，隆裕太后即将垂帘听政一说。据朱尔典在信函中透露："人们以为它（指载沣退位——引者注）真正表明太后一派对摄政王一派的胜利，并预示太后一派企图恢复已故慈禧太后多年来控制朝廷和人民的那种统治制度。"② 十月二十日，东三省总督赵尔巽致电内阁，声称外省多怀疑摄政王逊位后隆裕太后将要垂帘听政，此种传闻甚为危险，力请朝廷申明摄政王退位原因，以释群疑。③ 某国使馆参赞为此专门向外务部询问载沣退位的真实原因，当由外务部告知："现在敝国君民战争已有和议，即须实行立宪。此次监国之逊位可为实行立宪与推崇内阁权限起见，其中并无他项关系。"④

载沣退位后，一切用人行政悉归内阁总理大臣及国务大臣办理，袁世凯无疑是最大的受益者，时人难免怀疑袁氏为揽权逼迫摄政王退位，各报对他有不少攻讦之语。袁世凯为保全自己的名声，乃请载沣亲自将退位原因宣示中外，并要求各报将此前攻击他的言论声明撤销，载沣允诺。⑤ 各少壮亲贵在

---

① 《监国辞位之原因》，《顺天时报》1911年12月8日，第7版。
② 《朱尔典爵士致格雷爵士函》，胡滨译：《英国蓝皮书有关辛亥革命资料选译》上册，第235—236页。
③ 《监国逊位外省误会为垂帘请声明》，中国第一历史档案馆、海峡两岸出版交流中心：《清宫辛亥革命档案汇编》第71册，第234页。
④ 《外人对于监国逊位之质问》，《大公报》1911年12月11日，第3版。
⑤ 《醇邸宣布逊位原因》，《大公报》1911年12月23日，第2张第1版。

载沣退位后对朝政的影响力进一步削减，时论注意到："摄政王逊位，各亲贵开去政务要差后，政局又为之一变，朝野亦极注目，故特加意查询各亲贵迩来之态度，其有他项兼差者（如御前大臣及并不关行政等差者）每日仍照常入值，其无差可当之亲贵，如醇王、涛贝勒等，现在皆已不入内廷，所有政务无论巨细亦不预闻。"① 至此，清皇室的最高决策层便只剩隆裕太后与宣统皇帝这一对孤儿寡母了，清王朝的命运完全掌控在袁世凯手中。

当时不少守旧官僚不愿看到袁内阁掌握朝廷全权，仍试图"慰留"载沣，御史欧家廉上折提出防止"乱臣贼子"的"三策"，其中上策便是请朝廷仅去载沣监国之号，仍令他以醇亲王摄政。② 御史温肃则直言，宣统朝三年政治败坏不应由载沣一人负责，要求严治奕劻、载泽、那桐、徐世昌、盛宣怀、瑞澂六人蒙蔽之罪。③ 吉林巡抚陈昭常也电致内阁要求慰留载沣。不过在载沣看来，此时唯有亲贵彻底放权才能对外彰显清廷实行立宪的诚心，亦方能最大限度地表示对袁世凯的信任，笼络袁以保住皇位，因此他对这些"慰留"并不理会；载沣在退位后一再申明不会干预政事，极力避嫌，以表明对袁内阁的支持。④ 据报载，载沣担心各亲贵不能理解他退位的用意，致有不安分举动，特邀集奕劻、世铎、善耆、溥伟、载洵、载涛、毓朗、溥伦、载泽以及其他王公贝勒二十余人至其府邸会宴，申明退位原因，告诫各亲贵务当遵守秩序，不得逾越权限干预政事。⑤

由上可见，袁世凯进京组阁后少壮亲贵屡屡被限制削弱，及至载沣辞去摄政王之位，清廷最高决策层便只剩隆裕太后和宣统皇帝了，亲贵集团基本被清除出权力中心，清皇室唯有寄希望于袁世凯的忠诚来保全爱新觉罗家族的皇位。过往论者多认为这是袁世凯为独揽大权逼迫皇室交权，笔者并不否认袁氏存有政治野心，但通过上述梳理不难发现，清皇室并非因袁世凯逼迫而被动交权，也有主动放权的一面。一方面，清廷在革命风潮愈演愈烈之时

---

① 《亲贵现在之态度》，《顺天时报》1911年12月9日，第7版。
② 欧家廉：《请仍以醇亲王摄政》，中国第一历史档案馆、海峡两岸出版交流中心：《清宫辛亥革命档案汇编》第72册，第249—257页。
③ 《宣统政纪》卷66，《清实录》第60册，第1227页。
④ 《监国退位后之避嫌》，《顺天时报》1911年12月13日，第7版。
⑤ 《醇邸召集皇族会宴》，《大公报》1911年12月9日，第4版。

便企图通过"实行立宪""与民更始",建立立宪派之前梦寐以求的虚君立宪政体来挽回人心,解散亲贵内阁、改革奏对办法、摄政王退位均系虚君立宪政体的应有之义,由于这些举动发生在袁世凯进京组阁后,且袁世凯从中受益最大,人们难免怀疑这是他揽权的结果。另一方面,清皇室中隆裕太后、奕劻、载沣、载涛等人在帝国即将倾覆之际将袁世凯视作救命稻草,极力笼络之,虽然少壮亲贵中有溥伟、善耆这样的强硬派,但他们对朝政的影响显然比隆裕、载沣等人要小得多。载沣约束亲贵、载涛解除军权都是为了打消袁世凯的顾虑,表明皇室对他的信任。故此,对袁世凯进京后的"揽权"行为不可一概而论,还有清皇室的"放权"。

二、志在保皇却吝于输捐

武昌起义发生后,革命党推翻君主专制、建立民主共和的主张得到广泛响应,各地立宪派和旧官僚也纷纷"咸与维新",在这种情况下,清廷紧紧抓住君主立宪这一救命稻草,表示愿意接受一切改良,甘做"虚君",唯求不要颠覆清王朝。君宪与共和在彼时均不失为有进步意义的政治革命,对亲贵集团而言,不论建成何种政体,他们都无法恢复昔日权位,但象征意义完全不同:君宪表明爱新觉罗姓政权仍然存在,共和则意味着近三百年的祖宗基业断送在他们手中。辛亥革命期间,清民双方就政体问题展开"竞争"[①]:一方面民主共和得到朝野越来越多的支持和响应,另一方面清廷极力通过各种改良举措"实行立宪",试图说服臣民接受君主立宪。于是,终结抑或保全清王朝便体现为时人对民主共和与君主立宪两种政体的选择。

清廷自武昌起义以来,在其所颁布的罢黜亲贵内阁、开释党禁、下诏罪己、改革奏对办法、摄政王退位等各道上谕中,无不宣称在"实行立宪",但

---

① 十月初八日清廷上谕有谓:"武昌此次兵变,自称系为政治竞争,朝廷本不忍以兵力从事。"见中国第一历史档案馆编:《光绪宣统两朝上谕档》第 37 册,第 317 页。

明了时局者业已意识到，由于清廷尽失人心，君主立宪已绝无可能。① 十月初七日，清军攻占民军的湖北军政府所在地汉口，而民军旋于十二日攻下极具象征意义的南京。此时，清方在袁世凯掌握全权后用人行政得以统一，原来混乱的局面有所平复；民军方面，各省之间以及革命党、立宪派、旧官僚之间的矛盾逐渐显露，其财力也难以维系众多新募兵士，没有了此前那样的强劲势头。清民双方均难以凭借武力迅速战胜对方，不过民方在人心、士气上要胜清廷一筹，双方在这种情况下正式进入议和阶段。②

十月十二日，清民两军达成停战协议，从十三日八点起至十六日八点停战三日，后又议定三日期满后续停十五日，在此期间北军不得派兵向南，南军亦不得派军向北；清廷派代表南下与民军议和。③ 清方在此故意使用"南军"而非"民军"，意在表明陕西、山西两省份以及北方诸省的革命军均不在停战范围之内，企图利用停战之机拿下秦晋两省，稳住北方局势。黎元洪通电各省遵行协议，双方至此实现停战。④ 十月十六日载沣退位后，亲贵中已无人能直接干预行政，议和事宜亦无从参与。十七日，清廷委任袁世凯为全权大臣，命其选任代表南下与民军议和。⑤ 袁受命后随即委派亲信唐绍仪为全权大臣总代表，负责与民军议和事宜。⑥

袁世凯既已成为清皇室的全权代理人，民军对清廷的革命行动遂转变为民军与袁世凯围绕政体问题的争斗。袁世凯宣称坚持君主立宪："至于国体问题，本人始终主张君主立宪，目前南方各地，实已四分五裂，以此现状而言共和，实万万不能谓可行。此点，即使革命党人，恐亦有所察觉……到最后，恐怕只能以不甚完备之十九条为基础，尽量采纳革命军方面所提改革意见，断然实行君主立宪，除此别无良策。"⑦ 这也是清皇室用他充当代理人的基础。

---

① 《查·斯·阿迪斯来函》，[澳]骆惠敏编，刘桂梁等译：《清末民初政情内幕——〈泰晤士报〉驻北京记者袁世凯政治顾问乔·厄·莫里循书信集》上册，第812页。
② 早在九月十四日，袁世凯督师赴鄂，曾派遣刘承恩、蔡廷干持书至汉与黎元洪方面商议和平办法，彼时黎元洪力劝袁世凯反正，无意与清廷议和，因而双方虽然有过和谈之举但不能算作议和阶段。
③ 中国史学会：《中国近代史资料丛刊·辛亥革命（八）》，第197—198页。
④ 张国淦编著：《辛亥革命史料》，第286页。
⑤ 中国第一历史档案馆编：《光绪宣统两朝上谕档》第37册，第332页。
⑥ 中国史学会：《中国近代史资料丛刊·辛亥革命（八）》，第71页。
⑦ 《伊集院清驻公使致内田外务大臣电》，邹念之编译：《日本外交文书选译——关于辛亥革命》，第269页。

然而，袁世凯毕竟一代枭雄，当天下大乱，政治秩序重新整合之际，他首先关注的乃是如何实现自身利益的最大化。君宪虽是其首选，但面对举国反清革命浪潮，他显然不会愚忠于清廷；其时革命党有意利用袁世凯与少壮亲贵之间的矛盾将他从清廷剥离出来，并许诺以民国第一任总统，君宪总理与共和总统都是袁世凯的选项，选择哪一项可视朝局而定，主动权在自己手里。

对亲贵集团而言，民主共和便意味着颠覆宗社，改朝换代，他们希冀袁世凯保住爱新觉罗家族的皇位，唯恐他抛弃皇室倒向民军，因而密切关注着议和动态。据报载，"日内正当上海和局开议之期，闻各亲贵如庆、醇、肃各邸，洵涛等贝勒，均非常注念，深虑皇室或有动摇之虞，日派人持密函赴袁内阁处，探询消息。闻袁于日昨复答，告以现在和局虽云未定，然本阁确已决定惟一宗旨，拟无论如何须保存皇族之尊荣，且此事已得各国之公认，可无他虑云"。①溥伟为此专门往见袁世凯询问内阁对于议和有何具体办法，袁世凯表示："世凯受国恩厚，一定主持君主立宪，惟南方兵力强盛，人心尽去，我处兵弱饷缺，军械不足，奈何！"溥伟当即表示自己愿意毁家纾难。②载振和毓朗亦往见袁世凯，要求他坚持君主立宪，袁称："借款难成，各部经费虽竭力撙节，只多尚能支持半月，设再迁延不决恐将内乱。"③袁世凯既向各亲贵表明他坚持君主立宪的立场，又强调清廷面临的现实困境，言下之意，是要各亲贵做好为保皇而毁家纾难的准备。另据时论披露，"袁内阁于上月二十九日晚五点余曾通电话于庆亲王等诸亲贵大臣，预定初一日晚五点在庆亲王府会议要政。探之据云系为此次和议不易解决，停战期满即须用兵，现在议借之款诸多阻力，密议预筹军饷事宜。或又谓系会商捐购爱国公债之事"。④

十月二十七日，唐绍仪率清廷代表团抵达上海，二十八日下午与以伍廷芳为首的民军代表团举行第一次正式会谈，主要讨论停战问题，十一月初一日第二次会议正式进入议题。清民议和的主题是君宪与共和的抉择，清廷本指望唐绍仪能在谈判桌上坚持君主立宪，说服民军接受清王朝，至少也要就

---

① 《各亲贵之关怀和局》，《大公报》1911年12月22日，第2张第1版。
② 《溥伟〈逊国御前会议日记〉》，《社会科学战线》1982年第3期。
③ 《专电》，《申报》1911年12月26日，第1张第3版。
④ 《袁总理预约亲贵会议》，《大公报》1911年12月22日，第2版。

君宪与共和问题与民方交锋一番,但唐绍仪竟声称:

> 共和立宪我等由北京来者无反对之意向……但此为同胞之事,今日若无清廷即可实行,既有清廷,则我等欲为共和立宪必须完全无缺之共和立宪方为妥善。黄兴有电致袁内阁云,若能赞成共和必可举为总统,此电由汪君转杨度代达袁氏,袁氏谓此事我不能为,应让黄兴为之。是袁氏亦赞成,不过不能出口耳。共和立宪,万众一心,我等汉人无不赞成。不过宜筹一善法使和平解决,免致清廷横生阻力。且我共和思想尚早于君,因我在美国留学,素受共和思想故也。今所议者非反对共和宗旨,但求和平达到之办法而已。①

作为清廷首席议和代表,唐绍仪毫无坚持君主立宪的意愿,反而将谈判的主题拉到如何促成清廷接受共和上来,并声称袁世凯已经赞成共和,清廷对此殊出意外,袁世凯急忙澄清:"所谈果系出于唐氏本意,想必是唐抵上海后为周围之革命气氛所感染,以致头脑混乱所致。本人绝无赞成共和之意,此点希勿混淆。"②唐绍仪的态度也助长了民方的气势,时人注意到:"从第一天起他们(即民军方面——引者注)便理解了对手的软弱之处,以及他们能从中得到多大的优势,这个对手的倾向是他们早就了解的。他们的不妥协态度显然因此而愈益坚定。"③此后伍廷芳放出话称,若清廷不承认共和,议和便无从进行,④与此同时,欧美列强声明不会支持清廷一味坚持君宪,⑤谈判一度陷入僵局。

唐绍仪认为君宪已毫无希望,遂将民军要求转告袁世凯,劝其赞同共和,或者辞职以待时机。袁世凯既已向朝野承诺坚持君主立宪,不可能在谈判一开

---

① 《南北代表会议问答速记录》,观渡庐编:《共和关键录》第一编,上海:著易堂书局,1912年,第11—12页。
② 《与日本公使伊集院的谈话——伊集院致日本外务大臣内田电节录》,骆宝善、刘路生主编:《袁世凯全集》第19卷,第182页。
③ 《上海谈判和朝廷让位》,章开沅、罗福惠、严昌洪主编:《辛亥革命史资料新编》第7卷,第246页。
④ 中国史学会:《中国近代史资料丛刊·辛亥革命(八)》,第103页。
⑤ 许格儒整理:《许宝蘅日记》,第384页。

始便立即倒向共和，故仍须在诸亲贵面前摆出努力维持清王朝的姿态。① 于是，他借助民军要求向亲贵集团施压，试图让亲贵们认识到，欲谋求君宪，欲守住祖宗基业，爱新觉罗皇室这些金枝玉叶们必须拿出实际行动来。其时制约清廷谈判底气的重要因素便是清军军费不足，无法在与民军的军事对峙中取得绝对优势，各亲贵既然一向标榜休戚与国，于国势危急之际拿出钱财以纾国难乃是顺理成章的事；如不愿输捐，则其所谓保皇即只是嘴上功夫，并无切实行动，袁世凯便可以把不能维持君宪的责任推给亲贵。若爱新觉罗家族的皇子皇孙们尚且无切实行动保全清王朝，又如何能指望他这个外姓人呢？

武昌起义爆发后，清廷推出"爱国公债"以筹措军费。这一公债原本面向清王朝的所有大小官吏，但在时人看来，"谊属宗支，休戚与国"的亲贵应当在认领公债问题上做出表率，加之宣统朝亲贵柄政此时被舆论放大，人们普遍认为亲贵三年以来攫取了大量钱财，理应毁家纾难，因而对他们认领公债情形格外关注。袁世凯组阁后多次劝说亲贵集团认领爱国公债，声称清军将士皆有心保皇，唯缺少军饷，只要能筹集半年军饷便足以战胜民军，② 然而亲贵中除载沣、溥伟、善耆较为积极，其他人或敷衍或"哭穷"，愿意输捐者寥寥无几。③ 亲贵因此受到朝野一片痛斥，长期柄政的奕劻、执掌财权的载泽以及负责海军和崇陵肥差的载洵最为时人不满，恽毓鼎在日记中直斥这几名亲贵：

> 总理曾商请亲贵捐助。庆邸仅捐银五万。载泽捐五千金，以行贿所得不能兑现之大清银行期票抵之（纳贿例用期票，订明事成后付款。此五千两票为九月初期，其时乱事已起，所谋未遂，此票已成废纸矣），银行退还，泽无怍色。亲贵中，庆窃权最久，家最富，洵卖海陆军军官缺及崇陵监修差，泽卖各省监理官及盐政处差，所获皆不赀……呜呼！其如诸亲贵毫无心肝何？④

---

① 张国淦编著：《辛亥革命史料》，第292页。
② 史晓风整理：《恽毓鼎澄斋日记》，第567页。
③ 有关亲贵输捐的详细情形，详见王春林《爱国与保身：辛亥革命期间的亲贵捐输》，《清史研究》2012年第1期。
④ 史晓风整理：《恽毓鼎澄斋日记》，第567页。

日使伊集院在奕劻面前指责诸亲贵："你们的显贵要是对他们的国家有一丝热爱的话，在危机发生之时，理应献出埋藏的财物，理应使政府阻止革命蔓延，但他们什么也没有干，他们把财富看得比国家还重。"① 清民议和陷入僵局后，唐绍仪向袁世凯提议可召集国民会议公决政体。袁世凯声称，公决政体关系清廷存亡，自己只是行政官，不能做主，须征询皇室意见，遂将此事商诸隆裕太后和亲贵王公。② 诸亲贵给内阁的答复是："贵总理大臣既力持保存君主名义，感甚，其余各项条款届时但经贵大臣画诺，鄙等无不允从。"③ 据徐世昌透露，袁、徐此时皆认为共和已是大势所趋，唯在宫廷及诸顽固亲贵面前不便明说，"若照唐电召开国民大会，可由大会提出，便可公开讨论，亦缓脉急受之一法"。④ 同时，袁世凯抓住多数亲贵吝啬钱财这一软肋，进一步就输捐问题向他们施压，既勒索其钱财又在舆论上陷其于被动，迫使诸亲贵不得不改变定见，顺从内阁。可以说，召集国民会议公决政体是为了减轻来自宫廷和亲贵方面的阻力，勒令输捐则是袁逼迫诸亲贵"认清"局势、知难而退的手段。

据报载，南北和谈开始后，袁世凯邀集各亲贵至内阁公所筹议办法，将唐绍仪来电交予他们一一传阅，"各亲贵均力请袁内阁对于君主二字坚持到底，其余政治上之种种设施均可准照革党之要求办理"。袁世凯表示："目下民军主持共和甚力，不从则恐启兵端，召外人之干涉，从则不能得完全之统一，故以凯私见，不若暂时允从，待至无好结果时再合北部诸省联络一气，实计军费财政之充裕以期确立完全立宪政体。"随后要求各亲贵毁家纾难，认领爱国公债。⑤

民军坚持共和不肯妥协，欧美列强明表不会支持清廷，而清廷之兵力、财力又不足以镇压革命，甚至连总理大臣及各国务大臣对清皇室的忠诚度都

---

① 《致达·狄·布拉姆函》，[澳] 骆惠敏编，刘桂梁等译：《清末民初政情内幕——〈泰晤士报〉驻北京记者袁世凯政治顾问乔·厄·莫里循书信集》上册，第 817 页。
② 《袁世凯复张謇电》，章开沅、罗福惠、严昌洪主编：《辛亥革命史资料新编》第 2 卷，第 66 页。
③ 《亲贵对于议和之主张》，《大公报》1911 年 12 月 29 日，第 4 版。
④ 张国淦编著：《辛亥革命史料》，第 294 页。
⑤ 《袁内阁对于共和之政见》，《大公报》1912 年 1 月 1 日，第 3 版；《袁内阁邀集亲贵共筹大计》，《大公报》1911 年 12 月 28 日，第 4 版。

不可靠，一旦谈判决裂，清皇室势难保全。此时一些亲贵已有知难而退的意向，时论注意到："皇族中之明达者对于此次和议颇有竭力让步之意。缘十九信条限制皇族过严，如改共和政体，才能者仍可自见。且法律发达，于保全私人权利之事尤公平，故亦不十分反对。"① 奕劻在与日使交谈中透露"本人并不坚决认定共和制度绝不可行"，日使对此颇为骇异。② 溥伦得知唐绍仪召集国会公决政体的建议后，"亦无所可否，惟太息而已"。③ 载振无奈感叹："数年新政实失人心，无怪人心之去也。"④

初八日，唐绍仪致电内阁代奏，正式向朝廷提议召集临时国会解决国体问题。⑤ 唐电到京后，袁世凯连开两次内阁会议征询各国务大臣意见，阁议最终决定将实际情况上奏，由隆裕太后裁夺一切。⑥ 随后，袁世凯与全体国务大臣联名上折，奏请召集宗室王公开御前会议商讨政体问题。该折首先说明武昌起义爆发后清廷面临的局势以及南北议和的实情，继而将唐绍仪召集临时国会公决政体的建议和盘托出，同时又声明政体之事关系重大，行政大臣不能做主，只得交由隆裕太后与各王公亲贵商议决定。⑦ 袁内阁的态度很明确，清王朝是爱新觉罗家的"祖宗基业"，王朝的延续或终结、皇室的安全或危险是朝廷的"公事"更是皇室的"家事"，公决政体这样关系到清王朝与清皇室前途命运的大事当然要交给皇室决定，内阁仅负行政之责，不便决定皇家之事。时论注意到："袁内阁处此地位，既不能保全君主，又不能不赞成共和，近日对人宣言：'承认共和君主禅位八个字，袁某决不说出口来，当请皇室与贵族决之，余不敢负此责任。'"⑧

此时距离停战截止日期已近，内阁这次会奏无异于通牒。对于最高决策

---

① 《亲贵对于议和之主张》，《大公报》1911年12月29日，第4版。
② 《伊集院驻清公使致内田外务大臣电》，邹念之编译：《日本外交文书选译——关于辛亥革命》，第319页。
③ 韩策、崔学森整理，王晓秋审订：《汪荣宝日记》，第328页。
④ 史晓风整理：《恽毓鼎澄斋日记》，第566页。
⑤ 张国淦编著：《辛亥革命史料》，第293页。
⑥ 《伊集院驻清公使致内田外务大臣电》，邹念之编译：《日本外交文书选译——关于辛亥革命》，第334—335页。
⑦ 《与诸国务大臣会奏拟恳请召集宗支王公会议请旨以决大计折》，骆宝善、刘路生主编：《袁世凯全集》第19卷，第209—210页。
⑧ 《袁内阁对于共和之政见》，《大公报》1912年1月1日，第3版。

者隆裕太后而言，一旦袁世凯因不满皇室的态度而辞职，甚或被民军拉拢过去，后果将是致命的；其时外界纷传孙中山自海外为革命军带来大量资金，清廷国库却依旧空虚，筹借外债与亲贵输捐情况又不甚理想，若此时重启战端，清廷处境势必更加危险。① 隆裕太后随即传令下去，"庆亲王奕劻、醇亲王载沣、肃亲王善耆、载泽、载洵、载涛、溥伦着于初九日递牌子伺候召见。"② 据时论披露，当天下午诸亲贵为此特开秘密会议商讨应对办法，诸亲贵议论纷纷，意见不一，奕劻则默不作声。载泽极为不满，面诘奕劻："值此朝局危迫，诸皇族皆有与共存亡之关系，现袁世凯承认召集国会公决政体，已有暗向民军默认民主之意。然袁世凯系公力保，以为可使挽回大局，保存皇室，乃延玩至今，不但不能保存皇室，反将倾覆皇室，此皆袁世凯误事之咎。且彼于民军之要求并不辩驳，但将此项难题命我等自为酌夺，其用心之阴险已可概见。袁世凯素擅莽操之术，口中阳保皇室，腹内阴助民党，外迫内援，势与篡逼无异，实令吾人愤懑。宁拼死命与之一决雌雄！"虽然多数亲贵反对共和，并且强硬派王公已经觉察到袁世凯有谋求个人权势的野心，但若不同意公决政体便须将财产全盘托出充作军费，因而又不敢坚决反对，纷纷扰扰，莫衷一是。③

十一月初九日，隆裕太后在养心殿召集载沣等七名王公与袁世凯及国务大臣开御前会议，讨论是否公决政体。有关当天御前会议的情形以及各王公亲贵的态度可以从以下几则记述中窥见端倪：

> 载沣日记："初九日，上门，仰蒙皇太后召见臣等七人于养心殿两次，并会同内阁总理大臣暨国务大臣等商议要政。"④
>
> 徐世昌言："次早，皇太后据内阁奏召集近支王公会议，庆邸首先发言，毓朗、载泽表示不赞成，然亦说不出理由。其余俱附庆议，于是允唐所请，当即下召集临时国会之谕。"⑤

---

① 《上海谈判和朝廷让位》，章开沅、罗福惠、严昌洪主编：《辛亥革命史资料新编》第7卷，第247页。
② 载沣：《醇亲王载沣日记》，第423页。
③ 《满亲贵反对和局之秘议》，《申报》1912年1月2日，第1张第5、6版。
④ 载沣：《醇亲王载沣日记》，第423页。
⑤ 张国淦编著：《辛亥革命史料》，第294页。

尚秉和《辛壬春秋》："庚午，国务大臣奏请如绍仪奏，皇太后即召集王大臣、国务员开御前会议，袁内阁自奏奉职无状，罪万死，太后慰之曰：'卿勿尔，国家大事，既相付托，当勉为其难，即使挽回无术，吾决不咎卿也。将来皇帝成立，吾且以卿之忠荩艰难困苦情形告之。'言罢，与皇帝相抱而泣，诸大臣亦涕不可仰。"①

许宝蘅日记："本日，皇太后御养心殿，先召庆王等，旋召见总理大臣及各国务大臣，皇太后谕：'顷见庆王等，他们都说没有主意，要问你们，我全交与你们办，你们办得好，我自然感激，即使办不好，我亦不怨你们，都是我的主意。'言至此，痛哭，诸大臣亦哭，又谕：'我并不是说我家里的事，只要天下平安就好。'诸大臣退出拟旨进呈，诸王公斟酌改易数语，诸王公复入对一次，退出后，诸大臣向诸王公言及现在不名一钱，诸王公默然，候旨发下后各散。"②

绍英日记："初九日，内阁具奏，请上召集近支王公会议大计，是日上先召见王公，次召见内阁国务大臣，皇太后垂泪谕袁总理大臣云：'汝看着应如何办即如何办，无论大局如何，我断不怨汝。即皇上长大，有我在亦不能怨汝。'袁对云：'臣等国务大臣担任行政事宜，至于皇室安危大计，应请上垂询皇族近支王公。论政体本应君主立宪，今既不能办到，革党不肯承认即应决战，但战须有饷。现在库中只有廿余万两，不敷应用，外国又不肯借款，是以战亦无把握。今唐绍仪请召集国会公决，议定君主立宪政体固属甚美，倘议定共和政体必应优待皇室。如开战，战败后恐不能保全皇室。此事关系皇室安危，仍请召见王公再为商议。'候旨遵行。复召见近支王公，俟王公见谒退下，遂定召集国会之议。"③

《大公报》报道："御前会议时，首由慈宫谕云：'现时外间对于政体解决极力争持，今日开此会议正是研究此中利害，尔等不妨各表所见，以凭本宫采择。'诸亲贵当即依次奏对，探悉诸亲贵之主张大约有三：（一）现时人民程度不齐，尚无担负国务资格，是以宜行君主立宪。（一）

---

① 尚秉和：《辛壬春秋》，第152页。
② 许恪儒整理：《许宝蘅日记》，第385—386页。
③ 绍英：《绍英日记》第2册，北京：国家图书馆出版社，2009年，第264—267页。

为救中国危亡计,万不宜行共和,仍应责成唐代表详示党人利害,要求党人认可君主立宪。至皇室能否保存尚属未议。(一)目击如今党人坚持情形,若政府再不迁就,势必至兵连祸结,大局瓦解。为今之计,无论如何和议总宜赶紧成立。以上三派,主张第一第三者占大多数,其第二派因有皇室关系,仅有庆邸、礼邸等数人建议。"

"是日皇太后召见各亲贵王公大臣开御前会议,所有近支王公皆与焉,诸亲贵主战主和,主张强劲者有之,主张退让者有之,意见分歧,莫衷一是……诸王公退出,皇太后特召袁总理入内,甚不以各亲贵之主张为然。袁总理奏对,以为国事至此,老臣惟有抱定宗旨,勉尽心力而已,至于成败利钝,非所计也。皇太后以为现在人心趋向希望共和,朝廷一秉大公,好恶同民,汝等既主张召集临时国会,决议政体,朝廷毫无成见。即可明发上谕,宣布天下,并云皇帝尚在冲幼,此后责任皆汝一人负之,尽力维持,端赖汝辈,即或不能成功,朝廷决不加罪汝等。"①

袁世凯对日使伊集院透露:"至于皇室意向,仅能对贵公使一人实说,皇室方面对万事俱已放手,已决心在不得已情况下听任采用共和政体,毫无其它办法。继又言称,若按本人等意愿,只要有军费,就要继续战斗,坚决贯彻以往主张,乃如贵公使所熟知,目前财政状况窘迫已极,毫无办法可施。今晨在内廷会议上,本人已提出上述意见,谈到设法筹措军费问题,皇族中竟无一人应声。贵公使日前向庆亲王苦劝之结果,好歹捐出十万两,其他皇族尚无一人响应,实堪叹息。"②

综合以上记述可知,初九日御前会议首先由各亲贵入对商议办法,各亲贵意见不一,奕劻等赞成召集临时国会,载泽等人反对但又拿不出切实应对办法;随后内阁入对,袁世凯以军费困难向诸亲贵施压,同时向隆裕太后说明优待皇室问题,诸亲贵大多吝啬钱财,赞成者主张见好即收,反对者则不得不知难而退,最终清皇室同意召集临时国会公决政体。当日,隆裕太后发

---

① 《御前特别会议之结果》,《大公报》1911年12月30日,第3、4版;《再纪御前特别会议》,《大公报》1911年12月31日,第4、5版。
② 《伊集院驻清公使致内田外务大臣电》,邹念之编译:《日本外交文书选译——关于辛亥革命》,第335页。

布懿旨称:"惟我国今日于君主立宪、共和立宪二者以何为宜,此为对内对外实际利害问题,固非一部分人民所得而私,亦非朝廷一方面所能专决,自应召集临时国会付之公决。兹据国务大臣等奏请召集近支王公会议,面加询问皆无异词,着内阁即以此意电令唐绍仪转告民军代表,预为宣示。"①

然而,就在清廷同意召集临时国会的第二天,孙中山被十七省代表选举为临时大总统,三天后在南京就职。袁世凯对此颇为恼怒,一方面,民军在召集国会公决政体之前便抢先一步建立共和政权,有违双方约定,另一方面,袁世凯更担心民军许诺给他的民国首任总统旁落,于是以唐绍仪越权为由,不承认唐、伍会谈达成的条款。十一月十四日,袁手下的主要将领姜桂题、冯国璋、张勋、张怀芝等人联名致电内阁,声明坚持君主立宪,愿与民军死战。北洋诸将通电拥护君宪对亲贵而言本应是一针强心剂,不过各将同时声称:"然言战必先筹饷。军兴以来,朝廷屡发内帑,已将告罄。懿亲与国同休戚,亦应将私有财产全数购置公债,以充军用……现闻北京各外国银行有现银不下三四千万两,统为亲贵大臣所存放。应请旨饬下各亲贵大臣分别提回,接济军用。"②同日,袁世凯上折奏请辞职,原因是国家财力兵力难以支撑,不得已才与民军议和,现民军已经建立共和国,是内阁失职。③袁世凯集团以筹措军费相要挟,再次将亲贵推至舆论要冲。

十六日,赵尔巽、陈夔龙、段祺瑞等地方督抚联名电请令各亲贵将银行存款全部提出,以充军饷。十八日,赵尔巽再次电请"令各王公将本年应征地租,令各庄头赴就近地方官衙门交纳,尽数留奉充饷"。④此时,不论是存有野心的袁世凯集团还是实心保皇的赵尔巽、陈夔龙等大员均要求"勒索"亲贵,隆裕太后对这些要求无不允行,诸亲贵一再被勒令输捐,被迫交出大量积蓄,连认购公债较为主动的载沣在屡次催迫之下也不得不派人向内阁声

---

① 《召集临时国会将君主立宪共和立宪付之公决》,中国第一历史档案馆、海峡两岸出版交流中心:《清宫辛亥革命档案汇编》第73册,第142—143页。
② 中国史学会:《中国近代史资料丛刊·辛亥革命(五)》,第317页。
③ 袁世凯等:《奉职无状恳予罢斥》,中国第一历史档案馆、海峡两岸出版交流中心:《清宫辛亥革命档案汇编》第73册,第267—271页。
④ 中国史学会:《中国近代史资料丛刊·辛亥革命(五)》,第319—321页。

明自己再无其他款项，并且已经认领过公债。① 在诸亲贵交出相当数量的财产后，袁世凯仍以军费窘困为由不肯与民军开战，溥伟、载泽等主战派王公愈加疑忌其用意。②

袁世凯通过勒令亲贵输捐，成功地将矛盾转嫁给亲贵集团。诸亲贵不仅献出大量资财，并且舆论形象进一步恶化。在共和者看来，诸亲贵这是在负隅顽抗，是建立共和的最大障碍；在君宪者看来，诸亲贵吝啬个人财产，不肯毁家纾难，直接削弱了清廷谈判和作战的底气；在隆裕太后看来，诸亲贵口口声声保皇保皇，关键时刻却不做切实举动，更难以信任他们。

三、亲贵和战立场分化与主战派活跃

南京临时政府成立后，清廷方面将领请战、亲贵输捐、罢免议和代表等种种举动大有议和破裂，战端重启之势。各亲贵既已报效军饷，乃向内阁提出要求，"除在北京特开之正式国民会议外，其余民党之肆意要求均不承认；此次停战期满如仍无端倪，即须允从各将士之请求再行开战，以定最后之解决"。③ 但在明达时局者看来，清廷早已尽失人心，即使召集临时国会公决政体也难以维持君主政体，④ 清廷此时再做挣扎毫无意义，只会拖延战事，使南北继续对峙。与其如此，不如径直劝说清皇室认清形势，自动放弃政权。清廷由是进入被劝退位的阶段。

十一月二十日，岑春煊致电内阁认为，清帝不宜自私于君位，应当遵守唐、伍会谈议定的条款，从速召集国民大会公决政体。二十七日，岑春煊又电劝载沣、溥伟、载洵、载涛、溥伦、载泽诸亲贵称，清廷人心已去，"今为朝廷计，与其徒延时日，致上下不能径接以诚，何如廓然大公，明降

---

① 载沣：《醇亲王载沣日记》，第 425 页。
② 尚秉和：《辛壬春秋》，第 153 页。
③ 《关于议和之紧要消息》，《大公报》1912 年 1 月 13 日，第 4 版。
④ "自袁内阁及各国务大臣奏恳召集宗支王公会议，请旨以决大计后，识者以为，遍察民军及全国人民势力所趋，并细绎该奏中之语气，舍共和别无可望和平之解决。"见《亲贵对于政体之意见》，《大公报》1912 年 1 月 4 日，第 5 版。

谕旨，宣示中外，令人民组织共和政治，俾天下知禅让美德实出自朝廷本怀？人民感念至德，必筹安富尊荣之典上酬皇太后皇上，而宗支王公及八旗亦蒙安全之福"。① 同日，袁树勋、唐文治、丁宝铨、杨文鼎、施肇基等人联名电请清廷明降谕旨，早定共和政体，声言："方今人心趋向共和，决无第二问题，不独东南十数省矢力同心，即西北各省闻亦均表同意。倘大局决裂，一旦兵临城下，九庙震惊，生灵涂炭，后祸何忍复言。历代灭亡之惨皆由于一念之自私，前车可鉴。"十二月初一日，出使俄国大臣陆征祥电请隆裕太后降旨逊位，接受优待条款，从速宣布共和。初八日，段祺瑞致电内阁声称，民主共和已是大势所趋，与其等待临时国会公决，不如朝廷自行明降谕旨，宣示中外，确定共和政体，以示大公，如此方能保全皇室。②

对清皇室而言，诸臣劝说逊位的电文有几个共同点：其一，逊位不同于亡国。按照王朝更替的一般规律，皇帝退位，江山易主，国号变更即意味着一个朝代的终结，最后的皇帝便是"亡国之君"。诸少壮亲贵在宣统朝尽出掌权，并且在南北和谈时力持君宪正是为了保住爱新觉罗家族的皇位，避免亡国。诸臣的电文则试图对清帝逊位做出另一诠释，即分别朝代与国家，清皇室与民众并非对立关系，而是同属一国；清帝逊位是将国政禅让给国民，与尧舜让贤同义，并非亡国。其二，保全皇室不必固守君主制。各电文试图说明，民军所求唯有建立共和国体，并非为了消灭清皇室。对国体而言，共和制与君主制固然只能存其一，但保全清皇室与共和制度并不冲突，清室只须将国政让渡给民国，不必去帝废号。其时诸亲贵对"退位"一词极为敏感，各方为劝谕皇室尽快允认共和，一度认为"万不可言退位二字，只言宣布共和可耳"。③

袁世凯亦知君宪无望，他原本企图通过公决政体来建立共和，然后自己出任民国总统，以免落得篡权名声；但自孙中山被举为临时大总统后，袁世凯看到南方势力与他绝非一心，若成立国民大会，自己必受其限制，于是改变策略："专从清皇室着手，首先胁迫亲贵、王公，进而胁迫清帝，又

---

① 《岑春煊呈清廷诸亲贵电文》，《申报》1912年1月20日，第7版。
② 中国史学会：《中国近代史资料丛刊·辛亥革命（八）》，第160、169—170、173—174页。
③ 《袁世凯来电转唐绍仪》，观渡庐编：《共和关键录》第一编，第87—88页。

进而恫吓皇太后，并忖度其心理，诱饵之以优待条件，达到自行宣布退位，以全权组织临时政府。如此，则袁政府系由清皇室递嬗而来。"① 时人注意到："在上个星期中（指十一月下旬——引者注），袁世凯的态度发生了变化且日益明朗，这似乎使人们把皇族的自动退位看作是极为可能和即将发生的事。"②

各亲贵对待退位大致有三种政见：

一派主张接受优待条件，直接宣布共和，并授权袁世凯组织临时政府以保全皇室，持此意见者为奕劻、溥伦。莫理循分析当时的形势认为，在民主共和大势所趋的情况下，由袁世凯出任民国总统，则皇室及满人的利益显然要比其他汉人当总统更有保障，因为有当总统可能的孙中山、黎元洪、黄兴等均曾明确反满、反清，而袁世凯则一直在明表保清、保皇。③君宪既已无望，与其让民军方面的人物出任总统，不如径直支持袁世凯，从保全皇室的角度看，这未尝不是一项明智之举。

一派反对共和，坚持召开国会公决政体，反对甚至密谋推翻袁世凯内阁，以善耆、溥伟为代表（载泽、毓朗亦属于这一派，但不如他二人强硬）。他们对朝廷未召集临时议会便酝酿退位颇不服气，善耆声言："改良政体关系重大，岂能凭数人意见以解决，我等因系皇族中人，然亦只有讨论利害之责任，并无从中干涉之权力……现在惟有从速将国会成立以解决适当政体，庶舆论均能服从。"④毓朗谓："清廷如允逊位，不独满人出于意外，即京内外华人亦将异之。"溥伟则认为："据我个人之意见，朝廷俯从民军之愿已经过分，不宜慑于其势再行让步。现在所要者在公议逊位，倘国会决议逊位问题，朝廷只得照行，若骤然退让，必惹起北京之恐慌。""共和与专制须令多数民人议决，不得以少数代表武断。我亦不欲战，但议和一事不甘受人恫吓耳。"⑤为保住皇

---

① 张国淦编著：《辛亥革命史料》，第298页。
② 《1月15日的形势：高拉尔德致陆军部长先生》，章开沅、罗福惠、严昌洪主编：《辛亥革命史资料新编》第7卷，第402页。
③ 《致达·狄·布拉姆函》，[澳] 骆惠敏编，刘桂梁等译：《清末民初政情内幕——〈泰晤士报〉驻北京记者袁世凯政治顾问乔·厄·莫里循书信集》上册，第818页。
④ 《各亲贵之政体私议》，《大公报》1912年1月22日，第3版。
⑤ 《译闻》，《时报》1912年1月31日，第2版。

位，溥伟、善耆联合良弼、铁良等人组织君主立宪维持会（宗社党），他们依靠禁卫军，向其他亲贵及内阁施压，要求坚持君宪，甚至企图从袁世凯手中夺回权力，与民军决战。

其余亲贵多介于以上两派之间，既对维持君主制仍有侥幸心态，又不完全排斥接受共和制，有心保皇但无切实办法，不得不听天由命，顺其自然。典型如载沣的"消极主义"，时论有谓："前监国醇邸则既未主持共和亦未十分反对，唯唯诺诺，虚与委蛇，退值后亦并无何项意见发表即行退归本邸。其各亲贵之特开各项密议，该邸亦不与闻，未识何意，说者谓该邸纯持消极主义。"①

十一月二十八日，袁世凯遭遇炸弹袭击，隆裕太后闻后极其恐慌，旋于当天传旨载沣等七名宗室王公以及七名蒙古王公翌日伺候召见。当朝总理尚且被人行刺，诸亲贵也开始为自身安全担忧，不少人已有心退却，据报载，"各亲贵缘日来叠接革军信件，内中多系恫吓之词，先已惧怕，旋又接丁义华、岑春煊、袁树勋等之主张共和电及见丁字街之炸弹案，于是气馁改议"。②主和派王公认为再拖延议和只能使皇室更加危险，"即请降旨允认改建共和政体，派袁内阁与民军代表速议关于皇室及诸善后各政之条件"。③

二十九日，隆裕太后在养心殿召见各亲贵王公商议逊位事，善耆未到。④有关当日参加御前会议的亲贵王公，张国淦的《辛亥革命史料》引用胡惟德言："二十九日，召开御前会议，宗室王公等齐集，伦贝子（溥伦）主张自行宣布共和，庆邸附和之，皇太后抱皇帝大哭，醇邸（载沣）无言，恭邸（溥伟）、泽公（载泽）反对甚力，无结果。"⑤这段记述中明确提到的亲贵王公有奕劻、载沣、载泽、溥伦和溥伟。然而，据载沣日记记述："奉旨传庆王暨臣等，仍系上次七人。"⑥所谓"上次七人"即指十一月初九日御前会议的奕劻、载沣、善耆、载洵、载涛、载泽、溥伦七名王公，并不包括溥伟。《顺天时

---

① 《醇邸默持消极主义》，《大公报》1912年1月29日，第2张第1版。
② 《亲贵承认共和之原因》，《大公报》1912年1月21日，第2张第1版。
③ 《御前会议取决政体大问题》，《大公报》1912年1月20日，第3版。
④ 载沣：《醇亲王载沣日记》，第426页。
⑤ 张国淦编著：《辛亥革命史料》，第309页。
⑥ 载沣：《醇亲王载沣日记》，第426页。

报》和《大公报》均报道称:"议者为庆醇两邸、洵涛两贝勒、伦贝子、泽公及蒙古各王公"①,也未提及溥伟。

二十九日御前会议,一向坚决反对共和的善耆、溥伟、毓朗均未列席,主和派王公稍占上风。奕劻首先向诸亲贵强调了财政和军费的困境,"坚决主张在民军方面应允保护皇族动产和不动产、保护宗庙、妥修崇陵等条件下清帝退位",②并且声称:"此时承认共和,君位虽去,君名犹存,故惟有决定让位以示朝廷大公无我之心。"③溥伦则附和奕劻称:"我族再主中夏固已绝望,即国民会议果开,于我亦决无利益。袁世凯虽力欲保存君主,而势孤党弱,譬之片石置急流,终必动摇,其何能济?目下和议虽未决裂,而南京已立政府,北伐之声日益加厉,民军四布。与待兵临城下,服从武力,何若自行逊让,爱蒂长留。况优待皇族系民军商请,公论在人,似不中变,孙文虽暂为总统,岂能支此危局?闻已约定推袁世凯为总统,事若果成,岂但中国之幸,抑亦皇室之福。所虑者,袁世凯理学气太深,日来辞职之意坚决非常,此则不可不虑,凡我宗支当说其不可拘泥者也。"④

蒙古亲王那彦图首先反对,他认为民军方面并未掌握足够的钱财,其保证并不可信,⑤其余各蒙古王公也明确表示不会承认共和,奕劻乃反驳谓:"公等事亟可以归旗,皇太后皇上将如之何?"双方纷扰不已,未能拿出明确对待办法,隆裕太后随即下令,诸亲贵与国务大臣于十二月初一日共同协商办法。⑥载沣等少壮亲贵在当天会议上缄口不语,⑦虽然他们不像奕劻、溥伦那样明表允认共和,实际上倾向支持主和意见,法国人注意到:"在第一次会议中,

---

① 《今日之御前会议》,《顺天时报》1912年1月19日,第7版;《御前会议取决政体大问题》,《大公报》1912年1月20日,第3版。
② 《驻北京代办致外交大臣》,陈春华等译:《俄国外交文书选译(有关中国部分1911.5—1912.5)》,北京:中华书局,1988年,第256页。
③ 《御前会议取决政体大问题》,《大公报》1912年1月20日,第3版。
④ 尚秉和:《辛壬春秋》,第154—155页。
⑤ 《驻北京代办致外交大臣》,陈春华等译:《俄国外交文书选译(有关中国部分1911.5—1912.5)》,第256页。
⑥ 《今日之御前会议》,《顺天时报》1912年1月19日,第7版。
⑦ 《蔡廷干来函》,[澳]骆惠敏编,刘桂梁等译:《清末民初政情内幕——〈泰晤士报〉驻北京记者袁世凯政治顾问乔·厄·莫里循书信集》上册,第838页。

老亲王充当了退位辩护人，只有很少的人反对他。"① 日人则认为："满洲皇族方面意见已趋一致，大体认为退位已属万不得已，但须视退位后对皇室之待遇如何而后决定行之。"② 可见，二十九日御前会议虽未议决是否退位，总体而言列席会议的宗室王公对共和不持反对意见。

宗室王公们的态度使蒙古王公极为不满，据报载，"蒙古王公以御前会议时各亲贵对于共和政体颇表赞成，大为愤激，已由蒙古联合会于前日通致函于各亲贵，大肆痛骂，中有卖官鬻爵，不以宗社为忧，畏死贪生，竟以亡国为乐，共和之后，义师所指，誓先枭诸贼之首以谢先帝在天之灵等语。各亲贵于接函后愧惧交集，已于是日晚特开密议一次以筹对待之策"。③ 清廷中的宗社党一派得知御前会议上诸亲贵的态度后极为气愤，乃纠结三十多名满人军官"齐赴庆王府包围奕劻，表示激烈；并诘问载涛兄弟，指责其以前主张强硬，为何两次御前会议不发一言"。④ 十二月初一日，宗社党以君主立宪维持会的名义发布措辞激烈的保皇宣言，并上书质问各亲贵对政体的态度，溥伟在给该会的复函中声称自己未参加二十九日御前会议，后经阅报得知详情，批评亲贵中赞成共和的奕劻、溥伦等人"真五千年未有之奇事也"。溥伟向宗社党人表示："今日内阁仍开大议，本爵假虽未满亦必进内与议，专竭心血力主大清帝国君主立宪政体，虽涉嫌疑、犯斧钺亦必坚定不拔。本爵此心此志早已誓诸天地鬼神，今特再与尔爱国众军民约，如本爵有稍涉犹疑，迁就主张共和，即请军民手缚本爵以谢九庙。事机紧迫，不及细述，维我爱国诸军民共明鉴之。"⑤

十二月初一日，宗室王公十二人，蒙古王公七人会同各国务大臣在内阁大堂议政。与前次御前会议相比，此次内阁会议增加了主战派的溥伟等人。袁世凯当天请假未至，国务大臣胡惟德、梁士诒、赵秉钧代表内阁向诸王公

---

① 《1月22日的形势：高拉尔德致陆军部长先生》，章开沅、罗福惠、严昌洪主编：《辛亥革命史资料新编》第7卷，第405页。
② 《内田外务大臣致山座驻英临时代理大使、落合驻奉天总领事电》，邹念之编译：《日本外交文书选译——关于辛亥革命》，第340页。
③ 《蒙古王公痛骂亲贵》，《大公报》1912年1月20日，第4版。
④ 中华民国史事纪要编辑委员会编：《中华民国史事纪要（初稿）：中华民国元年（1912）正月至六月》，台北：中华民国史料研究中心，1971年，第106页。
⑤ 《恭邸复君主立宪维持会手书》，《大公报》1912年1月22日，第3版。

提议："人心已去，君主制度恐难保全，肯赞同共和，以维大局。"①奕劻由于受到了宗社党人的威胁，不敢明表支持逊位，转而主张君宪。②溥伦也由于同样的原因表示反对共和。③

溥伟和那彦图在当日会上反对共和最为激烈，其时赵秉钧提出由袁世凯在天津组织临时政府，溥伟不以为然，他对袁世凯一派素来有防备之心，声称："朝廷以慰廷为钦差大臣，复命为总理大臣者，以其能讨贼平乱耳。今朝廷在此，而复设一临时政府于天津，岂北京之政府不足恃，而天津足恃耶？且汉阳已复，正宜乘胜再痛剿，乃罢战议和，此何理耶？"梁士诒称，汉阳之胜并不足以遏制革命风潮向全国蔓延，况且清廷财力支绌，无法支撑对民军的战争。溥伟认为："从前发捻之乱，扰及畿辅，用兵几二十年，亦未有议和之举，别设政府之谋。今革命党之势，远不及发捻，何乃辄议如此？若用兵筹饷之事，为诸臣应尽之责，当勉为其难。若遇贼即和，人尽能之，朝廷何必召袁慰亭耶？"外务大臣胡惟德强调各国皆反对清廷一味用兵，溥伟则反驳谓："中国自有主权对内平乱，外人何能干预？且英、德、俄、日皆君主之国，亦万无强胁人君俯从乱党之理。公既如此说，请指出是何国人，伟愿当面问之。"④

从溥伟反对共和的发言可见，他的主要心思全都用在了提防袁世凯上，全然不知清廷所处的实际危境。其慷慨陈词并非基于对局势的理性观察，更多是出于对袁世凯和主和派王公的不满。但对诸亲贵而言，溥伟的陈词又是站在维护宗庙社稷的立场上，一旦占据了这一绝对正确的道德高地，其他各亲贵均无从反对。主和王公虽然也是出于保全皇室考虑，但与溥伟相比，显然"境界"要低得多，即使有异议也不敢明表反对，否则即会被视作"不肖子孙"了。溥伟与会使得亲贵中主战声音一度高涨，此前赞成共和的溥伦、奕劻被迫转变态度，会后又请假五日，以图规避；⑤有意允认共和的载洵、载

---

① 张国淦编著：《辛亥革命史料》，第310页。
② 《1月22日的形势：高拉尔德致陆军部长先生》，章开沅、罗福惠、严昌洪主编：《辛亥革命史资料新编》第7卷，第405页。
③ 尚秉和：《辛壬春秋》，第155页。
④ 《溥伟〈逊国御前会议日记〉》，《社会科学战线》1982年第3期。
⑤ 《译闻》，《时报》1912年1月23日，第2版。

涛在会上未敢发言；①反对共和的载泽则更加活跃，乃建议改派铁良担任清军总司令，与民军开战。②

十二月初四日，隆裕太后召集载沣等十七名王公再开御前会议。③奕劻、溥伦两名主和王公请假未到④，主战派再次占据上风。会议开始前载泽即向溥伟透露："昨晤冯华甫，彼谓革命党甚不足惧，但求发饷三月，能奏功。"并怂恿他在御前会议上述说这一情形，二人联合奏请隆裕太后向民军开战。当日会议，隆裕太后询问各亲贵对君宪与共和有何意见，溥伟率先发言称："臣等皆力主君主，无主张共和之理。求太后圣断坚持，勿为所惑。"隆裕太后声称自己并非愿意共和，皆由于奕劻与袁世凯强调革命党强大，朝廷无兵无饷，列强又不肯帮忙，溥伟指斥奕劻欺君罔上，并声称冯国璋已经表态，只要有三个月军饷便请愿与民军开战。载泽在一旁附和称："是有。冯国璋已然打有胜仗，军气颇壮，求发饷，派他去打仗。"隆裕太后强调国库空虚，拿不出足够经费，溥伟力请："库款空虚，焉敢迫求。惟军饷紧要，饷足则兵气坚，否则气馁兵溃，贻患甚大。从前日俄之战，日本帝后解簪饰以赏军，现在人心浮动，必须振作。既是冯国璋肯报效出力，请太后将宫中金银器皿赏出几件，暂充兵费，虽不足数，然而军人感激，必能效死。如获胜仗，则人心大定，恩以御众，胜则主威，请太后圣明三思。"善耆支持溥伟建议，奏请立即实行，并谓："除去乱党几人，中外诸臣，不无忠勇之士，太后不必忧虑。"

隆裕太后仍寄希望于民军能优待皇室，溥伟甚不以为然，声称优待条件是欺人之谈，朝廷大权旁落后根本无处索取；即使获得优待，也会丧失皇室尊严；溥伟声称自己"忝列宗支"，决不忍见皇室屈服于民军，甚至自请带兵南下与民军决战。此外他还提醒隆裕太后必须警惕袁世凯，以防其借革命党恫吓朝廷以谋取而代之。⑤会议最后，载泽向隆裕太后参劾袁世凯，"以军饷不足不能开战，后颁内国短期公债，勒捐亲贵大臣，合内帑黄金八万两，款

---

① 张国淦编著：《辛亥革命史料》，第309页。
② 《译闻》，《时报》1912年1月23日，第2版。
③ 载沣：《醇亲王载沣日记》，第426—427页。
④ 《详纪御前会议之真相》，《大公报》1912年1月25日，第3、4版。
⑤ 《溥伟〈逊国御前会议日记〉》，《社会科学战线》1982年第3期。该日记中注明这次会议的日期为十二月初一日，对比载沣日记、《辛壬春秋》、《大公报》、《顺天时报》等史料可知，溥伟所记日期错误。

近千万,仍不开战,是何居心?"① 经过主战派的一番激烈陈词,"各王公感愤无已",主张力持君宪者占据了多数。② 载沣则不置可否,仅表示国体问题应嗣与奕劻商议后再做决定。③

此前隆裕太后主要听取的是奕劻和内阁方面的说辞,倾向与民军议和④,主战王公的另一番说辞使她颇感为难;不过,由于有了宣统朝亲贵用事的前车之鉴,隆裕太后已不再倚信少壮亲贵;加之袁世凯被袭一事,益使她相信袁尚未被革命党拉拢过去,依然真心替清皇室安危着想,因而她并不相信溥伟、载泽等人攻击袁世凯的话。⑤ 事后,载沣向溥伟透露隆裕太后的态度:"你前奏对,语太激烈,太后很不喜欢,说:'时事何至如此。恭亲王、肃亲王、那彦图三个人,爱说冒失话,你告知他们,以后不准再如此。'"初六日,隆裕太后继续召集御前会议,与会王公多数主张决裂续战,约有三四人主张退让,会议无果。⑥ 随后,载沣特地遣人看望袁世凯,⑦ 试图表明他和隆裕太后并不认同主战派,要袁继续留在内阁总理大臣任上与民军谈判。

十二月初的几次亲贵会议之后,王公请战之声一度甚嚣尘上,汪荣宝日记有谓:"闻廷议宗旨一变,决意决战。"⑧ 时人注意到主战王公动向:"满清亲王,他们试图双管齐下,策动满洲军队和影响皇太后,要皇太后宣布日本介入支持满清皇朝。"⑨ 十二月初七日,主战王公召开秘密会议,决定力阻隆裕太后允认共和,预备组织新内阁并限制袁世凯出京,准备与民军开战,严厉压

---

① 尚秉和:《辛壬春秋》,第155页。
② 《前日御前会议情形》,《顺天时报》1912年1月24日,第7版。
③ 《详纪御前会议之真相》,《大公报》1912年1月25日,第3、4版。
④ 据贝勒载润回忆:"奕劻内阁总辞职后,袁世凯内阁成立,将与革命军议和。时奕劻家居托病不出。载沣曾多次派王公、贝勒至其家敦请(我亦被派),始勉强进内应隆裕之召对。进内即对众声言:'革命军队已有五万之众,我军前敌将士皆无战意。'旋010候召对室,又复申前言说:'革命党已有六万之众,势难一战。'当时那彦图闻之笑之说:'数分钟内,革命党军队又增加了一万人之众,何其如此之速耶!'当时隆裕经奕劻如此说法,遂亦表示倾向共和。"见载润《有关奕劻的见闻》,中国人民政治协商会议全国委员会文史资料研究委员会编:《辛亥革命回忆录》第6册,第465—466页。
⑤ 李剑农:《中国近百年政治史》,第301页。
⑥ 《御前会议之亲贵争执》,《大公报》1912年1月27日,第3版。
⑦ 载沣:《醇亲王载沣日记》,第427页。
⑧ 韩策、崔学森整理,王晓秋审订:《汪荣宝日记》,第336页。
⑨ 《中国政局与列强反应》,章开沅、罗福惠、严昌洪主编:《辛亥革命史资料新编》第7卷,第249页。

制京津地区妨害君主制的言论。① 与此同时，宗社党人也在积极行动，铁良、良弼煽动对袁内阁的不满情绪，向诸亲贵鼓吹强硬论调；吴郁生受主战王公密意前往奉天与赵尔巽联络，嗾使其坚持君主立宪。②

主战派的活动破坏了袁世凯内阁与清皇室原本即脆弱的合作关系。袁内阁本希冀清帝自行宣布逊位，并在南北各省代表选举总统之前授权他组织共和政府。③ 内阁为此拟就两道上谕，一为逊位，一为宣战，阁臣不便决定，全部交付亲贵会议议决，若宣战，全体内阁大臣即一律辞职。④ 而袁世凯辞职正是主战王公求之不得的事，他们决定一旦袁辞职便推举铁良继任总理大臣。主战派的行动打乱了袁世凯的计划，在此之前他得到隆裕太后、奕劻和载沣的支持，"而现在满人对袁世凯的信任动摇了，庆亲王告了病假，另外两个亲王，溥伦和载洵也患了神经系统的疾病"。袁的手下认为他的地位已经不稳固，劝其隐退。⑤ 此后京中纷传袁世凯将要辞职出京，主战王公将起用铁良出任内阁总理大臣与民军开战，人心异常惶惧。

主战派的举动不仅难以保全清廷，反而会适得其反加剧各方离心，使清皇室更加孤立。彼时袁世凯手下的北洋军和北洋系的内阁国务大臣们虽然食朝廷俸禄，实际只效忠袁世凯个人；若主战王公的种种反袁举动导致袁世凯与清廷的关系破裂，北洋军势必站在袁世凯一方，与清廷对抗，以清廷可恃之少数兵力根本无力抵抗。⑥ 而一旦兵临城下，清皇室欲求人身安全尚不可得，更遑论优待。隆裕太后虽然见识有限，依然知道袁世凯对于皇室的重要性，她得知外间种种传闻后，对主战王公十分不满，认为："以此类揣测之词皆因亲贵密议而起，以后毋得再开御前会议，以免纷扰，国家大事即由袁一人主张。"⑦ 初七日发布懿旨宣称："现在讹言繁兴，人心不靖，诚恐民听易惑，

---

① 《各王公又开秘密会议》，《大公报》1912 年 1 月 27 日，第 3、4 版。
② 《伊集院驻清公使致内田外务大臣电》，邹念之编译：《日本外交文书选译——关于辛亥革命》，第 342 页。
③ 《朱尔典爵士致格雷爵士电》，章开沅、罗福惠、严昌洪主编：《辛亥革命史资料新编》第 8 卷，第 184 页。
④ 韩策、崔学森整理，王晓秋审订：《汪荣宝日记》，第 336 页。
⑤ 《致达·狄·布拉姆》，[澳] 骆惠敏编，刘桂梁等译：《清末民初政情内幕——〈泰晤士报〉驻北京记者袁世凯政治顾问乔·厄·莫里循书信集》上册，第 843 页。
⑥ 《朱尔典爵士 1912 年 1 月 27 日函的附件》，章开沅、罗福惠、严昌洪主编：《辛亥革命史资料新编》第 8 卷，第 202 页。
⑦ 《慈谕永远停止御前会议》，《大公报》1912 年 1 月 30 日，第 3 版。

致生误会。其国会办法,正在磋商之际,凡我臣民尤不容妄启谣疑。"①

载沣亦担心袁与清廷关系破裂,亲自向他表示支持内阁与民军协商优待办法和平解决,并承诺将维持约束近畿军队,勿听信谣言。②为笼络袁世凯起见,载沣向隆裕太后建议"降旨敕封袁一等侯爵,藉申挽留之意,以固人心"。③初八日,隆裕太后发布懿旨赐袁世凯一等侯爵,然而由于彼时反袁主战的声音在亲贵中占据了上风,此举不仅未能笼络袁世凯,反而加剧了他的离心倾向。在时人看来,这是皇室故意损害袁世凯的名誉。④袁派人物则对各主战亲贵有极强的戒备心理,怀疑这是主战亲贵们重施萧何诱韩信入未央宫的故伎,在袁世凯进宫受封时加害于他,力阻他接受封赏。袁世凯本人也认为:"近日为君主、民主,余竭声嘶为保皇室之尊严,不意其竟以此相待。国之将亡,殆无能救。"⑤乃上折力辞不就。

四、主战亲贵式微与清帝逊位

虽然溥伟、载泽、善耆等人的主战调门很高,并且以"忝列宗支,不忍见皇室受辱"之类的话语迫使奕劻、溥伦、载沣、载洵等王公不敢在亲贵会议上明表赞成共和,但这只不过是他们一厢情愿的空言,实际上清皇室根本不具备与民军决裂开战的底气和实力。其时驻北京的俄国外交官员注意到:"某些满洲王公的反抗已为传闻所夸大。应当指出,对于王公而言,由于缺钱,无人拥护,而且不能公开掌握权柄,斗争是困难的。纯粹的满人政府未

---

① 中国第一历史档案馆编:《光绪宣统两朝上谕档》第37册,第400—401页。
② 《醇邸力持平和主义》,《大公报》1912年1月29日,第3、4版。
③ 《袁首相赐封侯爵之原因》,《顺天时报》1912年1月27日,第7版。
④ "为了损害袁在共和派中的名誉,——大家都知道他正在与共和派议和——朝廷用三道敕令强加给他一个侯爵称号,却遭到袁的顽固的拒绝。"见《1月29日的形势:高拉尔德致陆军部长先生》,章开沅、罗福惠、严昌洪主编:《辛亥革命史资料新编》第7卷,第407页。"虽然袁世凯出于谨慎,从未向清帝正式提出过任何退位建议,但朝廷却施以隆恩,使这位内阁总理大臣的名誉受到损害,将这位违心的侯爵置于极其微妙的境地,使他无所适从,特别从汉人的心理看来更是如此。"见《驻北京代办致外交大臣》,陈春华等译:《俄国外交文书选译(有关中国部分 1911.5—1912.5)》,第267页。
⑤ 王锡彤:《抑斋自述》,第178页。

必能够防止多数北军叛变,更不能强迫他们与民军作战。"①时人还注意到,虽然主战王公竭力请求日本出兵干预,"但这个强国拒绝进行孤立的和已经太迟的行动",以满人为主的禁卫军也并非全都愿意为拯救清王朝做出牺牲。②

溥伟、载泽、善耆等人怀疑袁世凯并非真心坚持君宪,试图力劝皇室摆脱对袁的依赖,但皇室中话语权最重的隆裕太后、载沣和奕劻三人依然指望着袁世凯来保全皇室。在袁看来,主战最激烈的溥伟根本不足为虑:"他不过读几本书,何况庆、醇、洵、涛诸人都不喜欢他,他未必肯与醇王出死力,且无兵权,何必忙这无味事。"③当过载泽幕僚的郑孝胥认为:"泽公反对逊位,主义甚正,惜无人助之,恐不足以制项城。"④甚至连极力主战保皇的恽毓鼎也认为诸亲贵难以为恃,在日记中有谓:"时事至此,无可挽回。王室虽存,而环顾皇族,无一人足语济世安民者。"⑤在这种情况下,主战王公们不仅无力扭转时局,反而给外界造成亲贵集团乃至整个清皇室冥顽不化、阻碍大局的观感,使自己再次沦为众矢之的,时人痛斥:"暗杀叠出,危机四伏,若大局再不解决,恐京津之乱即在目前,年少皇族之肉,岂足食乎!"⑥

十二月初八日,宗社党骨干人物良弼遭到革命党人炸弹袭击(三天后死去),京中一片恐慌,不少皇亲国戚、文武大臣纷纷逃离出京,主战派外强中干的本质迅速暴露。据报载:"初八日红罗厂炸弹发现后,闻主持君主之各亲贵如恭邸、泽公、洵朗各贝勒均非常危惧,除在本邸附近以游击队警兵戒严外,亦并不敢公然出入,倘欲外出均更易便服,行踪亦极严密,或又谓该亲贵等现已不在本邸居住矣。"⑦被溥伟、载泽等人寄予保皇厚望的另一骨干铁良担心革命党加害于他,立即逃往天津躲避,并竭力否认自己与近来局势的紧张有任何关系,禁卫军则指控主战派为了自己的利益而把禁卫军将士当作牺

---

① 《驻北京代办致外交大臣》,陈春华等译:《俄国外交文书选译(有关中国部分1911.5—1912.5)》,第266页。
② 《1月29日的形势:高拉尔德致陆军部长先生》,章开沅、罗福惠、严昌洪主编:《辛亥革命史资料新编》第7卷,第407—408页。
③ 《溥伟〈逊国御前会议日记〉》,《社会科学战线》1982年第3期。
④ 中国历史博物馆编,劳祖德整理:《郑孝胥日记》第3册,第1388页。
⑤ 史晓风整理:《恽毓鼎澄斋日记》,第574页。
⑥ 韩策、崔学森整理,王晓秋审订:《汪荣宝日记》,第337页。
⑦ 《各亲贵之恐怖》,《大公报》1912年2月1日,第2张第1版。

牲品，不愿为他们提供支持。①

与此同时，袁世凯集团也开始加紧向清皇室施压：十二月初八日，段祺瑞等四十余名清军将领联名致电内阁、军谘府与各王公亲贵，奏请清廷宣布共和以保全皇室，并点名斥责主战的载泽、溥伟两亲贵妨碍大局。②随后，国务大臣赵秉钧、胡惟德等前往载沣府邸出示民军代表伍廷芳要求清帝逊位的最后通牒。③据时人透露，这一通牒实际是袁世凯指使伍廷芳所为。④赵秉钧还利用其手下的警力对各亲贵采取严密监视，"如果有敢作出反对之言行者，则放出流言，盛传几日内实行暗杀"。⑤连此前一直主张君宪的冯国璋也改变了立场，分往各亲贵处游说，劝其和平了结，时人注意到："项城布置，着着进步，机会成熟，解决不难矣。"⑥

十二月十一日，内阁将段祺瑞等人电奏进呈，隆裕太后急召近支王公、蒙古王公、国务大臣以及段祺瑞、姜桂题等统兵大员商议和战大计。近支王公中奕劻请假未至，主战激烈的溥伟这次未受到召见，颇有怨言："闻有御前会议，不使余知，无如之何"。⑦各王公入见后，对段祺瑞等人电奏十分惊愕，载泽直斥电奏是伪造的。⑧载沣认为，"时至今日，大局糜烂殆达于极点，除将所有紧要问题委任袁世凯俟其办理外，别无良策可施。"其他亲贵既不敢明表赞成共和，又无力维持君宪，唯唯诺诺，不置可否。⑨隆裕太后对他们的态度十分不满，随即命载沣等五人前往庆王府催奕劻销假预备召见。⑩另据梁士诒电报透露："今日召见，皇族均不反对，亦不便遽言共和，上意亦活动。"⑪

---

① 《1月29日的形势：高拉尔德致陆军部长先生》，章开沅、罗福惠、严昌洪主编：《辛亥革命史资料新编》第7卷，第408页。
② 中国史学会：《中国近代史资料丛刊·辛亥革命（八）》，第173—175页。
③ 载沣：《醇亲王载沣日记》，第427页。
④ 《1月29日的形势：高拉尔德致陆军部长先生》，章开沅、罗福惠、严昌洪主编：《辛亥革命史资料新编》第7卷，第408页。
⑤ 川岛浪速：《肃亲王》，章开沅、罗福惠、严昌洪主编：《辛亥革命史资料新编》第2卷，第379页。
⑥ 韩策、崔学森整理，王晓秋审订：《汪荣宝日记》，第338页。
⑦ 《溥伟〈逊国御前会议日记〉》，《社会科学战线》1982年第3期。
⑧ 《译闻》，《时报》1912年1月31日，第2版；尚秉和：《辛壬春秋》，第157页。
⑨ 《又召御前会议公决大计》，《大公报》1912年2月1日，第3版。
⑩ 载沣：《醇亲王载沣日记》，第427页。
⑪ 《照录梁士诒电》，观渡庐编：《共和关键录》第一编，第92页。

翌日，隆裕太后只召见了载沣和奕劻两名王公，可见主战王公已彻底失去隆裕太后信任。据报载，"是日庆醇两邸代表各王大臣奏陈政见，以今日之事既不能言战，复不能言和，则其余一切办法皆归无效，仍请由皇太后责成内阁迅将办法议定，不必再存顾忌，以延长时日"。① 载沣和奕劻皆以为人心已经倾向共和，清军又无斗志，不如径直逊位以求优待皇室。② 隆裕太后亦以为然，最终决定接受共和。

十二月十四日，隆裕太后发布懿旨命近支王公次日预备召见。主战王公已经得知隆裕太后的意向，自知大势已去，不欲列席会议，溥伟和载泽接连请假以图规避。③ 随后，溥伟秘密出京，隐匿于西山，善耆则在日本人帮助下前往奉天。④ 十二月十五日亲贵会议，溥伟、载泽、善耆均未列席，毓朗自知"此时欲责皇太后坚持不让，事已无及，甚则弑逆之祸在所不免矣。余固不赞成禅让，而不敢为激烈言也。"⑤ 主战亲贵或请假出走或无奈妥协为隆裕太后接受民军优待条件进而逊位减轻了阻力，她对各亲贵言道："尔等反复推求，迁延不定，疑义繁生，将来必演出同室操戈、涂炭生灵之惨剧，此后兹事由我一人承担耳。"⑥ 当天与会亲贵无人反对逊位，⑦ 随后国务大臣入对商酌皇室优待条件，隆裕太后甚为满意，诸亲贵亦基本认可。⑧ 十六日，隆裕太后发布懿旨，表示不忍"因一姓之尊荣，贻万民以实祸"，授袁世凯为全权大臣与民军商酌皇室优待办法以及保护清室宗庙陵寝、保证皇族安全、保证满蒙回藏待遇等问题。⑨ 据汪荣宝记述，"优待条件经皇太后亲笔改定，于十六日由内阁电致

---

① 《十二日之御前大会议》，《大公报》1912年2月2日，第3版。
② 李剑农：《中国近百年政治史》，第305页。
③ 《泽公临席请假》，《顺天时报》1912年2月4日，第7版。
④ 川岛浪速：《肃亲王》，章开沅、罗福惠、严昌洪主编：《辛亥革命史资料新编》第2卷，第379页；《伊集院驻清公使致内田外务大臣电》，邹念之编译：《日本外交文书选译——关于辛亥革命》，第75—76页。
⑤ 毓盈：《述德笔记》卷7，第10页。
⑥ 尚秉和：《辛壬春秋》，第157页；《十五日御前会议之慈谕》，《顺天时报》1912年2月3日，第7版；《十五日御前会议之内容》，《大公报》1912年2月4日，第2版。
⑦ 韩策、崔学森整理，王晓秋审订：《汪荣宝日记》，第340页。
⑧ 许恪儒整理：《许宝蘅日记》，第393页。
⑨ 中国第一历史档案馆编：《光绪宣统两朝上谕档》第37册，第415页。

南中，尚未得复。若复电全数承允，则国体问题立可解决"。① 至此，清廷承认共和已成定局，只待双方将优待条件商酌妥恰。

自是以后，一切事宜皆由隆裕太后与内阁大臣商议，诸少壮亲贵无从参与。接受共和的王公主要关注日后个人待遇问题，宗庙社稷之类的大事早已抛诸脑后。郑孝胥日记言及此时亲贵的情形："闻满洲皇族所争者，优待条款而已，是已甘心亡国，孰能助之……惟载泽、溥伟不愿逊位，其余皆苟活偷生，不敢反抗。"②

不甘心失败的主战王公仍试图做最后反抗。其时东三省总督赵尔巽反对共和，善耆、溥伟相继前往奉天活动，载泽也秘密出京，③ 外间传闻他们欲借兵日本反对共和，并联络赵尔巽排挤袁世凯。④ 隆裕太后极为不悦，深恐他们节外生枝扰乱大局，乃传令"各亲贵及蒙古王公贝勒贝子等不得潜行出京，亦不得别有举动，转失朝廷维持大局之本意"。⑤ 隆裕太后还特颁懿旨，严催各亲贵迅速回京，不得在外逗留，否则治其私行出京之罪。⑥ 为迫使诸亲贵彻底屈服，段祺瑞电奏清廷，严厉斥责"二三王公"阻挠共和，妨碍大局，将陷皇室于危险境地，并谓"三年以来，皇族之败坏大局，罪实难数。事至今日，乃并皇太后皇上欲求一安富尊荣之典、四万万人欲求一生活之路而不见许。祖宗有知，能不恫乎？盖国体一日不决，则百姓之因兵燹冻馁死于非命者日骨数万。瑞等不忍宇内有此败类也"，威胁将带兵进京，与诸王公"剖陈利害"。⑦ 各亲贵极为恐惧，急忙声明皇室对于承认共和已经达成一致，只因事关重大不得不慎重办理，并非有意阻碍。⑧

十九日，民军方面将修正后的优待条件电复清廷。隆裕太后十六日改订的优待条件只提及宣布共和后皇室应受何种礼遇，竭力避免"退位""逊位"

---

① 韩策、崔学森整理，王晓秋审订：《汪荣宝日记》，第341页。有关经隆裕太后修改后优待条件的具体内容，详见《袁世凯来电唐绍仪转》，观渡庐编：《共和关键录》第一编，第94页。
② 中国历史博物馆编，劳祖德整理：《郑孝胥日记》第3册，第1390页。
③ 《亲贵大臣联袂出京》，《顺天时报》1912年2月11日，第7版。
④ 中国历史博物馆编，劳祖德整理：《郑孝胥日记》第3册，第1391页。
⑤ 《皇太后劝慰各亲贵》，《大公报》1912年2月7日，第2张第1版。
⑥ 《懿旨电召各亲贵回京》，《大公报》1912年2月7日，第2张第1版。
⑦ 中国史学会：《中国近代史资料丛刊·辛亥革命（八）》，第173、178—179页。
⑧ 《电复军队之请愿共和》，《大公报》1912年2月7日，第5版。

之类的字眼；民军方面甚不以为然，坚持认为清廷既已承认共和就必须明确"实行逊位"，免致有"虚君共和"之嫌，于是在新修正案中对各项条款均加入"清帝逊位"字样，并将原案中的"大清皇帝尊号相承不替"改为"尊号仍存不废"。① 隆裕太后见优待修正案后，要求保留"尊号相承不替"，并且不用"逊位"二字，蒙古王公与袁内阁也接连向民军提出反对意见，② 最终确定将"逊位"更换为"辞位"；唯各宗室王公此时只斤斤计较于皇室经费与优待皇族两项，其他款项概不注意，各蒙王对宗室王公极为不满，"以时至今日，该亲贵仍无顾全大局思想，只知自私自利，实为不合，有拟将摈弃之意"。③ 二十一日，隆裕太后召开逊位前最后一次亲贵会议，载沣代表全体亲贵表态："臣等敬遵慈意，决不反对。"④ 宣统三年十二月二十五日，隆裕太后颁布懿旨，宣布清帝逊位，清王朝至此终结。

综上，在清廷被劝退位阶段，亲贵对和战问题分为三派：奕劻、溥伦赞成共和，主张退位；溥伟、善耆、载泽、毓朗坚决反对共和，试图负隅顽抗；载沣、载涛、载洵等人则持消极主义，顺其自然，在共和前途日益明朗的情况下，他们也逐渐倾向允认共和。亲贵会议之初，主战派一度占据上风，迫使其他亲贵不敢明表赞同共和，但皇室并没有开战的实力与底气，皇室中影响力最大的隆裕太后、载沣、奕劻三人均不支持主战派；随着隆裕太后逊位倾向日益坚定、京中暗杀风潮不断加剧以及袁世凯集团对皇室持续施压，主战派迅速式微。主战王公相继出京后，各亲贵对共和基本不持反对意见，转而关注皇室优待条件。最终，在清民双方相互争执与妥协之下，中国历史正式迈入共和时代，不仅属于爱新觉罗家族的清王朝宣告终结，数千年的家天下时代也一去不复返了。

---

① 《致北京袁世凯电》，观渡庐编：《共和关键录》第一编，第96—100页。
② 《袁梁来电转唐绍仪》，观渡庐编：《共和关键录》第一编，第111页。
③ 《蒙王不满意于亲贵》，《大公报》1912年2月12日，第2张第1版。
④ 《二十一日御前大会议》，《大公报》1912年2月10日，第4版。

小　结

通观从干路国有到清帝逊位期间的种种政情不难发现，民意是影响朝局走向乃至决定清王朝国运的关键因素，少壮亲贵也随着民意与清廷的决裂，从勤力革新的政坛新秀转变为擅权误国的不肖子孙。

干路国有本是一项于国于民都有利的善政，但因为载泽等人事先既未开诚布公，制定收路办法时又与绅民斤斤计较经济利益，使绅民难免怀疑干路国有政策是一二大臣为了私利而推行。及至保路风潮兴起，清廷内部意见不一，主张强硬对待的载泽与主张和缓对待的总协理大臣持续争执不下，作为最高决策者的载沣虽未采纳载泽的强硬主张，但又坚持干路国有政策不可改变，依然给绅民造成朝廷强硬的观感，终致绅民与清廷彻底决裂。

武昌起义爆发后，少壮亲贵一度致力于军事镇压，但随即暴露了清廷领导力不足、财政空虚、将帅离心、民心尽失的实质。革命风潮蔓延全国后，清廷试图从政治上挽回人心，先是惩办"祸首"，然后罢黜亲贵"实行立宪"，及至"十九信条"出台，清王朝建立起英式的虚君立宪政体，但由于清廷自立宪以来的种种举动已经给时人造成了假立宪的印象，人心已去，至此时"实行立宪"也难再被接纳。在此期间，宣统朝亲贵用事被舆论放大，成为时人攻击朝政的一项把柄，少壮亲贵为彰显"实行立宪"主动交权，退出最高决策层并持续受到限制削弱，只能将国运寄托于袁世凯。

南北议和期间，少壮亲贵力主保皇却又不踊跃认购爱国公债；及至被勒输捐，时人出于对宣统朝亲贵用事的不满，在诸亲贵交出相当数量钱财后依然指责他们吝啬钱财，不顾大局。被劝退位期间，主战王公被外界斥责为负隅顽抗、妨碍大局，主和王公关注皇室优待条件又被骂作自私自利、甘愿亡国。

亲贵集团是君主制度与家天下政治之下的寄生群体，与清王朝一荣俱荣，一损俱损。从保路风潮到辛亥革命，绅民已决心与清廷彻底决裂，清廷的异姓大臣们尚且可以在清民之间摇身一变"咸与维新"，继续维持着自己的权位，甚至如袁世凯可以从清廷的内阁总理大臣直接转变为民国的临时大总统；亲贵集团则没有退路，或负隅顽抗，或束手就擒，绝无在民国继续维持权位之可能。可以说，其时民意与清廷的决裂，更多是与清皇室的决裂、与亲贵集团的决裂，辛亥革命期间少壮亲贵再也不是时人眼中勠力革新的政坛新秀，其各种行为往往被负面解读，愈描愈黑；鼎革之后，少壮亲贵们被彻底边缘化，失去关注，人们对这一群体的主要印象便只剩擅权误国、断送祖宗基业了。

结　语

1912年2月12日（宣统三年十二月二十五日）的清帝逊位诏书宣告清王朝彻底终结，从庚子事变后进入政坛，到宣统改元后全面掌权、日俄协约后加速立宪，再到武昌起义后进退失据，少壮亲贵最终没能守住爱新觉罗一姓江山。清皇室自知人心已去，交出政权，避免了历代改朝换代时期那种大规模的流血冲突，一度获得时人的肯定。遵从民意、认同共和是清民双方在逊位问题上达成的基本共识，清廷获得了顺应民意的声誉，包括亲贵集团在内的清皇室得以安全地退出历史舞台，民军方面也实现了推翻清室、建立共和的基本目标。

1912年8、9月间，孙中山、黄兴等人北上进京会见逊清皇室，对他们能认清大局，成全共和统一表达了肯定和敬意；溥伦则代表清皇室称赞孙、黄能把握时代潮流，十数年提倡民主共和不遗余力，是能够建功立业的伟人。[①] 要知在此数月之前，起义各省还在号召"排满兴汉"，隆裕太后与宗室王公们直至逊位前夕还在为守住一姓天下苦苦寻求出路。如今，一方成了禅让的尧舜，一方成了革命的汤武，清民双方建立在共和共识基础上的妥协为双方找到了一个新的共同的认同——民国。这里所谓的"民国"不仅是一种比君主专制先进的共和政体，更有中国传统政治文化所褒扬的"天下为公"的意味。

清末，社会达尔文主义思潮盛行，有识之士普遍相信国家政体是从君主专制到君主立宪进而到民主共和一步步进化的。虽然主张君宪者能够罗列出中国不适合采用民主共和的各种理由，但他们并不否认民主共和是政体发展的更高级阶段。辛亥革命使中国从落后的君主专制国家一跃迈入民主共和时

---

① 参见桑兵《民元孙中山北上与逊清皇室的交往——兼论清皇族的归属选择》，《史学月刊》2017年第1期。

代,建立了当时世界上最先进的政体,即便是被推翻的清皇室也不否认其进步意义。民元溥伦代表清皇室招待孙中山、黄兴等人时宣称:"革命本国家进化应有之事,故汤武革命,称为圣人。且此次革命,原属国体问题,现在建设共和,不独皇室仍受优待之荣,并使满洲人民同享共和幸福,迥非前古帝政时代可比。"①

从中国传统政治文化来看,尽管家天下历史持续数千年,主流的政治文化却始终褒扬尧舜禹"公天下"的时代。清人徐继畬曾在《瀛寰志略》中称赞华盛顿"提三尺剑,开疆万里,乃不僭位号,不传子孙,而创为推举之法,几于天下为公,骎骎乎三代之遗意……呜呼!可不谓人杰矣哉"。②该著作于清道光年间,彼时一批先进的中国人刚刚开眼看世界,徐继畬以一个中国传统士人的价值观审视华盛顿,赞其"人杰",由此可见民主共和理念与中国传统政治文化中的天下为公有共通之处。故此,当革命党人已经喊出"天下为公"之时,爱新觉罗家族的皇子皇孙们还在打着"亲亲之道"的旗号维护一姓江山,且不论其政见是否高明、举措是否得当,一为"公天下",一为"家天下",至少初衷和境界便已逊人一筹。

20世纪初,传统帝国相继瓦解,民族主义催生出一大批新兴民族国家,中国的革命党人亦曾有过"革命排满"的主张;及至辛亥事起,追求建立汉民族国家的革命宣传迅速被"五族共和"话语所取代,而"五族共和"明显有天下为公的意涵。民主共和政体无疑是舶来品,天下为公则显然是中国传统的政治理念,以传统理念诠释全新政体,其中固然难免会有偏差和误读,却也为建立共和政体争取到了最广泛的共识。彼时天下为公是辛亥各方均能认同的政治理念,这一传统理念当清民鼎革之际被赋予了新的时代内涵,建立共和政体即是天下为公的实现形式,清民双方在此基础上得以达成妥协。正是得益于此,中国不仅建立了亚洲第一个共和国,而且是一个包含多个民族、多元文化的共和国,走出了一条不同于一般现代民族国家的建国之路。

天下为公、建立共和是清廷与民军达成的共识,而双方对共和建立的历程却有着各自的认知与表述。在革命党的话语中,中华民国是革命建国,是革命

---

① 《黄克强入京记(二)》,《民立报》1912年9月19日,第7页。
② 徐继畬:《瀛寰志略》,上海:上海古籍出版社,2001年,第277页。

党自建立兴中会起十数年来连续不断的革命终于推翻了清王朝，结束了帝制；所谓优待条件不过是民国单方面给予清廷的恩惠，激进的革命党人甚至始终反对这种恩惠。因此，民军方面在南北谈判中极力排斥清方提出的含有"虚君共和"之意的表述，要求袁世凯只能接受民国的任命，而不能是受清廷之命组织共和政府，时人注意到"民党的目的无疑是要表明，胜利是属于他们的"。①然而，在当时清皇室及诸遗老的话语中，清帝逊位则是"禅让"，非"退位"，更非"亡国"；宣统皇帝依然是大清皇帝，宗庙社稷依旧，清廷只是将全国的治权交予民国政府。如此，宣统皇帝便不是亡国之君，诸亲贵也可以避免断送祖宗基业的名声。他们试图说明清帝与共和政体可以共存，并且极力将清皇室塑造为成全共和的"元勋"。②"禅让"曾是中国历史上新朝取代前朝的惯用伎俩，典型如曹丕代汉、杨坚代周、李渊代隋，新朝统治者试图通过受前朝禅让来表明自己政权的合法性。民国取代清王朝，反而是清方极力标榜"禅让"，民军强调与清廷的割裂，由是可见中国历史已经脱离了传统的改朝换代模式，新生的民国标榜主权在民，无须再向前朝寻求合法性。

正所谓"谁能控制现在就能控制过去"③，清民两种话语表述中哪一种能占据主导最终取决于双方的实力对比。清廷在逊位前夕尚占有北方领土，并名义上节制着袁世凯、段祺瑞等人，因而得以与民军讨价还价；民国建立后，清廷完全处于弱势一方，自身安全尚且须寄托于民国政府，更遑论话语权。民初南北统一伊始，时人或还肯定清皇室顾全大局成全共和，给予一定褒扬；无奈时移世易，"成王败寇"依然是人们解读历史的重要方式，新的统治集团显然不会感戴前朝失败者的"恩德"，此后除了在紫禁城内称孤道寡的小皇帝及一干忠诚的遗老，恐怕再难有人相信清皇室的这套说辞。清王朝已经终结是不争的历史事实，于是，所谓"禅让"便成了清皇室追求体面的自我安慰

---

① 《朱尔典爵士致格雷爵士函》，胡滨译：《英国蓝皮书有关辛亥革命资料选译》下册，第360页。
② 溥伦谓："两先生（指孙中山、黄兴——引者注）洞观四千余年之历史，二十世纪之时艰，非以共和定国体，不能为人民谋幸福，不能与列强谈竞争，于是遍游欧美，参以时机，数十年苦口热心，始达共和目的，方诸华盛顿，何多让焉。此固见两先生有志竟成，亦由我皇太后及皇上大公无私之心，遂以天下神器，举而还之天下。不图唐虞揖让休风，复见于今日也。"见《黄克强入京记（二）》，《民立报》1912年9月19日，第7页。
③ ［英］乔治·奥威尔著，藤棋、金滕译：《1984》，北京：中国戏剧出版社，2002年，第161页。

的话语而已。

隆裕太后宣布清帝逊位时还被誉为"女中尧舜",乐观地期待着"长受国民之优礼,亲见治郅之告成",她显然不会料到十二年后溥仪竟被冯玉祥以"竟革命未竟之功"的名义驱逐出紫禁城。溥伟和善耆早预见清廷难逃"败寇"命运,认为承认共和即是亡国,始终不相信民军会落实优待条款,对清廷放弃政权心有不甘。清帝逊位后,他们仍谋求复辟,无奈历史的车轮已行进至民主共和时代,一家一姓的天下再难复活,他们的复辟逆历史潮流而动,没有激起什么波澜,反而把自己搞得狼狈不堪。其他亲贵或归于沉寂或服务宫廷或供职民国,接受了清王朝已经终结的现实,在共和政体下谋求新的出路。

作为全书的结语,我无意对诸少壮亲贵的一生做定性评判,肯定抑或否定只能放在具体历史情形中针对具体问题而言才有意义;况且近代社会剧烈变动,少壮亲贵的认知也是随之变化的。这里仅就本书的主题——最后的家天下,从少壮亲贵在宣统朝扮演的角色、对朝局走向的影响、正当与失当之处等方面加以总结。

一、少壮亲贵是清廷中急进的改革力量

清末十年,清廷上下对改革达成前所未有的共识。就改革力度而言,又有缓进与急进之分,少壮亲贵便属于急进派。

少壮亲贵在清王朝统治风雨飘摇之际被委以匡扶社稷的重任,其命运与清王朝休戚相关,他们对清王朝国运的关注以及对清廷的忠诚远在异姓大臣之上。他们目睹了庚子之耻,深切感受到祖宗基业所处的危境,形成了强烈的危机意识。当时社会达尔文主义思潮盛行,弱肉强食、适者生存几乎是有识之士的共识;而列强的步步紧逼益使少壮亲贵感受到弱国面对强国逼迫时的无助,清王朝随时有可能被列强瓜分豆剖。在这种情况下,他们认识到改革自强才是保住清王朝的唯一出路,即如载洵在得知日本吞并朝鲜后电奏:"现查日人将有大不利于我之举动,危急存亡间不容发。我国庶政若再不加改

革,亟为预备,窃恐覆辙之虞祸在眉睫,不胜恐惧迫切之至。"①

除了来自列强的压力,国内汉族实力派官僚、立宪派、革命党更是暗流涌动,其时民族主义和民主思潮已经勃兴,革命党的起义和宣传对清廷的冲击绝非仅仅几次边陲骚乱或喊喊口号而已。在武昌起义之前,清廷虽然连续扑灭了革命党人的起义,但若不能奋发有为振兴国政,必致汉大臣、立宪派与之离心离德,满汉矛盾这一长期的"潜流"一旦激化,彼时天下云集响应反清革命亦未可知。是保持既定的改革节奏而有可能被革命颠覆,还是加速改革以维持人心,少壮亲贵显然更倾向于后者,典型如善耆所谓:"清朝之旧组织如腐朽的房屋,无论怎样修补支柱也无济于事。必须彻底破坏之,重要的是要建新建筑。若朝廷能以自己的能力实现之,家主仍然是属于爱新觉罗氏;若没有实现之能力,迟早必由他人经营,此乃革命,'大清'二字于兹不得不归于消亡。"②

另一方面,少壮亲贵们成长于万国交通的年代,尊新崇洋已成为彼时年轻人的普遍取向,少壮亲贵亦不例外,"西艺""西政""西学"在他们的知识结构中占据相当大的比重。据时人记述,毓朗"平日好博学,案头有化、电、光、算、天文、地学、工业及西文字典等书,当日北京风气未开,皆非世家之所习见"。③ 善耆"翻阅有关东西方译著,努力了解世界之形势,专心钻研未来中国应该如何革新。我维新志士西乡、大久保、木户等诸杰为王梦寐景慕,尤其对意大利建国之元勋加布尔更为崇拜赞叹"。④ 载泽"当庚子之后,颇研求新政"。⑤ 从1905年载沣亲手编定的《手订时务诸书目录》可知,其时他已经广泛接触了当时流行的社会进化论、民主思潮以及天文、算数、地理等西方学问。⑥1906年清廷成立陆军贵胄学堂,载沣、载涛、溥伟、毓朗等人均进入该学堂接受了新式教育。

---

① 《考察海军大臣载洵致军机处外务部请代奏电》,军机处原藏:《清宣统朝中日交涉史料》卷5,台北:文海出版社,1963年,第23页。
② 川岛浪速:《肃亲王》,章开沅、罗福惠、严昌洪主编:《辛亥革命史资料新编》第2卷,第373页。
③ 毓盈:《述德笔记》卷1,第6页。
④ 川岛浪速:《肃亲王》,章开沅、罗福惠、严昌洪主编:《辛亥革命史资料新编》第2卷,第372页。
⑤ 沃丘仲子:《近现代名人小传》下册,第200页。
⑥ 参见尹煜《年轻满洲亲贵集团的政治目标与挫折,1900—1911》,《满学论丛》第2辑,第151—160页。

此外，不少少壮亲贵如载沣、载振、载泽、溥伦、载洵、载涛都有过出洋经历，国外的所见所闻使他们更直观地体认到中外的巨大差距，列强物产之富饶、制度之完备、风气之文明使这些来自落后东方的年轻王公们相当羡慕。载振参观日本国会后盛赞："今而得窥国会之形式与精神也，今而知国会之可宝贵也。"① 载泽在英国考察时见当地田畴各有疆理，房屋、道路干净整齐而感慨："人谓英富于自治精神，语为不虚，亦见国度愈强，必其人格愈高，洵世界之公例矣。"② 载涛在美国考察时宣称："我们也希望对其它国家有更多了解。我们的官员和商人正开始越来越频繁地到外国土地上去旅行，以寻找信息和机会。这种对外国思想的渴求正在对全国人民产生影响。"③ 但彼时列强对中国并不友善，除了任意践踏中国主权，列强还在公开场合流露出对中国的蔑视。载涛考察军政期间，因脑后拖着一条辫子而被外人耻笑。载振赴英祝贺英王加冕，座次竟排在一百多位，不仅在日本、暹罗使臣之下，甚至在土耳其使臣之下，与各殖民地并列。④ 这些少壮亲贵们平日在京城风光无限，出洋后竟被外人以野蛮人和低等国相待。在他们看来，根源在于中国国穷民弱，又不够文明开化，这进一步激发了他们知耻后勇、振作图强的意识。

强烈的危机意识、西学知识的影响、对先进国家的羡慕、知耻后勇的进取意识综合起来形成了一种急进心态，少壮亲贵们迫切希望从速改革，尽快实现富国强兵，对内稳住人心，消弭革命隐患，对外抵制列强入侵，直至与列强并驾齐驱。这种急进心态在他们主导的各项改革中体现得尤为明显。少壮亲贵的改革主张已经超越了洋务运动以来清廷一贯秉持的"中体西用"理念，颇有"用西变中"的倾向；他们虽是专制皇权的寄生者，但其政治思想与实践活动已经突破了君主专制的思维，有明显的追求现代性的倾向。

然而，"是否急进改革""实践成效如何"与"外界评价如何"三者之间绝非"充分必要"的关系，以急进派姿态活跃于政坛的少壮亲贵群体经历了一系列朝局变动最终竟成为后世历史书写中的"守旧群体"。揆其原因，历史发

---

① 《论亲贵出洋考察之效果》，《申报》1909年9月17日，第1张第2、3版。
② 载泽：《考察政治日记》，长沙：岳麓书社，1986年，第628页。
③ 《载涛赞扬中国觉醒》，胡绳武主编：《清末立宪运动史料丛刊·外文资料》，第315页。
④ 《振贝子奉使归来之惨痛》，《时报》1911年8月2日，第2版。

展的最终方向是各种趋向各异的力量共同作用的结果,宣统朝的政治结构是由各种复杂的权力关系构成的,而这些关系又是不同主体(少壮亲贵、元老派、立宪派、革命党等等)之间的互动关系,并非主体与客体之间的单向关系,这些关系的相互作用使得政治实践的进程和结果具有诸多不确定性。

少壮亲贵掌权后急切地推行其变革理念,与政见保守的元老派纷争不断,清廷的决策也因此举棋不定,进退维谷。彼时列强持续施压,危机中的社会情绪日趋急进,少壮亲贵的急进改革姿态一度赢得了时人的好感,但清廷经过老少、缓急纷争形成的决策却一再令人失望。君宪人士起初对清廷的情绪是"不满",犹冀其变好,对少壮亲贵仍抱有一定期待;然而持续的不满情绪最终质变为"绝望",人们不再期望清廷变好而是诅咒它覆灭。时人既已与清廷决裂,便不再关心其内部是否还有急进派与缓进派的分化,而是将整个清廷视作一个冥顽不化的集团。及至武昌起义爆发,立宪派、某些旧官僚与革命党一道"咸与维新",少壮亲贵们进一步成为时人眼中建立共和的主要障碍,"守旧群体"的观感基本形成。此后风起云涌的民主革命浪潮将晚清与民国分成"专制"与"共和"、"传统"与"现代"两个截然不同的时代,生活在共和时代的人们更难免会给帝制时代的统治集团贴上守旧的标签。

二、立宪观的差异与载沣的"中庸"之误

宣统年间,朝野上下就立宪已经达成一致,彼时有了《钦定宪法大纲》及九年筹备立宪应办事宜清单,清廷希冀照此方案按部就班推进,由君主专制稳步过渡到君主立宪政体。然而,清廷立宪是在危机中进行的变革,外部压力是影响其进程的关键因素;而外部局势的变动又往往不是虚弱清廷所能驾驭的,由此便导致了其立宪节奏往往"受制于人"。于是,每当外患加重抑或列强有轻蔑中国的举动,国内要求加速立宪的呼声便随之高涨,彼时的世情、国情、舆情使得清廷立宪无法按照既定节奏推进。

其时朝野各派对立宪的认知与诉求并不一致。清廷看重立宪对改善行政,富国强兵的作用,因而在其认知中,立宪是包括改革官制、清理财政、整顿

军事、召集国会、编纂宪法、设立责任内阁等在内的系统工程。立宪派则希望通过立宪参与政治，因此更关注涉及民权的国会和责任内阁事宜，军事、财政等政务在他们看来只是一般"常政"，并非"宪政"。在清统治集团内部，清廷中央希望通过官制、财政、军事方面的改革改变外重内轻的局面，实现中央集权；地方督抚则不满中央朝令夕改，政出多门，要求中央首先应建立一个能够统一行政的责任内阁。在清廷中央，少壮亲贵主张急进改革，在一定程度上顺应了立宪派的期待，但其中央集权举动遭到地方督抚的反对；元老廷臣则相对保守，适当顾及督抚利益，但与资政院民选议员以及各省谘议局议员相互敌视。

按部就班立宪既已无法实现，立宪派、地方督抚、元老廷臣与少壮亲贵对朝政走向又有不同的诉求，在这种情况下，最高决策者在关键时刻做出何种选择便极为重要，甚至关乎国运走向。

宣统朝的实际最高决策者载沣则是一个性格庸懦，优柔寡断，谨小慎微之人，遇事缺乏主见，总须兼听各方意见后再做定夺，即梁启超所谓"谦恭自牧，事无大小，悉咨廷臣"。他虽然属于少壮亲贵，并且重用少壮亲贵，但作为最高决策者又不能完全偏信少壮一派，遇事仍离不开元老廷臣与地方督抚。① 为求稳起见，他总在试图寻找各方都能满意的结果，做法便是折中决策。谋划"驱袁"期间，载泽、善耆要求严治袁世凯之罪，奕劻、张之洞反对，载沣最后仅将袁世凯"开缺回籍"。第三次国会请愿期间，少壮亲贵主张速开国会，朝中元老反对，载沣最终的决定是缩短三年。筹划责任内阁期间，时人普遍希望建立完全责任内阁，载沣起初亦如是认为，然而负责厘定官制的奕劻等人以各种理由重权轻责，不欲速建完全责任内阁，最终出台的是非牛非马的暂行阁制。保路风潮期间，载泽力主强力弹压，强推收路，奕劻等

---

① 据溥仪回忆："载泽一有机会就找摄政王，天天向摄政王揭奕劻的短。西太后既搬不倒奕劻，摄政王又怎能搬得倒他？如果摄政王支持了载泽，或者摄政王自己采取了和奕劻相对立的态度，奕劻只要称老辞职，躲在家里不出来，摄政王立刻就慌了手脚。"见溥仪《我的前半生》，第 21 页。宣统二年间，载泽因推行财政中央集权与东三省总督锡良频起纷争，锡良以辞职威胁，载沣只得劝载泽收手："东三省自兵燹后天灾频仍，民气已经凋伤，且内政急待举行，外交日益紧迫，用款未免浩繁，此非锡良之咎也。嗣后该三省之财政不可视同各省过于认真。"见《监国调剂泽锡两大臣之再志》，《大公报》1910 年 9 月 10 日，第 4 版。

人则主张和缓对待，停止收路，载沣最终既未强力弹压，仍旧指望督抚"晓谕"，却又未停止收路。

"允执厥中"是中国历来推崇的施政理念，统治者能中和各方意见，避免极端本是一种理想的施政状态。然而，治国理政往往如同对弈，关键时刻的决定关系全局，走对一步便会化解危机乃至反败为胜，错一步则会加剧危机甚至满盘皆输。这就需要统治者在关键时刻具备"走险棋"的魄力，而载沣显然不具备这种魄力。他在关键时刻屡屡"允执厥中"无非是为了求稳，但这仅仅是他对清廷内部各种意见机械地折中调和，而非针对政治事件本身进行权衡，非但没能稳住政局，反而将清廷一步步推向危机。载沣罢黜了袁世凯却未公布任何罪名，致使外界难免怀疑清廷有排汉的用意。国会请愿期间，他若采纳载涛等人的意见满足立宪派即开国会的愿望，清廷便有可能稳住人心，然而结果只是稍稍缩短了国会年限，令绅民大失所望。皇族内阁登场后，载沣若能下定决心同意奕劻退休，推出载泽、端方、袁世凯三人担任总协理大臣，即使仍实行暂行阁制也能给时人耳目一新的气象。但他仍寄希望于奕劻等人平稳过渡，忽视了他们在舆论中的恶劣口碑，以致民心尽失。保路风潮期间，他又折中载泽、奕劻两派的意见，并未强力弹压却已经给川民造成强硬的印象，终至局面失控。

作为清廷的最高决策者，载沣的任务便是要在诸多有可能性又不确定的方案中做出选择，重视各方意见而"求同"是决策者普遍的心理状态。[①] 后人固然可以从历史现场抽离出来，仔细地复盘当事者的利弊得失，而当事者的实践则往往具有"紧迫性"，容不得当事者冷静下来理性地权衡，只能依靠本能的、长期的思维模式做出判断，而这种"中庸"即是他长期形成的思维模式。但对问题本身而言，载沣的"中庸"只是对问题做了些态度不明、无关痛痒的处理，无助于解决问题。彼时人心普遍趋向急进，而清廷的决策往往以急进始，以渐进终，这些"做而不及"的决策令时人不断失望，给外界造成假立宪的观感，清廷因此彻底失去民心。这既是载沣治国无方，更是他一贯"中庸"之误。

[①] 蒋云根：《政治人的心理世界》，上海：学林出版社，2002年，第188页。

实践选择的结果固然往往有不确定性，不过可以确定的是，载沣在决策时低估了民意的影响力。清廷的所有决策绝非只有朝廷与特定的制度或事件之间的单向主客关系，更直接关系到人心向背。载沣决策的"中庸"仅限于清廷内部，并未将民意置于重要地位来考量，而民意才是彼时决定清王朝命运的关键。及至辛亥事起，纵使他再三表示允从人民一切要求，无奈人心已去，为时晚矣。

三、皇位为体，权力为用

亲贵用事是研究宣统政局绕不开的一个话题。自清朝覆灭以来的各种历史书写中，"揽权"几乎成为各路史家笔下宣统朝少壮亲贵的主要标签。亲贵用事是宣统朝的一大弊政，历来被视作导致清廷覆灭的一大诱因。从近代政治民主化的总体趋势来看，亲贵揽权违背了时代潮流，最终被时代淘汰并不意外。然而，权力归根结底是一种实现政治目的的工具和手段，少壮亲贵们揽权最终是为其政治目的服务的，这个最终目的便是保住爱新觉罗氏的皇位，维持"大清"二字不归于消亡。为了所谓的"皇位永固""万世一系"，若清廷最高统治者彻底实行立宪，像立宪各国一样将国政全部交于异姓大臣组成的内阁处理，固然是一种途径；若最高统治者沿用亲贵辅政的传统，简拔忠诚可靠的本家族成员保卫皇基也未尝不是一种选择。况且两者相较，前者是一次全新的尝试，前途未卜；亲贵辅政则在清代有过不少成功的先例，更有利于保证朝政向最高统治者期待的方向发展。

对少壮亲贵而言，皇位与权力实际上是"体"与"用"的关系，保住爱新觉罗家族的皇位是根本，权力则是为实现这一目标服务的，强化或放弃权力唯以是否有利于保住皇位为准。

庚子事变中，清皇室蒙尘受辱，东南督抚公开不受节制，清廷统治动摇，彼时欲保住爱新觉罗家族皇位，当务之急便是加强皇室权力，于是亲贵集团得到重用，揽权成为他们的常规动作。1906年，载泽以"皇位永固"说服慈禧太后下定立宪决心，为了确保皇室对立宪的掌控，少壮亲贵们被安插进入新建各部院掌握权柄。载沣摄政后，载泽、善耆等人密谋罢黜袁世凯，理由即是担心袁世凯操王莽、曹操之术倾覆皇室。少壮亲贵们深知清王朝腐朽已极，改革势在必行，柄政后一改清廷中央保守消极的风气，走上急进变革之路。这是为国家进步寻求出路，根本目的则是保住爱新觉罗一姓江山，即善耆所谓："余既然生于大清之家，在谋求保全中国之同时，亦有务必维持大清命运之义务。"①

武昌起义爆发后，亲贵揽权受到时人谴责，不仅不能稳固皇位，反而成为时人攻击清廷的把柄。清皇室为"巩我万世一系之皇基"，解散皇族内阁，禁止亲贵任职部院，交出部分权力。时人对此仍不满意，随后资政院通过了"十九信条"，不但亲贵禁止干政，连皇帝也成为毫无实权的虚君，即便如此，绝大多数亲贵也愿意接受，因为信条规定了"大清皇帝万世一系"。载沣甚至表示，只要不颠覆清廷，一切要求都可以答应。袁世凯进京后，少壮亲贵持续交权妥协，在载沣退位、载涛辞去禁卫军大臣之后，清廷将几乎全部权力都交给了袁内阁，指望袁世凯维持君主立宪。及至南北议和，清帝退位几成定局，主战王公打出了维护宗庙社稷的旗号反对退位，主和王公则试图将退位诠释成"虚君共和"，所争取的唯有一个皇帝的虚名而已。

据此可知，清季少壮亲贵经历了"授权保位""揽权保位""放权保位""弃权保位"几个阶段。对他们而言，权力可以伸缩但皇位不可失去，失去皇位便意味着祖宗打下的江山社稷断送在他们手中。各国立宪，皇族退出政治均是应有之义，然而少壮亲贵们若非受到辛亥革命的打击，定然不会如此痛快地放权；归根结底，这仍是一种家天下的思想在作祟。清帝逊位后，溥仪依然在紫禁城内称孤道寡，这也算满足了清皇室最后的虚荣心。无奈时移世易，诸亲贵最终不得不接受"权位皆失"的现实。

作为全书的结尾，我想说的是，追问少壮亲贵进步抑或反动，其改革主动还是被迫，其举动是否合理合法等等，在此没有太大必要。历史发展往往是趋向不同的各种力量共同作用的结果，导致清王朝覆灭的关键因素是清廷一步步失去人心。历览中国数千年王朝史，依靠起义、政变、放伐等各种

---

① 川岛浪速：《肃亲王》，章开沅、罗福惠、严昌洪主编：《辛亥革命史资料新编》第2册，第373页。

方式建号称帝者不知凡几，但凡能立足者，均能够在一段时期内维系人心，未有哪家哪姓能够永远据有天下。少壮亲贵们企图通过立宪实现"皇位永固""万世一系"，但中国历来只"拥戴有德"。清末，民族主义与民主思潮勃兴，清廷统治的合法性已遭受质疑，而少壮亲贵仍未脱离家天下的窠臼，低估了民意，致使人心与之决裂；正所谓"秦失其鹿，天下共逐之"，清王朝最终被人心所向的民国取代，理固宜然。

参考文献

一、档案、官书、史料汇编

[1] 中国第一历史档案馆藏：宫中全宗·朱批奏折。
[2] 中国第一历史档案馆藏：军机处全宗·录副奏折。
[3]《清实录》，北京：中华书局，1987年。
[4]《钦定大清会典事例（嘉庆朝）》，沈云龙主编：《近代中国史料丛刊三编》第65辑，台北：文海出版社，1992年。
[5] 陈春华等译：《俄国外交文书选译（有关中国部分1911.5—1912.5）》，北京：中华书局，1988年。
[6] 戴执礼编：《四川保路运动史料汇纂》，《"中央研究院"近代史研究所史料丛刊》（23），1994年。
[7] 方激编译：《帝国的回忆：〈泰晤士报〉晚清改革观察记》，重庆：重庆出版社，2014年。
[8] 故宫博物院明清档案部编：《清末筹备立宪档案史料》，北京：中华书局，1979年。
[9] 观渡庐编：《共和关键录》，上海：著易堂书局，1912年。
[10] 国史馆史料处编：《辛亥年四川保路运动史料汇编》，台北：国史馆，1981年。
[11] 胡滨译：《英国蓝皮书有关辛亥革命资料选译》，北京：中华书局，1984年。
[12] 胡绳武主编：《清末立宪运动史料丛刊》，太原：山西人民出版社，2020年。
[13] 怀效锋主编：《清末法制变革史料》，北京：中国政法大学出版社，2010年。
[14] 军机处原藏：《清宣统朝中日交涉史料》，台北：文海出版社，1963年。

［15］李启成点校：《资政院议场会议速记录：晚清预备国会论辩实录》，上海：上海三联书店，2011年。

［16］李少军编译：《武昌起义前后在华日本人见闻集》，武汉：武汉大学出版社，2011年。

［17］刘锦藻：《清朝续文献通考》，北京：商务印书馆，1955年。

［18］马骏杰、吴峰敏、门贵臣编：《清末报刊载海军史料汇编》，济南：山东画报出版社，2016年。

［19］宓汝成：《近代中国铁路史资料》下册，沈云龙主编：《近代中国史料丛刊续编》第40辑，台北：文海出版社，1977年。

［20］清宪政编查馆编，北京图书馆出版社影印室辑：《清末民初宪政史料辑刊》，北京：北京图书馆出版社，2006年。

［21］国家图书馆编：《清陆军部档案资料汇编》，北京：全国图书馆文献缩微复制中心，2004年。

［22］桑兵主编：《辛亥革命稀见文献汇编》，北京：国家图书馆出版社，2011年。

［23］上海商务印书馆编译所编纂：《大清新法令1901—1911》，北京：商务印书馆，2011年。

［24］世界书局编：《涓滴成洪流：清宫国民革命史料汇编》，台北：世界书局股份有限公司，2011年。

［25］孙瑞芹译：《德国外交文件有关中国交涉史料选译》第3卷，北京：商务印书馆，1960年。

［26］撷华书局编：《宣统己酉大政记》，沈云龙主编：《近代中国史料丛刊续编》第25辑，台北：文海出版社，1974年。

［27］张国淦编著：《辛亥革命史料》，上海：龙门联合书局，1958年。

［28］张侠等合编：《清末海军史料》，北京：海洋出版社，1982年。

［29］张枬、王忍之编：《辛亥革命前十年间时论选集》，北京：生活·读书·新知三联书店，1963年。

［30］章开沅、罗福惠、严昌洪主编：《辛亥革命史资料新编》，武汉：湖北人民出版社，2006年。

［31］赵尔巽等：《清史稿》，北京：中华书局，1977年。

[32] 赵之恒、牛耕、巴图主编:《大清十朝圣训》,北京:北京燕山出版社,1998年。

[33] 郑曦原编:《帝国的回忆:〈纽约时报〉晚清观察记》,北京:生活·新知·读书三联书店,2001年。

[34] 中国第一历史档案馆、海峡两岸出版交流中心:《清宫辛亥革命档案汇编》,北京:九州出版社,2011年。

[35] 中国第一历史档案馆:《清末筹备立宪档案史料补遗》,《历史档案》1993年第3期。

[36] 中国第一历史档案馆:《载沣等王公亲贵履历》,《历史档案》1988年第1期。

[37] 中国第一历史档案馆编:《光绪宣统两朝上谕档》,桂林:广西师范大学出版社,1996年。

[38] 中国第一历史档案馆编:《清代军机处电报档汇编》,北京:中国人民大学出版社,2005年。

[39] 中国人民银行总行参事室金融史料组:《中国近代货币史资料》,北京:中华书局,1964年。

[40] 中国社会科学院近代史研究所中华民国史组编:《清末新军编练沿革》,《中华民国史资料丛稿专题资料选辑》第2辑,北京:中华书局,1978年。

[41] 中国社科院近代史所编:《近代史所藏清代名人稿本抄本》,郑州:大象出版社,2011年。

[42] 中国史学会:《中国近代史资料丛刊·辛亥革命》,上海:上海人民出版社,1957年。

[43] 中华民国史事纪要编辑委员会编:《中华民国史事纪要(初稿):中华民国元年(1912)正月至六月》,台北:中华民国史料研究中心,1971年。

[44] 庄建平主编:《近代史资料文库》,上海:上海书店出版社,2009年。

[45] 宗谱编纂处编:《爱新觉罗宗谱》,北京:学苑出版社,1998年。

[46] 邹念之编译:《日本外交文书选译——关于辛亥革命》,北京:中国社会科学出版社,1980年。

二、日记、文集、书信、笔记、年谱、回忆录

[47]《溥伟〈逊国御前会议日记〉》,《社会科学战线》1982 年第 3 期。

[48] 巴蜀书社编:《清代野史》,成都:巴蜀书社,1987 年。

[49] 北京大学历史系近代史教研室整理:《盛宣怀未刊信稿》,北京:中华书局,1960 年。

[50] 北京市档案馆编:《那桐日记:1890—1925》,北京:新华出版社,2006 年。

[51] 岑春煊:《乐斋漫笔》,北京:中华书局,2007 年。

[52] 陈灨一:《睇向斋秘录》,北京:中华书局,2007 年。

[53] 陈夔龙:《梦蕉亭杂记》,上海:上海古籍出版社,1983 年。

[54] 陈旭麓等主编:《辛亥革命前后——盛宣怀档案资料选辑之一》,上海:上海人民出版社,1979 年。

[55] 陈衍撰,陈步编:《陈石遗集》,福州:福建人民出版社,2001 年。

[56] 丁士源:《梅楞章京笔记》,北京:中华书局,2007 年。

[57] 丁文江、赵丰田编:《梁启超年谱长编》,上海:上海人民出版社,1983 年。

[58] 韩策、崔学森整理,王晓秋审订:《汪荣宝日记》,北京:中华书局,2013 年。

[59] 何刚德著,张国宁点校:《春明梦录·客座偶谈》,太原:山西古籍出版社,1997 年。

[60] 侯官古零后人姜斋:《清外史》,沈云龙主编:《近代中国史料丛刊三编》第 61 辑,台北:文海出版社,1990 年。

[61] 胡骏:《补斋日记》,沈云龙主编:《近代中国史料丛刊三编》第 8 辑,台北:文海出版社,1985 年。

[62] 胡思敬:《国闻备乘》,上海:上海书店出版社,1997 年。

[63] 胡思敬:《退庐疏稿》,南昌:问影楼刻本,1913 年。

[64] 黄濬:《花随人圣庵摭忆》,北京:中华书局,2008 年。

[65] 江庸:《趋庭随笔》,沈云龙主编:《近代中国史料丛刊》第 9 辑,台北:文海出版社,1967 年。

［66］金梁:《光宣小记》,上海:上海书店出版社,1998年。

［67］李伯元著,李乔编选、校点:《南亭随笔》,北京:中共中央党校出版社,1998年。

［68］李泰棻:《中国最近世史》,沈云龙主编:《近代中国史料丛刊三编》第61辑,台北:文海出版社,1990年。

［69］刘体智:《异辞录》,北京:中华书局,1988年。

［70］刘垣:《张謇传记》,沈云龙主编:《近代中国史料丛刊续编》第13辑,台北:文海出版社,1975年。

［71］骆宝善、刘路生主编:《袁世凯全集》,郑州:河南大学出版社,2013年。

［72］马叙伦:《马叙伦自述》,北京:中国大百科全书出版社,2012年。

［73］溥仪:《我的前半生》,北京:东方出版社,2007年。

［74］上海图书馆编:《汪康年师友书札》,上海:上海古籍出版社,1986年。

［75］尚秉和:《辛壬春秋》,北京:中国书店,2010年。

［76］绍英:《绍英日记》,北京:国家图书馆出版社,2009年。

［77］盛宣怀:《愚斋存稿》,沈云龙主编:《近代中国史料丛刊续编》第13辑,台北:文海出版社,1975年。

［78］史晓风整理:《恽毓鼎澄斋日记》,杭州:浙江古籍出版社,2004年。

［79］唐文权、桑兵编:《戴季陶集》,武汉:华中师范大学出版社,1990年。

［80］王尔敏、陈善伟编:《近代名人手札真迹——盛宣怀珍藏书牍初编》,香港:香港中文大学出版社,1987年。

［81］王锡彤:《抑斋自述》,开封:河南大学出版社,2001年。

［82］《文史资料选辑》编辑部:《文史资料精选》,北京:中国文史出版社,1990年。

［83］夏东元编著:《盛宣怀年谱长编》,上海:上海交通大学出版社,2004年。

［84］徐珂编:《清稗类钞》,北京:中华书局,1984年。

［85］徐凌霄、徐一士:《凌霄一士随笔》,太原:山西古籍出版社,1997年。

［86］许恪儒整理:《许宝蘅日记》,北京:中华书局,2010年。

［87］毓朗:《余痴生诗集》,纪宝成等编:《清代诗文集汇编》第789册,上海:上海古籍出版社,2010年。

［88］毓盈:《述德笔记》,北京:民族出版社,2009年。

［89］载沣:《醇亲王载沣日记》,北京:群众出版社,2014年。

［90］载泽:《考察政治日记》,长沙:岳麓书社,1986年。

［91］载振:《英轺日记》,北京:民族出版社,2010年。

［92］张謇著,文明国编:《张謇自述》,合肥:安徽文艺出版社,2014年。

［93］昭梿:《啸亭杂录》,北京:中华书局,1980年。

［94］赵炳麟:《赵柏岩集》,台北:文海出版社,1969年。

［95］中国历史博物馆编,劳祖德整理:《郑孝胥日记》,北京:中华书局,1993年。

［96］中国国民党中央委员会党史委员会编:《胡汉民先生文集》第1册,台北:中国国民党中央委员会党史委员会,1978年。

［97］中国人民政治协商会议全国委员会文史资料研究委员会编:《晚清宫廷生活见闻》,北京:文史资料出版社,1982年。

［98］中国人民政治协商会议全国委员会文史资料研究委员会编:《文史资料存稿选编:晚清·北洋》,北京:中国文史出版社,2002年。

［99］中国人民政治协商会议全国委员会文史资料研究委员会编:《辛亥革命回忆录》,北京:文史资料出版社,1982年。

［100］中华书局编辑部编,童杨校订:《孙宝瑄日记》,北京:中华书局,2015年。

［101］朱维干、林锵编纂兼点校:《江春霖集》,马来西亚:马来西亚兴安会馆总会文化委员会,1990年。

［102］[澳]骆惠敏编,刘桂梁等译:《清末民初政情内幕——〈泰晤士报〉驻北京记者袁世凯政治顾问乔·厄·莫里循书信集》,上海:知识出版社,1986年。

三、报刊

［103］《大公报》(1908—1912)

［104］《大同报(上海)》(1908—1912)

[105]《东方杂志》(1904—1912)

[106]《广益丛报》(1908—1911)

[107]《国风报》(1910—1911)

[108]《华商联合报》(1909)

[109]《华商联合会报》(1910)

[110]《丽泽随笔》(1910—1911)

[111]《民呼日报》(1909)

[112]《民立报》(1910—1912)

[113]《民吁日报》(1909)

[114]《内阁官报》(1911—1912)

[115]《申报》(1908—1912)

[116]《盛京时报》(1908—1912)

[117]《时报》(1908—1912)

[118]《政治官报》(1908—1911)

四、研究论著

专著

[119] 迟云飞:《清末预备立宪研究》,北京:中国社会科学出版社,2013年。

[120] 杜家骥:《清皇族与国政关系研究》,台北:五南图书出版有限公司,1998年。

[121] 樊学庆:《辫服风云:剪发易服与清季社会变革》,北京:生活·读书·新知三联书店,2014年。

[122] 高放等:《清末立宪史》,北京:华文出版社,2012年。

[123] 高全喜:《立宪时刻:论〈清帝逊位诏书〉》,桂林:广西师范大学出版社,2011年。

[124] 侯宜杰:《二十世纪初中国政治改革风潮——清末立宪运动史》,北京:人民出版社,1993年。

［125］江宜桦:《自由主义、民族主义与国家认同》，台北：扬智文化事业股份有限公司，1998 年。

［126］荆知仁:《中国立宪史》，台北：联经出版事业股份有限公司，1984 年。

［127］李剑农:《中国近百年政治史》，上海：复旦大学出版社，2001 年。

［128］李细珠:《地方督抚与清末新政：晚清权力格局再研究》，北京：社会科学文献出版社，2012 年。

［129］刘凤云、董建中、刘文鹏编:《清代政治与国家认同》，北京：社会科学文献出版社，2012 年。

［130］刘凤云、刘文鹏编:《清朝的国家认同——"新清史"研究与争鸣》，北京：中国人民大学出版社，2010 年。

［131］罗明、杨益茂主编:《清代人物传稿》（下编·第十卷），北京：中华书局，1995 年。

［132］彭剑:《宪政编查馆研究》，北京：北京大学出版社，2011 年。

［133］陶绪:《晚清民族主义思潮》，北京：人民出版社，1995 年。

［134］汪荣祖主编:《清帝国性质的再商榷——回应新清史》，桃园："中央"大学出版中心；台北：远流出版事业股份有限公司，2014 年。

［135］沃丘仲子:《近现代名人小传》，北京：北京图书馆出版社，2003 年。

［136］吴相湘编著:《晚清宫廷实纪》，北京：中国大百科全书出版社，2010 年。

［137］萧功秦:《危机中的变革——清末现代化进程中的激进与保守》，上海：上海三联书店，1999 年。

［138］杨珍:《清朝皇位继承制度》（修订版），北京：学苑出版社，2009 年。

［139］詹士模:《宣统朝的政治领导阶层（1909—1912）》，台北：花木兰文化出版社，2010 年。

［140］张海鹏主编:《中国近代通史》，南京：江苏人民出版社，2006 年。

［141］张晋藩、郭成康:《清入关前国家法律制度史》，沈阳：辽宁人民出版社，1988 年。

［142］张玉法:《清季的立宪团体》，《"中央研究院"近代史研究所专刊》（28），1985 年。

［143］郑信哲、周竞红主编:《民族主义思潮与国族建构：清末民初中国多民

族互动及其影响》，北京：社会科学文献出版社，2014年。

[144] 中国社会科学院近代史研究所政治史研究室编:《清代满汉关系研究》，北京：社会科学文献出版社，2011年。

[145] 庄练:《中国近代史上的关键人物》，北京：中华书局，1988年。

[146] [美]本尼迪克特·安德森著，吴叡人译:《想象的共同体：民族主义的起源与散布》，上海：上海人民出版社，2005年。

[147] [美]李约翰著，孙瑞琴、陈泽宪译:《清帝逊位与列强（1908—1912）：第一次世界大战前的一段外交插曲》，南京：江苏教育出版社，2006年。

[148] [美]路康乐著，王琴、刘润堂译，李恭忠审校:《满与汉：清末民初的族群关系与政治权力（1861—1928）》，北京：中国人民大学出版社，2010年。

[149] [日]佐藤铁治郎著，孔祥吉、[日]村田雄二郎整理:《一个日本记者笔下的袁世凯》，天津：天津古籍出版社，2005年。

论文

[150] 迟云飞:《清末最后十年的平满汉畛域问题》，《近代史研究》2001年第5期。

[151] 崔志海:《海军大臣载洵访美与中美海军合作计划》，《近代史研究》2006年第3期。

[152] 崔志海:《辛亥时期满汉关系问题论争的再考察：以〈民报〉和〈新民丛报〉为中心》，《史林》2011年第4期。

[153] 崔志海:《摄政王载沣驱袁事件再研究》，《近代史研究》2011年第6期。

[154] 定宜庄:《清末民初的"满洲""旗族"和"满族"》，《清华大学学报（哲学社会科学版）》2016年第2期。

[155] 董丛林:《皇族亲贵少壮派与清末朝局》，《明清论丛》第18辑，北京：故宫出版社，2018年。

[156] 樊学庆:《赵炳麟与宣统朝亲贵用事政治格局的出现》，《学术研究》2016年第3期。

[157] 耿云志:《梁启超对清王朝最后统治危机的观察与评论》，《徐州师范大

学学报（哲学社会科学版）》2012 年第 1 期。

[158] 宫玉振：《从联盟到分裂——论清末言官与亲贵关系的变化》，《齐鲁学刊》1993 年第 2 期。

[159] 韩策：《宣统二年汪荣宝与亲贵大臣的立宪筹谋及运作》，《广东社会科学》2016 年第 5 期。

[160] 韩震：《论国家认同、民族认同及文化认同——一种基于历史哲学的分析与思考》，《北京师范大学学报（社会科学版）》2010 年第 1 期。

[161] 何瑜、黄煦明：《清末满蒙亲贵的危机意识与应对之策》，《理论界》2013 年第 2 期。

[162] 李凤凤：《清末"暂行阁制"的制定与权力纷争》，《近代史学刊》第 13 辑，北京：社会科学文献出版社，2015 年。

[163] 李侃：《对宣统政局的若干考察》，《明清史国际学术讨论会论文集》，天津：天津人民出版社，1982 年。

[164] 李细珠：《论清末预备立宪时期的责任内阁制——侧重清廷高层政治权力运作的探讨》，《明清论丛》第 8 辑，北京：紫禁城出版社，2008 年。

[165] 李细珠：《日韩合并与清末宪政改革》，《近代史研究》2011 年第 4 期。

[166] 李细珠：《试论宣统政局与清王朝覆灭》，《北方论丛》1995 年第 5 期。

[167] 李永胜：《摄政王载沣罢免袁世凯事件新论》，《历史研究》2013 年第 2 期。

[168] 李欣荣：《臣掌君权：载沣摄政礼节纷争与宣统朝权势新局》，《清史研究》2021 年第 5 期。

[169] 刘琼：《世袭特权与国家治理：宣统朝摄政王载沣的权力观偏差及其成因》，《史林》2019 年第 5 期。

[170] 罗华庆：《载泽奏闻清廷立宪"三利"平议》，《近代史研究》1991 年第 2 期。

[171] 马平安：《从统治阶级的内部争斗看辛亥年清王朝统治体系土崩瓦解的原因》，《中国社会科学院近代史研究所青年学术论坛（2003 年卷）》，北京：社会科学文献出版社，2003 年。

[172] 马勇：《从倡言改革到反对革命：对晚清皇族的一个分析》，《徐州师范大学学报（哲学社会科学版）》2012 年第 1 期。

[173] 彭剑:《"皇族内阁"与皇室内争》,《华中师范大学学报(人文社会科学版)》2011年第2期。

[174] 桑兵:《民元孙中山北上与逊清皇室的交往——兼论清皇族的归属选择》,《史学月刊》2017年第1期。

[175] 孙燕京、周增光:《辛壬之际旗籍权贵集团的政治心态》,《历史研究》2012年第5期。

[176] 孙燕京:《清末立宪中少壮亲贵的政治心态》,《史学月刊》2016年第7期。

[177] 王开玺:《清末满汉官僚与满汉民族意识简论》,《社会科学辑刊》2006年第6期。

[178] 王开玺:《清统治集团的君主立宪论与晚清政局》,《北京师范大学学报》1990年第5期。

[179] 王春林:《爱国与保身:辛亥革命期间的亲贵捐输》,《清史研究》2012年第1期。

[180] 吴兆清:《清末禁卫军》,《故宫博物院院刊》1985年第2期。

[181] 尹煜:《年轻满洲亲贵集团的政治目标与挫折,1900—1911》,《满学论丛》第2辑,沈阳:辽宁民族出版社,2012年。

[182] 朱东安:《晚清满汉关系与辛亥革命》,《历史档案》2007年第1期。

[183] 朱文亮:《清末皇族内争与袁世凯复出》,《历史研究》2017年第5期。

后　记

　　政治史是历史研究的主干，研究政治史又离不开对关键人物与重大事件的关注。选择少壮亲贵与宣统政局这一论题，研究对象与研究时段相对集中，对于初学者而言，既方便入手又不致流于琐碎。

　　这本书是在我的博士学位论文基础上修改而成的。清季亲贵是我较早关注的一个群体，2015年我进入北京师范大学历史学院学习，在导师孙燕京教授的指导下，很快就确定将少壮亲贵与宣统政局关系作为读博期间的研究议题；2017年初通过开题答辩，确定基本框架，随后动笔书写；2018年6月通过了博士学位论文正式答辩，当时历史学院的郑师渠老师、李帆老师、林辉锋老师以及社科院近代史所的马忠文老师、谢维老师参加了答辩，给予我许多高屋建瓴的意见和建议。2018年入职天津工业大学后，我仍关注着这一领域，写过一些文章，丰富了对原博论中某些议题的认识；但进入工作岗位以后，各种事务纷至沓来，许多东西更是需要从零学起，占用了不少精力，不似上学时期有大把的完整时间去写文章，一直无暇对博论做系统整理，直至去年年末才着手做这项工作。我本以为有博论和近年写过的文章在，用三个月足以整理成书；事实证明，我显然低估了这项工作的艰巨性，在整理过程中需要进一步修改完善之处甚多，最终历时大半年才草草完成。

　　犹记得在当年博论答辩会上，有评委指出论文在考察宣统朝少壮亲贵群体时对近代民族主义思潮勃兴这一历史背景的关注不够，我当时的回答是"故意不关注"。少壮亲贵这一群体有明显的族群特征，自然容易使人联想到近代民族主义相关问题，但我固执地认为，民族主义在宣统朝政坛只是一股"潜流"。考察彼时各种史料，除了革命党方面的宣传，在各种上谕、奏折、信函、日记中是极少能直接看到民族主义的，往往是后来研究者在相关理论视阈下对历史进程做的深入解读，而其中又难免有过度解读之处，并且常因过于强调这一"潜流"而忽视了历史的丰富面相和复杂进程。我认为，关于宣统朝历史进程的认识需要精细化，与其去印证一股并不直观的"潜流"，不如利用丰富史料做一些具体的考据工作，将历史进程尽可能完整地呈现出来。当然，这并非意味着文章只平铺直叙各时段的史实，我认为宣统年间少壮亲贵所作所为有一个最核心的考量，即保卫爱新觉罗家族的皇位，用彼时的话语表述叫"皇位永固""万世一系"。这不仅是宣统朝少壮亲贵的核心考量，也是有清一代亲贵辅政的核心考量。因此，我决定就围绕着家天下这个主题来写，并且这一主题在史料中体现得更直接，为了成一家之言，只能对其他"潜流""敬而远之"了。答辩评委对我"剑走偏锋"的做法也表示了理解和认可。如今，将博论整理成书，我仍坚持从前的这一认识，为了突出主题，特将书名定为"最后的家天下：少壮亲贵与宣统政局"，以期为读者讲述一个年轻的皇子皇孙们按照"家法"维护宗庙社稷最终失败的故事。

　　成书之际，感谢是必须的。最要感谢的，是我的导师孙燕京教授，博论从选题，到写作、修改、完善、直至整理成书，每一步都离不开老师的悉心指导。清末政治史可谓是近代史研究领域的"学术高原"，经典论著汗牛充栋，即便在清末亲贵研究领域，也已经产生了不少有价值的研究。在这种情况下，如何做出新的成果，且不说教研室其他老师捏一把汗，就连我自己心里也没底。孙老师是该研究领域的行家，她坚定地认为少壮亲贵与宣统政局的关系绝对可以做，并勉励我"愈挫愈奋"。我本人资质平平，能在"动辄延毕"的历史学院按期毕业，全靠孙老师的指导和帮助。老师有一学术宏愿，就是在退休后把近十年指导的清末满蒙权贵研究相关的硕博论文整理成书系出版，作为老师的博士关门弟子，我的博论在尚未定稿之时便被列入了书系计划，与许多同仁相比着实幸运不少。博论完成后，老师嘱示我要继续关注少壮亲贵群体，要在考订史实的基础上提炼出一些深层次的思想意识层面的认识。遗憾的是，工作后这几年一直没做这方面的尝试，写文章、申课题还是在原领域打转，如今博论已整理成书，不敢奢求老师满意，对老师总是抱有歉意。

　　书的出版，还要感谢我的母校北京师范大学、工作单位天津工业大学马克思主义学院、天津市哲学社会科学规划项目（TJZL21-004）和华夏出版社的资助和支持。此外，书中的一些章节是在期刊上发表过的，整理入书时做了不同程度的整合与修改，感谢这些期刊编辑部及时指出了文中的讹误。由于本人学识和经历有限，现在书中仍不免有讹误之处，还望学界同仁指正。

杨 猛

2022 年 9 月于天工泮湖